Das Buch

Die Flucht aus der Stadt als dem Ort, an dem Arbeit nicht als Selbstverwirklichung, sondern nur als Entfremdung erlebt wird, die Errichtung »alternativer« Lebens- und Arbeitsgemeinschaften auf dem Lande – so aktuell und zeitgenössisch dies auch klingt: als Erscheinung ist es nicht neu.
Ulrich Linse stellt in seiner reichhaltigen Quellensammlung fünfzehn ländliche Kommunen aus den Jahren 1890 bis 1933 vor. Anhand von Manifesten und Briefen, Zeitschriftenartikeln, privaten Aufzeichnungen und Fotos dokumentiert er die gesellschaftlichen Hintergründe und die Alltagspraxis und zeigt die weltanschaulichen Motivationen der deutschen Siedlungsbewegungen dieser Zeit auf. Die Spannweite reicht von lebensreformerischen (vegetarischen) und jugendbewegten Siedlungen über anarcho-kommunistische und völkische, christliche und jüdische bis hin zu den ersten Frauenkommunen. Trotz unterschiedlicher Zielsetzungen läßt sich ein gemeinsamer Nenner erkennen: Industrialisierung und Kapitalismus, bürgerliche Lebenshaltung und Generationenkonflikt werden von einem Teil der (überwiegend intellektuellen) Jugend mit dem Entwurf und der Errichtung alternativer Lebens- und Gesellschaftsmodelle beantwortet.

Der Herausgeber

Dr. Ulrich Linse, geb. 1939 in Neu-Ulm, studierte Geschichte, Politische Wissenschaften und Anglistik in Tübingen, Bangor und München; er ist Oberstudienrat am Münchenkolleg. Veröffentlichungen: ›Organisierter Anarchismus im deutschen Kaiserreich von 1871‹ (1970); ›Die Kommune der deutschen Jugendbewegung‹ (1973); ›Gustav Landauer und die Revolutionszeit 1918/1919‹ (1975); ›Anarchistische Jugendbewegung 1918–1933‹ (1976); ›Die Entschiedene Jugend 1919–1921. Deutschlands erste revolutionäre Schüler- und Studentenbewegung‹ (1982).

Zurück, o Mensch, zur Mutter Erde
Landkommunen in Deutschland
1890–1933

Herausgegeben von
Ulrich Linse

Deutscher
Taschenbuch
Verlag

Originalausgabe
April 1983
© Deutscher Taschenbuch Verlag GmbH & Co. KG,
München
Umschlaggestaltung: Celestino Piatti
Foto: Gruppenaufnahme von der Siedlung Vogelhof aus den
zwanziger Jahren
Gesamtherstellung: C. H. Beck'sche Buchdruckerei,
Nördlingen
Printed in Germany · ISBN 3-423-02934-X

Inhalt

Einführung
Landkommunen 1890–1933 7
I. Fin de siècle und Aufbruch ins neue Jahrhundert:
   Agrarromantik und Großstadtfeindschaft 25
   EDEN – die »vegetarische Obstbau-Kolonie« 37
   NEUE GEMEINSCHAFT – ein »Orden vom wahren
   Leben«.................................... 62

II. Novemberrevolution und Inflation: Die Flucht aus der
    Stadt 89
    Kommunistische Siedlungen
       BARKENHOFF 102
       BLANKENBURG........................... 126
       LINDENHOF 142
    Frauen-Siedlung
       SCHWARZERDEN.......................... 157
    Völkische Siedlungen
       DONNERSHAG 188
       VOGELHOF 199
    Anarcho-religiöse Siedlung
       SANNERZ 221
    Evangelische Siedlung
       HABERTSHOF 241
    Quäker-Siedlung
       NEU-SONNEFELDER JUGEND 268
    Baugrund Anthroposophie
       MÜNCHNER WERKSCHAR und ASCHAFFENBURGER
       KREIS 277
    Jüdisches Siedeln
       KIBBUZ CHERUTH 293

III. Weltwirtschaftskrise: Die Rückkehr aufs Land 313
     ARTAMANENGÜTER......................... 327
     WEISSER BERG........................... 340

Dokumente- und Quellenverzeichnis................ 347
Literaturhinweise 355

»Zurück, o Mensch, zur Mutter Erde!«
ist die Anfangszeile des Festgedichtes ›Eden‹ von Karl Bartes, abgedruckt in: Die Obstbausiedlung Eden eGmbH in Oranienburg in den ersten 25 Jahren ihres Bestehens. Oranienburg 1920.

Der Herausgeber dankt allen Archiven und Bibliotheken, Freunden und Wissenschaftlern, und nicht zuletzt den Alt-Siedlerinnen und -Siedlern selbst für die ihm gewährte Hilfe bei der Vorbereitung dieses Buches.

Einführung
Landkommunen 1890–1933

> Und auch wir fragen uns: Wer ist unser Nächster? Müssen wir nicht ... zum kritischen Zweifel zurückkehren und schlußfolgern, daß die unmittelbare Begegnung eines Menschen, die Begegnung, die aus mir den Nächsten dieses konkreten Menschen machen könnte, ein Mythos ist angesichts des tatsächlichen Lebens in der Gesellschaft, der Traum von einem *anderen* Modus der menschlichen Beziehungen als dem wirklichen Modus?
>
> Paul Ricoeur, Der Sozius und der Nächste

»Siedeln« war vom Beginn der wilhelminischen Zeit bis zum Ende der Weimarer Republik nicht nur ein Begriff, sondern auch eine Bewegung. Sie war Ausdruck der Großstadtkritik und Großstadtflucht, sie verkörperte die Sehnsucht nach dem Lande und ein Streben »zurück zum Boden«. Das Resultat dieser in sich zersplitterten Siedlungsbewegung war eine Vielzahl von Siedlungsformen. In einer »Gesamtdarstellung des deutschen Siedlungswesens in allen Formen und Spielarten«, die just im Jahr 1933, mit dem unser Buch abschließt, erschien, wird die ungeheure Vielzahl historisch entwickelter Siedlungsarten deutlich[1]. Da gab es als Typen: Bauernsiedlung, Landarbeitersiedlung, Gärtnersiedlung, Anliegersiedlung, Ablegersiedlung, Tierzuchtsiedlung (Geflügel- und Pelztierfarm), gewerbliche Siedlung, industrielle Siedlung, Kurzschichten- oder Nebenerwerbssiedlung, produktive Gartenheimstätte, Arbeiterrentengut, Gutsrandsiedlung, Erwerbslosenvollsiedlung, Beschäftigungs- oder Durchhaltesiedlung, Genossenschaftssiedlung, Sanatoriensiedlung, Kleinhaussiedlung, Villenkolonie, Vorortsiedlung, Gartenstadtsiedlung, Trabantenstadtsiedlung, Wo-

---

[1] Gustav Adolf Küppers-Sonnenberg, Deutsche Siedlung. Idee und Wirklichkeit. Teil 1, Berlin 1933 (mehr nicht erschienen). Küppers war selbst ein aus der Jugendbewegung kommender Einzelsiedler; er wurde vor allem durch seine Topinamburzucht bekannt. Während der Weltwirtschaftskrise gründete er einen Siedlungsbund der Erwerbslosen.

chenend-Wohnsiedlung, Werk(wohn)siedlung, Lauben(wohn)-kolonie, Waldkolonie, Seesiedlung, Sanitär- oder Erholungssiedlung, Wochenend-Sportsiedlung (Zeltstädte, Sportlager, Körperkulturgelände, Sportkolonie), ländliche Pflegestätte (einschließlich Kinderheim), Settlement, Künstlerkolonie, Forschungssiedlung, Schulsiedlung (ländliche Volkshochschule, Landschulheim), Siedlerschule, Arbeitslager usw. usw. Aus dieser Fülle will dieses Buch nur einen kleinen Ausschnitt zeigen: die ländliche Gemeinschaftssiedlung.

Wir finden sie bereits in der Darstellung von 1933, in der neben Wirtschaftssiedlungen, Wohnsiedlungen, Not- und Ergänzungssiedlungen, Parzellensiedlungen, Nutzgartensiedlungen und Kleingartensiedlungen auch die »kulturellen« oder »romantischen« Siedlungen genannt werden. »Hierunter sind«, so führt der Verfasser aus, »die durch einen besonderen, in irgendeiner Weise mehr ideell als materiell bestimmten Zweck gekennzeichneten [Siedlungs-]Formen zu verstehen.« Künstlich und akademisch ist dagegen die Untergliederung dieser »kulturellen Siedlung« in biologisch (Gesundheit, Sport, Kinderpflege), religiös, politisch, sozial, ästhetisch und theoretisch-pädagogisch bestimmte Formen. Denn in der Wirklichkeit vermischen sich diese Aspekte. Wir reden deshalb in diesem Buch zusammenfassend von weltanschaulich motivierten Siedlungen, und diese können vielerlei Gestalt annehmen. Sie führen oft Kinderheime, zeigen häufig eine politische oder religiöse Motivation und soziale Ausrichtung, betreiben öfters neben der Landwirtschaft auch Volkshochschulen und Landschulheime, und sie ähneln in einigen Fällen einer Künstlerkolonie. Was sie aber in jedem Falle eint, ist die Tatsache, daß sie eben »romantisch« sind, genauer gesagt, daß sie augenblicksgebundene ökonomische, politische und soziale Zwecksetzungen einer diese transzendierenden Zielsetzung unterwerfen. Sie wollen »gelebte Utopien« sein, die das künftig Mögliche keimhaft vorwegnehmen.

Wir könnten jetzt zur besseren Erfassung des Wesens dieser Gemeinschaftssiedlungen einen historischen Exkurs einschalten, der beginnen würde mit der »Gemeinde« der Hutterischen Brüder oder vielleicht gar zurückgriffe bis auf die klösterliche Gemeinschaft der Essener in Qumran. Durch eine solche geschichtliche Darstellung würden einige wesentliche Elemente der kommunitären Lebensweise faßbar: die »ideelle«, wertorientierte, nicht auf bloßen Nützlichkeitserwägungen fußende

Begründung des Miteinanderlebens, das Streben nach einem Leben in Gleichheit und Brüderlichkeit, also die Beseitigung der sozialen Unterschiede, des Privatbesitzes, der autoritären Zwangseinrichtungen (wenn diese auch nur durch verbindliche Wertvorstellungen und durch den Gruppendruck als informelle soziale Kontrollinstanzen ersetzt werden) und der Ausbeutung des Menschen durch den Menschen. Stattdessen wird die aktive genossenschaftliche Kooperation sowohl in der Produktion wie im Konsum angestrebt. Die Kommune wird damit zur erweiterten Hausgemeinschaft und zur Produktionseinheit (Gemeinsamkeit von Arbeit und Besitz). Die Siedlung sieht sich dabei nicht als untergeordneten Teil eines umfassenderen ökonomischen (Volkswirtschaft), politischen (Staat) oder weltanschaulichen (Kirche, Partei) Ganzen, sondern als eigenständige wirtschaftliche, politische und geistige Einheit – eben als »Gemein« (so die Hutterer), in der alle diese in der sie umgebenden Gesellschaft ausdifferenzierten Funktionen in einer sichtbaren Einheit konzentriert sind.

Weitere soziologische Bemühungen sind darauf gerichtet, von dieser deskriptiven Ebene auf das Wesen der Gemeinschaftssiedlungen vorzustoßen. Philip Abrams und Andrew McCulloch[2] sehen hinter den kommunitären Bestrebungen den Versuch, die »Freundschaft« (die *philia*, wie sie Aristoteles im 8. und 9. Buch seiner Nikomachischen Ethik analysierte[3]) sozial zu institutionalisieren. Der Freundschafts-Bund wurde von Aristoteles als lebendige Triebkraft der gesamten Gesellschaft gesehen, als wesentlicher Inhalt sowohl der familiären, verwandtschaftlichen und kameradschaftlichen Gesellung wie des politischen Zusammenschlusses in der Polisgemeinschaft, deren Eintracht durch die ihr zugrunde liegende aktive und gegenseitige Freundschaft Gleicher garantiert ist. Das Wesen dieser politischen Freundschaft *(politike philia)* ist durch eben diese Gleichheit bestimmt, die auf der Freundschaft eines jeden zu sich selbst, das heißt zum Guten in sich und dann auch im anderen – seinem zweiten Ich – beruht. Die Eintracht wiederum basiert auf der harmonischen Existenz des Menschen, auf der Übereinstimmung mit seinem wahren Selbst, und auf der darauf

---

[2] Philip Abrams und Andrew McCulloch, Communes, sociology and society. Cambridge 1976.

[3] Vgl. Siegfried Kracauer, Über die Freundschaft. Frankfurt a. Main 1971; Robert Brain, Freunde und Liebende. Zwischenmenschliche Beziehungen im Kulturvergleich. Frankfurt a. Main 1978.

fußenden Übereinstimmung der Menschen untereinander. Aus dieser Freundschaft resultiert der Wunsch nach dem gemeinschaftlichen Leben, das optimale Selbstverwirklichung *und* Gestaltung einer gerechten Ordnung bedeutet. Die mit der Entstehung des modernen Staates – so die weitere Schlußfolgerung der Verfasser – erfolgte Verdrängung der Freundschaft in den privaten Bereich bei gleichzeitiger Bürokratisierung und Hierarchisierung des öffentlich-herrschaftlichen Sektors, versuche die Kommunebewegung wieder rückgängig zu machen, indem sie sich ernsthaft bemühe, die Freundschaft in der Form einer öffentlichen Vereinigung wiederzubeleben.

Dieser soziologische Ansatz wirft Licht auf Außenaspekte der Kommunen, etwa ihre Suche nach »Nestwärme in erkalteter Gesellschaft« (Gerd-Klaus Kaltenbrunner). Noch besser läßt er die psychologischen und sozialen Binnenprobleme der Siedlungsgemeinschaften verstehen: ihre Instabilität, sobald nicht die »Liebe zum Guten«, zur »Tugend«, sondern der gegenseitige Nutzen und Vorteil oder der persönliche Lustgewinn sie motiviert – Eintracht ist ja nach Aristoteles nur gewährt, wenn sie auf objektiven Werten, welche der Freund verkörpert, beruht; oder die Schwierigkeiten, die daraus entstehen, daß die Freundschaft Gleicher nur möglich ist, wenn sie auf Selbstkenntnis und Selbstachtung fußt – denn erst die Offenbarung der eigenen Identität enthüllt die des anderen; oder der Hinweis, daß die aktive (nicht die rezeptive) Beziehung der Gleichen nur wechselseitig vollzogen werden kann – während man den anderen Freundesliebe erweist, erkennt man auch erst das Gute in ihnen. Dieser Austausch aber setzt Vertrauen, also Zeit zum gegenseitigen Vertrautwerden voraus, nur so gewinnt auch die Freundschaft Dauer.

Ein weiterer Vorteil dieser soziologischen Perspektive liegt darin, daß sie das mögliche gesellschaftliche und politische Regenerationspotential der Kommunen erhellt: Es scheint alles andere als zufällig, daß einer der großen Sänger der westlichen Demokratie, der amerikanische Dichter Walt Whitman, nicht nur die Freundschaft in seinen Gesängen beschwor, sondern – in seiner Schrift ›Democratic vistas‹ – die Freiheit des demokratischen Gemeinwesens auf der aktiven Kooperation vollentfalteter Persönlichkeiten, Männern wie Frauen, aufgebaut wissen wollte.

Freilich ist die Kategorie der Freundschaft allein nicht ausreichend, um das Wesen der Kommune zu verstehen. Der sektiererisch-schwärmerische Inhalt dieser Gemeinschaft bleibt dabei ebenso im Dunkel wie ihr spannungsgeladenes Verhältnis zur »Welt«, die sie »gegen«-kulturell verneint[4]. Hier scheint uns der von Max Weber systematisierte Begriff der »Brüderlichkeit« weiterzuführen. Weber[5] sah die Wurzel der Brüderlichkeit in der Nothilfe des Nachbarschaftsverbandes. Sie ist zunächst universale Volksethik, beruhend auf dem Aufeinanderangewiesensein in der Not. Die wirtschaftsethische Gesinnung der Brüderlichkeit ist in diesem Sinne also durchaus nüchtern und unpathetisch zu verstehen als das Prinzip der gegenseitigen Hilfe (»Reziprozitätsethik«). Doch die Brüderlichkeit entwickelte sich weiter zum spezifischen Inhalt der religiösen Ethik der prophetischen Erlöserreligionen, wobei die brüderliche Haltung entweder in vollem Umfang nur innerhalb des Kreises der Glaubensgenossen (Gemeindereligiosität) oder auch losgelöst vom konkreten religiösen Verband (Liebesuniversalismus) gilt. Weber sah diese Brüderlichkeit in den religiös oder weltanschauungsmäßig kommunistischen Wirtschaften (Mönchs- oder Sektengemeinschaften, ikarischer Sozialismus) wirksam und verband sie mit einer »primär *außer*wirtschaftlich orientierten Gesinnungs-Einstellung«. Denn die kommunistische und dabei rechnungsfremde Leistungsvergemeinschaftung gründe sich eben nicht auf der Errechnung von Versorgungsoptima, sondern auf unmittelbar gefühlter Solidarität. Die kommunistische Wirtschaft – entweder selbst arbeitend oder »mäzenatisch susteniert« – setze sich so in Gegensatz zur traditional oder zweckrational, d. h. rechenhaft und leistungsteilig arbeitenden Umwelt. Aufgehoben werde dieser Gegensatz in der protestantisch-asketisch rationalen Religiosität und der aus ihr erwachsenden kapitalistischen Ethik, verschärft dagegen in einer mystischen Religiosität, welche die Forderung der Näch-

---

[4] Wir wollen uns mit dieser Bemerkung nicht der Zwei-Kulturen-Theorie anschließen, da unserer Meinung nach alle Formen der sogenannten gegen-kulturellen Bewegung Teile einer umfassenderen Kultur sind. Auch das alternative Leben ist Teil unseres Lebens, insofern es die Defizite (oder was als solche empfunden wird) und möglichen Auswege aus unserer Situation anspricht. Es kann nicht eine Kultur aus der anderen ausgegrenzt werden, sondern die etablierte Kultur produziert Ängste und Wünsche, die in der Gegenkultur sichtbare Gestalt annehmen.
[5] Vgl. Max Weber, Wirtschaft und Gesellschaft. Tübingen 1972, S. 88f., 215ff., 350ff.; ders., Gesammelte Aufsätze zur Religionssoziologie I. Tübingen 1972, S. 542ff. Dazu: Paul Ricoeur, Der Sozius und der Nächste. In: ders., Geschichte und Wahrheit. München 1974.

stenliebe zum Postulat der schlechthin wahllosen Güte und Selbsthingabe (»objektlos liebende Hingabe«) steigert.

Durch diesen Ansatz wird der Konflikt der Brüderlichkeitsethik mit der »Welt« deutlich sichtbar, geht doch Weber in immer erneuten Wendungen diesem »prinzipiellen Scheitern der Brüderlichkeitspostulate an der lieblosen Realität der ökonomischen Welt, sobald in ihr rational gehandelt wird«, nach. Denn das ökonomische wie das politisch rationale Handeln, ja jedes Handeln innerhalb der »Welt«, folge Eigengesetzlichkeiten, da es »unentrinnbar an die brüderlichkeitsfremden Bedingungen der Welt, die seine Mittel und Zwecke sein müssen, gebunden« sei. So müsse die Brüderlichkeitsethik zur »antiökonomischen« und »antipolitischen« Weltablehnung führen, aber auch zu eigenen Formen orgiastischer Sexualität (oder Askese) und einer mystischen Kunst (oder zum Ikonoklasmus). Hier liegen also die Wurzeln des Konflikts der »kommunistischen« Kommunen mit dem modernen Staat ebenso wie mit der kapitalistischen Wirtschaftsordnung, aber auch zur »bürgerlichen« Sexualität und Kunst. (Die orgiastische Kunstrevolution wird im vorliegenden Band am deutlichsten bei Heinrich Vogeler sichtbar). Der Bruch mit der »alten Welt« und die Sehnsucht nach einer »neuen Welt«, die Isolation der Kommune und die Sehnsucht nach der großen Wende (apokalyptische und millenarische Erwartungen) resultieren hieraus. Die Isolation wird teilweise geradezu die Voraussetzung des Überlebens in einer der Brüderlichkeitsethik feindlichen Welt; aber selbst in einer der Siedlung prinzipiell sympathischen »kommunistischen« Umwelt müßte der »Idealismus« der Gemeinschaft andauernd gegen nivellierende Einflüsse von »draußen« verteidigt werden. Webers Analyse führt uns auch zu einer typischen inneren Problematik kommunitären Handelns (sie wird in diesem Buch besonders an der Debatte zwischen Eberhard Arnold und Emil Blum um die Gestaltung des Habertshofes dokumentiert): Soll es sich am Erfolg, wie immer dieser rational in der politischen, sozioökonomischen, psychologischen, pädagogischen Sphäre bestimmt wird, orientieren, oder an einem ethisch zu bestimmenden Eigenwert des solidarischen Handelns? Wie verhalten sich die ethische Gesinnung und die eingesetzten Mittel zueinander, etwa beim Konflikt um die Frage der Technisierung und Mechanisierung der landwirtschaftlichen Arbeitstätigkeit auf den Siedlungen? Ist überhaupt schon ein Handeln unter den Kategorien Mittel und Zweck als weltgebunden abzulehnen?

Hier liegen auch Erklärungsmöglichkeiten für das Scheitern von Kommunen: Bei wirklich konsequenter Durchführung der Brüderlichkeitsethik, so meinte Weber, werde »das eigene Handeln gegenüber den Eigengesetzlichkeiten der Welt zur Irrationalität der Wirkung verurteilt«.

Freilich muß Webers Aussage gerade in diesem Punkt auch am historischen Material relativiert werden. Schon die Tatsache, daß die Hutterer ihre kommunistische Lebensweise jahrhundertelang bewahren konnten, zeigt, daß diese mit den ökonomischen Notwendigkeiten, zumindest in einer agrarischen Gesellschaft, nicht im Konflikt stand; im Gegenteil, die genossenschaftliche Produktionsweise ermöglichte es, daß sie für die technische Ausrüstung ihrer Betriebe mehr Kapital einsetzen und bei der Wahl der Produktionsmethoden das Wirtschaftsprinzip besser berücksichtigen konnten. Auch die ländlichen Kommunen in Deutschland fanden für die durch die antiindustrielle Revolte motivierten kunsthandwerklichen Produkte oder für Reformwaren auf dem Nahrungsmittelsektor bei Teilen der städtischen Gesellschaft guten Absatz (Vertrieb über Dürerhäuser bzw. Reformhäuser). Auch ihr Bildungsangebot (Landschulheime, Gymnastikschulen, Volkshochschulen, Verlagsprodukte) wurde durchaus von der umgebenden Gesellschaft angenommen. Trotzdem kämpfte jede Kommune irgendwann einmal diesen von Weber herausgestellten Kampf zwischen dem kommunistischen Ethos und der kapitalistischen Zweckmäßigkeit.

Webers Begriff der Brüderlichkeit verweist auch auf einen möglichen Beitrag der Kommunen zur Überwindung von Einseitigkeiten bisherigen kapitalistischen Wirtschaftens. Jürgen Habermas[6] hat jüngst die »Brüderlichkeitsfeindschaft der kapitalistischen Wirtschaft« angeprangert und vorgeschlagen, die von Weber analysierte Brüderlichkeitsethik als ein moralisch-praktisches Potential zu sehen, das bisher zwar nicht in die kapitalistische Wirtschaft eingegangen sei[7], deshalb jedoch nicht als irrational gebrandmarkt werden könne. Vielmehr sei die protestantische Ethik und ihre egozentrische, gnadenpartikularistische Berufsaskese selbst als »eine höchst irrationale Verkör-

---

[6] Vgl. Jürgen Habermas, Theorie des kommunikativen Handelns. Frankfurt a. Main 1982, Bd. 1, S. 312 ff. und Bd. 2, S. 450; ders., Dialektik der Rationalisierung. In: Ästhetik und Kommunikation, Heft 45/46.
[7] Hier wäre Habermas freilich entgegenzuhalten, daß der *sozialen* Marktwirtschaft dieses Element nicht ganz fremd ist.

perung der religiösen Brüderlichkeitsethik« zu relativieren und stattdessen historisch antithetisch entwickelte ethische Visionen und institutionelle Formen »kommunikativen Handelns« (er nennt die Gemeinschaften der Täufer und die moderne Alternativbewegung) zu aktivieren. Nur so könne die Selektivität des Musters der kapitalistischen Rationalisierung durch eine »kommunikative Rationalität« korrigiert werden.

Die beiden genannten sozialen Kategorien »Freundschaft« und »Brüderlichkeit« verbergen freilich gerade dank ihrer allgemeingültigen Abstraktheit die Tatsache, daß die Kommunen nur in einem ganz bestimmten historischen Kontext aufgetreten sind: Sie sind – will man klösterliche Gemeinschaften nur als Vorläufer gelten lassen – ein Produkt Europas (wenn sie auch exportierbar waren) und eine Erscheinung der Neuzeit. Innerhalb der Neuzeit wiederum lassen sich drei historische Schichten der Kommune-Entwicklung ausmachen, die drei Typen der Kommune zur besonderen Ausprägung verhalfen:

Die religiöse Kommune. Sie hatte, nach Anfängen zu Beginn des 16. Jahrhunderts, ihren Höhepunkt im 17. und 18. Jahrhundert. Wenn auch die Jesuiten zum Zwecke der Mission in Übersee solche Projekte ins Leben riefen, so war doch die Mehrzahl der Siedlungen protestantischen bzw. reformatorischen Charakters. Ihre Motivation war meist ein religiöser Purismus, d. h. der Wunsch, zur Lebensweise der Urgemeinde zurückzukehren und den Glauben in Lebenspraxis umzusetzen. Dieser Wunsch stieß sich meist hart an den staatlichen bzw. kirchlichen Obrigkeiten, so daß viele sektiererischen protestantischen Gruppen Europas in Nordamerika vor religiöser oder politischer Unterdrückung Zuflucht suchten und die Neue Welt damit zum bevorzugten Schauplatz ihrer religiösen Lebensexperimente in Gemeinschaft wurde. Die religiöse Kommune lebt bis heute weiter, wenn sie sich auch vielfach von ihrem christlichen Hintergrund gelöst hat und spirituelle oder mystische Zielsetzungen mit fernöstlichem Einschlag als Ausdruck eines neuen Synkretismus beinhaltet.

Die sozialreformerische Kommune. Sie schloß sich zumindest in Amerika zeitlich bruchlos an die religiös-sozialistische Kommune an, übernahm sozusagen deren Erbe und war eine Erscheinung des 19. Jahrhunderts. Sie begann ihren Siegeszug mit den Frühsozialisten – den Fourieristen, Owenisten, Ikariern usw. –, und so sehr sich deren Zielsetzungen voneinander unterschieden, so war ihnen doch die Unzufriedenheit mit den sozialen Bedingungen der industriell-kapitalistischen Umwelt, insbesondere mit der Lage der arbeitenden Klasse, gemeinsam. Vorzugsweise ebenfalls in der Neuen Welt wollten sie in der Abgeschiedenheit ihrer kooperativen Siedlungen eine ideale Gemeinschaft errichten und so der Unordnung der Gesellschaft eine »utopische« Neuordnung entgegensetzen. Es ist bekannt, daß auch dieser Typus in gewandelter Form weiterexistiert, da sich heute vielfältige politische und sozialreformerische Zielsetzungen für Kommunen anbieten – Homosexuellen-Emanzipation, Frauenbefreiung, Friedensarbeit, Umweltschutz usw. Gemeinsam ist diesen Kommunen, daß sie mit ihrem Zusammenleben ein außerhalb ihrer Gemeinschaft liegendes, das größere Ganze umfassendes Ziel verfolgen.

Während die Kommuneliteratur bis zu den fünfziger Jahren nur diese beiden Typen kannte, wurde in der zweiten Hälfte der sechziger und in den siebziger Jahren ein dritter Typus von Siedlung sichtbar: *die psychosoziale Kommune.* Ihr Ziel war es, die Selbstentfremdung, die Einsamkeit und soziale Isolation, die innere Fragmentierung des Menschen aufzuheben und zur Selbstverwirklichung, zu persönlichem Wachstum, zur Totalität des Ichs vorzudringen. Seine bezeichnendste Form fand dieser Typus in selbstkonzentrierten Therapie-Kommunen.

Gemeinsam haben die religiöse und sozialreformerische Kommune, daß sie ihr Zusammenleben mehr als ein Mittel zu einem religiösen oder sozialreformerischen Zweck betrachten, während bei der psychosozialen Kommune das Gemeinschaftsleben eher zum Selbstzweck geworden ist. Auch die Erfolgskontrolle wird bei den drei Typen unterschiedlich sein: Die religiöse Kommune müßte daran gemessen werden, ob sie ihre lebendige Spiritualität bewahren und erfolgreich über die Zeiten retten konnte. Die sozialreformerische Kommune wäre zu befragen (so wie dies etwa Martin Buber in seinem Buch ›Pfade in Utopia‹ macht), ob sie nicht nur in sich selbst, sondern vor allem auch, was die Gesamtgesellschaft betrifft, einen Beitrag zur »sozialen Rekonstruktion« vorzuweisen hat. Die psychosoziale Kommune dagegen steht und fällt mit ihrer Fähigkeit, das gesellschaftlich gestörte Gleichgewicht zwischen individueller Freiheit und Selbstverwirklichung auf der einen Seite und dem gegenseitigen Austausch und der Solidarität auf der anderen Seite in ein neues harmonisches Gleichgewicht zu bringen.

Übrigens sind nicht nur die genannten Erwartungen, sondern auch die geäußerten Vorwürfe gegenüber den drei Typen unterschiedlich: Den religiösen Kommunen wird entgegengehalten, sie seien, wenn nicht überhaupt von kurzer Lebensdauer, dann doch geistig steril geworden. An den sozialreformerischen Experimenten wird kritisiert, sie seien meist schon an ihren eigenen sozialen und ökonomischen Mängeln und der Unfähigkeit zur übergreifenden Föderation (als Voraussetzung einer nach außen strahlenden Wirksamkeit) in ihren gesellschaftsverändernden Zielsetzungen gescheitert. Und gegenüber den psychosozial motivierten Gründungen wird skeptisch geäußert, sie seien nicht in der Lage, einen wirklichen Ausgleich zwischen Selbstgewißheit und Gegenseitigkeit zustandezubringen; zudem habe sie das Fehlschlagen der Gesellschaftstransformation in der vorausgehenden Phase der sozialreformerischen Kommunen in das Extrem einer sozialen Wirklichkeitsflucht (»Nabelschau«) geführt.

Während auf der einen Seite die Soziologie die kontemporäre Kommunebewegung verständlich zu machen sucht – als Suche nach »Nestwärme in erkalteter Gesellschaft« oder als tentative Ansätze zur theoretischen und praktischen Bearbeitung von ungelösten Problemfeldern der etablierten Kultur –, hat die gleiche Wissenschaft andererseits die Zweifel an einer Wirksamkeit der Kommune als Heilmittel für die gesellschaftlichen Übel und die psychosozialen Gebrechen der Person verstärkt. Denn die soziologische Untersuchung von Kommunen brachte u. a. ans Licht, daß diese zwar vorgeblich die Nöte *der* Gesellschaft bzw. *des* Menschen beschwören, sie in Wirklichkeit aber diese nur aus der Sichtweise einer Klasse wahrnehmen: die kontemporären Kommunen also aus dem Blickwinkel der weißen Mittelklasse, genauer gesagt, dem bildungsbürgerlichen Sektor (erziehende, sozial helfende und heilende Berufe) dieser Klasse. Droht in der modernen Gesellschaft der klassische bildungsbürgerliche Zusammenhang von Bildungswissen und daraus resultierender Identität und Selbstbestimmung immer mehr verloren zu gehen, so bietet sich in der Kommune eine Nische an, in welcher besser als im Berufs- und Familienleben diese traditionellen Werthaltungen bewahrt und ausgelebt werden können, ohne daß man zu den perhorreszierten Mitteln einer übergreifenden und darob unpersönlichen Interessengruppen-Organisation greift. Die bildungsbürgerliche Führungsposition ist dabei noch soweit unter der Jugend wirksam, daß auch Arbeiterjugendliche in den Sog dieser Haltung gezogen werden können, soweit sie durch Leistungsverweigerung, Arbeitslosigkeit usw. zur Ohne-mich-Haltung neigen. Statt Vorstoß in den öffentlichen Bereich und dessen Gestaltung also Rückzug in die Innerlichkeit, statt partieller und kompromißbereiter – eine individuelle Vervollkommnung also zurückstellender – Kollektivorganisation der Eskapismus in eine Welt gesamtheitlicher Beziehungen und die Abneigung gegen jede formal organisierte Organisation und Aktion. Damit aber werden soziale Probleme der Gesamtgesellschaft nur noch gebrochen durch das Medium der kommunitären Primärgruppe erfahren, d. h. als persönliche Schwierigkeiten ihrer Mitglieder. Diesen gilt das therapeutische Bemühen der Lebensgemeinschaft, wobei Enttäuschungen nicht ausbleiben können.

Noch zu Beginn der dritten Phase kommunitärer Versuche herrschte die Meinung vor, man betrete mit den psychosozialen Kommunen das Feld erregender Sozialexperimente, es entstünden hier soziale Labors, in denen neue (und daher radikale) gesellschaftliche Theorien sozialen Verhaltens, menschlicher Motivation und zwischenmenschlicher Beziehungen auf ihre Realisierbarkeit getestet und so der Gesellschaft Auswege aus möglichen Krisen eröffnet würden. Heute überwiegen die Zweifel an diesem Bild der Kommunen als Instrumenten eines von der Basis kommenden und auf Selbsthilfe beruhenden sozialen Wandels. Man glaubt vielmehr zu sehen, daß es zum pathetischen Selbstbild der Kommunen gehört, sich irgendwie als Modelle für die Lösung sozialer Probleme, ja sogar *der* Probleme der Gesellschaft zu verstehen, daß sie aber bisher daran gescheitert sind, Zugänge zu einer besseren Neuen Welt zu öffnen. Die Interpretation der Kommunen als »Himmel auf Erden« gehört zum Mythos der Kommune. Nähme man dieses Bild einer möglichen Verwirklichung eines innerweltlichen Neuen Jerusalem ernst, dann müßte man deutlich auf die »Grenzen der Utopie«, ja ihre Unmöglichkeit verweisen und den Blick auf ›Pfade aus Utopia‹ lenken. Denn inzwischen meinen wir zu wissen, daß die Erfahrungen und Ergebnisse experimenteller Kleingruppen wohl nicht direkt auf größere Einheiten, ja auf ganze Gesellschaften übertragen werden können, da gerade mit dem zahlenmäßigen Wachstum einer sozialen Gruppe auch deren Komplexität, innere Differenzierung und äußere Distanzierung ihrer Mitglieder zunimmt – und damit auch die Ursachen für Ungleichheit und Entfremdung gelegt werden. Die Umformung einer Gemeinde, ja eines ganzen Landes in ein Netzwerk autonomer Gruppen unter Ausschaltung jeglicher

Bürokratie und herrschaftlicher Kontrolle bleibt jedenfalls vorläufig noch im Bereich einer anarchistischen Utopie. Und diese ist mitsamt dem ihr zugrunde liegenden Glaubenssatz einer Perfektibilität des menschlichen Geschlechts durch bloße Wiederholung nicht glaubwürdiger geworden. Aber selbst die Binnenziele kommunitären Daseins haben unter dem soziologischen Blick viel von ihrem Glanz verloren, ist doch sichtbar geworden, daß Egalität, Freiheit, Fraternität, Zusammengehörigkeit, Herrschaftslosigkeit zwar ständige Forderungen der Kommunen sind, aber kaum völlig und gleichzeitig in die kommunitäre Praxis umgesetzt werden können.

Wir wollen uns deshalb mit einer weniger dramatischen Sichtweise der Kommunen begnügen: Sie sind zweifellos Indikatoren für die Natur und die Dringlichkeit einer Reihe von sozialen Problemen wie Generationenkonflikt, Krise der traditionellen Familie, neues Rollenverständnis der Frau, Absage an die Konsumgesellschaft, Zweifel an der ökonomischen Leistungsethik, Streben nach einer authentischen persönlichen Identität usw. Selbst wenn es wahrscheinlich ist, daß diese Schwierigkeiten nicht innerhalb der Kommunen oder durch sie gelöst werden können, verweisen die Kommunen auf die Sehnsucht nach neuen sozialen Werthaltungen. Ferner wissen wir, daß die gegenwärtige Gesellschaft vielfältige Bedürfnisse erzeugt, von denen einige für manche Menschen optimal in Gemeinschaftssiedlungen befriedigt werden – auch wenn dabei keine soziale Veränderung, ja nicht einmal eine persönliche Erlösung bewirkt wird. Der experimentelle Charakter kommunitärer Gruppen macht sie besonders für Jugendliche attraktiv, die tradierte Rollenbilder des Erwachsenseins, der Mutter- oder Vaterschaft, der Berufstätigkeit usw. nicht übernehmen möchten, sondern neue erproben wollen. Freilich soll auch beachtet werden, daß zumindest die herkömmliche religiöse und sozialreformerische Kommune gerade für einen solchen experimentellen Lebensstil wenig Raum bot, da sich ihre Mitglieder festen Regeln und Ideologien unterwarfen.

Statt Verteufelung oder Idealisierung der kommunitären Lebensform brauchen wir eine nüchterne Kenntnis ihrer bisherigen Leistungen und Fehlschläge. Denn es wäre voreilig zu propagieren, daß die gesellschaftlichen Übel auf dem Wege einer Übernahme des kommunitären Modells beseitigt werden können, solange nicht einmal die sozialen Schwierigkeiten des kommunitären Zusammenlebens selbst ganz erforscht sind. Es wäre aber auch töricht, die Heilung sozial verursachter individueller Schäden allein traditionellen Instanzen wie der Familie oder der staatlichen Erziehung und Fürsorge zu überlassen, ohne das therapeutische und regenerative Potential der Kommune zu kennen. Für eine solche Bestandsaufnahme will dieser Band einen Beitrag aus der Sicht des Historikers leisten, wobei das Untersuchungsfeld auf *Deutschland* beschränkt bleibt.

In der deutschen Geschichte der Neuzeit lassen sich, ähnlich wie in Amerika, jedoch mit stärkerer Unterbrechung der Kontinuität, drei Phasen der kommunitären Bewegung unterscheiden: Die *erste religiöse Phase* reichte vom 16. bis ins 18. Jahrhundert, also von den Täufern bis zu den Herrnhuter Brüdern. Eine gewisse, wenn auch schon unter dem Vorzeichen der Gesellschaftsreform stehende Fortsetzung fand diese erste Periode in der kirchlichen Sozialtätigkeit des 19. Jahrhunderts (etwa in der Gründung der Arbeiterkolonie Wilmersdorf 1882 durch Friedrich von Bodelschwingh). Ihr folgte – allerdings mit einer erheblichen Phasenverschiebung im Vergleich zum Westen aufgrund des späteren Einsetzens der Industrialisierung – eine *zweite sozialreformerische Siedlungswelle*. Sie war seit der Mitte des 19. Jahrhunderts literarisch vorbereitet, wurde jedoch erst während der wilhelminischen und Weimarer Zeit in die Praxis umgesetzt und fand ihren Endpunkt in den staatlichen und privaten Siedlungsunternehmen während der Weltwirtschaftskrise. Der Erste Weltkrieg selbst beschleunigte lediglich die Gründung sozialreformerischer Kommunen (besonders aus dem Kreise der Jugendbewegung), schied aber nicht zwei Kommunetypen voneinander. Die *dritte Periode, die der psychosozialen Kommune,* setzte dann mit der Alternativbewegung in den siebziger Jahren ein und reicht bis zur Gegenwart.

Die vorliegende Dokumentation ist auf die zweite Phase beschränkt. Diese bildet eine deutlich inhaltlich und zeitlich geschlossene Einheit. Während sich die erste Phase um die Seele (in einem transzendenten Sinne) und die dritte Phase um die Psyche (in einer innerweltlichen Bedeutung) kümmert, liegt der Schwerpunkt in der zweiten Phase auf der Gesellschaftstransformation. Man darf freilich trotz dieser schematischen Akzentuierung nicht übersehen, daß die Regeneration von Seele und Sozietät immer zusammen gesehen wird und deshalb hinter allen weltanschaulich motivierten Siedlungen Entwürfe einer Totaltransformation von Mensch und Welt stehen. Zeitlich bildet die zweite Phase auch dadurch eine Einheit, daß sie weder durch ihre Träger noch durch ihre Siedlungsgründungen mit anderen Phasen verzahnt ist. Dies gilt freilich mit der Einschränkung, daß ein christlich-radikaler und »anti-materialistischer« Traditionskern alle drei Phasen miteinander verbindet. Ferner sind die zweite und dritte Phase – wenn auch durch die tiefe zeitliche Kluft von Nationalsozialismus und Nachkriegs-Wirtschaftswunder voneinander geschieden – einander dadurch ähnlich, daß sie Reaktionsweisen auf Krisenerfahrungen in einer industriellen Welt sind, daß diese Krise sehr stark unter dem Aspekt eines Generationenkonflikts erlebt wird (Jugendrevolte!) und daß schließlich die intellektuellen Berufe die Führung der Bewegung in der Hand haben (Gebildetenrevolte!) und wohl auch die Mehrzahl der Teilnehmer stellen. So liegen auch ausgeprägt proletarische, aber nicht im engeren Sinne kommunitäre Siedlungsformen wie »Waldheime« (sie gingen von der Stuttgarter Arbeiterbewegung aus), Schreber- und Laubengärten, »rote Kinderrepubliken« (Ferien-Zeltdörfer der Arbeiterjugend) und genossenschaftliche Selbsthilfe zur Wohnungsbeschaffung nach Art der Wiener Siedlungsbewegung (1918 bis 1934) außerhalb unserer Betrachtung.

Innerhalb der sozialreformerischen Phase der Kommunegründungen, die wir untersuchen, lassen sich wiederum drei Aktivitätsschübe unterscheiden[8]: Eine einleitende Periode beginnt Ende des 19. Jahrhunderts (mit Wurzeln in der Romantik und der Jahrhundertmitte). Wir nennen sie die *lebensreformerische Phase* nach der die Siedlungen tragenden breiten kulturkritischen Strömung. Ihre Stoßkraft für Siedlungsgründungen war jedoch schon gleich nach der Jahrhundertwende verpufft. Ihr folgt eine zweite Phase nach dem Ersten Weltkrieg (deren Ansätze noch in die unmittelbare Vorkriegszeit zurückreichen); sie erstreckt sich bis in den Beginn der zwanziger Jahre. Aufgrund ihres ideenmäßigen und sozialen Trägers bezeichnen wir sie als *freideutsch-jugendbewegte Phase*. Es ist deutlich, daß die Jugendbewegung lebensreformerisches Gedankengut aufgriff und popularisierte; trotzdem ist die zweite Phase nicht bloß die Weiterführung, sondern aufgrund der obwaltenden politischen und ökonomischen Umstände (Weltkrieg und Inflation) auch eine Radikalisierung der lebensreformerischen Siedlungs-Gründerzeit. Aber auch dieser zweite Impuls erlahmte sehr schnell

---

[8] Am stärksten entzieht sich die Geschichte der jüdisch-jugendbewegten Kollektivsiedlung diesem Schema, da sie von außerdeutschen Ereignissen mitgeprägt wurde.

wieder. Denn die galoppierende Inflation stellte bereits die Siedlungen vor fast unüberwindliche finanzielle Schwierigkeiten. Mit dem Zusammenbruch der Revolution von 1918/19 und mit der Währungsreform von 1923 versackte der in den Siedlungen zum Ausdruck kommende radikale Erneuerungswille schnell. Dem folgte eine dritte und letzte Phase Ende der zwanziger und zu Beginn der dreißiger Jahre – wir nennen sie die *bündisch-jugendbewegte Phase*. Wenn auch ihre Ansätze teilweise bis in die beginnenden zwanziger Jahre zurückreichen, so erhielt sie ihre Durchsetzungskraft erst mit der Weltwirtschaftskrise. Das Ende dieser Phase kam wiederum überraschend schnell von außen durch den Nationalsozialismus. Innerlich war diese dritte Phase stärkstens mit der zweiten verbunden, da auch sie aus dem Geiste der Jugendbewegung heraus lebte; während jedoch die zweite Phase der Freideutschen Epoche (nicht aber in jedem Falle der Freideutschen Organisation) zuzuordnen wäre (sie wird durch die beiden Fixpunkte des ersten Meißnertreffens 1913 und der Zehnjahresfeier 1923 begrenzt), so die dritte Phase der bündischen Jugend (auch hier wiederum als Zeit-, nicht unbedingt als Organisationsbegriff). Von der Zahl und Vielfalt der Siedlungsgründungen her gesehen ist die erste lebensreformerische Phase der Auftakt, die freideutsche Phase der Höhepunkt und die bündische Phase der Ausklang der deutschen gesellschaftsreformerischen Siedlungsgründungen. Die eigentlichen Gründungsaktivitäten beschränken sich aber in jedem Falle nur auf ca. je vier Jahre, wenn auch die dabei erfolgten Gründungen oft sehr viel länger am Leben blieben.

Jede der drei Unterphasen wird jedoch nur verständlich durch ihre Einbettung in den gesamtgesellschaftlichen politischen, sozioökonomischen, kulturellen und psychosozialen Hintergrund. Bedeutsam dürfte dabei vor allem die Tatsache sein, daß Kommunegründungen dann eine besondere Konjunktur haben und hatten, wenn infolge wirtschaftlicher Depressionsphasen (1890 bis 1895 bzw. 1900 bis 1902; Kriegs- und Nachkriegs-Inflation; Weltwirtschaftskrise; Rezession der siebziger Jahre) der soziale und politische Konsens zerbricht, das gesamtgesellschaftliche Handeln weniger einsichtig wird und entgegen der schmerzhaft bewußt werdenden Komplexität ökonomischer Zusammenhänge die einfachen Lösungen gesucht werden. Die Verweigerungshaltung gegenüber der nicht mehr als heil und transparent erfahrenen Welt, die Hinwendung der Großstädte zum Mythos von der guten Mutter Erde und zu nicht-materiellen Werten, eben die typische Abwendungs- und Aufbruchshaltung der Alternativbewegung, lassen dann die Kommune als klar umrissenen, durchsichtig strukturierten und sinnvollen Handlungsraum erscheinen.

Diese umfassenden gesellschaftlichen Vorgänge wurden von den Siedlungswilligen selbst weniger real und verstandesmäßig-analytisch und mehr unter apokalyptischen Vorzeichen, d. h. als Anzeichen einer dem Untergang geweihten Alten Welt oder als Vorboten einer aufsteigenden Neuen Welt, gedeutet. Gerade aus dieser Überhöhung der Realität gewannen die Kommunen ihr besonderes Pathos. Max Weber, der dem Erwartungsdruck der apokalyptisch erregten Jugend in dem Bewußtsein standhielt, in einer prophetenlosen Zeit sei es besser, nüchtern auszuharren als sich falschen Führern zu opfern, wurde selbst mit der siedlungsfreudigen studentischen Jugend im Januar 1920 in München konfrontiert – und erfuhr so aus eigenem Augenschein einen Ausschnitt aus der Deutschen Apokalypse: »Was sie u. a. umtreibt, ist der Glaube, daß man durch Begründung kommunistischer Oasen – ländlicher Siedlungen und dgl. – die natürlichen Zellen einer neuen höheren Weltordnung schaffen könne – die friedliche Überwindung des Kapitalismus, oder wenigstens Befreiung von ihm für diejenigen, die ernstlich davon frei sein *wollen*. Und indem sie gemeinsam der Erde die Nahrung abgewinnen, hoffen sie auch frei zu bleiben von spezialistischer Berufsarbeit. Denn sie sehen darin einen die Seele ertötenden Zwang. Aber Kulturmenschen wollen sie trotzdem bleiben, ›Landwirtschaft mit Kunstgewerbe‹ hat Spengler ironisch bemerkt. Der Dichter Paul Ernst, der selbst seit einigen Jahren mit Hilfe seiner überaus tüchtigen und klugen Gattin eine Bauernstelle bewirtschaftet, um sich den Unterbau seiner geistigen Existenz zu schaffen, weiß, was dazu gehört an Fleiß und Energie und warnt. Einige von den Jungen haben schon praktische Versuche gemacht, sind jedoch gescheitert. Ein besonders junger Mann [der christlich-radikale, Eberhard Arnold nahestehende Traugott von Stackelberg] will eine größere Gefolgschaft von Intellektuellen und Proletariern nach Sibirien führen, das er durch den Krieg kennt, und mit ihnen dort ein vorbildliches kommunistisches Gemeinwesen schaffen. Dabei schwebt ihm nicht nur solidarisches Wirtschaften, sondern auch das anarchistische Ideal der Befreiung von den staatlichen Formen der Herrschaft vor. Weber bemüht sich, ihnen klar zu machen, daß nur kleine, familienhafte Gemeinschaften, nicht aber größere Gemeinwesen ohne Gesetz und Gewalt organisiert werden können. Aber ihr chiliastischer Enthusiasmus ergreift ihn – er erklärt sich bereit, sie in praktischen volkswirtschaftlichen Fragen zu beraten. Aber die jungen Siedler fühlen, daß er keiner der Ihren werden kann. Sie sind enttäuscht und werfen ihn zum alten Eisen.«[9]

Soziologische und wirtschaftsrationale Überlegungen konnten in der Tat der Siedlungsbegeisterung nichts anhaben; die psychosozialen Ängste, durch die sie gespeist wurde, und die weltverwandelnden Hoffnungen, die sie trug, wurzelten tiefer.

---

[9] Marianne Weber, Max Weber. Ein Lebensbild. Tübingen 1926, S. 686f.

I. Fin de siècle und Aufbruch ins neue Jahrhundert
Agrarromantik und Großstadtfeindschaft

Die Erfahrungen, die zu Ausgangspunkten der späteren sozialreformerischen Siedlungsgründungen in Deutschland wurden, sind das industrielle Take-off um 1850 und das Scheitern der Revolution von 1848. Zwei Richtungen der Reform wurden dadurch ausgelöst: Überlegungen zu einer metapolitischen, geist- und bewußtseinsrevolutionären (und damit individualistischen), geistig-sittlichen und sozialethischen Erneuerung, die sowohl von enttäuschten 1848ern (wie Eduard Baltzer, dem lebensreformerischen Vater der Lehre von der »naturgemäßen Lebensweise«) als auch von konservativen Gegenrevolutionären (wie Victor Aimé Huber, dem christlichen Genossenschaftstheoretiker[1]) ausgingen, verbanden sich mit Versuchen zur Veränderung der ökonomisch-materiellen Lage der vom Industrialisierungsprozeß Betroffenen, der Arbeiter und Kleinbauern, des handwerklichen und kleingewerblichen Mittelstandes. Als Kristallisationspunkt beider Tendenzen erwies sich dabei insbesondere die Genossenschaftsbewegung, die natürlich stark vom Ausland – man denke etwa an Robert Owen und Charles Fourier – beeinflußt wurde. Diese Tendenzen mußten nicht notwendigerweise zur Siedlungs-Romantik führen, sondern konnten ebenso belebend in den breiten Strom sozialreformerischer Bestrebungen einmünden.

Hier ist nicht der Ort für eine Geschichte des deutschen Genossenschaftswesen zwischen Selbst- und Staatshilfe. Aber es soll deutlich werden, daß gerade die Siedlungsgenossenschaft (deren »Vater« in Deutschland Victor Aimé Huber gewesen war) um die Jahrhundertwende zu einem Brennpunkt sowohl sozialutopischer wie -reformerischer Hoffnungen wurde. Symptomatisch scheint uns das 1901 von Benedict Friedländer veröffentlichte Werk ›Die vier Hauptrichtungen der modernen socialen Bewegung‹ zu sein. Darin beurteilt er die beiden ersten

---

[1] Für die hier behauptete Kontinuität der sozialreformerischen Siedlungen ist es bezeichnend, daß Hubers Werk ›Die Selbsthülfe der arbeitenden Klassen durch Wirtschaftsvereine und innere Ansiedlung‹ (1848) erneut von Karl Bittel, einem der Gründerväter jugendbewegten Siedelns, herausgegeben wurde (als Heft 21/23 der ›Genossenschaftlichen Kultur‹, Esslingen 1916).

»Hauptrichtungen«, die marxistische Sozialdemokratie und den Anarchismus, als überholt, obwohl sie »wegen des Trägheitsmoments der Parteien, Sekten und Schulen einstweilen noch in der Öffentlichkeit und der Meinung des Publikums den breitesten Raum einnehmen und vielleicht auch noch auf einige Jahrzehnte einnehmen werden«. Friedländer stellt sich an die Seite des Bernsteinschen Revisionismus, plädiert aber für eine Reform der Sozialdemokratie durch eine Öffnung zu Eugen Dühring hin. Denn er meint, daß Eugen Dührings »socialitärem System« und Henry Georges »Neophysiokratie«, wenn sie auch gegenwärtig noch einen geringfügigen äußeren Einfluß hätten, »nach Überwindung der im Wege stehenden Hindernisse, die Zukunft gehören wird«. Dühring – das ist für ihn der Verfasser des ›Cursus der National- und Socialökonomie‹ (1. Auflage 1873, 2. Auflage 1876), der das Eigentum an Boden, Produktionsanstalten und Wohnstätten »Wirtschaftskommunen« übertragen, d. h. an die Stelle der industriellen und landwirtschaftlichen Unternehmer Genossenschaften treten lassen wollte. Friedländer führt weiter aus: »Boden- und Produktionsanstalten wären Eigentum der Gesellschaft, da jedermann die Benutzung unentgeltlich freistünde. Besser noch als Gesellschaftseigentum scheint mir der Hertzkasche Ausdruck Herrenlosigkeit zu sein. Denn eben wegen der Pflicht der Aufnahme aller sich meldender Mitglieder auf dem Fuße völliger Gleichheit, einer Pflicht, der alle Wirtschaftskommunen unterworfen wären, würde es erreicht werden, daß Boden und Produktionsmittel sozusagen niemand gehörten; wenigstens nicht im Sinne des ausschließlichen Eigentumsrechts der Gegenwart gehörten.«

Dieses System der Wirtschaftskommunen sei von Dühring in dem Augenblick zurückgezogen worden (nämlich in der 3. Auflage seines ›Cursus‹ von 1892), als es durch »seinen Nachahmer« Theodor Hertzka und dessen ›Freiland‹ (1890) als neues »sociales Zukunftsbild« (so der Untertitel von Hertzkas Buch) unter verändertem Namen populär geworden sei. Freilich kritisiert Friedländer den sozialutopischen Charakter von Hertzkas Entwurf (»die Seligkeit wird beginnen, diesmal aber nicht im Himmel, sondern auf der alten, soliden Erde; denn das ist der Hauptunterschied zwischen der altchristlichen und der sozialen Illusion«) und sucht ihm durch den Hinweis auf die Gedanken des Amerikaners Henry George entgegenzuwirken.

Georges Werk ›Progress and Poverty‹ war 1880, ein Jahr nach

der Veröffentlichung, bereits ins Deutsche übersetzt (›Fortschritt und Armuth‹). Friedländer sieht den Kern von Georges Lehre in dem Nachweis, daß der von einer Nation in Besitz genommene Boden Naturmitgift und gleichzeitig die materielle, notwendige, unvermehrbare Grundlage aller Existenz sei. Ein absolutes Eigentum am Boden sei ein Verstoß gegen das Naturrecht und letzte Ursache aller sozialen Schäden. Deshalb müsse das private Bodeneigentum rückgängig gemacht und das gleiche Anrecht aller auf den Grund und Boden wiederhergestellt werden. Wiederum in Anlehnung an den »impôt unique« der Physiokraten fordert George als Weg der Reform die Besteuerung der Grund-Werte durch eine einzige staatliche Steuer, die »Single Tax«.

Friedländer weist des weiteren darauf hin, daß solche Gedanken in Deutschland bereits im »Bund für Bodenbesitzreform« (unter Vorsitz von Michael Flürscheim, dann Adolf Damaschkes) eine organisierte Vertretung fänden, der unter anderem eine »Wegsteuerung der Bodenrente« bzw. eine »Bodenwertsteuer« fordere. Freilich kritisiert er an dem Bund, daß er »sich vorwiegend an Elemente [wendet], die gar nicht zur Arbeiterklasse gehören, weswegen sein ganzes Auftreten mitunter einen etwas schwächlich philanthropischen und auch nicht immer ganz freiheitlichen Charakter trägt«. Es scheint, daß Friedländer abschließend seine ganze Hoffnung auf Franz Oppenheimer richtete, dessen Werk ›Die Siedlungsgenossenschaft‹ erstmals 1896 erschienen war, und den Friedländer für einen eigenständigen Schüler Dührings wie Georges hielt; nicht zuletzt gefiel ihm an diesem wohl, daß er seine Genossenschaftsidee – wenn auch vergeblich – *mit* der Sozialdemokratie zu erreichen suchte. Und forderte Friedländer die Absage an die »staatskommunistischen Träumereien« und den Einsatz aller Kraft und Leidenschaft, um »gegenwärtige und unmittelbare Verbesserungen für die Arbeiter durchzusetzen«, so muß der Untertitel von Oppenheimers Werk ›Versuch einer positiven Überwindung des Kommunismus durch Lösung des Genossenschaftsproblems und der Agrarfrage‹ wie Musik in seinen Ohren geklungen haben.

Oppenheimer jedenfalls wurde, bis die Nationalsozialisten seine letzten praktischen Versuche in dieser Richtung in Deutschland liquidierten, zum entschiedensten Vorkämpfer der Siedlungsgenossenschaft. Und hatte sich Damaschke vergeblich eine Realisierung seiner Bodenreform-Ideen von der deutschen

Kolonialpolitik erhofft (›Kamerun oder Kiautschou‹), so warb Oppenheimer zunächst – entgegen Hertzkas Afrika-Plänen – für ›Freiland in Deutschland‹(1894); 1903 plädierte er auf dem Sechsten Zionistenkongreß in Basel auch für den »Aufbau einer jüdischen Genossenschaftssiedlung in Palästina« und fand damit Widerhall durch die Gründung einer Arbeiterproduktivgenossenschaft nach seinem Plan unter der Leitung seines Schülers Dyck 1911 in Merhavia, nur wenige Monate, nachdem in Degania am See Genesareth die erste Genossenschaft dieser Art in Palästina entstanden war.

Doch aus Damaschkes wie Oppenheimers Memoiren wird sichtbar, daß sie im Klima der Jahrhundertwende für ihre sozialreformerischen Bestrebungen in den Großstädten auf wenig geneigte Ohren stießen. Hier verband sich vielmehr die durch Agrarromantik und Großstadtfeindschaft gekennzeichnete Krisenstimmung des Fin de siècle mit einer fast religiösen Aufbruchsstimmung. So berichtet Damaschke, wie sich die Freiland-Vereine Hertzkas zur Konkurrenz seines »Bundes für Bodenbesitzreform« entwickelten und er vergeblich den Hertzkaschen Utopien entgegentrat: »... die Aussicht, in absehbarer Zeit, in zwei, drei oder zehn Jahren nun wirklich in das gelobte Land der Verheißung eingehen zu können, hatte etwas Berauschendes.« Und in einer anderen Studie heißt es über die apokalyptische Erregtheit jener Jahre: »An den Winterabenden der Jahre 1894 und 1895 wurde in Berliner Versammlungen viel und mancherlei über soziale Zukunftsgestaltung debattiert – endlos und unermüdlich, als gelte es, über Nacht eine neue Welt zu schaffen. Mißvergnügte, Enttäuschte und Verärgerte, sozialpolitische Einzelgänger, Leute, die Wahrheit suchten, und solche, die schon ein fertiges Programm in der Tasche trugen, Bodenreformer, Freiländer, Egidyaner [Anhänger der sozialethischen Lehre Moritz von Egidys], Sozialisten aus der Schule Proudhons, Carlylisten, konservative Radikale und radikale Konservative [...] kurz eine bunte Gesellschaft von allerlei Zukunftsmenschen, die in vielerlei Zungen redeten und doch einander verstanden, weil ihnen allen die großen Fragen und Nöte der Zeit auf der Seele lasteten, und weil sie allzumeist von ehrlichem Wollen und von dem heißen Drange erfüllt waren, irgend etwas Positives zu tun. In diesen Kreis fiel wie ein zündender Funke die Genossenschaftsidee.«[2]

[2] P. Lange, Die Konsumgenossenschaft Berlin und Umgebung und ihre Vorläufer. Berlin 1924, S. 48 ff.

Solche Menschen waren es, welche 1893 die Siedlungsgenossenschaft Eden bei Berlin ins Leben riefen: »Es waren lauter sozusagen pflastermüde Städter, eine ganze Anzahl von Sonderlingen und Sektierern aller Art dazwischen; sie wollten ihre Existenz auf den Obstbau stellen, von dem kaum einer von ihnen die geringste Ahnung hatte«, äußert Oppenheimer über Edens Anfänge. Solche Bestrebungen führten um die Jahrhundertwende auch zur Gründung der Vegetarier-Ansiedlung auf dem Monte Verità in Ascona[3] – so schreibt die Frau des Gründers Henri Oedenkoven über das Thema von Flucht und Neubeginn: »Innerhalb der bestehenden, gesellschaftlichen Organisationen, welche jede individuelle Regung im Menschen erstikken und dessen Kraft und natürliche Anlagen in den Dienst der Machtbesitzenden zwingen, ist eine freie Entwicklung nach Befreiung strebender Menschen undenkbar. Auf neuem Boden, auf hiezu neu zu erwerbendem Grunde sollte daher das Unternehmen entstehen.« Und ebenfalls um die Jahrhundertwende schufen auch die beiden »Zukunftsmenschen« Heinrich und Julius Hart in Berlin die »Neue Gemeinschaft«, über welche eine Zeitgenossin urteilt: »Das Wort ›neu‹ hatte damals ganz besonderen Klang, ganz besondere Bedeutung. Es geschah wohl auch, daß man jedes *neu* mit *nouveau* verwechselte und Offenbarungen davon erhoffte. Die Jahrhundertwende regte die Menschen auf, machte sie erhebungswillig. Die vom Materialismus Enttäuschten suchten eine naturwissenschaftliche Romantik zur Weltanschauung zu erheben.«[4] Und wie eine Zusammenfassung der genannten Themen von Krise und Aufbruch heißt es in Gustav Landauers Aufsatz ›Die Siedlung‹ (1909): »Es liegt alles brach um uns, es ist alles verfallen, es regt sich fast noch nichts da draußen; es blüht in uns und ringt sich empor, unsäglich ist die Arbeit, die auf uns wartet; wenige sind wir und jeder unter uns möchte sich verzehnfachen, möchte den Tag spalten, damit mehr Zeit sei, möchte hundert Arme haben, um überall mitanzugreifen; es ruft uns von überall her zur Hilfe, zum Fassen, zum Stoßen, zum Werken: es ist eine Lust zu

---

[3] Vgl. Ida Hofmann-Oedenkoven, Monte Verità. Wahrheit ohne Dichtung. Lorch 1906; A. Grohmann, Die Vegetarier-Ansiedlung in Ascona und die sogenannten Naturmenschen im Tessin. Halle a. S. 1904; Erich Mühsam, Ascona. Locarno 1905; Harald Szeemann (Hrsg.), Monte Verità (Katalog). Mailand 1978; Robert Landmann, Ascona-Monte Verità. Auf der Suche nach dem Paradies. Zürich 1973.

[4] Anselma Heine, Schriftstellerkolonien III. »Die neue Gemeinschaft«. In: Das literarische Echo 14 (1911/12), Sp. 688.

leben!« Die Siedlung aber, so führt er aus, sei nicht mehr bloßer Fluchtpunkt: »›Mitten im eigenen Lande, mitten unter unserem Volke wollen wir den Pflock einrammen und allen, die uns hören können, zurufen: ›Seht alle, ein Wegweiser!‹«

Erst mußte der Glaube an eine Heilbarkeit der sozialen Gebrechen über tradierte politische Institutionen sowie an die Integrationsfähigkeit der bestehenden politischen Kultur verschwunden sein, ehe der bemerkenswerte Exodus aus der bestehenden Gesellschaft in ländliche Siedlungen einsetzte. Dieser Zustand war im wilhelminischen Kaiserreich erreicht. Jetzt plötzlich erwies sich das von Bismarck geschaffene Reich ohne ausreichende spirituelle Fundierung. Die Folge war die durch zahlreiche rivalisierende Weltanschauungsgemeinschaften betriebene Suche nach gesamtgesellschaftlichen Ordnungsentwürfen. Die sozioökonomischen Auswirkungen der mit der Reichsgründung einsetzenden Hochindustrialisierung erwiesen sich als irreversibel bei einer gleichzeitigen unkorrigierbaren Beharrungskraft des tradierten Herrschaftssystems. Die Konsequenz war ein Anwachsen der agrarromantischen Großstadtfeindschaft und eine »individual-anarchistische« Staatsverdrossenheit. Sie galt nicht für die Mehrheit der Gesellschaft (diese spürte nur die zunehmende Langeweile ihrer Existenz, aus der sie dann der große Krieg erlöste), ja nicht einmal für die Mehrheit des alten und neuen Mittelstandes, sondern nur für jene Gebildeten, die den alten führenden bildungsbürgerlichen Status der Kulturträger bedroht sahen durch die neue Rolle einer staatlich oder privatwirtschaftlich verbeamteten Intelligenz. Sie brachen lieber aus diesen »Zwängen« aus, wurden unbürgerlich, bekannten sich gar zur Bohème. In diesem Milieu fand die Gebildetenrevolte statt und der Exodus aus Staat und Gesellschaft, der sich in vielerlei kulturrevolutionären Formen vollzog. Es war eine anti-urbanistische Revolte der städtischen, progressiv ausgerichteten Intelligenz, es war Landkult und Agrarutopismus der Großstadtliteraten, die den Auszug aus der Kernstadt in die durchgrünte Siedlung (»Gartenstadt«[5]), die Übersiedlung an den Stadtrand (als »Vorort-Bohème«, wie etwa die Friedrichshagener bei Berlin) oder in die ländliche, wenn auch großstadtnahe Künstlerkolonie (wie Worpswede oder Da-

---

[5] Die Priorität der Gartenstadt-Idee in Deutschland kommt Theodor Fritsch zu (›Die Stadt der Zukunft‹, 1896 und ›Die neue Gemeinde‹, 1897); doch erst der »Neuen Gemeinschaft« gelang es, eine erfolgreiche Gartenstadt-Bewegung ins Leben zu rufen.

chau) propagierten. Die pädagogische Intelligenz wanderte aufs Land ab (»Landschulheime«), die Bohème drängte über den Vorort und die Künstlerkolonie weiter hinaus in einer exotischen Reisepassion, die sie in einen nichtindustrialisierten mythischen Süden (Capri) und bis in die Südsee führte. Schüler und Studenten wanderten in die agrarischen und nicht erschlossenen Landesteile und Staaten, von der klassischen Böhmerwald-Fahrt bis zur Fahrt nach Finnland. Und schließlich gehört in diesen Zusammenhang eben auch die Siedlungsgründung – ebenso im Vorort der Großstadt (Berlin-Schlachtensee), wie in der Nähe der Großstadt (Eden bei Oranienburg-Berlin) wie im mythischen Süden (Monte Verità bei Ascona am Lago Maggiore).

Diese kulturrevolutionäre Gebildetenrevolte[6] trat in Gestalt der individuellen Rebellion, im »bündischen« Zusammenschluß (»Verein der Eigenen«) scheinbar autonomer »Freier« auf, nicht aber in Form von Partei- oder Interessenorganisationen – und dies zu einer Zeit, als das liberale Individuum, gekennzeichnet durch eine spontane politische und wirtschaftsbürgerliche Aktivität und die von ihm zu bestimmten Zwecken gebildete freie Assoziation, bereits durch den »Organisierten Kapitalismus« und (Staats-)Sozialismus verdrängt war. Die Reaktion von Teilgruppen des Bildungsbürgertums, insbesondere von Künstlern und Literaten, Lehrern und Pfarrern, höheren Schülern, Studenten und Privatdozenten (alles Angehörige des »alten« Bildungsbürgertums, nicht der neuen technischen und verwaltenden Intelligenz) bestand so in einem Rückfall in – vermutlich vom Pietismus und in seinem Gefolge vom Deutschen Idealismus tradierten – welttranszendierenden apokalyptischen Denk- und sektiererischen Organisationsmustern. Wollte man nicht von Kapital und Arbeit wie zwischen Hammer und Amboß zermalmt werden, dann galt es gerade seine angestammte Rolle als Vertreter allgemeiner Interessen, des »Geistes«, gegenüber partikularen Interessen zu behaupten. Dieser Verteidigungs-

---

[6] Zur Gebildeten-Revolte um 1900 vgl.: William Richard Cantwell, The Friedrichshagener Dichterkreis. A study in change and continuity in the German literature of the Jahrhundertwende. Diss. Wisconsin 1967 (Mschr.); Josef Poláček, Zum Thema der bürgerlich-individualistischen Revolte in der deutschen pseudosozialen Prosa. In: Philologica Pragensia, 46 (1964); Herbert Scherer, Bürgerlich-oppositionelle Literaten und sozialdemokratische Arbeiterbewegung nach 1890. Die »Friedrichshagener« und ihr Einfluß auf die sozialdemokratische Kulturpolitik. Stuttgart 1974.

kampf nahm heroische Züge an, wenn er in Gestalt des Übermenschenkultes und eines extremen anarchistischen Individualismus auftrat. Diese Richtung konnte ebenso an Nietzsche wie an Max Stirner anknüpfen; letzterer wurde Anfang der neunziger Jahre gerade wieder durch den Dichter John Henry Mackay bis zu einem bestimmten Grade populär. Benedict Friedländer bestätigte 1901, daß es sich hier ausschließlich um eine Gebildetenrevolte handelte: »Der individualistische Anarchismus existiert in der Form literarischer, belletristischer und philosophischer Richtungen, ohne einen erheblichen Einfluß auf die Massen.«

Die Gebildetenrevolte war unvereinbar mit den liberalen parteipolitischen Positionen. Unter den Bedingungen des Hochkapitalismus hatte die klassische liberale Programmatik weitgehend ihre Überzeugungskraft eingebüßt; Anfang der achtziger Jahre setzte auch der Zerfall der liberalen Bewegung in eine Vielzahl sich erbittert bekämpfender Richtungen ein. Denn mit der Hochindustrialisierung desintegrierte jene bürgerliche Sozialschicht, die man bisher mit der Bezeichnung »Besitz und Bildung« umschrieben hatte; anstelle einer gewissen politischen und sozialen Kohäsion dieser Schicht traten jetzt die konkurrierenden Gruppeninteressen von Industrie, Handel, Gewerbe, freier Berufe und einer staatlich oder privatwirtschaftlich verbeamteten Intelligenz. Diese Gebildeten, das wurde deutlich, je mehr sie ihren Zusammenhalt mit dem Besitzbürgertum verloren, waren besitzlos, auf den Verkauf ihrer Arbeitskraft angewiesen, Geistes-Arbeiter.

Was lag also näher, als nicht mehr in den liberalen Parteien, sondern in der Sozialdemokratie ihre wahre Interessenorganisation zu sehen! Und so kam es zum Versuch der Eroberung dieser Arbeiterpartei, besonders über den kulturellen Sektor. Es begann 1890 nach dem Ende des Sozialistengesetzes – bei der Reichstagswahl von 1890 hatte die Sozialdemokratie in Berlin die absolute Mehrheit der Wähler gewonnen – mit der Revolte der »Jungen«[7] und der Berliner Volksbühnen-Bewegung. Es ist

[7] Seit Eduard Bernsteins ›Geschichte der Berliner Arbeiterbewegung‹ (2. Teil 1907, 3. Teil 1910) ist diese Bewegung der »Jungen« differenzierter zu sehen, als Engels es mit seiner Diffamierung als bloßer »Literaten- und Studentenrevolte« (1890) tat. Die Wortführer waren Schriftsteller und schriftstellernde Akademiker, das Gros der Bewegung aber Arbeiter und aus der Arbeiterschaft hervorgegangene Agitatoren, »nur daß von den Arbeitern ein namhafter Teil sich weniger von doktrinären Rücksichten beherrschen ließ als die ›Akademiker‹ und den Streit weniger persönlich nahm als ein Teil der Agitatoren«.

überdeutlich, daß die literarischen »Eigenen« keine proletarische Klassensolidarität anstrebten, sondern eine Auflockerung der sozialdemokratischen Positionen durch individual-anarchistische Theoreme (Egoismus, freie Konkurrenz), die ihrem Geist-Radikalismus angemessen waren. Doch das Unterfangen dieser Intelligenz, sich bei dem ihnen unvermeidlich erscheinenden Sieg der Arbeiterorganisation an deren Spitze zu setzen, scheiterte: 1891 wurden die »Jungen« aus der Partei ausgeschlossen, 1892 kam es zur Spaltung der Volksbühne. Jetzt erst kam bei der sozialistischen Intelligenz jene Stimmung auf, der Landauer so unnachahmlich seine Stimme lieh: »Ungeheuerlich und fast unaussprechbar groß ist der Abstand geworden, der uns, die wir uns selbst als die Vorhut fühlen, von der übrigen Menschheit trennt.« Nicht mehr der Arbeitermasse und dem »Massenmenschen« galt jetzt die Verehrung, sondern durch »Absonderung« von ihnen galt es »Neue Gemeinschaft« zu finden. Ganz deutlich spricht Landauer es in seinem schon zitierten Aufsatz über »Siedlung« (1909) aus: »Unser Volk ist das neue Volk; ist das Volk und das Kulturleben, wie es in unserm Geist als Ziel lebt.« Aber auch diese Geist-Revolution konnte nicht ohne organisierte Bewegung sein – nachdem Liberalismus und Sozialdemokratie (ebenso wie der wilhelminische Arbeiter-Anarchismus) ausgefallen waren, kam es zur Abwendung von der Politik überhaupt.

So blieb als einzige umfassende Orientierung, als »Dritter Weg« zwischen Kapitalismus und Kommunismus, die Lebensreformbewegung das Instrument für die erdachte Transformation der Wirklichkeit. Und durch sie stieß man dann auch auf das Rezept der genossenschaftlichen Siedlung. Die Lebensreformbewegung paßte gut zu dem rousseauistisch-revolutionären Zwitter der Rebellion der Intelligenz. Denn die Lebensreform stand selbst in einem eigentümlichen Spannungsverhältnis zwischen angewandter Aufklärung und Eskapismus. Sie war als Fluchtbewegung großstadtfeindlich, agrarromantisch, rückwärtsgewandt, realitätsfern; auf der anderen Seite handelte es sich aber um einen bürgerlichen Typus von Gesellschaftsveränderung. Denn die Lebensreform regredierte nicht nur zu Natur und Boden, sie strebte auch die Dezentralisierung der Industrie, eine gleichmäßigere Verteilung der Bevölkerung, eine großzügigere Stadtplanung, eine intensivere Durchgrünung der industriell geprägten Stadtlandschaft, eine Humanisierung der Wohn- und eine Gesundung der Lebensverhältnisse an. Sie war auf der einen Seite präfaschistisch, auf der anderen Seite aber ein durchaus positiver Beitrag von Teilen des deutschen Bildungsbürgertums zur Lösung der durch Industrialisierung und Urbanisierung aufgeworfenen ökologischen, hygienischen und sozialpsychologischen Fragen. Freilich erkannte diese Bewegung – sei es als Naturheilkunde, Ernährungsreform (bis zum Vegetarismus und Abstinenzlertum), Freikörperkultur oder Kleiderreform – die gesellschaftliche Bedingtheit der anstehenden Fragen nicht ganz und bedachte nicht die Zusammenhänge von Bewußtseinsveränderung bzw. Selbstreform und politischer Praxis bzw. Gesellschaftsreform. Während das Proletariat vorrangig um die Verbesserung seiner primären Lebens- und Arbeitsbedingungen im Produktionsbereich kämpfte, geriet immerhin bei der Lebensreformbewegung der Reproduktionsbereich der Arbeitskraft (im Bereich des Wohnens, Kleidens, Ernährens und Erziehens) in das Blickfeld. Aber der von der Lebensreform beschrittene Weg der Bewußtseins- und Selbstreform war doch nur in jenen Bereichen erfolgreich, in denen die Herrschafts- und Besitzstruktur der Gesellschaft selbst nicht in Frage gestellt wurde, also bei Teilreformen etwa in den Sektoren Kleidung, Nahrung, Leibeserziehung (neues Körpergefühl). An der Lösung der umfassenderen ökonomischen Fragen, etwa der von ihr gesehenen Notwendigkeit einer Bodenbesitzreform, mußte sie dagegen sowohl vom limitierten Problembewußtsein wie von der eigenen sektiererischen Organisationsstruktur her scheitern.

Auch geriet die Lebensreform leicht in die Sackgasse einer nur individuellen Flucht aus der mißlichen Gegenwart, wobei dieser Weg in die Innerlichkeit eine durchaus religiöse Dimension besaß (das pietistische Erbe!). Denn die Lebensreformbewegung wollte nicht nur durch Reformprogramme die menschlichen Lebensumstände verbessern, sondern erstrebte als quasireligiöse Heilslehre auch einen weltimmanenten Heilszustand. Die individual-reformerischen und bewußtseinsverändernden Ziele waren in eine Heiligung und Reinigung der Einzelperson und der Gesellschaft eingebunden. Die Lebensreformbewegung zeitigte damit nicht nur eine wichtige Sensibilisierung für Fragen der richtigen Ernährung, gerechteren Bodenordnung, Suchtgefährdung und Umweltverschmutzung, sondern verband diese rationalen Ansätze mit chiliastischen Elementen zu einer merkwürdigen innerweltlich-sendungsbewußten Mentalität, wobei sich diese schwärmerische Neigung stets mit dem kulturellen Führungsanspruch des Bildungsbürgertums in der Gesellschaft verband.

Damit sind jene Züge der Gebildetenrevolte beschrieben, die sich in den Siedlungen dieser ersten lebensreformerischen Phase finden. Sie zeigen die bürgerlich-antibürgerliche, individual-anarchistische Oppositionshaltung zu Staat, Parteien und Gesamtgesellschaft und einen reformerischen Aktivismus, der im Hier und Jetzt durch Selbsttun die Erlösung von den Übeln der Zivilisation erstrebt. Die Neue Gemeinschaft wird der alten »Zufalls-« und Zerfallsgemeinschaft entgegengesetzt. Von Hyperindividualisten werden die Werte der Gemeinschaft betont und in genossenschaftliche und gemeinwirtschaftliche Anstrengungen umgesetzt. »Dies Individuum-sein-Wollen, -sein-Müssen macht auch den regelmäßig wiederkehrenden Traum einer Schriftstellerkolonie zur liebenswürdigen Chimäre«, heißt es bei Anselma Heine über die Neue Gemeinschaft. Die regenerierende Kraft von Natur und Boden wird der Unnatur der Industriewelt und Großstadt entgegengehalten – und dies von Großstadtmenschen, welche keine landwirtschaftlichen Fertigkeiten mitbringen. Anselma Heine sagt dazu: »›Gesunde Landarbeit‹ verlangt Regelmäßigkeit, Gehorchen und stete Willigkeit. Gerade alles, was dem dichterischen Menschen zuwiderläuft.« Ebenso aus Überzeugung (das heißt aus Abneigung gegen massenhafte Industriewaren und Landwirtschaftsprodukte) wie aus Kapitalmangel suchen die Siedler möglichst viele Dinge selbst herzustellen. Der Kunstdünger wird von ihnen durch die biologische Anbauweise bekämpft, Antialkoholismus und Vegetarismus werden bis in die Extremform der Vegan-Ernährung dogmatisiert, Reformkleider getragen, die den natürlichen Körper nicht einschnüren, oder man trägt das nudistische »Lichtkleid« hinterm schützenden Bretterzaun – Natürlichkeit ist Trumpf. Freikörperkultur und Lichtbad lassen einen »neuheidnischen« Sonnenkult entstehen. Gemeinschaftsfördernde Rituale (Feste, Spiele und Tänze) suchen die vorindustrielle Volkskultur wiederzubeleben oder neue Riten zu schaffen und den durch Urbanisierung und Industrialisierung obsolet gewordenen Natur- und Jahreskreislauf wieder für die Neu-Agrarier sinnfällig werden zu lassen. Tiefsinn und Unsinn liegen dabei immer dicht beieinander, und Experimente um den besten Weg der Abfall-Kompostierung gehen Hand in Hand mit der Suche nach dem Neuen Gott.

Noch dauerte es eine Generation, bis aus dieser Tradition das

»eigentümliche Amalgam aus Sektierertum und ›Normalität‹« erwuchs, das auch die fürchterliche Verbindung von »Konzentrationslager und Kräutergärten« (Joachim Fest) durch den Reichsführer-SS Heinrich Himmler und seinen neu-adeligen »Orden« hervorbrachte. Aus dieser Erfahrungsperspektive mochten dann Lebensreform und Geist-Revolte als bloßer Präfaschismus erscheinen.

EDEN – die »vegetarische Obstbau-Kolonie«

Eden, die »Stätte der Lebenserneuerung«, gründet ganz in der lebensreformerischen Weltanschauung der Mitte des 19. Jahrhunderts: im Vegetarismus, der »natürlichen Lebensweise« Eduard Baltzers, und in der »genossenschaftlichen Selbsthilfe« Victor Aimé Hubers. Unter der Weiterwirkung solcher Gedanken propagierte dann J. Sponheimer[8], es gelte »die Macht der Stadtkultur zu brechen durch Gründung von Siedlungen auf dem Lande, bei denen der Boden nicht von einzelnen monopolisiert wird« (›Die soziale Frage ist nur vom Lande her lösbar‹, 1899). Er regte damit 1893 die Gründung der vegetarischen Siedlung »Obstbaugenossenschaft Heimgarten« in Bülach (Kanton Zürich) an, in der sich Siedler aus Deutschland, die dem Impfzwang entflohen, niederließen (Konkurs der Siedlung 1907).

An dieses Vorbild wiederum schlossen sich auch die ersten Satzungsentwürfe des Kaufmanns und Lebensreformers Bruno Wilhelmy an, unter dessen Führung 1893 im Vegetarischen Speisehaus zu Berlin, also aus der Großstadt heraus, die »Vegetarische Obstbaukolonie Eden e. G. m. b. H.« ins Leben gerufen wurde. Das Ziel war, die vegetarische Lebensweise (Lebens- und Selbstreform) mit dem gemeinsamen Bodenbesitz (Sozialreform) in einem neuen Paradiesgarten (»Gartenkolonie«) zu verbinden.

Das Siedlungsgelände wurde in der Nähe Oranienburgs, eine Eisenbahnstunde von Berlin entfernt, in ländlicher Abgeschiedenheit und inmitten der sandigen Mark gefunden, es wurde in einzelne zu verpachtende Heimstätten aufgeteilt und mit Edelobst, Beerenstauden, Rhabarber und Erdbeeren bepflanzt. Schon 1895 trat Wilhelmy wegen kaufmännischer Fehlschläge als Geschäftsführer zurück. Im gleichen Jahr erwies es sich, daß der Kreis der Vegetarier für die neue Gründung nicht tragfähig war, so daß man auch Nichtvegetariern zunächst die finanzielle Beteiligung an der Genossenschaft gestatten mußte; ab 1901 schließlich wurde durch Namensänderung (»Obstbau-Kolonie

---

[8] Vgl. auch J. Sponheimer, Das Wohnungselend der Großstädte und seine Abwendung durch Selbsthilfe (1906).

Eden«: 1900–1920, »Obstbau-Siedelung Eden«: 1920–1923, »Gemeinnützige Obstbausiedlung Eden«: 1923–1931, »Eden, Gemeinnützige Obstbausiedlung«: ab 1931) auch Nichtvegetariern die Ansiedlung ermöglicht. Festgehalten wurde jedoch am unveräußerlichen gemeinschaftlichen Bodeneigentum (Erbbaurecht bzw. Erbpacht statt Privateigentum am Boden) als Fundament des Edener Selbstverständnisses; damit wurde in der Siedlung jegliche Bodenspekulation ausgeschlossen.

Durch die Sprengung des engen vegetarischen Rahmens meinte man um die Jahrhundertwende gerade die Lösung der sozialen Frage durch die Genossenschaft als umfassende soziale Aufgabe – wenn auch zunächst im kleinen Kreis – in Angriff nehmen zu können; darin zeigten sich Einflüsse des Genossenschaftstheoretikers Hermann Krecke, der 1894 der Edener Genossenschaft beitrat und bald ganz nach Eden übersiedelte. Das von Theodor Hertzka und Franz Oppenheimer beeinflußte Kreckesche Ideal war ganz eindeutig, Eden in eine Arbeiterproduktivgenossenschaft umzuwandeln. Doch Krecke, der schon 1904 starb, erreichte sein Ziel nicht. Das Genossenschaftsprinzip wurde nicht so weit ausgedehnt, daß das gesamte Land genossenschaftlich bebaut worden wäre. Vielmehr bestand der genossenschaftliche Gartenbaubetrieb *neben* den individuellen Heim-Sonderwirtschaften. Bis 1938 war die 440 vha große Siedlung bis auf 68 vha, die der Genossenschaft zur Eigenbewirtschaftung für Betriebe, Plätze, Anlagen, Baumschule usw. dienten, restlos zur Sondernutzung als Wohn- und Wirtschaftsheimstätten vergeben. Das Resultat der Edener Wirtschaft war also die Verbindung von privaten und vergesellschafteten Elementen; die von Krecke befürwortete »genossenschaftliche Ordnung der Arbeit« wurde also nur teilweise realisiert.

Zwar richtete die Genossenschaft schon 1895 für wirtschaftlich unselbständige Genossen eine Korbmöbelfabrikation, eine Flechterei, eine Reformschuhmacherei, eine Buchbinderei, eine Strumpfwirkerei, eine Holzverarbeitung und andere Handwerksbetriebe ein, um vor allem in den Wintermonaten Erwerbsmöglichkeiten zu schaffen. Doch die bloß saisonale Arbeit und die mangelnde Rentabilität des Maschineneinsatzes in diesen Kleinbetrieben ließen die meisten dieser und der folgenden Ansätze zur genossenschaftlichen Produktion später wieder scheitern. Handwerkliche Privatbetriebe bestanden jedoch in Eden immer.

Günstig entwickelten sich die genossenschaftlichen Regiebetriebe nur auf dem Gebiet des Gartenbaus und der Früchteverwertung, sie blieben aber auch hier im wesentlichen Verwertungs- und Absatzgenossenschaften selbständiger Produzenten. Doch nicht diese einzelnen Betriebe waren echte Arbeiterproduktivgenossenschaften, sondern nur die Gesamtgenossenschaft: jede Abteilung der Genossenschaft hatte einen eigenen Betriebsleiter; über ihm stand der Geschäftsleiter, der wiederum – wie in jeder Genossenschaft – dem Vorstand, dem Aufsichtsrat und der Generalversammlung verantwortlich war. 1938 gab es folgende Abteilungen: Verwaltungsabteilung (Unterabteilungen Heimstättenregistratur und Hauptbuchhaltung); Siedlungshauptkasse; Schule, Bücherei, Spiel- und Sportplätze, Gasthaus; Wasserleitung und Wegebau; allgemeines Siedlungs-, Rechts- und Grundbuchwesen. Die Gartenabteilung bot Erwerbsmöglichkeiten durch die Bearbeitung der genossenschaftlichen Kulturen (Anbau und Verkauf), den Verkauf von landwirtschaftlichen Bedarfsartikeln (etwa Düngemittel, Saatgut, Geräte, Lebens- und Verbrauchsgüter aller Art) und die Beförderung durch Lastkraftwagen. Die Verwertungsabteilung verarbeitete Obst und Gemüse und erzeugte dabei die durch ihre naturreine Qualität berühmten Edener Marmeladen, Obst- und Gemüsesäfte, Gelees, Pflanzenmargarine (diese allerdings nicht in Eigenproduktion), »Edener Kraftnahrung« (pflanzlicher Fleischersatz) usw. für den Verkauf in Reformhäusern. Die Warenabteilung schließlich betrieb den Großabsatz dieser Erzeugnisse sowie den Kleinhandel für die Siedler. So zeigte die Siedlung genossenschaftliche Züge auf dem Gebiet der Ansiedlung, des Konsums und Bezugs, der gärtnerischen Hilfe, der Verwertung, des Absatzes und der Erziehung (Schule). Die Genossenschaftsbetriebe erwiesen sich als krisenfest und konnten durch zusätzliche Arbeitsbeschaffung bei einer Verschlechterung der Arbeits- und Wirtschaftslage erweiterte Erwerbsmöglichkeiten bieten; ähnlich wurde von den Siedlern auch in Krisenzeiten die Bodennutzung in ihren eigenen Heimstätten intensiviert. Die Genossenschaft zahlte in allen Abteilungen, unabhängig von der Rentabilität, gleiche Löhne (Lohnnivellierung). Ein zunehmend wachsender Anteil der Genossen fand innerhalb der Siedlung selbst Beschäftigung in Privat- oder Genossenschaftsbetrieben. Ein Gegengewicht zu den Privathaushalten (seit 1906 hatte der Siedler – unterstützt durch eine gemeinnützige Siedlungsbank – sein Haus auf eigene Rechnung zu bauen) bot das Genossenschaftshaus als geistiger und kultureller Mittelpunkt der Siedlung mit Vortragssaal, Bühne, Bibliothek, Schule usw. Daneben lag die Festwiese für die gemeinschaftsfördernden Feiern und Rituale.

Obwohl sich insbesondere in den ersten Jahrzehnten eine starke Fluktuation bei den Siedlern einstellte – es erwies sich dabei, daß die Ansiedlung von Großstädtern zu Erwerbs-Obsthändlern zum Scheitern verurteilt war –, wandelte sich der öde Sandboden mit den Jahrzehnten in ein weiträumiges, blühendes Gartendorf. 1938 lebten dort ca. 1300 Menschen, davon 395 Genossenschaftler.

Während andere Siedlungen während der nationalsozialistischen Zeit zwangsenteignet wurden oder sich reprivatisierten, konnte Eden, das schon immer völkischen Ideen nahegestanden hatte[9], diese Zeit unbeschadet überstehen. Wandlungen kamen erst, nachdem Eden mit der Teilung Deutschlands seinen direkten Zugang zum Westmarkt verlor. Die Siedlung selbst besteht jedoch als gärtnerische Produktions-Genossenschaft weiterhin.

[9] Bereits 1917 hatte die »Edener Gilde der älteren Wandervögel« zu einem »Ersten Landsiedlungstag« nach Eden eingeladen und damit den entscheidenden Anstoß zur Gründung völkisch-arischer Jugendbewegungssiedlungen gegeben.

1950 gründete Kurt Großmann, einst Abteilungsleiter in Eden, in Bad Soden/Taunus als Tochtergesellschaft die »Eden-Waren GmbH« (einer ihrer Gesellschafter ist die »Eden, Gemeinnützige Obstbau-Siedlung eGmbH« in der DDR). Die Sodener Firma ist ein auf die Produktion hochwertiger lebensreformerischer Nahrung aufgebauter Spezialbetrieb ohne jegliche Siedlungsbasis. Die Bedeutung der drei stilisierten Eden-Bäume im Wappen wurde vom West-Ableger stillschweigend uminterpretiert: bedeuteten sie einst Lebensreform, Bodenreform und Sozialreform, so heute »Lebensreform, Bodenpflege, Gesundheitsvorsorge«. Damit wurde die sozialreformerische Siedlungsutopie der Edener Genossenschaft endgültig fallengelassen.

1. Siedler-Werbung (Bruno Wilhelmy 1893)

Unsere vegetarische Obstbau-Kolonie ist von weittragender Bedeutung; dies kann erst so recht klar werden, wenn man dem ganzen Plane seine volle Aufmerksamkeit schenkt. Was wollen wir? »Eden« ist der verheißungsvolle Name unseres Unternehmens; also ein Eden, ein Paradies wollen wir uns schaffen? Allerdings, nur nicht von heut auf morgen. Auch müssen alle, welche noch an die Möglichkeit eines Paradieses auf dieser Erde glauben, tatkräftig mithelfen. Entwickeln wir unser Programm, um Mitarbeiter zu werben. *Im Paradies herrscht Friede:* Lassen wir zunächst den Tiermord. *Das Paradies ist ein Garten:* In einen Garten wollen wir unseren Acker verwandeln, in einen Garten, der alle Sinne entzückt. Wir werden zunächst zu unserer Nahrung Wurzeln und Kräuter (Gemüse) sowie Obst säen und pflanzen, später Ziersträucher und Bäume, sowie Blumen zu unserer Freude.

In Eden herrscht Geselligkeit: Geselligkeit wollen wir auch pflegen, Geselligkeit und geistiges Leben. Zu fruchtbarer Geistestätigkeit werden wir uns alle Grundbedingungen schaffen: *Gesundheit,* erworben und erhalten durch reine Nahrung, Betätigung im Freien, Pflege des Körpers mit Hilfe von Licht, Luft und Wasser, *Sorgenlosigkeit* als Folge unserer leicht befriedigten, geringen körperlichen Bedürfnisse.

2. Aus dem Auskunftsschreiben für Edener Siedlungsanwärter (um 1920)

Wir müssen zur genossenschaftlichen Selbsterhaltung und Aufrechterhaltung des Edener Geistes, der in bewußter Betätigung von Bodenbesitz- und Lebensreform Ausdruck findet, gewissenhafte Auswahl unter den Anwärtern treffen. Öfter gehen Meldungen ein um rein materiellen Vorteils willen, denn der Erfolg und die soziale Bedeutung der Genossenschaft wird Jahr um Jahr offensichtlicher. Aber Selbstsucht ist kein Boden für den zur genossenschaftlichen Siedlungsarbeit erforderlichen genossenschaftlichen Geist. Nur dieser gewährleistet auf die Dauer Blüte und Bestand unserer Siedlung, und wir müssen deshalb unentwegt darauf sehen, daß als Mitglieder nur Menschen zu uns kommen, die ernste Lebensreformer sind. Wenn Alkoholabstinenz und Vegetarismus auch nicht immer und ohne weiteres genossenschaftlichen Sinn verbürgen, so bietet ernste Selbstzucht und Meidung der Nervengifte und schädlichen Reizmittel immerhin noch die beste Gewähr, Reibungen im genossenschaftlichen Innenleben tunlichst zu vermeiden. Geborene Großstädter sind noch selten gesundheitlich und nach ihrer praktischen Veranlagung geeignet, eine ländliche Wirtschaftsweise erfolgreich zu betreiben. Wenn mehr als zwei Geschlechter einer Familie dem Landleben entfremdet sind, so ist ein Umlernen sehr schwer. Ansiedler mit ländlicher Herkunft sind in mehrfacher Beziehung am geeignetsten für uns.

3. »Eden ist die erste Freiland-Kolonie auf deutschem Boden« (1893)

Die erste Satzung der Genossenschaft bestimmte: »Jeder Genosse hat Anrecht auf pachtweise Überlassung einer Heimstätte auf der Kolonie. Die Höhe der Pacht wird zwischen dem Genossen und dem Vorstande vereinbart. Seine Heimstätte kann der Genosse nach eigenem Ermessen bewirtschaften, jedoch nur in einer den vegetarischen Grundsätzen nicht widersprechenden Weise. Für alle Anlagen anderer Art ist die Genehmigung des Vorstandes erforderlich. Die Heimstätten bleiben Eigentum der Genossenschaft und dürfen von derselben nicht veräußert werden. Die Genossen können ihrer Heimstätten, außer durch freiwillige Rückgabe derselben an die Genossenschaft, nur verlustig gehen durch ihr Ausscheiden aus der Genossenschaft. Tritt beim Tode eines Genossen dessen Erbe (Ehefrau, Kinder usw.) an seiner Stelle in die Genossenschaft ein, so hat derselbe das nächste Anrecht auf die vom Verstorbenen innegehabte Heimstätte.«

4. Das Paradies wird urbar gemacht

Das Eden-Gelände liegt westlich von Oranienburg, am Kanal, der nach Mecklenburg und Neuruppin führt, im Urstromtal der Havel. Es hatte nur spärliche Humusschicht über weißem, unfruchtbarem Schwemmsand, und litt dazu im westlichen Teil, nach dem verwachsenen Muhrgraben zu, unter zu hohem Grundwasser, so daß in nassen Jahren vor Ende April ein Bearbeiten des Landes nicht möglich war. Erst durch einen langjährigen Prozeß gegen über 20 grabenabwärts liegende Anlieger in Gemeinden des Nachbarkreises, konnte eine ordnungsmäßige Räumung und Pflege des Muhrgrabens erzwungen werden, womit dann eine Besserung der Grundwasserverhältnisse erreicht war. Es kostete aber viel Zeit, Arbeit und Geld.

Im übrigen wurde das vorher zumeist unbearbeitete, als Schafweide dienende Land, verbessert durch Umbruch und Aufbringen von Berliner Straßenkehricht, der in jener Vor-Autozeit meist aus Pferdedünger bestand und in Kahnladungen auf dem Kanal herangebracht wurde. Er wurde je nach Bedarf kompostiert und mit erheblichen Mengen gemahlenem Rohkalk, auch Lehm aus den Veltener Lehmbergen auf das Land gebracht. Durch 10 Jahre währte diese Kehricht-Ausfuhr aus Berlin ununterbrochen, und in jedem Herbst wurde das gesamte Anbauland ca. 5 cm stark bedeckt, im Frühjahr bebaut, und wieder bedeckt, so ist die jetzt gute Humusschicht in Alt-Eden entstanden; sie hat viele Schweißtropfen der ersten Siedler getrunken, die in Sommerhitze, Regen und Winterkälte alljährlich ca. 30 000 Zentner Dungkehricht in Traggestellen über den losen Gartenboden schleppten und ausbreiteten, denn Gespanne konnten nur auf den Wegen bis an die Gärten die Massen heranbringen. Wer *jetzt* an den blühenden Edener Gärten sich erfreut, hat schwerlich eine Vorstellung von der mühevollen Arbeit, die nötig war, um die Grundlage dazu zu schaffen.

5. Wettgehen (1897)

Auf dem Gebiete des Sports und der Leibesübung war vor etwa 5 Jahrzehnten die Lebensreformbewegung äußerst rege, ja fast bahnbrechend; denn die ersten großen Wettgehen über große Strecken wurden in erster Reihe von ihnen angeregt und durchgeführt, wobei sie freudig und mit viel Erfolg die Beweise bei-

»Edener Kinderschau in Berlin Mai 1898 unter Leitung des bekannten Wettgehers Carl Mann.« Damit sollte der öffentliche Beweis geliefert werden, daß die vegetarische Lebensweise der Gesundheit und Kraft nicht abträglich sei.

zubringen sich mühten, daß naturgemäße Ernährung und Enthaltung von Rauch- und Rauschgiften den Körper zu Höchstleistungen befähigt. Dabei stellten auch die ersten Edener ihre Männer und mehrere von ihnen waren z. B. unter den Siegern des ersten großen Wettgehens »Berlin-Wien 1897«.

6. »Diese Überspannung des demokratischen Gedankens« (1893–1900)

Neben den einzelnen Ausschüssen, die zur Erleichterung der Geschäftsführung eingerichtet worden waren, kamen die Genossen alle Wochen (wie jetzt alle Monate) stets am Donnerstag in den sogenannten »Wochenversammlungen« zusammen, um über wirtschaftliche Fragen und allgemeine Siedlungsangelegenheiten sich zu beraten und die Berichte der Körperschaften entgegenzunehmen. Aber nicht nur in diesen freien Zusammenkünften, sondern auch bei den Vorstands- und Aufsichtsratssitzungen waren die Genossen zugegen. In einer völligen Verkennung demokratischer Grundsätze hatte auch in diesen Sitzungen der gewählten Körperschaften jeder Genosse das Recht, fortgesetzt die Träger seines Vertrauens zu kontrollieren und kritisieren. Diese Überspannung des demokratischen Gedankens mußte natürlich die Arbeit der verantwortlichen Körperschaften maßlos erschweren. Es dehnten sich denn auch diese Sitzungen oft bis tief in die Nacht aus, und nach heftig gepflogener Rede und Gegenrede trennte man sich spät, mit heißen Köpfen, um allerdings am nächsten Tage, als gute Genossenschafter, sich wieder vereint an die Arbeit zu machen.

Das Wachsen der Geschäfte und der Verantwortungspflicht führte, ungeachtet heftiger Gegenwehr einzelner Genossen, allerdings bald dazu, daß diese Allgemeinzugänglichkeit der Aufsichtsrats- und Vorstandssitzungen aufgehoben wurde. Es ist hier der Ort, die geschichtliche Tatsache festzuhalten, daß Eden im Kleinen durchmachte, was wir heute im Großen erleben: die völlige Verkennung der Abstufung der Eignungen. »Wozu brauchen wir überhaupt ein Büro? Das machen wir umschichtig, 8 Tage mal der, mal der, so daß *jeder* mal dazu kommt!!« So wurde allen Ernstes geredet! Auch das Schicksal aller Regierenden, aller Verantwortlichen hatte die Edener Verwaltung reichlich durchzukosten: das Mißtrauen derjenigen, deren Urteil von keiner Sachkenntnis getrübt ist. Die gewählten Männer des Vertrauens waren nach der Wahl meist der Gegenstand des Mißtrauens einer Minderheit, die – immer wechselnd – zu keiner Zeit ganz fehlte, eines Mißtrauens, das sich oft bis zu häßlicher Verdächtigung, ja bis zur Bezichtigung der Untreue versteigen konnte. Hier ist unnütz viel schaffende Kraft zermürbt, viel ehrliche Begeisterung ernüchtert worden, ein Schicksal, das leider in allen Gemeinsamkeitsgründungen immer wiederkehrt.

7. Erdbeerfeste

Nachdem die ersten Jahre der notwendigsten Einrichtung vergangen waren, suchten die Edener Ansiedler unter den Berliner Gesinnungsfreunden zu werben, indem sie (1898/99) zur Ernte ein »Erdbeerfest« veranstalteten. Die ersten köstlichen Früchte des Edener Bodens und Fleißes – in Freude genossen – als eindringlicher Ruf: hinaus aufs Land! Die Feste waren wohlgelungen und fanden viel Beifall. Aber – sie lockten leider auch zu viel *unerwünschte* Besucher an! Die Eden-Bewohner hatten den durchaus verständlichen Wunsch, ihre Feste ungestört *in ihrem* Geiste zu erleben. Von dieser Art *öffentlicher* Feste wurde also abgesehen!

8. Von der Besitz- zur Arbeits-Genossenschaft: »Genossenschaftliche Bodennutzung!« (Hermann Krecke 1899)

Wir sehen heute klar, daß der Sonderbetrieb auf den Heimstätten, je mehr er den Einzelnen Gewinn abwirft, die Tendenzen zu weiterer Sonderung und Trennung stärkt, ja schon Pläne zur Aufteilung des gemeinsamen Bodens wachgerufen hat [...] Solchen Tendenzen entgegenzutreten, ist die Lebensaufgabe der Genossenschaft; und um diese Aufgabe zu erfüllen, muß der mit dem gemeinsamen Recht in Widerspruch stehende Sonderbetrieb dem gemeinsamen Betrieb Platz machen. Aus intellektueller und moralischer Erkenntnis muß dieser Schritt getan werden im Interesse der Gemeinsamkeit. Ist er erst einmal getan, so wird sich zeigen, daß die Gemeinsamkeit des Betriebes auch wirtschaftlich dem Sonderbetrieb [...] überlegen ist und daher auch in dem Sondernutzen jedes Einzelnen liegt [...] Wie wären wir berechtigt, uns Genossenschaftler zu nennen, wenn wir diese Aufgabe nicht leisten wollten, weil sie neu und schwierig ist!

9. Gemeinwirtschaft und Eigenwirtschaft (1919)

So hat Eden schon fast ein Menschenalter hindurch Gemeinwirtschaft getrieben, vermag mithin heute bei den Sozialisierungsfragen mitzureden, zumal der Einzelne meist immer gleichzeitig auf der Heimstätte in gleicher Richtung mit Eigenwirtschaft geschafft hat. Was Eden dabei alles erfahren hat, läßt sich wesentlich wohl schon in diese kurzen Sätze fassen: Der einzelne Mensch muß zu allseitig befriedigender und wirtschaftlich erfolgreicher Gemeinwirtschaft erst erzogen werden, bzw. sich selbst und sich gegenseitig dazu erziehen. Der Einzelne ist in der Eigenwirtschaft fleißiger, freudiger, sorgfältiger und umsichtiger und alles in allem also leistungsfähiger als in der Gemeinwirtschaft. Schon das bloße Einordnen wird so vielen Genossen als Lohnhelfer im genossenschaftlichen Großbetrieb schwer, d. h. man meint gar zu leicht allgemein oder auch nur in einzelnen Fällen eben als einzelner Genosse auch bei der Betriebsleitung mitreden zu dürfen, ohne unmittelbar verantwortlich dafür zu sein. Es ging trotzdem in der Gemeinwirtschaft vorwärts, weil Eden fast immer verstanden hat, die tüchtigsten und genossenschaftlich erzogensten Genossen zu Betriebsleitern bzw. Geschäftsführern zu machen und zu halten. [...]

Aber in Eden hat auch noch niemand daran gedacht, mit der ganzen Edenfläche zur Gemeinwirtschaft übergehen zu wollen.

10. Aus der »Edener Gemeindeordnung« (1904)

Diese Ordnung soll die gesellschaftlichen und sittlichen Grundlagen des Zusammenlebens der Gemeinde festlegen und ihr Verhalten gegenüber den verwaltenden Körperschaften regeln.

Unter Gemeinde ist die Gesamtheit aller auf Eden lebenden Genossen und Pächter verstanden mit deren Familien, ohne Rücksicht darauf, welche Stellung das einzelne Mitglied im Genossenschafts-Organismus einnimmt.

Als Vorstände der Gemeinde gelten naturgemäß die von der General-Versammlung gewählten, verwaltenden Körperschaften. Ergänzt werden dieselben durch die allmonatlich einmal, am Donnerstag nach jedem Ersten zusammentretende Gemeindeversammlung, zur Besprechung von Gemeindeangelegenheiten, wirtschaftlichen und genossenschaftlichen Charakters, Fragen der Erziehung, des Verkehrs, des Konsums usw.

Zu diesen Monatsversammlungen haben nur Genossen und deren erwachsene Familienangehörige Zutritt.

Jedes Gemeindemitglied hat eingedenk zu sein, daß die Kolonie Eden nicht nur eine Produktivgenossenschaft ist, zur Erzielung materiellen Gewinnes, sondern daß sie in erster Linie gegründet ist, um ein Sammelpunkt sittlich strebender Menschen zu sein.

Als zusammenfassende, jeden einzelnen moralisch verpflichtende Grundidee gilt der Vorsatz zur Führung eines naturgemäßen Lebens, im Sinne praktischer Selbstreform, das heißt beständiger Selbsterziehung.

Eine bestimmte und ausschließlich gültige, den einzelnen bindende Glaubensanschauung oder wissenschaftliche Doktrin oder Parteigrundsatz soll auf Eden nicht herrschend sein. Es soll jedem Einzelnen unbenommen sein, sich nach seinem Bedürfnis seine Anschauungen und Glaubenssätze zu bilden. Nur hat jeder die Pflicht, die Anschauungen und Meinungen Andersgesinnter zu achten und Verletzung fremder Gefühle zu vermeiden.

Die sittliche Grundlage der Gemeinde soll sein: Gerechtigkeit und gegenseitig betätigtes Wohlwollen, sowie Milde gegenüber dem Tier.

Die Freiheit des einzelnen soll ihre natürliche Grenze im Gemeinwohl finden, zur Erreichung des genossenschaftlichen Ideals, der Harmonisierung von Individualismus und Sozialismus.

Jedes Mitglied der Gemeinde hat darauf zu achten, daß die Kolonie nicht den Charakter sektiererischer Abgeschlossenheit annehme, sondern sich stets in lebendiger Fühlung mit allen edelstrebenden Elementen der Außenwelt erhalte.

Die Forderung naturgemäßen Lebens schließt in sich, daß Nahrung, Kleidung und äußerer Aufwand nur Mittel zum Zweck, nicht Selbstzweck sein sollen und also Genußsucht, sowie äußerer Prunk hier keine Stätte finden sollen. Doch soll hierin kein Gewissenszwang geübt werden und Gesinnungsriecherei streng vermieden sein. Dem natürlichen Einleben des einzelnen und der Erziehung durch Beispiel muß es überlassen bleiben, die richtigen Wege zu finden.

Rein materieller Gewinnsucht ist als unvereinbar mit dem Genossenschaftsprinzip unbedingt entgegenzuwirken. Doch ist auch hier sehr zu beachten, daß die Arbeit stets nach ihrer Qualität bewertet werden muß und mit Mühe erzogene Eignungen ihres Lohnes wert sind.

Was das Verhältnis der Gemeinde zur Gemeindeschule betrifft, so soll zwischen Haus und Schule offenes Vertrauen herrschen, und beide sollen in Dingen der Erziehung möglichst Hand in Hand arbeiten. Etwaige persönliche Erziehungsmeinungen, die mit den in der Schule und durch den Lehrer vertretenen pädagogischen Grundsätzen in einem wirklichen oder scheinbaren Widerspruch stehen, und die in ihrer praktischen Anwendung die Kinder verwirren und ihre gute Entwicklung stark beeinträchtigen könnten, wollen wir, ehe die Kinder die Widersprüche merken, zum Gegenstand einer mündlichen Besprechung mit dem Lehrer machen.

Was das Verhalten gegenüber den verwaltenden Körperschaften betrifft, so hat jedes Mitglied der Gemeinde eingedenk zu sein, daß diese Körperschaften, die vom Vertrauen der Gesamtheit berufenen und verantwortlichen Organe, so lange sie in ihren Pflichten stehen, auch in ihren Rechten respektiert werden müssen.

Beschwerden sind in gebührlicher Weise, in ordnungsmäßiger Form, an der rechten Stelle vorzubringen. Dabei ist, ebenso wie bei Einsicht in Aktenmaterial, Anfragen und dergleichen darauf zu achten, daß dadurch der Gang der Geschäfte nicht aufgehalten wird, die von der Verwaltung dafür angegebenen Stunden benützt werden, und jeder nicht eher an die amtlichen Stellen herantritt, ehe er nicht überzeugt ist, daß er durch eigenes Nachdenken und Benützung der ihm zur Verfügung stehenden schriftlichen Unterlagen, wie Abrechnungen, Statuten usw. nicht zur Klarheit kommen kann.

Begründete Fragen zu stellen, berechtigte Bedenken zu äußern und Anregungen zu geben ist jedoch jeder einzelne nicht nur berechtigt, sondern verpflichtet.

Im Privatverkehr hat jedes Mitglied der Gemeinde den Mitgliedern der verwaltenden Körperschaften gegenüber den Mann von seinem Amte zu unterscheiden, damit denselben das Zusammengehörigkeitsgefühl nicht verloren gehe, und der harmonische Verkehr von Mensch zu Mensch zum Schaden der Arbeitsfreudigkeit nicht getrübt werde.

Eine der ernstesten Pflichten ist für jedes einzelne Gemeindemitglied die würdige Vertretung der Gemeinde gegenüber Außenstehenden. Hier hat jeder eingedenk zu sein, daß er ein Vertreter der ganzen Gemeinde ist, um nicht durch Kritik gegenüber dritten, Klagen und Mitteilungen intimer Gemeindevorgänge das Ansehen der Kolonie zu schädigen.

Bei begründeter Unzufriedenheit hat er den von der Kolonie geschaffenen, gesetzlichen Weg zu betreten, und da jedem einzelnen in unbeschränkter Weise Gelegenheit zur Äußerung und Beschwerde gegeben ist, so darf erwartet werden, daß auch jeder den Mut haben wird, in hellster Öffentlichkeit seine Meinung zu äußern oder schriftliche Beschwerde mit seinem Namen zu decken.

Selbst wenn jemand zur Überzeugung gekommen ist, daß er nicht mehr länger imstande sei, dem Verbande der Kolonie anzugehören, so ist es doch seine Pflicht, so lange er dann noch zur Gemeinde gehört, die Ehre derselben zu wahren.

11. Die »Menschenfrage«

Siedeln, insbesondere genossenschaftliches Siedeln nach Edener Vorbild, ist in erster Linie eine Menschenfrage. Mögen auch alle anderen Fragen: Landbeschaffung, Betriebsmittel, Kredit, Absatz usw. gelöst sein: finden sich nicht die Menschen, die mit Sachkenntnis, Tatkraft, Opfermut und idealer Gesinnung das Werk auf die Schultern nehmen und zur Höhe führen, dann ist alle Mühe umsonst. Diese Voraussetzung nicht gleich voll erkannt zu haben, war von den Unterlassungen, die in den Anfängen Edens begangen wurden, die folgenschwerste.

Allerdings soll nicht übersehen werden, daß im genossenschaftlichen Zusammenschluß an und für sich unter den heutigen Verhältnissen bereits die Gefahr und der Keim zu späteren Schwierigkeiten gelegen ist. Leute, die zum Siedeln zusammentreten, tun das ja, abgesehen von anderen Beweggründen, in der Regel aus der Erwägung heraus, daß der Einzelne durch Zusammenschluß mit Seinesgleichen wirtschaftlich stärker werde. Das ist richtig, u. a. auch insofern, als die zu einer eingetragenen Genossenschaft mit beschränkter Haftpflicht zusammengetretenen Siedler weniger aufs Spiel setzen und mehr Kredit genießen, denn als Einzelne. Darin liegt aber auch die Gefahr, daß um des größeren Kredits willen – und die meist aus minderbemittelten Leuten bestehenden Siedlungsgenossenschaften haben ja den Kredit so bitter nötig! – alles daran gesetzt wird, die Zahl der Teilnehmer zu steigern. Jeder neue Genosse, jeder neue Geschäftsanteil hebt ja die Kreditwürdigkeit des Unternehmens und erweckt nach außen den Eindruck aufsteigender Entwicklung. Über dieser wirtschaftlichen Seite der Sache vergißt man dann gar zu leicht daß Kredit und Mitgliederzahl noch keineswegs das Gedeihen des Werkes verbürgen, und nimmt nun ziemlich wahllos alles auf, was sich zur Aufnahme meldet. So hat denn auch in Eden infolge der steten Geldverlegenheit der Anfangsjahre mancher Genosse Einlaß gefunden, der mangels der erforderlichen Eignung hinterher ein schmerzhafter Pfahl im genossenschaftlichen Körper geworden ist.

Aber noch ein anderes kam hinzu. Eden ermangelte von Anfang an klarer, lebensreformerischer Grundsätze. Man begnügte sich mit der Bezeichnung »Vegetarier-Kolonie«, und so brauchte ein Anwärter nur zu erklären, er äße kein Fleisch oder gehöre dem Deutschen Vegetarierbunde an, dann wurde er mit offenen Armen aufgenommen. Heute, nach vielen bitteren Erfahrungen, wissen wir, wie wenig jene beiden Umstände allein für die Wertigkeit eines Menschen zu bedeuten haben, und wie notwendig es ist, über unsere Ziele volle Klarheit zu verbreiten, wenn wir sie jemals erreichen wollen.

Und noch ein dritter organischer Fehler im Aufbau der Siedlung ist hier zu erwähnen, um die Wichtigkeit der Menschenfrage und zugleich die Ursache der vielen Kinderkrankheiten zu beleuchten, durch welche Eden sich hindurchquälen mußte. Die Hauptwurzel des Übels, die andauernde Geldverlegenheit, rührte nämlich zum guten Teile daher, daß man weit mehr Land erworben hatte, als man bald mit Siedlern besetzen konnte. Heute hat man diesen Grundfehler wenigstens hier und da begriffen; man erwirbt zwar eine größere Fläche, belegt sie aber nur insoweit für Siedelungszwecke, als feste Anwärter dafür vorhanden sind; das Übrige beläßt man in der Hand des Verkäufers, der es als Pächter weiter bewirtschaftet und es in demselben Maße freigibt, wie es durch später hinzutretende Siedler benötigt wird*. Dieses Verfahren überhebt die Siedlungsgenossenschaft der Notwendigkeit, das zunächst nicht zu Heimstätten verwertbare Gelände in genossenschaftliche Bewirtschaftung nehmen und ihre Betriebsmittel vermehren zu müssen. Was insbesondere das erstere bei der heutigen Unzulänglichkeit der Menschen bedeutet, davon wissen wir in Eden ein Lied zu singen. Denn um genossenschaftliche Arbeit mit der gleichen Treue und Gewissenhaftigkeit verrichten zu können, wie die Arbeit auf der eigenen Scholle – um genossenschaftliches Eigentum mit derselben Sorgfalt zu behandeln, wie das eigene –, um sich als Genosse dem vorgesetzten Genossen so bereitwillig unterzuordnen, wie man sich den Notwendigkeiten der eigenen Wirtschaft zu unterwerfen pflegt – um endlich das jedem Lohn-

---

* Natürlich darf durch solche Vereinbarung der Erwerbspreis des Landes nicht zu Ungunsten der Siedler während der Zwischen-Bewirtschaftung gesteigert werden. Wäre das unvereinbar, so wäre u. a. die eigene Bewirtschaftung ohne Gewinn noch vorzuziehen.

arbeiter geläufige Bewußtsein, ausgebeutet zu werden, nicht die Ursache einer minderwertigen Arbeitsleistung werden zu lassen – dazu sind heute nur die allerwenigsten Menschen imstande, und an solchen Menschen hat auch Eden mehr als einmal Mangel gelitten.

Zu den Schwierigkeiten eines für den Anfang zu großen Landbesitzes gesellen sich nun leicht noch weitere Sorgen und Verwickelungen, bei denen ebenfalls die Menschenfrage eine entscheidende Rolle spielt, nämlich dann, wenn man, um Geld zu machen und möglichst bald aus den Schulden herauszukommen, in engerer oder loserer Verbindung mit dem eigentlichen

---

Obstbau-Kolonie Eden e. G. m. b. H.
Bodenreform-Kolonie • Oranienburg bei Berlin

Heimstätten-Erbbaurecht. — **Einfamilienhäuser im Garten,** wozu ev. die Bau- u. Kreditges. m. b. H. Oranienburg-Eden Anwärt.-Hypothek gibt. — **Genossenschaftlicher Ein- und Verkauf!** — Wohlfahrtseinrichtungen. — **Schule** auf Kolonie. 200 Morgen intens. Obstkultur, Wasserleitung. — **Kapitalsanlage für Reformer: 4% Schuldverschreibungen.**

(Prospekt, Satzung und illustrierter Bericht für 30 Pfg. in Marken.)

Edener Fruchtsäfte, Marmeladen, Gelees und Kompottfrüchte.
Naturreine Produkte mit feinstem Aroma als **Ersatz frischer Früchte.**
═══ Preislisten frei! ═══

Fleisch-Ersatz
(Pflanzen-Fleisch)

Preisgekrönt. Internationale Hygiene-Ausstellg. Dresden 1911

Proben: roh 20 Pf., genußfertig (Fleisch- oder Wurst-Ersatz) 40 Pf. gegen Marken postfrei. — *Ausführliche Druckschriften mit Gutachten, Analyse, Kochanweisungen, Verkaufstellen-Angaben usw., auch Kostprobe, umsonst.*

Allein-Hersteller.
F. KIEL,
Fleisch-Ersatz-Werk
Oranienburg Nr. 18, Eden.

Gesunde Kraft

Siedlungsziel gewerbliche oder Fabrikbetriebe ins Leben ruft, die für den offenen Markt unter dem freien Wettbewerb arbeiten und heute natürlich nur unter den Voraussetzungen der kapitalistischen Wirtschaftsweise betrieben werden können, deren besondere Schattenseite bekanntlich die Arbeiter- und Angestelltenfrage ist. Auch Eden ist diesen Weg gegangen. Dabei hat es denn auch solcher Genossen bedurft, die gar nicht oder nur nebenberuflich Siedler waren, vielmehr täglich in die Fabrik, den Laden, das Geschäftskontor, das Verwaltungsbüro gingen, um dort mit ihrer Person so ziemlich das Gegenteil von Lebensreform zu treiben, d. h. eine Tätigkeit auszuüben, bei welcher sie ihres Daseins niemals so recht von Herzen froh werden konnten, wie es bei der aus innerster Neigung frei gewählten, für eigene Rechnung in der eigenen Wirtschaft geleisteten Freiluftarbeit sich von selbst versteht.

In diesem Zusammenhange ist noch einer besonderen Seite der Menschenfrage zu gedenken, einer Schwierigkeit, welcher gerade diejenigen Genossenschaften ausgesetzt sind, die ihre eigenen Mitglieder bei sich beschäftigen. Solche Mitglieder unterliegen nämlich leicht der Versuchung, aus ihrer Zugehörigkeit zur Genossenschaft besondere Rechte für das Arbeitsverhältnis herzuleiten und dementsprechende Anforderungen an Behandlung und Bezahlung zu stellen (Stichwort: »ich bin *auch* Genosse!« und »warum soll *ich* mich für die anderen Genossen schinden?!«). Man kann sich denken, zu was für Verhandlungen und Auseinandersetzungen das führen muß, und was für eine Zucht und was für eine Arbeitsleistung dabei manchmal herauskommt. Mancher Edener Verantwortliche mag denn auch wohl schon oft im Stillen die ganze genossenschaftliche Wirtschaft verwünscht haben, – ebenso wie die Gesamtheit der Genossen selbst, wenn das Jahresergebnis nicht einmal die landesübliche Verzinsung der Genossenschaftsanteile erlaubte. Woraus erhellt, daß eine Siedlungsgenossenschaft erst dann zu Eigenbetrieben übergehen sollte, wenn sie sich die dazu geeigneten Menschen herangezogen hat, und auch nur insoweit, als sie sich mit den lebensreformerischen Voraussetzungen vereinigen lassen, und endlich auch nur dann, wenn sie ihre wirtschaftlichen Ziele nicht anders erreichen kann, oder die Erzeugnisse für den Verbrauch in der Genossenschaft selbst nötig sind.

Wir haben im Vorstehenden die Menschenfrage insoweit erörtert, als es sich dabei um die Bewältigung von Gemeinschaftsaufgaben handelte. Von nicht geringerer Bedeutung ist sie aber bei der Auswahl derjenigen Anwärter, die den Stamm der eigentlichen Siedler bilden sollen. So mancher hält sich ja zum Siedeln für berufen; wie wenige ihrer aber auserwählt sind, hat sich in Eden an zahlreichen Einzelfällen gezeigt. Es ist ja gewiß jammerschade um die vielen erfolglosen Versuche, die von gesundheitlich und beruflich ganz oder teilweise ungeeigneten oder geldlich unzureichend gestützten Anwärtern gemacht wurden, um auf eigener Scholle Fuß zu fassen; denn sie haben neben Einbußen an Vermögen und neben verlorenen Lebensjahren auch herbe Enttäuschungen und manchmal tiefe Verbitterung gezeitigt. Aber nachdem die ersten Erfahrungen dieser Art vorlagen, hat die Edener Verwaltung es an Mahnungen und Warnungen nicht fehlen lassen und hat auch die Zulassungsbedingungen immer schärfer gehandhabt, ohne jedoch bis heute das Sieb gefunden zu haben, welches von vornherein mit Sicherheit alles Ungeeignete auszuscheiden vermag.

Mangelnde Eignung der Siedler im obigen Sinne war aber noch nicht das größte Erschwernis für das Gedeihen der Edener Gemeinschaft; vielmehr haben sich hier diejenigen Genossen als besonders störend erwiesen, die als Schwarmgeister der verschiedensten Zeitströmungen die Kolonie namentlich in den Anfangsjahren bevölkerten. Man kennt sie ja überall, diese Bedauernswerten, die, zu jeder ernsten Arbeit unfähig, sich in allem und jedem als Vorbild und Führer berufen fühlen, die mit Hilfe eines gesegneten Mundwerks alles in Grund und Boden kritisieren und unter den minder erfolgreichen, unzufriedenen Siedlern nur zu leicht Mitläufer finden. Man kennt sie ferner, jene fast humoristisch anmutenden Menschenkinder, die, urteilslos bis zum Schwachsinn, sich als Apostel dieser oder jener »naturgemäßen« Lebensweise gebärden und überall da zu finden sind, wo man sie am wenigsten gebrauchen kann; die aller Welt mit ihrem Bekehrungseifer lästig fallen, und die, wenn der Himmel sie einmal in seinem Zorne hat Siedler werden lassen, alsbald rettungslos scheitern. Wobei sie dann niemals begreifen können, daß an ihrem Mißerfolg einzig und allein sie selbst schuld sind, vielmehr hartnäckig die anderen – und in unserem Falle namentlich die Leitung der Genossenschaft – dafür verantwortlich machen und im Bunde mit ihresgleichen beständig das Gemeinschaftsleben in Aufruhr versetzen und erhalten. Man kennt sie endlich, jene politischen Wirrköpfe, die sich namentlich da herzudrängen, wo neue gesellschaftliche und wirtschaftliche Formen angestrebt werden, und die sich gerade von

Eden mit seinem gemeinschaftlichen Bodenbesitz und seiner freiheitlichen Verfassung angezogen fühlten, weil sie hier ihre Parteisuppe mit dem größten Erfolg kochen und selbst am bequemsten dabei leben zu können glaubten. Nicht zu gedenken mancher städtischer Sommergäste, die alljährlich bei uns auftauchten, um »vielleicht« auch einmal Mitglied zu werden – denn sie waren ja auch »sehr für die Natur«; – die sich hier und dort einmieteten und sich dann auf ihre besondere Art unnütz machten, indem sie ihre Unkultur in Eden zur Schau trugen, den Siedlern gute Ratschläge gaben, das bisher Geleistete mit der ätzenden Lauge städtischer Kritik übergossen und dann und wann auch zu ernten versuchten, wo andere gesäet hatten. Aber dank seiner gesunden Natur hat Eden alle diese fremden Einflüsse und Bestandteile doch noch im Laufe der Zeit verdaut, d. h. sie teils sich angeglichen, teils ausgeschieden, bis auf vereinzelte Reste, die nach und nach aussterben werden.

12. Propheten-Auftritt: Lou Haeusser und Leonhard Stark (1922)

a. Aus einem Brief Haeussers an Friedrich Kiel, den bekannten Edener Produzenten von pflanzlichem Fleischersatz und Haeusser-Anhänger (14. 5. 1922)
Daß Ich am 10., 12., 17., 18. Mai [1922] nicht in Berlin redete, hat seine Ursache nur darin, daß dieses Babylon Mich noch nicht wert ist! Die müssen erst nach Mir schrein und nach Mir rufen: Gelobt sei der da kommt im Namen des Herrn! Denn: Herr Wir preisen Deine Stärke, werden noch Alle Mir zurufen! Vor *Mir* beugt die Erde sich – und bewundert *Meine Werke*! Als Ich am 12. Juni 1920 das Erste Mal in Berlin reden sollte, wurde Ich am 10. Juni in Oranienburg ebenso grundlos verhaftet wie jetzt am 10. früh in Hamburg! Das deutet doch wohl deutlich genug an, daß Ich weder damals noch heute in Berlin reden sollte! Aber Berlin holt Mich noch – – – hört Mich bald – – – denn Eden-Berlin wird zum großen Haupt-Quartier, »Grand quartier General«!–!–! Dann – – – – – – – ist die Zeit nahe – – – – – –

b. Aus einem Brief Haeussers an Kiel (18. 5. 1922)
Alles deutet darauf hin, daß das Hauptquartier der Armee der Wahrheit bald nach Eden-Berlin verlegt wird.

c. Öffentliche Erklärung des Vorstandes der Edener Genossenschaft
Haeusser-Stark und Anhang stehen außerhalb der Gesinnungs- und Arbeitsgemeinschaft der Obstbausiedlung *Eden*

Friedrich Kiel

e. G. m. b. H. zu Oranienburg-Eden. Sie weilen lediglich als Gäste vorübergehend bei Edener Genossen. Die Genossenschaft hat nichts mit ihnen zu tun.

Im Auftrage der Gemeinde und Körperschaften der Obstbausiedlung Eden: Der Vorstand.

d. Brief Haeussers an den Vorstand (6. 7. 1922)
Ihre roten Vignetten mit obigem Text, in ganz Berlin angeklebt, kann Ich vorläufig nur bedauern! Weitere strenge Maßnahmen hängen ab von Ihrer ferneren Haltung! Sie sind gewarnt ...

Wer *Mich* verleugnet, den will auch *Ich* verleugnen! Auch richten will Ich ihn nach seinen Werken – – – Sünde wider den Geist! Ich habe probate Mittel und Wege, um Ihnen Duldung, Liebe, Achtung in starker Dosis einzugeben!!! Geduld ... Jungens ... der Tag der Rache kommt ...

e. Brief des Vorstands an Haeussers Edener Gesinnungsgenossen Friedrich Schneider (11. 7. 1922)
Von Herrn Haeusser haben wir eine Einschreibekarte mit folgendem Inhalt bekommen [folgt Text d]. Da Herr Haeusser sich über das Gastrecht weit hinaussetzt, so ersuchen wir Sie, dafür bemüht zu sein, daß Herr Haeusser die Obstbausiedlung Eden sofort verläßt. Wir können nicht annehmen, daß Sie als unser Genosse derartige Beleidigungen der Körperschaften und der Gemeinde der Obstbausiedlung Eden zulassen werden. Der Inhalt unserer roten Zettel entspricht, wie Sie ja selbst zugeben werden, der Wahrheit, und die Verbreitung der Wahrheit kann selbst ein Haeusser nicht aufhalten noch verbieten. Diese Kräfte sind stärker und diesen Kräften wird Haeusser unterliegen!

Mit genossenschaftlichem Gruß: Fritz Hampke. Otto Willkommen.

f. Antwort Schneiders an den Vorstand (12. 7. 1922)
Zum Schreiben vom 11. Juli 1922 bemerke ich: Wen ich beherbergen will, darüber bestimme ich allein. Eine Bevormundung von seiten des Vorstandes lehne ich ab. Eine Beleidigung finde ich nicht in der Haeusserkarte. Haeusser ist Wahrheit, die Wahrheit wird siegen!

Übrigens steht Matthäus 25, 43: »Ich bin Gast gewesen und ihr habt mich nicht beherberget ... und was ihr nicht getan habt Einem unter diesen Geringsten, das habt ihr mir auch nicht getan.«

In diesem Sinne grüßend: Friedrich Schneider.

13. »Die wohltätigen Wirkungen einer verbesserten Aufzucht der Jugend«

Hier kündigen sich denn auch in Eden die wohltätigen Wirkungen einer verbesserten Aufzucht der Jugend schon mit aller Deutlichkeit an. Dank ihren lebensreformerischen Grundsätzen und ihrer vertieften Einsicht in die natürlichen Bedingungen menschlichen Gedeihens haben sich die Edener Eltern von jeher eine vernünftige Säuglingspflege besonders angelegen sein lassen. Vor allem muß zum Lobe der Edener Mütter gesagt werden, daß sie es mit ihrer Pflicht, dem Kinde die erste Nahrung zu reichen, durchaus ernst nehmen. Von den bis jetzt auf Eden geborenen 132 Kindern hat denn auch mit nur zwei Ausnahmen noch keins die Mutterbrust ganz zu entbehren brauchen. Die Folge davon ist die erfreuliche Tatsache, daß Eden die günstigste Säuglingssterblichkeitsziffer unter allen deutschen Gemeinden (3,8% nach zwanzigjährigem Durchschnitt) aufzuweisen hat! Daneben vergleiche man die bisher bekannten niedrigsten Ziffern: Gartenstadt Letchworth (England) = 5,5%, Villenkolonie Hampstead bei London = 6,6%, Gartenstadt Hellerau bei Dresden = 9%, – und anderseits den deutschen Reichsdurchschnitt (aus der Vorkriegszeit) = 18%! Noch auffälliger wird der günstige Befund bei einem Vergleich mit dem Eden benachbarten Germendorf, welches seiner Lage und seinen klimatischen Bedingungen nach die gleichen Verhältnisse zeigt und trotzdem (nach zehnjährigem Durchschnitt) 18,6% Säuglingssterblichkeit zu verzeichnen hat! Die Ursache ist nicht weit zu suchen: von allem anderen abgesehen ist hier der Umstand entscheidend, daß in Germendorf mehr als die Hälfte der Neugeborenen vom ersten Tage an mit der Flasche aufgezogen wird!

Sicherlich trägt zu der niedrigen Säuglingssterblichkeit auch die planmäßig betriebene Abhärtung bei; denn schon früh wird der Verzärtelung entgegengearbeitet, ja, die Abhärtung beginnt schon bald nach der Geburt. Der Säugling schläft vom ersten Tage seines Lebens an im reichlich gelüfteten Zimmer und wird schon zeitig ohne allzu ängstliche Rücksicht auf das Wetter an die Luft gebracht. Je nach der Jahreszeit bekommt er seine ersten Luft- und Sonnenbäder, noch bevor er kriechen kann. So wird ihm das Leben in Luft, Sonne und Freiheit zur zweiten Natur. Wächst das Kind heran und stellt es sich auf die eigenen Füße, dann lernt es sich mit der leichtesten Bekleidung begnügen. Überkleider, Kopfbedeckung, Schuhe, vereinzelt auch Handschuhe werden nur im Winter oder bei rauhem Wetter getragen. Im übrigen ist Barhaupt- und Barfußgehen bei der Edener Jugend im Sommer an der Tagesordnung und bürgert sich mehr und mehr auch bei den Erwachsenen ein.

Die Ernährung des Kindes ist im allgemeinen einfach, meist ganz vegetarisch; dabei gedeiht es mindestens so gut, wie bei jeder anderen Kost. So tritt es, körperlich wohl vorbereitet, in die Edener Schule ein, deren Anforderungen es dann auch ungleich besser genügt, als es in anderen Verhältnissen die Regel ist. Daß es gesundheitlich auch hier den Kindern anderer Schulen überlegen ist, geht z. B. aus einer vergleichenden Statistik der Schulversäumnisse hervor, nach welcher in Germendorf je

Kind und Jahr 6,1, in Eden nur 4,8 wegen Krankheit versäumte Schultage gezählt wurden; – ferner daraus, daß die Edener Schule in den 22 Jahren ihres Bestehens, währenddessen sie von über 300 Kindern besucht wurde, noch keinen einzigen Todesfall zu verzeichnen gehabt hat!

Wie sehr die Gesundheit und die körperliche Leistungsfähigkeit der Edener Jugend durch die verbesserte Aufzucht gehoben wird, dafür zeugen auch ihre Sportleistungen. Nicht nur werden die Spiele und Leibesübungen der jeweiligen Jahreszeit mit großer Ausdauer betrieben, sondern es sind auch von Edener Kindern auf größeren Wanderfahrten und unter schwierigen Verhältnissen Marschleistungen erzielt worden, wie sie in so jugendlichem Alter ganz ungewöhnlich sind. Durch dies alles erhält unser Jungvolk eine Vorbereitung für das spätere Leben, die im Hinblick auf die mannigfachen, im Kampfe ums Dasein eintretenden Belastungsproben unschätzbar genannt werden muß, und die ihren besonderen Wert namentlich da offenbart, wo die Jugend in die Fußtapfen der Erwachsenen tritt, d. h. selbständig zu siedeln beginnt.

14. Wandel der Frauenkleidung

Deutlicher schon beginnt die Kleidung, namentlich die weibliche, sich zu wandeln; ob hier eine neue Tracht sich ankündigt, ist noch nicht entschieden, sicherlich gelangen aber auch hier die gesundheitlichen Gesichtspunkte immer mehr zur Geltung. Zum mindesten darf man behaupten, daß die herrschende Frauenmode in Eden ihre Rolle bald ausgespielt haben wird; denn wo sie gelegentlich bei neu Zuziehenden noch auftaucht, wird sie bereits als etwas Fremdes, Überlebtes empfunden. Am meisten fortgeschritten ist die Abkehr von der bisherigen Bekleidungs-Unnatur bei den Mädchen und bei der jüngeren Frauenwelt; das Korsett z. B. ist schon gänzlich verschwunden, ebenso der modische Schuh und der Sonnenschirm, z. T. auch der Muff; ein Hut wird, wenn überhaupt, nur noch außerhalb der Kolonie getragen. Das Eigenkleid herrscht vor; die alten, gediegenen Stoffe werden bevorzugt; die Anfertigung geschieht vielfach von eigener Hand. Im übrigen ist namentlich die Arbeitskleidung, auch bei den Männern, so leicht und einfach wie möglich, so wie es eben das Freiluftleben, die Rücksicht auf Hautpflege und Abhärtung verlangt.

15. »Hebung der Sittlichkeit«

Andererseits bewirkt diese genossenschaftliche Ordnung, daß Eden rechtlich ein Privatgrundstück darstellt, von dessen Betreten ein jeder, dessen auch nur vorübergehende Anwesenheit unerwünscht ist, ausgeschlossen werden kann. Die Verwaltung übt das Hausrecht und wacht darüber, daß die lebensreformerischen Ziele der Siedelung von niemandem gefährdet werden; sie beschränkt also ganz bewußt die Freizügigkeit und Gewerbefreiheit. So wird z. B. kein Alkoholausschank geduldet; Eden ist daher bis jetzt die erste und einzige »trockengelegte« Gemeinde in Deutschland. So könnte sich in Eden auch keine Schlächterei, kein Tabakladen, kein Vertrieb von Schmutzliteratur, kein »modernes« Kino, kein Tingeltangel, kein Bordell, keine Spielhölle, kein Wettbüro auftun; derartige Betriebe würden schon an der Schwelle der Kolonie zurückgewiesen werden. Diese planmäßige Sauberhaltung der Siedelung von mehr oder weniger anrüchigen Gewerben kommt naturgemäß am meisten der Jugendpflege zu Hilfe; denn man weiß ja, wie sehr unter anderen Verhältnissen das schlechte Beispiel der Erwachsenen die Erziehung erschwert. Daß aber einem derartigen Vorgehen der Erfolg nicht versagt bleibt, lehrt das Edener Beispiel insbesonders auf dem Gebiet der Alkohol- und Tabakbekämpfung. Wurde doch erst kürzlich bei einer in der Edener Schule veranstalteten Erhebung die bemerkenswerte Feststellung gemacht, daß $1/5$ der Kinder (in allen Altersklassen von 6–14 Jahren) noch niemals geistige Getränke genossen hatten, und auch bei den übrigen handelte es sich nur um ganz vereinzelte Gelegenheiten meist außerhalb Edens; von gewohnheitsmäßigem Genuß war in keinem einzigen Falle die Rede. Dementsprechend hatten sämtliche Kinder noch niemals in Eden, $3/5$ von ihnen aber überhaupt noch nie einen Betrunkenen gesehen. Was andererseits das Kulturlaster des Rauchens betrifft, so ist es Tatsache, daß jene leidige Verkörperung städtischer Jugend»kultur«, der zigarettenrauchende halbwüchsige Bengel, in Eden eine unbekannte Erscheinung ist.

16. »Eine Oase inmitten der kapitalistischen Wüste« (Franz Oppenheimer)

Es ist ein Zeichen für die greuliche Verwahrlosung unserer öffentlichen Meinung und nicht zuletzt auch der soziologischen Wissenschaften, daß ein Erfolg von dieser Größe unbekannt oder wenigstens trotz aller meiner wiederholten Hinweise unbeachtet geblieben ist. So klein die Genossenschaft ist: hier ist der Beweis erbracht, daß Bedingungen geschaffen werden können, unter denen Menschen in leiblicher und seelischer Harmonie zu wirklicher Kultur aufleben können. Und es ist völlig gewiß, daß diese hocherfreuliche Entwicklung durchaus keinen andern Grund hat als die gesunde wirtschaftliche Grundlage: den gemeinsamen Besitz aller Existenzbasis, des Grund und Bodens. *Alle* Siedlungen auf dieser Grundlage haben die gleichen günstigen Ergebnisse gezeitigt, und gerade bei Eden kann gar nicht die Rede davon sein, daß der Erfolg einer gemeinsamen starken religiösen Überzeugung verdankt ist. Diese kleine Siedlung blüht wie eine Oase inmitten der kapitalistischen Wüste mit ihrer Häßlichkeit, Verderbtheit und körperlichen Degeneration; wenn die soziologische Wissenschaft der Neuzeit wäre, was sie sein sollte, die Wegweiserin zur Rettung, so müßte diese erste vollgereifte Frucht des liberalen Sozialismus in jedem Lehrbuche der Ökonomik und sozialen Psychologie mindestens ein ganzes Kapitel füllen, von rechtswegen aber den Ausgangspunkt der gesamten Betrachtung bilden. Aber kein Wort davon! Es sieht wahrhaftig beinahe so aus, als dürfe es nicht bekanntwerden, daß es möglich ist, Menschen in Wohlstand, Frieden und sittlicher Zucht zusammen zu ordnen; dann könnten ja vielleicht die anderen unverschämt genug sein, es auch so gut haben zu wollen! Der berüchtigte Gentz, Metternichs böser Geist, soll einmal ausgesprochen haben: »Wir wollen gar nicht, daß es den Menschen gut geht; wie sollten wir sie dann beherrschen?«

Neue Gemeinschaft – ein »Orden vom wahren Leben«

Die Neue Gemeinschaft war eine Schöpfung aus dem Friedrichshagener Dichterkreis heraus. In dem kleinen Dorf Friedrichshagen bei Berlin hatten sich im letzten Jahrzehnt des 19. Jahrhunderts die Männer angesiedelt, welche in den vorausgehenden achtziger Jahren als literarische Kritiker (so die Brüder Heinrich und Julius Hart) oder als kultur-politische Akteure (so Bruno Wille und Wilhelm Bölsche) die literarische Revolution des Naturalismus mit heraufgeführt oder in sozialdemokratischen bzw. anarchistischen Arbeiterversammlungen einem linksradikalen Spontanismus das Wort geredet hatten (Teilhabe an der Partei-Opposition der »Jungen« 1890). Der Wegzug von der ihrer Meinung nach gefühls- und geisttötenden Großstadt in die Fichtenwälder der Mark (in Parallele zur Gründung anderer ländlicher Künstlerkolonien in dieser Zeit) war bereits ein Indiz für das Verlassen der ursprünglichen literarischen und sozialen Positionen. Zwar lag Friedrichshagen im Osten der Großstadt Berlin und damit näher an den Arbeitervierteln als an den westlichen Wohnvierteln der Wohlhabenden, aber schon verdrängte ein gemütvoller Individualismus und eine elitäre Einstellung (»Sozialaristokratie«) das soziale Engagement bzw. limitierte dieses auf eine nach dem Muster der Revolution des Geistes verstandene Arbeiterbildung (1890 Gründung der »Freien Volksbühne« bzw. 1892 der »Neuen Freien Volksbühne«). Und ein bloß materialistischer und zolaesker Naturalismus genügte diesen »Idealisten« nun auch nicht mehr, da sie in der freien Natur den Weg zu einer pantheistischen Mystik beschritten. Damit war freilich keine prinzipielle Abwendung vom Darwinismus und den naturwissenschaftlichen Erkenntnissen ihrer Zeit verbunden, aber sie gaben dieser ihnen über Gustav Theodor Fechner und Ernst Haeckel (von dem sie den »Monismus« übernahmen) übermittelten Wissenschaft doch eine spezifische »naturphilosophische« Wendung: Die Evolutionslehre wurde als Begründung für die Möglichkeit der Perfektibilität von Mensch und Gesellschaft (»Entwicklungsgeschichte«) gedeutet und – nicht zuletzt unter dem Einfluß der Gedankenwelt Nietzsches – die Weiterentwicklung des Menschen zum Übermenschen nicht ausgeschlossen, wobei religiöse und naturwissenschaftliche Perspektiven miteinander versöhnt wurden (»poetischer Darwinismus«).

Ihr übergroßer Optimismus verleitete die Friedrichshagener dazu, enthusiastisch die Zukunft, das Neue (den neuen Menschen, die neue Gesellschaft, das neue Zeitalter) zu besingen, das ihnen keineswegs ein bloß utopischer Traum war (ihr Symbol dafür die aufsteigende Sonne; vgl. Nietzsches »Morgenröte«, aber auch die Sonnen-Embleme der Arbeiter- und Jugendbewegung). Und wie Nietzsches »Zarathustra« sahen sich besonders die Brüder Hart als die Verkünder von »Zukunftsland«, als Propheten eines kommenden »Dritten Reiches«. Hatten sich die Friedrichshagener in den Achtzigern für die leidende Masse interessiert, so jetzt für die Weiterentwicklung des außergewöhnlichen Individuums, das Führer, ja Retter der Menschheit werden könne. Das hatte nichts mehr mit den sozialistischen Ideen eines Bebel oder Lassalle zu tun, welche sie früher beeinflußt hatten, sondern war entweder ethischer Sozialismus in der Nachfolge von Moritz von Egidy oder der typische anarchische »Idealismus« und Individualismus der Bohème.

Als die Brüder Hart zur Jahrhundertwende die Friedrichshagener Vorort-Bohème verließen und in Berlin ihre Neue Gemeinschaft gründeten, zeigte es sich, wie weit sie die Arbeitermassen »hinter sich gelassen« hatten: ihre neue Schöpfung war als »Orden« konzipiert, und nur das »freie« Individuum konnte davon profitieren. Wie der Friedrichshagener Kreis war so auch die Neue Gemeinschaft eine Sache für literarische Bohèmiens in der geistigen Nachfolge des Individual-Anarchisten Max Stirner und seines Wiederentdeckers Henry Mackay[10]. Den asketisch-lebensreformerischen und hart mit den Händen arbeitenden Gründern von »Eden« hätten diese weinseligen und zukunftstrunkenen »Armen Teufel« (dies ist auch ganz wörtlich zu verstehen) sicher wenig gefallen. Und doch wurden sie vom gleichen Impuls beseelt: vom Willen zur Flucht aus dem Wilhelminismus, aus dem industrialisierten und urbanisierten Deutschland und zur Suche nach einer wesenhafteren Existenz und Gesellungsform nahe von Natur und Boden. Ebenso wie in »Eden« sollten auch das Programm und die Praxis der Neuen Gemeinschaft die »Basis für eine höchst vorbildliche Sozialbildung« (Julius Bab) abgeben.

---

[10] Vgl. Hans G. Helms, Die Ideologie der anonymen Gesellschaft. Max Stirners »Einziger« und der Fortschritt des demokratischen Selbstbewußtseins vom Vormärz bis zur Bundesrepublik. Köln 1966.

Zunächst war freilich der äußere Rahmen des neuen, im Frühjahr 1900 gestifteten Ordens höchst unwürdig. Man traf sich in Berliner Wirtshaussälen (was zudem teuer war). Doch bald konnte man zehn Minuten vom Stadtbahnhof Zoologischer Garten entfernt im besseren Wohnviertel von Berlin-Wilmersdorf (Uhlandstraße 144) eine Wohnung mit zunächst vier Zimmern – später wurde noch eine weitere Wohnung hinzugemietet – beziehen. Und nun begannen die welt- und menscherneuernden Aktivitäten: Öffentliche Versammlungen und »Weihe-Feste« wurden abgehalten, Vorträge, Rezitationen, musikalische und künstlerische Darbietungen zelebriert. In ihrem »Heim«, das sie mit einer Bücherei und einer Auslage für Zeitungen und Zeitschriften ausstatteten (die Herkunft von der Caféhaus-Boheme war also nicht vergessen), wurden zweimal wöchentlich Kinder in einfachen Handarbeiten unterwiesen (bald sprach man reichlich übertrieben von einer »Art Hochschule«!), und ebenso oft versammelten sich dort Frauen (denen sich auch einige Männer anschlossen) zur kunsthandwerklichen Betätigung (eine Werkstatt wurde für sie eingerichtet und dort u. a. Glasmalerei betrieben). »Die Tendenz«, so hieß es, »geht auf ein gemeinsames Schaffen von Künstlern und Laien zur Verwirklichung einer tieferen und feineren Volkskunst«. Schließlich, und das mußte für hungernde Bohèmiens besonders verlockend sein, hieß es in einer Annonce: »Auch für Trank und Speise soll Sorge getragen werden«, d. h. es wurde ein gemeinsamer Mittagstisch abgehalten.

Doch dies war nicht genug; die Harts drängte es zur Scholle zurück und zur »engeren wirtschaftlichen Organisation«, zu »Produktion und Konsum auf gemeinschaftlicher Grundlage«. Es sollte eine »Ansiedlungsgemeinschaft«, eine »Landsiedlung« gegründet werden (war das Vorbild dazu »Eden« und der »Monte Verità« in Ascona?), aber dann kam doch nur ein Kompromiß zustande: mit einem »Frühlingsfest« wurde im Mai 1902 ein neues Heim in Berlin-Schlachtensee (Seestraße 35–37) eingeweiht. Auch diesmal hatten die »Sozialaristokraten« Stil bewiesen und sich für ihr Experiment einer »engeren Lebensgemeinschaft« eine Villenkolonie ausgesucht; die Wohnsiedlung Schlachtensee war nämlich 1874 mit der Eröffnung der Wannseebahn entstanden, um – so die offizielle Verlautbarung – die Gründung von »sommerfrischen und ländlichen Aufenthaltsorten für den wohlhabenderen Teil der Berliner Bevölkerung« zu unterstützen. Freilich holte die Stadtflüchtigen die Industrialisierung auch dort ein, denn im gleichen Jahr 1902 ließ sich in einem anderen Teil Schlachtensees die Märkische Lokomotiv-Fabrik nieder.

Das große Grundstück um das ehemalige Sanatorium lag malerisch am See und diente teilweise dem Gartenbau. Die Villa selbst besaß 30 Zimmer, so daß sich hier endlich die »ländliche« Wohngemeinschaft voll entfalten konnte. Eine besondere Neuerung schien den interessierten Zeitgenossen die gemeinsame Küche. Freilich ähnelte das Ganze doch eher einer Pension als einer Kommune, denn die Bewohner mußten sowohl für ihr Zimmer eine Miete wie für ihre Verpflegung einen Tagessatz entrichten. Es scheint aber, daß das Unternehmen sich finanziell nicht selbst tragen konnte, sondern auf Mäzene angewiesen blieb. Dem armen Poeten Peter Hille wurde unentgeltlich ein Gartenhäuschen zur Verfügung gestellt.

Wie bei allen anderen gescheiterten Siedlungen lagen auch die Gründe für das baldige Ende des Schlachtenseer Experiments im Jahr 1903 einmal am Geldmangel (das Vermieten von Zimmern an nicht innerlich an die Gemeinschaft gebundene Sommergäste hatte da keine Abhilfe geschaffen), dann aber auch an inneren Zerwürfnissen. Insbesondere hinterließ die enttäuschte Abwendung Gustav Landauers von der Neuen Gemeinschaft eine nicht zu schließende Lücke.

Doch dieses kurzlebige Experiment wirkte weiter; die Mitglieder der Neuen Gemeinschaft hatte ihr fehlgeschlagenes Unternehmen eher stimuliert als entmutigt. So wurden Ende 1902 die Harts die Initiatoren bei der Gründung der ersten deutschen »Gartenstadt-Gesellschaft«[11]. Erich Mühsam zog aus Berlin in die Vegetarier-Siedlung in Ascona, und sein väterlicher Freund Gustav Landauer, der selbst nie siedelte (er wohnte damals aber auch am Rande Berlins in Hermsdorf), wurde zum literarisch wirksamsten Propagandisten der Lehre von der sozialen Regeneration durch ländliche Kommunen. In seine Spuren wiederum sollte der Kulturzionist Martin Buber treten, der 1898 Theodor Herzl (dessen ›Altneuland‹ erschien ebenfalls 1902) und ein Jahr darauf Gustav Landauer kennengelernt hatte, von diesem der Neuen Gemeinschaft zugeführt worden war, dort einen Vortrag über »Alte und neue Gemeinschaft« hielt und später zum glühenden Verteidiger des freien Sozialismus und

---

[11] Vgl. Die Deutsche Gartenstadt-Bewegung. Berlin-Schlachtensee 1911; Hans Kampffmeyer, Die Gartenstadt-Bewegung. Leipzig-Berlin 2. Aufl. 1913.

der Kibbuzim wurde. Sowohl Landauers wie Bubers Prophetenton hatte starke Impulse durch die Harts und ihren »Orden« erhalten. (So entschied sich wohl nicht zufällig Buber 1901 gegen die Hochschullehrerlaufbahn und für seine Berufung als seherischer Dichter.) Aber nicht nur Landauers »Mystik« und sein »völkischer Sozialismus« hingen eng mit der Neuen Gemeinschaft zusammen, auch Fidus (Hugo Höppener), lebensreformerisch-völkischer Illustrator und ebenfalls Mitglied der Neuen Gemeinschaft, begann genau in dieser Zeit mit der Veröffentlichung seiner Tempel-Entwürfe. Schließlich sei auch daran erinnert, daß Henry van de Velde seinen programmatischen Vortrag ›Zu neuer Kunst. Von den Fundamental-Prinzipien des neuen Stils. Costume, Schmucksachen, Beleuchtungskörper, Möbel, Architekturen, Innendekorationen‹ vor der Neuen Gemeinschaft hielt.

Viele wollten um die Jahrhundertwende dem Neuen Jerusalem zur Verwirklichung verhelfen, und es schien ihre übereinstimmende Meinung zu sein, daß das Heil nur von der Sonne und der Erde und nicht von der Stadt und der Maschine kommen könne. 1901 wurde in Berlin das erste »Licht-Luft-Sportbad« eröffnet; und im gleichen Jahr bildete im Steglitzer Ratskeller Karl Fischer den »Ausschuß für Schülerfahrten – Wandervogel«. Die Jugendbewegung war geboren, welche die Frohbotschaft von der Sonnenkindschaft des Menschen verbreiten und der Lehre von der Erlösung durch Lebensreform und Landsiedlung eine ungeahnte Breitenwirkung verschaffen sollte.

17. Die Brüder Hart

a. »Prachtmenschen« (Erich Mühsam)
Was für Prachtmenschen waren die Harts! Julius Hart, ewig in seligster Seid-umschlungen-Stimmung, schwelgend in der Lust seiner All-Einheits-Erkenntnisse und im Glück, den Gästen die von Fidus und dem Bildhauer Metzner geschmückten Räume der Uhlandstraßenwohnung vorführen zu können, wo nun alle Gegensätze praktisch überwunden werden sollten, küßte Männer und Frauen, duzte jeden, der sich mit ihm freute und verbat sich das Sie, und der Bruder strahlte neben ihm, etwas gehaltener, mit einem kleinen Stich Selbstironie, aber ebenso voll innerer Festlichkeit, voll strömender Gastgeberfreude. Das Brüder-

paar – die fröhlichste Kreuzung von Weinwirten und Religionsstiftern.

b. Die Neue Gemeinschaft: Ein »Orden vom wahren Leben« (Heinrich Hart)
[...] mein Bruder und ich [waren] an der Arbeit, einen Grund zu legen zu jenem menschlichen Gemeinschaftssein [...] Zu einem feineren, reicheren, edleren Gemeinschaftsleben, als es sonst in der Welt von heute nur denkbar ist. Wir dachten an ein neues Kloster ohne die Beschränkungen der Möncherei, an einen Orden, der nicht irgendeine Einseitigkeit verfolgen, sondern ethisch-religiös-ästhetisch das ganze Leben zu einem Kunstwerk gestalten sollte.

18. Ein »Kristallisationspunkt«? Gustav Landauer und die Neue Gemeinschaft

a. »Religiöse Stimmung« (1900)
Mittwoch nach Pfingsten [1900] schließlich fand ein Ausflug der Hartgemeinschaft, etwa 70 Personen nahmen teil, nach Friedrichshagen statt. Ein schöner Moment voll religiöser Stimmung war es, als wir uns an einer schönen Stelle am Seeufer gelagert hatten; ein wundervolles Abendlicht auf dem See und den Kiefern, Gewitterwolken am Himmel und fernes Donnern, während eine Prologdichtung Heinrich Harts [»Zur Weihe«] vorgetragen wurde, der ein längerer ernster und aus der Tiefe schöpfender Vortrag Julius Harts [»Der neue Mensch«] folgte. Leben, Leben! klang aus diesen Worten der beiden Brüder, und die Natur rief uns dasselbe zu.

b. »Die beiden Harts ... hätten mich am liebsten geküßt« (1900)
Von meiner Ansprache [»Durch Absonderung zur Gemeinschaft«] am Montag [in der Neuen Gemeinschaft] wäre schon einiges zu erzählen. Es waren etwa 60 Personen da, Schriftsteller, Künstler, Musiker. Ich führte zunächst einen meiner Lieblingsgedanken aus, daß es neben den autoritären Zufallsgemeinschaften, die uns umgeben, noch eine andere, größere gibt, die mit dem tiefsten Wesen des Individuums zusammenfällt. Was die Gelehrten mit einem unzulänglichen Wort Vererbung nennen, ist nichts anderes als die tatsächlich vorhandene, unablässig wirksame, durchaus reale Macht der Vorfahrenwelt. Je tiefer

wir in die Schächte unseres Individuallebens hinabsteigen, um so mehr werden wir dieser realen Gemeinschaft mit den Mächten der Rasse, der Menschheit, der Tierheit und schließlich, wenn wir uns von Begriffsdenken und sinnlichem Schauen in unsere verborgensten Tiefen und in das unsagbare Stillhalten zurückziehen, der ganzen unendlichen Welt teilhaftig. Denn diese Welt lebt in uns, denn sie ist unsre Ursache, d. h. fortwährend in uns wirkend, sonst hörten wir auf zu sein was wir sind. Unser Allerindividuellstes ist unser Allerallgemeinstes. Wenn wir diese Gemeinschaft mit der unendlichen »Vergangenheit« in uns herstellen, werden wir reif zum Bruch mit den Zufallsgemeinschaften der Gegenwart, werden wir die Liebe finden zu den Mitmenschen, die ja dieselbe Gemeinschaft in sich selber tragen, wie wir, und werden den Mut finden, um der Gemeinschaft willen und um der Vorbilder willen, uns zu neuen Lebensgemeinschaften zusammenzuschließen. Etcetera. Es ist schwer, das so nachträglich in andren Worten zu sagen. Indessen besteht die Absicht, daß ich den Vortrag für eine der nächsten Flugschriften ausarbeiten soll; ich will sehen, ob er mir gelingt. Der Eindruck schien mir stark und nachhaltig zu sein; jedenfalls waren die beiden Hart innerst ergriffen, tasteten, während ich sprach, nach meiner Hand, und hätten mich am liebsten geküßt.

Natürlich gebe ich mich keinen Illusionen hin; es sind viele da, die bloß die Sensation hinzieht oder das angenehme Behagen, sich von andern anwärmen zu lassen. Aber schön ist es doch, in andern wieder zu sehen, daß auch sie zu dem gekommen sind, was in der Luft liegt. Eine junge Generation ist da, die einen Kristallisationspunkt bilden kann; fragt sich bloß, ob die Kraft da ist.

c. »Vorhut« (1900)
Ungeheuerlich und fast unaussprechbar groß ist der Abstand geworden, der uns, die wir uns selbst als die Vorhut fühlen, von der übrigen Menschheit trennt. Ich meine nicht die Entfernung zwischen denen, die man gewöhnlich Gebildete nennt, und den übrigen Massen. Die ist auch schon schlimm genug, aber es ist nicht so weit her damit. Mancher geweckte Arbeiter, der schon Berührungspunkte mit unserer Vorhut hat, ist durch eine tiefere Kluft von dem gebildeten Philister getrennt.

Nun sind wir, die ins Volk gegangen waren, von unserer Wanderung zurückgekehrt. Einige sind uns unterwegs verloren gegangen, bei einer Partei oder bei der Verzweiflung. Etwas haben wir mitgebracht: einzelne Menschen. Einzelne Menschen, die wir aus dem Meer des Alltags herausgefischt haben, mehr haben wir nicht gefunden. Unsere Erkenntnis ist: wir dürfen nicht zu den Massen hinuntergehen, wir müssen ihnen vorangehen, und das sieht zunächst so aus, als ob wir von ihnen weggingen. Die Gemeinschaft, nach der wir uns sehnen, die wir bedürfen, finden wir nur, wenn wir Zusammengehörige, wir neue Generation, uns von den alten Gemeinschaften absondern.

d. »Meine letzten Erfahrungen ... haben ihren Stachel zurückgelassen« (1901)

»Es sind eine Unmenge Ausschüsse gebildet worden, die natürlich nie zusammenkommen« [so Mühsam an Landauer].

Soll ich über dieses Thema, das allmählich das Leitmotiv der »Neuen Gemeinschaft« wird, vielleicht Vorträge halten? Sowie unsere N. G. etwas andres ist als eine »vielversprechende« Vereinigung, werde ich überall, wo ich meinen Fuß hinsetze, für sie öffentlich Propaganda machen.

Vorerst begnüge ich mich damit, mir als Privatmensch ein Leben aufzubauen, das für mich auch neue Gemeinschaft ist; aber immer mit dem bitteren Gefühl, daß es unter uns Freunde gibt, die derlei Lebensführungen nicht nur nicht für neue Gemeinschaft, sondern sogar für eine Todsünde gegen die Allerweltsduselei halten. – Du siehst, meine letzten Erfahrungen in der Uhlandstraße [im Heim der Neuen Gemeinschaft] haben ihren Stachel zurückgelassen. Ich kann's nicht leugnen.

e. »Von den Personen enttäuscht« (1902)

Lieber [Albert] Weidner, wollen Sie, bitte, den Lesern des »armen Teufel« mitteilen[12]:

1. [...]

2. daß ich in der »Neuen Gemeinschaft« mit ganzer Kraft für positives *Schaffen* gewirkt habe nicht *wegen* des positiven Glaubens, um den sich die Brüder Hart mühen, sondern *trotz* desselben;

3. daß die Ziele, die ich dort verfolgt habe, noch unverändert meine Ziele sind, daß ich nur in den Personen enttäuscht bin;

---

[12] Vgl. auch Landauers diesem vorausgehenden Leserbrief »Ein Wort über Weltanschauungen«. In: Armer Teufel 1. Jg. (1902) Nr. 2, S. 5 und seine dortigen Auslassungen gegen die Weltanschauungsspekulationen der Friedrichshagener.

4. daß ich die theoretischen Grundlagen der Anschauungen der beiden Harts ebenso scharf wie heute abgelehnt habe im Jahre 1899 in der »Gesellschaft« bei Besprechung des »Neuen Gottes«[13] und im Jahre 1900 in der »Zukunft« bei Besprechung der ersten Flugschrift der beiden Harts[14].   Gustav Landauer.

19. Enthusiasmus und Verleumdungen: Erich Mühsam

a. »Zügelloser Enthusiasmus«
Ich kann doch an diese Zeit der Neuen Gemeinschaft nicht ohne eine gewisse Rührung zurückdenken. Und doch, wie arg ist es mir da ergangen. Das war der erste große, zügellose Enthusiasmus, dem ich mich hingab! Wie ich das wenige Geld, das ich hier und da zusammenscharrte, der »Sache« zutrug. [Dann aber sei er verleumdet worden, er suche dort nur Anschluß an bekannte Namen und wolle die Freunde ausnutzen.]

b. Verleumdungen: aus einem Brief an Heinrich Hart (Dezember 1901)
[...] bitte ich Dich sehr herzlich und dringendst, mir ganz unverblümt und schonungslos Deine Meinung darüber zu sagen, ob Du mit [Heinrich] Michalski darin übereinstimmst, daß ich der Neuen Gemeinschaft eher schädlich als nützlich bin. In diesem Falle würde ich Euch selbstverständlich augenblicklich von mir befreien und würde mich damit begnügen, später, wenn ich im Besitz von Geldmitteln bin, die Dir zugesagten Bedingungen zu erfüllen, im übrigen aber meine Neue Gemeinschaft mit mir allein, solange ich keine andre Seele gefunden habe, leben.

[...] Haltet Ihr mich für denselben überflüssigen Ignoranten, als den mich Michalski fortgesetzt hinzustellen bemüht? Ich möchte die Wertunterschiede nicht mitmachen, die Michalski und Stöber heut Abend wiederholt aufstellten, indem sie ihren Nutzen für die Neue Gemeinschaft als bei weitem größer darstellten als den meinen. Ich kann das nicht so beurteilen, wenigstens nicht bei Michalski. Ich kann mir aber nicht denken, daß

---

[13] Vgl. Gustav Landauer, Der neue Gott. In: Die Gesellschaft. Hrsg. v. M. G. Conrad und L. Jacobowski, 15. Jg., 4. Bd. (1899), S. 119–122.
[14] Vgl. Gustav Landauer, Zukunfts-Menschen. In: Die Zukunft. Hrsg. v. Maximilian Harden, Bd. 31 (1900), S. 529–534.

der Unterschied so groß ist, daß die beiden Grund haben, ihn so nachdrücklich zu betonen [...]

20. Die »dienenden Brüder« und Schwestern des »Ordens«

Die ersten Veranstaltungen der Neuen Gemeinschaft, an denen ich teilgenommen hatte, führten sofort Bekanntschaften herbei. Heinrich Hart stellte mich seinem Bruder Julius vor. Ich wurde zur Betreuung dem Photographen Fritz Löscher übergeben, einem Bekenner konsequentesten Tolstojanertums, dessen schöne Frau Ida die erste Werkstatt für moderne Frauenbekleidung eröffnet hatte, aus welcher in meiner Erinnerung alle violett-samtenen hängenden Gewänder der dem Reiche der Erfüllung zustrebenden Damen hervorgingen. Durch Löscher lernte ich die Gemeinschaftsanhänger kennen, die dem »Orden vom wahren Leben« sozusagen als dienende Brüder die Kleinarbeit besorgten, Arbeiter und Künstler, auch Kaufleute, junge Mädchen und Idealisten aller Art. Sie hielten im Architektenhause Tür- und Kassenwacht, führten die Vortragsbesucher zu ihren Plätzen, verkauften Broschüren und verteilten Zettel und Programme.

21. »Weihe-Feste«

a. Religionsersatz
Die Neue Gemeinschaft, die im Einzel- wie im Gesamtleben der ihr Angehörigen die sozialen, künstlerischen und religiösen Ideale der modernen Kultur zu verwirklichen strebt, hat im Laufe der zwei letzten Jahre eine Reihe von Festen veranstaltet. Frühlings- und Sonnenaufgangsfeste, Feste des Todes und der Freude, Nachtfeiern usw., – Weihe- und Weltanschauungsfeste, in denen die Erkenntnisse, Gefühle und Ideale des modernen Menschen zum Ausdruck gelangen sollen. Sinn und Bedeutung dieser Feste geht darauf hinaus, den Menschen mit den vollkommensten Vorstellungen von seinem Leben zu erfüllen. Aus unserem dumpfen Hinvegetieren, aus den engen und verworrenen Auffassungen, den Sorgen und Fürchten des alltäglichen Lebens wollen sie uns zu den ewigen Höhen des Geistes emporheben, wo wir mit gesammelter Seele die Welt rein anschauen und unseres unzerstörbaren Allseins in allen Dingen und

durch alle Dinge bewußt werden. Sie wollen dem modernen Menschen ein Ersatz sein für die alten religiösen Feiern, die mit dem Verfall der alten Religionen und Kulturen für ihn Inhalt und Bedeutung verloren haben. Denn der ewige, tiefste und künstlerische Drang der Menschheit verlangte zu allen Zeiten und an allen Orten nach solchen Weihefesten des Lebens, an

MITTEILUNGEN
FÜR MITGLIEDER UND GLEICHGESINNTE
HERAUSGEGEBEN VON
ALBERT WEIDNER, FRIEDRICHSHAGEN-BERLIN.
Diese Mitteilungen enthalten die Veröffentlichungen der Neuen Gemeinschaft. Die regelmäßige Zustellung erfolgt gegen Einsendung von Mk. 1,50 pro Quartal.
Alle Sendungen sind an die persönliche Adresse des Herausgebers zu richten.

No. 6. ✱ 1. DEZEMBER 1900.

denen wir uns unserer Beziehungen zu den Unendlichkeiten des Daseins bewußt werden. In mystischen Feiern, in Götter- und Naturfesten brachte der Mensch in bedeutsamen Symbolen seine kosmogonischen Vorstellungen zum Ausdruck und erfüllte seine Seele mit den reinen Stimmungen, deren wir mehr als jeder andern bedürfen, um die Widerwärtigkeiten und Bitternisse des Lebens zu ertragen. Auch das Kind der Gegenwart bedarf dieser Feiern, und sie neu zu erwecken, mit neuem Geist und Inhalt zu erfüllen, das ist eins der Ziele, die sich die »Neue Gemeinschaft« gesetzt hat. [...]

Für das Jahr 1903 sind folgende Feste geplant:
25. Januar: Das Tao-Fest.
Für die Nacht vom 21. zum 22. Februar: Neue Dionysien (Trachten-Fest)

22. März: Das Fest der Frühlingsstürme
13. April: Das Fest der Versöhnungen
21. Mai: Das Fest der Seligen
21. Juni: Sonnwendtag
Für die Nacht vom 25. zum 26. Juli: Unendlichkeit
23. August: Das Fest der Schönheit
20. September: Das Fest des Friedens
18. Oktober: Das Fest der Erfüllung
18. November: Das Fest des Todes
26. Dezember: Das Fest der Selbsterlösung

b. Gesamtkunstwerk
Indem wir, anknüpfend an eine bestimmte Erscheinung und an einen bestimmten Vorgang in der Natur und im menschlichen Leben, in jeder von diesen Festaufführungen und Festdarstellungen eine tragende und durchgehende Idee zum Ausdruck bringen, eine *einheitliche* Anschauung, ein beherrschendes Gefühl, wollen wir jeder Feier das Gepräge eines in sich abgeschlossenen, organisch zusammenhängenden Kunstwerkes aufdrücken, in dem alle einzelnen Teile – Rede und Musik, Gemälde, Plastik, Dekoration und Schmuck – in inneren wesentlichen Beziehungen zu einander stehen.

22. »Zu große Korsettlosigkeit« (Paula Modersohn-Becker)

Gestern am Sonntag war ich mit M. in der »Neuen Gemeinschaft«, von Heinrich Hart errichtet in Friedrichshagen, Du weißt. Es war am Vormittag. Es wurde viel über Nietzsche gesprochen, gelesen, etwas über den jetzigen Stand der Dinge und Gedichte von Herrn Hart deklamiert. Es scheint mir viel Eitelkeit zu sein, langes Künstlerhaar, Puder und zu große Korsettlosigkeit. Ich bin ja nicht gerade für jenes Kleidungsstück, nur soll man es nicht vermissen. Wenn alle diese Simsons doch eine Dalila hätten, die ihnen die Locken schneiden wollte. Und wenn auch ihre Kraft von ihnen wiche, ich glaube, die Welt würde nicht darunter leiden.

23. »Tischgemeinschaft«

Die »Neue Gemeinschaft« ließ den sprühenden Glanz ihres Heiligenscheins rasch matt werden. Weihe in Permanenz schafft Narren, Zeloten und Spekulanten. Die Wohnung in der Uhlandstraße diente uns Jungen immerhin in den weihefreien Stunden als Klubraum zur Selbstbeköstigung. Zuerst hatten Gustav Landauer und ich uns die Erlaubnis erwirkt, dort zu kochen. Mir wurde die Erlaubnis dazu allerdings von Landauer bald entzogen, und er, der damals keine Familie hatte, übernahm die Bereitung der Mahlzeiten allein, nachdem ich einmal zur Herstellung von Omeletten alle Milch- und Eiervorräte verrührt hatte, ohne daß die Eierkuchen aufhörten zu zerbröckeln; ich hatte nämlich eine falsche Tüte genommen und statt Mehl Gips erwischt. Bald fand sich als dritter Mittagsstammgast ein Blumen- und Ansichtskartenmaler Albert Jung ein, und als Landauer dann zur Begründung seiner zweiten Ehe mit Hedwig Lachmann nach England abreiste, etablierten etliche junge Leute eine reguläre Tischgemeinschaft, und eine Anzahl Damen der Neuen Gemeinschaft übernahmen je einen Wochentag, um uns mit einem regelmäßigen Mittagessen zu versorgen [...] Wir sollten bestimmte Verpflegungsbeiträge leisten, taten es aber selten und ließen uns recht gern von unseren freiwilligen Köchinnen gratis bewirten, am liebsten von der schönen, jungen Ludmilla von Rehren, die stets erlesene Speisen auf den Tisch stellte und in die wir samt und sonders verliebt waren.

Diese Tischgemeinschaft hatte mit Boheme herzlich wenig zu schaffen, sie war für die eigentlichen Zigeuner unter uns Verbürgerlichung, für die zu bürgerlichem Wandel Hinstrebenden so etwas wie Sturm und Drang, für uns alle eine faute-de-mieux-Angelegenheit, die kennzeichnender für die Entwicklung der Neuen Gemeinschaft war als für uns.

24. Die Alterung der Neuen Gemeinschaft

Die Neue Gemeinschaft selbst alterte mit unheimlicher Geschwindigkeit. Die Harts und einige der Gläubigsten erhielten sich ihren Optimismus, andere fanden sich bald enttäuscht. Denn aus dem Überschwang des Sternenfluges zu neuen Lebensformen wurde Gewöhnung und in Jugendstil, der dazumal revoltierend modern war, gekleidete Spießerei. Regelmäßig zweimal wöchentlich gab es Vortragsabende, bei denen manchmal ausgezeichnete Köpfe ausgezeichnete Gedanken entwickelten: Martin Buber z. B., noch sehr jung, aber schon priesterlich versonnen, sprach im modernen Geiste von altjüdischer Mystik, Dr. Magnus Hirschfeld erzählte von sexuellen Absonderlichkeiten, die beim Namen zu nennen damals noch grauenvoll verwegen schien, es gab sehr interessante und wertvolle Diskussionen – aber der Freiheitsdrang derer, die im »Orden vom wahren Leben« grundstürzende Erschütterung von Himmel und Erde fördern und feiern wollten, blieb ungestillt. Kritik schuf Verstimmung, und der Zorn der Eiferer wandte sich nicht gegen das Kritisierte, nicht dagegen, daß schöngeistige Damen sich gewöhnten, mit Häkelarbeiten dabei zu sitzen, wenn Julius Hart unsere Seelen mit All-Einheit impfte, nicht dagegen, daß spleenige Weltreformer zu Dutzenden in der Neuen Gemeinschaft ihre Traktätchen zu verhökern suchten, sondern gegen uns junge Stänkerer mit dem Eigensinn des unbestechlichen Idealismus, die wir Verwirklichung forderten und die Gemeinschaft der Vereinsversimplung anklagten.

Die Idee, auf eigener Scholle Verbindung von Arbeit und Verbrauch zu schaffen, lockte sogar Makler herbei, die mit sauber ausgerechneten Voranschlägen in der Tasche an Sonnwendfeiern draußen in der Mark teilnahmen und zwischen Chorgesang und Weiherede ein smartes Grundstücksgeschäft anregten. Schließlich versackte die ganze Siedlungsidee in einem Kompromiß, der den Bohemecharakter des Plans, Menschen, fern von aller Konvention, ein freies Leben in selbstgewählten Formen führen zu lassen, zur komischsten Karikatur verzerrte. Statt Land zu erwerben, wurde in Schlachtensee ein Säuglingsheim gemietet, dessen Räume nach Bedarf und Zahlfähigkeit unter die Familien verteilt wurden, welche sich bereit zeigten, die Überwindung der Gegensätze durch Benutzung einer gemeinsamen Küche vorzuleben. Auch ein paar junge Adepten der neuen Weltanschauung durften mit hinausziehen; ich gehörte schon nicht mehr dazu, war aber in der ersten Zeit noch häufig als Gast draußen und sah ingrimmig und höhnend die erträumte Herrlichkeit in einem Lustspiel-Pensionat grotesken Kalibers dahinschwinden. Ein paar schöne Feste und künstlerische Veranstaltungen konnten die ursprüngliche Idee nicht retten.

25. »Unsere erste Ansiedlung«

Im ersten Heft der Flugschriftenreihe ›Das Reich der Erfüllung‹ heißt es an einer Stelle: »Die reife Kultur kehrt zur Natur zurück, eine innige Verbindung zwischen Geistes- und Schollenarbeit bildet den Grund, in dem sie gedeiht. In steter Berührung mit der Natur, aber auch mit allem geistigen Leben der Zeit, in reichem Wechsel zwischen lustvoller Arbeit und freudigem Genuß, zwischen Spiel und Ernst, erfüllt von den Anregungen, welche die Zurückgezogenheit hier, die Gemeinsamkeit dort bietet, so lebt unsere Gemeinschaft das Kulturideal.«

Nachdem seit den Frühlingstagen dieses Jahres unser Orden als weitumfassende Geistesgemeinschaft fest begründet erscheint, nachdem wir in zahlreichen Versammlungen, bei Festen und Liebesmahlen uns gegenseitig näher getreten sind und uns in mannigfachster Weise angeregt und gefördert haben, nachdem wir auch den ersten Grund zu einer Zeitschrift, als der weitreichendsten Verkünderin unserer Ideen, gelegt haben, – *ist es jetzt an der Stunde, unsere erste Lebensgemeinschaft zu verwirklichen*. Nur mit dieser Gemeinschaft können wir den höchsten und endgültigen Beweis liefern, daß unsere Weltanschauung keine tote Spekulation vorstellt, sondern fruchttragendes und zeugendes Leben ist, daß unser Glaube keine flackernde Schwärmerei ist, sondern schaffenskräftiger Empordrang, daß unsere Zuversicht, die höchsten menschlichen Ideale und Sehnsuchten schon hier und allzeit in Wirklichkeit umsetzen zu können, aus dieser Weltnotwendigkeit entsprossen ist, daß wir in Wahrheit die Kraft haben, eine neue Menschheit zu sein und eine neue Kultur zu gestalten.

Diese Lebensgemeinschaft wird nicht wie die Mönchsorden der Christen und Buddhisten in einem Zellenkloster zusammenhausen, sondern jeder Einzelne wird für sich allein oder für sich und seine Familie ein Haus bewohnen, das sich inmitten seines ihm vorbehaltenen Gartenlandes erhebt. Im Zentrum dieser Einzelwohnstätten ragt das Gemeinschaftshaus, in dem sich die Freunde, wenn es ihnen paßt, zur gemeinsamen Tafel, zur Unterhaltung, zur gegenseitigen Geistesanregung und zu festlicher Andacht zusammenfinden. In wirtschaftlicher Hinsicht wird die Gemeinschaft eine Art Konsum- und Produktivgenossenschaft sein, die alle Vorteile eines Gemeinschaftsbetriebes wahrnimmt, dabei aber jedem Einzelnen ein möglichst weites Maß selbständiger Bewegungsfreiheit beläßt. Die richtige

Synthese zwischen den Anforderungen der Gemeinsamkeit und der Einsamkeit, des Sozialen und Individuellen nicht nur festzustellen, sondern auch zu leben, das ist eine der Hauptaufgaben unserer Lebensgemeinschaft. Näheres über die Organisation ein ander Mal!

Aber nicht nur in wirtschaftlicher Hinsicht, sondern auch nach allen andern Seiten soll die Lebensgemeinschaft das Kulturideal, das unserer Sehnsucht vorschwebt, erfüllen. Es soll in jedem Betracht eine Lust sein, mit uns zu leben, indem wir so leben, daß allen Bedingungen seelischen und leiblichen Wohlbehagens ihr Recht wird, indem wir ein Leben in Reinheit, in Fülle von Luft und Licht, in ständiger Abwechslung von Lustarbeit, Spiel und Weihe führen, indem wir ständig aneinander wachsen und einander in Liebe fördern und alle Künste in unseren Dienst stellen. Wie zu einem einzigen Tempel der Freude, der Andacht, der Kunst soll die Gesamtansiedlung sich ausgestalten. In großen Festspielen werden wir die Schaffenskraft der Gesamtheit betätigen.

So wird auch für diejenigen, die unserer Geistesgemeinschaft angehören, aber aus irgend einem Grunde nicht sofort an der Lebensgemeinschaft teilnehmen können, unsere Ansiedlung des Anziehenden in Hülle und Fülle bieten. Sie werden, wann immer es ihnen behagt, unsere Gäste sein und in der Ansiedlung die rechte Sommerfrische, die rechte Erholungsstatt finden.

Unsere *erste* Lebensgemeinschaft wird aus naheliegenden Gründen sich in der Umgebung *Berlins* ansiedeln. Es sind uns bereits mehrere große Grundstücke von fünfzig bis fünfhundert Morgen angeboten, die anmutig an Wald und Wasser gelegen und verhältnismäßig billig zu erwerben sind. Daher ist es dringend notwendig, daß wir, um die erforderliche Kaufsumme aufzubringen, uns alsbald zu einer wirtschaftlichen Genossenschaft zusammenschließen. So richte ich denn an alle diejenigen, welche den Willen und die Kraft in sich fühlen und auch äußerlich die Möglichkeit sehen, an unserer ersten Lebensgemeinschaft teilzunehmen, die Bitte, die auch bereits an anderer Stelle der »Mitteilungen« angedeutet ist, ihre Absicht brieflich oder mündlich mir kundzugeben. Aber auch denjenigen unserer Freunde, die noch nicht in der Lage sind, wird es sicherlich eine Freude sein, uns zur Verwirklichung unserer Pläne nach Möglichkeit zu helfen. Sie fördern damit ein Werk, wie es – wenn auch vorläufig nur dem Ziele nach – menschlich und menschheitlich bedeutsamer kaum zu ersinnen ist. Ein Kunstwerk, das nicht aus Worten, Farben, Tönen, sondern aus Menschen komponiert ist, nicht mit Phantasievorstellungen, sondern mit Leben und Wirklichkeit erfüllt ist. Heinrich Hart

26. »Socialklostereien«: eine anarchistische Stimme aus Amerika

Aus den bisher angelangten Nummern [der »Neuen Gemeinschaft«] ist zu ersehen, daß sich die ganze Philosophenkolonie, welche früher den ›Socialist‹ und ›Armen Konrad‹ [zwei sozialrevolutionäre Blätter] befruchtete, an [Moritz von] Egidy und Nietzsche sich berauschte, für Tolstoi schwärmte und im Übrigen vor den Altären der Neuen und Allerneuesten kniet, eine »Gemeinschaft« ins Leben gerufen hat, die nicht nur den Zweck haben soll, als geistiges Feinschmecker-Casino zu dienen, sondern auch in einem kommunistischen Boardinghaus oder solidarischen Consumationsdorf materiell verwirklicht zu werden.

Wenn man die betreffenden Artikel liest, wird man unwillkürlich an die Schwärmereien der St. Simonisten, Fourieristen, Ikarier, Owenisten, Weidlingianer etc. etc. erinnert, und man gelangt zu der Vermutung, daß diese Neu-Gemeinschaftler von der Geschichte und den Ursachen der Niederlagen derselben gar keine Ahnung haben. Das ist schade um sie, denn sie sind ohne Zweifel ganz edle und prächtige Menschen und verdienen das Schicksal nicht, welchem sie nie und nimmer entrinnen können, falls sie wirklich den unglücklichen Versuch machen sollten, ihre projektierten Luftschloßbauereien realisieren zu wollen.

27. »Ein kommunistisches Idyll in der Berliner Bannmeile«: ein sozialdemokratischer Kommentar

Wer am Sonntagnachmittag mit der Wannseebahn dem Frühlingsfest der »Neuen Gemeinschaft« zustrebte, ohne mit den topographischen Verhältnissen der Villenkolonie Schlachtensee genügend vertraut zu sein, der wurde aus seinen Zweifeln über den einzuschlagenden Weg gerissen, noch ehe der Zug in den Bahnhof einlief. Kurz vorher erblickt man nach dem See-Ufer zu ein ragendes Gebäude, das schon verschiedenen Zwecken gedient hat. Es war dort einmal ein Asyl für verwahrloste Mädchen. An die entschwundenen Tage eines anderen Instituts erinnert die zwar oberflächlich weggekratzte, aber noch leserliche Aufschrift: »Vegetarisches Familienheim«. Heute steht das stattliche, hotelartige Haus unter dem Wahrzeichen zweier Fahnen, die auf dem Dache lustig im Winde flattern: davon ist die eine wiesengrün, die andere dunkellila[15]. Hier muß es sein. Und in der Tat finden wir uns in der Erwartung nicht getäuscht: seit dem Monat März hat die »Neue Gemeinschaft« hier ihr Hauptquartier aufgeschlagen.

Eine buntgemischte Gesellschaft von etlichen hundert Köpfen findet sich allmählich in den Räumen der Gastgeber zusammen. Neben Künstlern mit wallender Mähne, Damen mit merkwürdigen, sezessionistischen Gewändern sieht man Herrschaften, deren eigentliche Heimat wohl das Tiergartenviertel ist [...], das Haus und seine Umgebung durchwandeln, sich mit Kaffee, Kuchen und anderen harmlosen Genüssen erquicken, Klavier- und Gesangsvorträgen, Deklamationen und nicht zu vergessen den Ausführungen der Herren Heinrich und Julius Hart und des Herrn Michalski über die Bestrebungen der »Neuen Gemeinschaft« lauschen. Was die Tiergarten-Viertler hergeführt hat, ist schwer zu sagen: vermutlich die Erwartung eines besseren Überbrettls oder gar die Sucht, sich, wie es denn auch geschah, mit bekannten Gestalten der Bohème zusammen für die ›Woche‹ photographieren zu lassen. Denn das eigentliche Ziel der »Neuen Gemeinschaft« in ihrem neuen Heim kann jenen Leuten kaum besondere Sympathie einflößen.

Es handelte sich für die Vereinigung von Künstlern und Idealisten, an deren Spitze die Gebrüder Hart stehen, darum – so kündigten sie im vorigen Jahre ihre Absicht an –, »ihre Freunde zu einer engeren wirtschaftlichen Organisation zusammenzufassen, zu Verbindungen, die in möglichst vielseitiger und umfangreicher Weise Produktion und Konsum auf gemeinschaftlicher Grundlage ermöglichen«. Mit nicht mehr und nicht weniger als einem kommunistischen Experiment hat man es also zu tun. Das zu diesem Zweck auf vorläufig drei Jahre gepachtete Grundstück kostet mit dem Hause zusammen eine jährliche Miete von 5000 Mk. und umfaßt im ganzen 35 Morgen. Davon ist der größte Teil Wald, ein kleinerer Teil Obst- und Gemüse-

---

[15] In einem Artikel des ›Börsen-Courier‹ hieß es dazu: »Die grüne soll die positivistische, die andere die metaphysische Weltanschauung symbolisieren, so wenigstens wurde draußen von Eingeweihten gesagt.«

garten und der sehr erhebliche Rest unverfälschter märkischer Sand, dessen unerfreulicher Anblick dem Auge aber ehestens durch Bepflanzung mit genügsamen Lupinen entzogen werden soll. Im übrigen aber ist die Lage der Ansiedlung eine äußerst einladende; von dem flachen Dache aus genießt man ein prächtiges Panorama: zu Füßen der gewundene Schlachtensee mit seiner Waldeinrahmung, während im Osten der Blick bis Lichterfelde und Steglitz, im Westen bis zu den Höhen von Potsdam reicht.

Das Haus beherbergt in seinen ca. 30 Räumen 20 Erwachsene beiderlei Geschlechts – teils ledig, teils verheiratet –, wozu dann noch eine muntere Schar von Kindern kommt, deren jüngste manchmal recht vernehmlich in die Darbietungen der Festgeber hineinkrähten. Diese ganze Gemeinschaft nun bildet eine einzige große Familie, die aus gemeinsamen Mitteln einen gemeinsamen Haushalt bestreitet. Dazu hat man pro Tag für Beköstigung, exklusive Getränke, 1 Mk. beizutragen, wozu dann noch etwa 20–30 Mk. monatlich für ein Zimmer zu rechnen sind. Das reicht aber nicht zur Deckung der Unkosten, vielmehr kommen dazu freiwillige Beiträge für den gemeinsamen Zweck, deren Höhe sich nach Maßgabe der Kräfte und der Opferwilligkeit der Mitglieder bestimmt und zum Teil von großer Hingabe und Begeisterung Zeugnis ablegt. Wie die sämtlichen Mahlzeiten gemeinsam eingenommen werden, so bezweckt die »Neue Gemeinschaft« überhaupt brüderliches Zusammenleben und Zusammenwirken auf allen Gebieten, vor allem natürlich auf denen der Kunst und Wissenschaft: »Als eine Genossenschaft von Geistesmenschen sucht sie in jeder Hinsicht frei zu werden und frei zu machen von der Besitz- und Geschäftsgier und im Gegensatz zu der Geschäftskunst, Geschäftswissenschaft und Geschäftsreligion, die heute wie von jeher die Menschenwelt in ihrem innersten Wesen zersetzen, verderben, unentgeltlich zu schaffen und zu spenden.«

Die Organisierung der Produktion ist bis jetzt kaum über die ersten Anfänge hinaus gediehen. Die Gartenarbeiten werden mehr nur zur Erholung von geistiger Tätigkeit, nicht zu wirtschaftlichen Zwecken, betrieben: wie denn die Mitglieder der Gemeinschaft überhaupt nicht die Absicht haben, Bauern zu werden oder zu einem Rousseauschen Naturzustande zurückzukehren: bloß in steter Vereinigung mit der freien Natur wollen sie leben; es ist denn auch ein Waldtheater geplant. Von gewerblichen Erzeugnissen, die aus der Mitte der Vereinigung hervorgegangen sind, haben wir nur eine Ansichtskarte bemerkt, die, nebenbei gesagt, ziemlich mäßig aufgefallen ist.

Es wäre kaum nötig gewesen, daß die Redner der »Neuen Gemeinschaft« ausdrücklich erklärten, dem Sozialismus fernzustehen mit ihrem Experiment, keinen Beweis für die Durchführbarkeit des Sozialismus liefern zu wollen, den sie gar nicht für wünschenswert halten. [...] Mit ihrer Verwerfung jeglicher politischen Betätigung, jeglicher Autorität, jeglichen Zwanges stehen sie noch am nächsten den Anarchisten [...], deren ›Armer Teufel‹ übrigens in zahlreichen Exemplaren auslag; den feinen Leuten aus Berlin W. mag bei dem Anblick merkwürdig zu Mute geworden sein.

Wie lange das kommunistische Idyll in Schlachtensee währen mag? Allah weiß es. Wahrscheinlich nicht viel länger, als, wenn es erlaubt ist, Kleines mit Großem zu vergleichen, der ähnliche Versuch der Saint-Simonisten auf Enfantins Landgut Ménilmontant bei Paris (1830). Jedenfalls aber verlohnt es sich, von dem kommunistischen Idyll der »Neuen Gemeinschaft« Notiz zu nehmen, als von einer interessanten Zeiterscheinung.

28. »Von unserer Lebensgemeinschaft in Schlachtensee« (aus einer Art Hausordnung)

B. In der Welt da draußen ist Gesetz, Tun und Handeln ganz überwiegend mit Rücksicht auf die Masse, das heißt auf den geistigen Durchschnitts-, ja vielfach den Unterdurchschnittsmenschen geordnet und gerichtet. In der Neuen Gemeinschaft geht das Streben dahin, alle Einrichtungen im Sinne *höchstentwickelter* Menschheit zu treffen [...]

C. [...] Nicht eine Vereinigung von Schwachen zur gegenseitigen Stütze, sondern ein Bund der Starken soll die Neue Gemeinschaft sein. Ein Gesundungszentrum für die heutige Welt. [...]

E. Jede Arbeit innerhalb der Neuen Gemeinschaft wird gleich geschätzt; es ist keine zu niedrig, keine zu hoch. Wer mehr begabt und mehr geneigt ist zur Handarbeit, zu körperlicher Arbeit in Haus, Hof und Garten, der wird vorzugsweise mit solcher Arbeit sich beschäftigen. Aber es ist seine Pflicht, sich nicht zu ver*einseitigen,* nicht durch einseitiges Tun zum Automaten zu werden. Und es ist seine und der Gemeinschaft Sache, dafür zu sorgen, daß ihm Muße und Gelegenheit zu Spiel, Ge-

nuß und geistiger Tätigkeit aller Art gewahrt bleibt, daß er in ständiger Berührung, im Austausch mit den Geistesarbeitern der Lebensgemeinschaft bleibt. Dasselbe gilt umgekehrt vom Geistesarbeiter; er wird durch körperliche Arbeit den Wert dieser Arbeit schätzen lernen und Abwechslung und Erholung in ihr finden. Daraus folgt von selbst, daß es in der Neuen Gemeinschaft wohl Reifeunterschiede, aber keine auf Arbeitsverschiedenheit und Arbeitsertrag begründeten sozialen Unterschiede gibt. Ein öfterer Verkehr zwischen den einzelnen Kreisen und Gliedern der Gemeinschaft bei Tisch, in Versammlungen, bei der Arbeit, in der Werkstatt, gegenseitige Belehrung und Ermunterung ist selbstverständlich und allen Teilen gleich ersprießlich.

F. Wer innerhalb einer Neuen Lebensgemeinschaft lebt, von dem ist es selbstverständlich, daß er sich all jener Eigenschaften befleißigt, die für den Umgang von Menschen mit einander die unumgängliche Grundlage bilden: Takt, Rücksichtnahme, Ordnung, ästhetische Leibespflege u. dgl. m. Ebenso selbstverständlich ist es, daß jeder den andern, soweit es sich um rein persönliche Neigungen und Bestrebungen handelt, nach seiner Façon selig werden läßt.

Jeder ist unbedingter Herr in seiner Wohnung oder seinem

Wohnhaus; ohne seine Zustimmung hat niemand seine privaten Räume zu betreten.

G. Wer innerhalb einer Neuen Lebensgemeinschaft lebt, zahlt zu den festgesetzten Terminen die festgesetzte Miete für Wohnung oder Haus an die Mietskasse der Gemeinschaft. Jeder beteiligt sich überdies im Verhältnis zu der Zahl und dem Preis der Wohnräume, die er beansprucht, an den Kosten für Heizung, Beleuchtung, Feuer-, Hagel-, Einbruchsversicherung, Einrichtung der Gemeinschaftsküche und Gemeinschaftsräume, an den Kosten für alles das, was Land- und Gartenbau erfordern, sowie an den Kosten, die die Mitarbeit bezahlter Helfer und Helferinnen nötig macht.

H. Jeder, auch der zum äußeren Kreise Gehörige, opfert auf Grund seiner Selbsteinschätzung freiwillig und möglichst reichlich von seinen Einnahmen zu Gunsten der Gemeinschaft. Was auf diese Weise einkommt, wird teilweise für künstlerische Ausschmückung der Gemeinschaftsräume und festliche Veranstaltungen der Gemeinschaft, teilweise für Versicherungszwecke (Lebens-, Krankheits-, Arbeitslosigkeitsversicherung), teilweise für Erweiterungszwecke der Gemeinschaft, für Landerwerb und Häuserbau, Gemeinschaftszeitschrift und Gemeinschaftsschriften, Reisen im Gemeinschaftsdienste – verwandt.

In der heutigen Gesellschaft ist jeder durch Zwang genötigt, Steuern zu zahlen. Aber er hat als Individuum keine Macht, zu bestimmen, daß sein Geld nur für Zwecke verwandt wird, die ihm, dem Einzelnen, sympathisch sind. So ist z. B. der Sozialdemokrat gezwungen, für Einrichtungen beizusteuern, die dazu dienen, ihm als Klassenkämpfer Fesseln anzulegen, oder der Friedensfreund für Kriegsrüstungen. In Neuer Gemeinschaft dagegen hat jeder das Recht, festzusetzen, zu welchem Zweck die Steuer, die er freiwillig aufbringt, verwandt wird. Nur wenn er auf das Recht verzichtet, bestimmt die Gemeinschaftsversammlung über die Verwendung.

I. Grund, Boden, Wohn- und Wirtschaftshäuser sind Gemeineigentum der Gemeinschaft. Was sie an Überschüssen einbringen, wird derart zu Gemeinschaftszwecken verwandt, daß jedem Mitglied der Nutzen in gleicher Weise zufließt. Jährlich bestimmt die Gemeinschaftsversammlung – und zwar an einem der ersten Märztage – über die Verwendung der Überschüsse sowie über etwaige Zuwendungen, die von außen her der Gemeinschaft gemacht werden und die bis zum 1. März aufgesammelt werden. Falls sich schon früher die Notwendigkeit von

Ausgaben ergibt, die nicht aus den sonstigen Einnahmen gedeckt werden können, so kann jederzeit eine Gemeinschaftsversammlung über die Verwendung jener Überschüsse und Zuwendungen das Erforderliche festsetzen.

Bestimmungen, ob eine Entscheidung mit Mehrheit und mit was für einer Mehrheit zu erfolgen hat, sind auf dem Boden Neuer Gemeinschaft überflüssig. Unter den Menschen Neuer Gemeinschaft, die es in Wahrheit sind, erfolgt stets eine Einigung.

K. Wer sich mit Land- und Gartenarbeit befassen will, dem wird ein Stück Land oder Garten zu sorgfältiger Bebauung und Pflege zugewiesen. Was angebaut werden soll, darüber bestimmt die Gemeinschaftsversammlung oder der von ihr erkorene Fachmann. Der Ertrag wird in erster Reihe zu Garten- und Landbauzwecken, etwaiger Überschuß gemäß den Bestimmungen unter I. verwandt.

L. Jedes Mitglied einer Lebensgemeinschaft übernimmt, soweit es seine Kräfte und seine Zeit gestatten, in wechselnder Reihenfolge ein für die Aufrechterhaltung des Gesamtbetriebes nötiges Amt. Solche Ämter sind: Hausverwaltung (Aufsicht über Instandhaltung und Sauberkeit, Heizung, Beleuchtung, Verschluß des Gemeinschaftshauses), Küchenverwaltung, Gartenverwaltung, Ein- und Verkaufsverwaltung, Verwaltung der Bücherei und sonstiger Sammlungen, Zeitschrift- und Verlagsverwaltung, Erziehungsleitung. Jeder – in den Grenzen der Fähigkeiten und Kräfte – übernimmt möglichst jedes Amt einmal, damit keinerlei Diktatur sich ausbilden kann und jeder Einzelne sich so vielseitig wie möglich entwickelt. Der Wechsel in der Küchenverwaltung erfolgt in der Regel wöchentlich, der in der Hausverwaltung monatlich, der in der Ein- und Verkaufsverwaltung vierteljährlich, in allen übrigen jährlich. Bücher und Kassen sind dem Nachfolger auszuliefern. Jederzeit kann aber die Gemeinschaftsversammlung andere Dispositionen treffen, die Gültigkeitsdauer verlängern oder verkürzen.

Der Betrieb wird kaufmännisch geführt; die Einsicht in die Kassenbücher steht jedem Mitgliede einer Lebensgemeinschaft jederzeit frei.

M. Mindestens zweimal in der Woche finden Zusammenkünfte statt, an denen sich sämtliche Zugehörige einer Lebensgemeinschaft (Kinder, soweit es angeht) beteiligen, falls sie nicht behindert sind. Die Zusammenkünfte dienen zur Beratung über die wirtschaftlichen und ideellen Angelegenheiten der

Gemeinschaft, zur gegenseitigen Belehrung und Unterhaltung, zu Vorträgen, ästhetischen Darbietungen und dergleichen mehr. Jede Mahlzeit, an der eine größere Zahl von Gemeinschaftsgliedern teilnimmt, wird mit einer religiös-künstlerischen Feier eingeleitet und beschlossen, ebenso jede Beratung.

N. Gegenstände, die jemand zu Gemeinschaftszwecken hergibt, wie Bücher, Mobiliar u. dergl. m. bleiben Eigentum des Spenders; er kann sie jederzeit nach vorheriger Ankündigung zurücknehmen. Anspruch auf Ersatz für Abnutzung, unbeabsichtigte Beschädigung und für Verlust, der nicht auf leichtfertige Sorglosigkeit zurückzuführen ist, hat der Spender nicht. Für Beschädigung oder Verlust, die auf ungenügende Sorgfalt zurückzuführen sind, haftet der Beschädiger oder Verlierer. Gelder, die einmal als Geschenk gegeben worden sind, können nicht wieder zurückgefordert werden. Kapital, das als Darlehen gegeben worden ist, muß im Falle der Rückforderung mit mindestens sechs Monate Frist gekündigt werden.

Alle hergeliehenen Gegenstände, auf deren Rückgabe verzichtet wird, werden – und alle Sachen, die aus Gemeinschaftsmitteln angeschafft werden, sind Gemeineigentum, an das kein Einzelner Besitzrecht hat, sondern nur die Gemeinschaft als solche. Der Einzelne hat nur das Recht der Mitbenutzung.

O. Gemeinsame Mahlzeiten bilden die Regel; sie werden von der Gemeinschaftsküche geliefert. Wer nicht an der gemeinsamen Mahlzeit teilnehmen, sondern in seiner Wohnung oder sonstwo seinen Anteil verzehren will, hat – falls nicht Krankheit der Grund der Absonderung ist – für die Übermittlung der Kost in jeden anderen, als den gemeinsamen Eßraum, selbst Sorge zu tragen. Daß möglichst oft, insbesondere an Sonntagen oder bei festlichen Gelegenheiten, jeder an der gemeinsamen Tafel teilnimmt, liegt im Wesen Neuer Gemeinschaft. Wer außerhalb des Heimes ißt, ohne durch Beruf dazu genötigt zu sein, oder private Küche führen will, zahlt gleichwohl den festgesetzten Pensionspreis zur Hälfte des Betrags. Dasselbe gilt für die Zeit, in der ein Mitglied sich auf Vergnügungsreisen befindet.

1. Allen Einrichtungen liegt das Prinzip zu Grunde, daß die individuelle Selbständigkeit gewahrt bleibe, daß aber jeder stets, wenn er sich eine besondere Freiheit, einen besonderen Genuß vergönnt, der Anderen gedenk bleibe.
2. Um den individuellen Wünschen in Bezug auf die Küche

möglichst Genüge zu tun, wird der Speisezettel für die Woche schon einen Tag vor Beginn der jedesmaligen Woche öffentlich zur Ansicht ausgehängt. Jeder kann daraufhin beim Küchenverwalter(-in) Änderungen beantragen, die nach Möglichkeit berücksichtigt werden. Auch ist ein besonderer Kasten zur Aufnahme von Wunschzetteln aufgestellt, die bei der Anfertigung des Speisezettels gebührend in Betracht gezogen werden.

3. Daß die Ernährung sich auf die gesicherten Ergebnisse der Ernährungslehre gründet, ist in Neuer Gemeinschaft selbstverständlich.

4. In Schlachtensee beträgt der Tagespensionspreis für den Erwachsenen vorläufig eine Mark. Dafür werden Morgenfrühstück, Einuhrfrühstück (ein warmes Gericht nebst Brot, Butter, Käse, Obst) und Abendessen geliefert. Das Abendessen bildet die Hauptmahlzeit, da auch denen, die tagsüber der Beruf dem Gemeinschaftsleben fernhält, Gelegenheit haben sollen, an der gemeinsamen Tafel teilzunehmen. Für Kinder wird je nach dem Alter ein Viertel bis ein Halb der Tagespension berechnet.

P. Alles für den Haushalt Nötige wird in möglichst großen Vorräten zu Vorzugspreisen angekauft. Es ist selbstverständlich, daß jedes Gemeinschaftsglied seine Bedarfsartikel nach Möglichkeit den Vorräten der Gemeinschaft entnimmt. Daß aus der Neuen Gemeinschaft *Konsum-* und *Produktivgenossenschaften* erwachsen, darauf ist beständig das Streben gerichtet.

Q. Eine besondere Aufmerksamkeit wird dem geistigen und leiblichen Wachstum der Kinder gewidmet. Die Erziehungsleitung sorgt dafür, daß den sämtlichen Kindern der zur Neuen Gemeinschaft Gehörigen die gleiche sorgsame Pflege zuteil wird, daß in ihnen die individuellen und Gemeinschaftstriebe zu harmonischer Entwicklung kommen. Erziehung ohne Zwang, möglichst im Freien, durch Anschauung und lebendiges Beispiel. Jede Belehrung zum Erlebnis gestalten.

R. Der Austritt aus der Gemeinschaft kann jederzeit erfolgen. Die Wohnung aber kann nur mit dreimonatiger Kündigungsfrist aufgegeben werden. Alles, was der Austretende von seinem Privateigentum der Gemeinschaft leihweise überlassen hat, wird ihm nach einmonatiger Kündigung zurückgegeben. Auf Rückzahlung von irgendwelchen Beisteuern zu den Gemeinschaftskassen, freiwilligen oder durch Gemeinschaftsbeschluß geforderten, hat er keinen Anspruch.

Zu allen Gemeinschaftsberatungen wird durch öffentlichen Anschlag in dem dazu bestimmten Gemeinschaftsraum eingeladen. Wer nicht erscheint, wer durch Krankheit, Beruf, Reise gehindert ist, unterwirft sich vorläufig den Beschlüssen. Er kann jederzeit eine neue Versammlung einberufen und die betreffende Angelegenheit neu zur Erörterung bringen.

S. Bei vorkommenden Uneinigkeitsfällen zwischen Mitgliedern der Gemeinschaft erwählt sich jede der in Betracht kommenden Parteien aus den Mitgliedern der Gemeinschaft zwei Fürsprecher. Die vier Fürsprecher wählen aus den Mitgliedern der Gemeinschaft einen Schlichter. Der Schlichter tritt mit den Fürsprechern und Parteien zu einer Verhandlung zusammen und führt auf irgendwelcher Grundlage eine Einigung herbei. Wer der *Einigung* widerstrebt, dem werden acht Tage Bedenkzeit gelassen. Widerstrebt er auch dann noch, so schließt er sich damit ohne weiteres selbst von der Gemeinschaft aus.

[...]

29. »Ein Märchenleben«

Aber was bisher nur Begeisterung und Rede war, sollte nun zum Tun werden. Man hatte in Schlachtensee ein ehemaliges Sanatorium gepachtet, Park und Feld. Das Spatenstechen, das Wirtschaften mit Gleichberechtigung, das Gemeinschaftsleben auch im Häuslichsten und Familienhaftesten sollte nun ausgeführt werden.

Auch hier hielt noch eine große Weile die strahlende kindliche Sorglosigkeit der Harts stand. »Bruder Heinrich« waltete im Souterrain des Küchenpersonals, daneben aber ließ er sich ein Telephon machen, das ihn mit dem Scherlschen Verlage in Berlin verband, dem er nach wie vor seine Kritiken und Feuilletons lieferte. Die mitgekommenen Vereinsschwestern, Frauen und sonstige Freundinnen der Gemeinschaft, übernahmen wechselweise das Wirtschaften. Wenn man dorthin kam, schien man in ein Märchenleben einzutreten. Die Gemeinschaftskinder spielten vergnügt in starkfarbigen phantastischen geschlechtslosen Kittelchen miteinander, auf dem Felde versuchte eine sanfte präraphaelitische Madonna sich im Rübenstecken, im Park stand ein Theaterchen, auf dem immer etwas vorging, Speise und Trank wurde einem am kühlen Laubenplatz von dem ersten Besten gebracht und nach irgendeinem undurchdringlichen Verfahren nicht mit Geld, sondern mit Gemeinschaftszettelchen und Marken bezahlt. Und über allem ein Aroma von Jugend, Gläubigkeit und Blindheitskraft, das hier, vor den Toren Berlins, wie ein Wunder wirkte, berauschend und mitreißend. Eine Raserei der Toleranz machte für eine große Weile es wirklich möglich, daß diese so verschiedenartigen Elemente sich nicht beständig bekriegten. Das göttliche Kind Peter Hille gab den Heiligenschein hinzu zu Bacchus wohligem Stöhnen und Satyr-Pans charakteristischem Gelächter. Tiefsinn und derbe Körperlust, Schwärmerei und Gespräch über Kunstform – alles hatte Raum und Wertung beieinander.

Bis es eben auch mit dieser Kolonie zu Ende ging.

30. »Hotelpension mit ethischem Firmenschild«

Ich sehe mancherlei Parallelen zwischen der Entwicklung des »Monte Verità« von einem ideellen Experiment Weniger zu einem kapitalistischen Sanatorium, das jedem offensteht, der bezahlt, einerseits, und der Neuen Gemeinschaft der Brüder Hart in Berlin andrerseits, die in ihren Ideen und Prinzipien Großes verhieß, dann aber in dem sozialen Angstprodukt von Schlachtensee, das schließlich zu einer Hotelpension mit ethischem Firmenschild wurde, elend verendete.

Hier war es die dogmatische Unduldsamkeit der Begründer selbst, woran die Idee zugrunde ging, die glaubten, soziale Gebilde aus Weltanschauungen gestalten zu können, ferner der ungehemmte Zulauf harmloser Ethiker, die sich von der Welt mißverstanden fühlten, und nicht zum mindesten der Einfluß der Frauen, die auf der einen Seite die Neue Gemeinschaft zu ihrem Emanzipationsherd aufkachelten wollten, auf der andern Seite die philosophischen Ewigkeitsfragen, um die es sich handelte, im Kochtopf und Waschfaß ersäuften.

[...] So schmeichelte sich auch Julius Hart in Schlachtensee dann noch mit der Illusion, hier bereite sich das Leben einer neuen, abgeklärten Menschheit vor, als die Neue Gemeinschaft schon lange in den Kreis der wenigen Auserwählten jeden guten Bürger aufnahm, der sich bereit fand, in ihrem Heim ein Zimmer für sich zu mieten.

II. Novemberrevolution und Inflation
Die Flucht aus der Stadt

Die Lebensreformbewegung hatte den Weg gewiesen: Der Exodus aus der alten Zivilisation konnte nur dann gelingen, wenn es zur neuen Gemeinschaftsbildung mit neuen Wertsetzungen kam. Die bürgerliche Jugendbewegung folgte diesem Weg. Zunächst war es nur ein spielerischer Ausbruch aus der Plüschkultur der Erwachsenen, beschränkt auf das Wochenende oder die Ferien, und mit der bescheidenen Gegengründung des »Nestes« als einem nicht von den Erwachsenen bevormundeten Jugendtreffpunkt. Weitergehende Anstrengungen, statt einem bloßen Rückzug aus der bestehenden Gesellschaft diese selbst auf dem Wege einer Kulturrevolution in Schule und Hochschule zu erobern (Gustav Wyneken und seine Anhänger), fanden auch innerhalb der Jugendbewegung keine ausreichende Unterstützung. Neben der Schaffung einiger »Sezessions-Schulen« (wie den Landerziehungsheimen und der Wende-Schule in Hamburg nach 1918) kam es durch die Wyneken-Anhänger lediglich zur Einrichtung von »Sprechsälen« als Orten freier Aussprache zwischen höheren Schülern, Studenten und ihnen wohlgesinnten Dozenten.

Jedoch wurde es einigen radikalen bürgerlichen Jugendbewegten immerhin schon vor dem Ersten Weltkrieg klar, daß der bloß temporäre Rückzug aus der alten Welt ungenügend war, daß es vielmehr gelingen müsse, ein eigenes Jugendreich neben der Welt der Erwachsenen zu errichten. Dazu bedurfte es aber auch dauerhafter Formen des Zusammenlebens als sie »Fahrt« oder »Nest« boten. Vielmehr mußte sich die Jugend auch einen eigenen Produktionsbereich aufbauen – die ökonomische Realisierbarkeit hatte die Lebensreformbewegung auf dem Sektor der Nahrungs-, Kleidungs- und Kunstgewerbe-Reform bereits vorgeführt.

So begann bereits vor dem Ersten Weltkrieg, nicht zuletzt auch durch Anregungen aus der Genossenschafts- und Settlement-Bewegung, die Siedlungsdebatte innerhalb der Jugendbewegung. Verdingten sich zunächst nur einzelne Jungen und Mädchen auf Gütern oder schon bestehenden lebensreformerischen Siedlungen, so konzentrierten sich ab 1911 die Überlegungen auf die Gründung einer Handwerker-Siedlung »Junggau« auf gemeinnütziger Grundlage. Auf dem freideutschen Meißner-Treffen 1913 stand diese Siedlung immer noch zur Debatte, aber es zeigte sich, daß die Mehrzahl für diesen »Kommunismus« noch nicht zu begeistern war[1].

Der Krieg ließ solche Überlegungen zurücktreten; statt sich schwärmerisch nach innen zu wenden oder den Aufbau »kommunistischer« Inseln zu betreiben, standen das Bildungsbürgertum und seine Jugend hinter der imperialen Expansion nach außen, die freilich ebenfalls unter chiliastischen Vorzeichen (»Deutsche Apokalypse«) und mit dem Ziel einer erneuten Stabilisierung der bedrohten kulturellen Führungsposition der Gebildeten verstanden wurde. Der von der Edener Gilde der älteren Wandervögel getragene »Erste Landsiedlungstag in Eden« 1916 zeigt immerhin, daß die Siedlungsproblematik von den älteren Jugendbewegten, bei denen es hier ja vor allem um eine Berufsfrage ging, am Leben gehalten wurde. Je mehr von den bürgerlichen alten Wandervögeln aus dem Krieg zurückkamen – ohne Studium (Kriegs-Notabitur!), ohne Beruf, teilweise kriegsbeschädigt (und so mit dem Anspruch auf eine Rente, die sie sich als Startkapital auszahlen lassen konnten), enttäuscht über das Versacken der Aufbruchstimmung vom August 1914, mit der ungebrochenen Absicht, die deutsche Erneuerung nicht aus der Hand zu geben, sie vor allem nicht dem revolutionären Proletariat allein zu überlassen –, desto drängender wurde der Siedlungswille.

Dazu kam eine durch den Krieg verstärkte Nähe zur Natur und die Sehnsucht nach lebendigem Tun. Waren sie vor dem Krieg der Natur nur als romantische Touristen begegnet, so erlebten sie an der Front die durch die Kriegstechnologie bewerkstelligte systematische Zerstörung der »Mutter Erde«, insbesondere im Stellungskrieg im Westen mit den zerschossenen Städten und Dörfern, den wegradierten Wäldern, der metertief von Granaten aufgerissenen Erde. Aber inmitten der Greuel dieser Verwüstung öffneten sich die Herzen der kämpfenden Bildungsbürger, die jetzt auf eine neue Weise »naturgemäß« leben mußten, weit den Schönheiten der Natur. Unzählige Male

---

[1] Vgl. Friedrich Muck-Lamberty, Siedlungsmöglichkeiten (= Flugblätter für jungdeutsche Siedlung. Hrsg. v. Verlag Jungborn zu Sontra, 3. Blatt). Sontra 1919. August Messer, Die freideutsche Jugendbewegung. 5. Aufl. Leipzig 1924, S. 21. Dort heißt es auch, der Anstoß zur Siedlung »Junggau« sei von dem Schriftsteller Emil Gött ausgegangen.

wird in den Kriegsbriefen der gebildeten Jugend[2] die bunte Frühlingsflora beschworen, steigen Lerchen in die Lüfte, schluchzt des abends die Nachtigall – ironischer Kontrast zum Soldatengrau und zur Maschinerie des Tötens. Während der Krieg immer unterirdischer wurde, die Soldaten im Wasser der Unterstände und im Schlamm der Gräben zu »Sumpflebewesen« mutierten, wurde die Sprache der Naturpoesie zur entlastenden Phantasie derer, die in Todesnähe lebten. Und jeder neue Kriegsfrühling evozierte im Modergeruch der Laufgräben und Unterstände bereits Träume vom neuen Völkerfrühling. Ist es da ein Wunder, daß in jenem ersten Frühjahr nach Kriegsende viele von ihnen aufbrachen, überzeugt von der gesellschaftsregenerierenden, heilenden Kraft des Bodens?

Aber nicht nur die Natur, sondern auch das »Volk« wurde im Krieg zum vertieften Erlebnis. Denn erst jetzt kam es zur konkreten Begegnung der Bürgersöhne mit diesem »Volk«, das für die Wanderer eher Staffage gewesen war und in Ammen und Dienstmädchen eine eher mythische Qualität angenommen hatte. Und es war nicht mehr der verklärte Landmann, den sie sahen, sondern die immer kriegsmüdere Unterschicht. Doch die Begegnung mit dem Proletariat fand nicht in dessen Alltagswelt, sondern in der Ausnahmesituation des Schützengrabens und innerhalb einer militärischen Befehlshierarchie statt. Daraus wurde gewiß die falsche Schlußfolgerung gezogen, die Frontgemeinschaft (gerade die jugendbewegten Offiziere erwiesen sich als verantwortungsvolle »Führer« ihrer Männer) könne auch in den kommenden Frieden hinein gerettet werden, sie lasse sich ausbauen zum Modell einer die Klassenunterschiede überwindenden Volksgemeinschaft.

Die Volksgemeinschaft war wohlgemerkt nicht allein die Vision des konservativen Flügels der bürgerlichen Jugendbewegung, sondern das einigende Band zwischen deren deutsch-völkischer und »sozialistischer« bzw. »menschheitlicher« Richtung. Erstere betonte natürlich das besondere Wesen der *deutschen* Volksgemeinschaft (sie hatten schließlich ihren Fichte gelesen), während letztere den *Gemeinschafts*gedanken (»Zusammenleben, Zusammenarbeiten und Zusammenwirtschaften«) herausstellte, der potentiell alle Menschen umfasse. Aber ob

---

[2] Philipp Witkop (Hrsg.), Kriegsbriefe gefallener Studenten. München 4. Aufl. 1928. Vgl. auch: Helmut Kopetzky, In den Tod – Hurra! Deutsche Jugendregimenter im Ersten Weltkrieg. Köln 1981.

Deutschtums-Metaphysik oder Jugendsozialismus – gemeinsam war allen diesen Jugendbewegten der Glaube an eine Möglichkeit zur Überbrückung der alten parteipolitischen Gegensätze – schließlich hatte ja auch Wilhelm II. zu Kriegsbeginn »keine Parteien, sondern nur noch Deutsche« gekannt und die Sozialdemokratie im Innern den Burgfrieden geschlossen. Eine nicht-antagonistische Gesellschaftsordnung aus dem Geiste der Jugend war modellhaft in der Notsituation des Schützengrabens vorweggenommen worden, jetzt sollte der Ausnahmefall zur Norm werden, realisiert in jugendbewegten Siedlungen. Ob diese »kommunistisch« oder »völkisch«, christlich[3], freikirchlich oder jüdisch waren – gemeinsam war ihnen allen der Glaube an eine Überwindung der alten Klassengegensätze im Geiste einer »kommunistischen« Gemeinschaft. Geflissentlich übersehen wurde dabei, daß sich die Klassenkonflikte durch den Bruch des Burgfriedens und die Spaltung der Sozialdemokratie, durch die Revolutionierung der proletarischen Jugend, die Revolution und Gegenrevolution und schließlich durch die Inflation verschärft hatten. Oder gab diese Erfahrung vielleicht gerade den jugendbewegten Gemeinschaftsexperimenten ihre Dringlichkeit?

In einem Punkte griff die jugendbewegte Siedlung über die Frontgemeinschaft hinaus: War diese reiner Männerbund gewesen, so erwies sich nun auch die junge Frau als gemeinschaftsfähig. Schon in der Vorkriegsjugendbewegung waren die Schwestern bald dem Beispiel ihrer Brüder gefolgt und hatten eigene Mädchengruppen des Wandervogels gegründet. Und während die Brüder an der Front waren, bedroht vom Tode, verloren die Bürgertöchter ihre seelische Unschuld, brachen aus dem für sie nicht mehr schützenden Schoße der Familie aus und wandten

---

[3] Als unmittelbare Vorläufer solcher christlichen Lebensgemeinschaften in Deutschland vor dem Ersten Weltkrieg werden genannt: die »Hausgemeinde« des Pfarrers Johann Christoph Blumhardt und seines Sohnes Christoph Blumhardt in Bad Boll (vgl. R. Bohren, Die Hauskirche J. Chr. Blumhardts. In: Evangelische Theologie, 1961, S. 291 ff.) und die Gästearbeit von Johannes Müller, erst in seiner »Freistatt persönlichen Lebens« auf Schloß Meinberg bei Schweinfurt, dann in seinem Ferien- und Bildungshotel Schloß Elmau. Vgl. Johannes Müller, Vom Geheimnis des Lebens. Erinnerungen. 3 Bde., Elmau 1936, 1938 und 1953.

Eine deutsche katholisch-jugendbewegte Landsiedlung wurde dem Verfasser nicht bekannt. Nikolaus Ehlen, der Schwärmer unter den Jungkatholiken und »Siedlervater« aus Velpert, setzte sich unter dem Einfluß Adolf Damaschkes für den Bau von Siedlungshäusern für Kinderreiche ein und wurde damit zum Pionier des sozialen Wohnungsbaus.

sich den umfassenderen Problemen und Aufgaben der sozialen Gemeinschaft zu. Schon der Mädchen-Wandervogel hatte einen nicht zu unterschätzenden Beitrag zur Emanzipation der bürgerlichen Mädchen geleistet (wie ja darüber hinaus die Jugendbewegung eine Loslösung von der doppelten Sexualmoral der Eltern in Gang setzte). Wie sehr durch den Krieg das Selbstbewußtsein der jungen Frauen gewachsen und die Gleichberechtigung der Geschlechter beschleunigt worden war, beweist die Tatsache, daß nun auch reine Frauensiedlungen entstanden.

Dazu muß noch ein weiteres gemeinsames Charakteristikum der linken und rechten sozialreformerisch-jugendbewegten Siedlung und der von diesen vorgelebten Volksgemeinschaft genannt werden: der bildungsbürgerliche Führungsanspruch. Der Krieg hatte ja einerseits nicht gerade zur Festigung des Glaubens an die Bildungsbesitzer beigetragen. Denn wo blieb im Zeitalter der Materialschlachten und des Siegeszugs der angewandten Wissenschaften der alte idealistische Geist? Das »Schwert des Geistes« war auf mancherlei Weise stumpf geworden – nicht zuletzt dadurch, daß sich die Geisteswissenschaftler durch blinde nationale Parteinahme heillos kompromittiert hatten. Und doch – hatte sich nicht die Überlegenheit des geschulten Geistes bereits an der Front tausendfach erwiesen bei der Führung der Soldaten durch den von der Jugendbewegung geprägten neuen Offizierstyp? Hatte nicht der Geist ein jahrelanges Durchhalten gegen eine Welt von Feinden ermöglicht (auch wenn dieser Geist sich als durch staatliche und kirchliche Propaganda recht manipulierbar erwies)? Freilich war die Revolution der kritische Punkt für den bildungsbürgerlichen Führungsanspruch. Denn siegte nicht mit der Novemberrevolution der Materialismus der Arbeiterklasse und ihre bloß aufs Wirtschaftliche gerichtete eudämonistische Gesinnung? Drohte nicht der Kulturverlust? War damit nicht die eigene Proletarisierung, der Abstieg zum »geistigen Arbeiter«, zum »Kopfarbeiter«, der seit dem Aufstieg von organisiertem Kapital und organisierter Arbeiterschaft drohte, unwiderruflich? In dieser für sie bedrohlichen Situation griff die jugendbewegte Gebildetenrevolte[4] auf die lebensreformerische Position des »Dritten Weges« zurück: Wollten sie nicht durch die proletarische Revo-

---

[4] Vgl. Ulrich Linse, Die Entschiedene Jugend 1919–1921. Deutschlands erste revolutionäre Schüler- und Studentenbewegung. Frankfurt am Main 1981; ders., Hochschulrevolution. Zur Ideologie und Praxis sozialistischer Studentengruppen während der deutschen Revolutionszeit 1918/19. In: Archiv für Sozialge-

lution endgültig depossediert werden, dann konnte man die geist-lose Revolution der Arbeiter nur durch eine Geist-Revolution überhöhen, um so vielleicht doch noch den Materialismus zu transformieren, der nun weniger vom Kapitalismus und mehr vom siegreichen Proletariat drohte, das ja schon die »Friedrichshagener« zu vergeistigen versucht hatten. Darüber hinaus hatten die jungen Bildungsbürger in einem Punkte wirklich recht: Die durch Krieg, Revolution und Inflation ausgelöste Krise war nicht nur wirtschaftlicher und sozialer, sondern auch spiritueller Natur; neue geistig begründete gesellschaftliche Ordnungsentwürfe waren zur Meisterung dieser Krise (wollte man sie nicht einfach verdrängen und in den alten Trott zurückkehren oder gar die Vergangenheit glorifizieren) bitter notwendig. So ist es nicht verwunderlich, daß neben der sozialistischen Revolution eine zweite Revolution ablief, die geistiger Natur[5] war. Sie zeigte sich in der Sehnsucht nach einer Erneuerung von Christentum und Glauben (in der christlichen Jugendbewegung ebenso wie bei den »Inflationsheiligen«), in einer »konservativen Revolution« (ein Musterfall ist der Zug der Neuen Schar von Muck-Lamberty durch Thüringen), in einem bewußtseinsrevolutionären Linksradikalismus und in der jugendsozialistischen Kulturrevolution an Schule und Hochschule samt dem Zugriff auf die Kultusministerien, die jetzt Kommissariate für Volksbildung hießen (so Gustav Landauer in München, Rudolf Steiner in Stuttgart, Gustav Wyneken in Berlin und Georg Lukács in Budapest).

Die Bemühungen, auf diesem Wege die bildungsbürgerliche Führungsposition wiederzugewinnen, schienen zunächst nicht ganz erfolglos zu sein. In den Siedlungen, die nach Kriegsende wie Pilze aus dem Boden schossen, arbeiteten – noch während in den Metropolen zur Diktatur des Proletariats aufgerufen wurde – Jungarbeiter und Bürgersöhne eng zusammen – wobei

---

schichte 14 (1974), S. 1–114; ders., Die Jugendkulturbewegung. In: Klaus Vondung (Hrsg.), Das wilhelminische Bildungsbürgertum. Göttingen 1976, S. 119–137.

[5] Vgl. Armin Mohler, Die konservative Revolution in Deutschland 1918–1932. Darmstadt 1972; William L. Bischoff, Artists, Intellectuals and Revolution. Munich 1918–1919. Diss. Cambridge, Mass. 1970 (Mschr.); Walter Fähnders und Martin Rector, Linksradikalismus und Literatur. Untersuchungen zur Geschichte der sozialistischen Literatur in der Weimarer Republik. 2 Bde. Reinbek 1974; Hans-Harald Müller, Intellektueller Linksradikalismus in der Weimarer Republik. Kronberg/Taunus 1977; Lothar Peter, Literarische Intelligenz und Klassenkampf. ›Die Aktion‹ 1911–1932. Köln 1972.

letztere freilich die Führungsrolle übernahmen. Und nachdem die Revolution zusammengebrochen war, fanden Männer wie Gustav Landauer mit seinem Verwirklichungssozialismus und Rudolf Steiner mit seiner Dreigliederungslehre gerade in der Arbeiterschaft Anhänger. Dies hatte mannigfache Gründe. Die Sozialdemokratie hatte trotz der Abwehr der Führungsansprüche der »Jungen« und der »Friedrichshagener« in den neunziger Jahren des 19. Jahrhunderts versäumt, eine eigene nicht-bürgerliche Bildungskonzeption (wobei man an keinen Proletkult denken muß) aufzubauen – es ist sicher kein Zufall, daß Landauer und Steiner von der proletarischen Berliner Arbeiterbildungs- bzw. Volksbühnenbewegung der Jahrhundertwende ihren Ausgang nahmen. Ferner war auch in der Arbeiterbewegung im neuen Jahrhundert der Generationskonflikt ausgebrochen, so daß eine neue, den alten Klassenantagonismus übergreifende Frontstellung möglich schien – der »Klassenkampf der Jugend« gegen die »Alten«. Außerdem zeigte sich in der Revolutionszeit die Führungsschwäche der drei sozialistischen Parteien, die noch dadurch verstärkt wurde, daß die revolutionäre Massenbewegung selbst tendenziell anti-parteipolitisch ausgerichtet war, da sie von der Einheit der Arbeiterklasse ausging. Und schließlich erwies sich in und nach der Revolution die reale Möglichkeit einer Aktionseinheit zwischen Links-Kommunismus und linksbürgerlichen Zielsetzungen dank einer gemeinsamen Zurückweisung der Parteipolitik und des »Materialismus« zugunsten einer Bewußtseinsrevolution (so etwa in Bremen und München).

Weisen auch die gerade vorausgegangenen Bemerkungen auf die besondere historische Rolle der linksbürgerlichen »kommunistischen« Siedlungsunternehmen, so darf man nie aus dem Auge verlieren, daß es bei der Politik des »Dritten Weges« eben keine deutliche Grenze zwischen Links und Rechts gab, sondern die gesamte lebensreformerische und jugendbewegte Gebildetenrevolte sich schillernd zwischen revolutionären und reaktionären Zielsetzungen bewegte und – wie etwa die bescheidenen Ansätze zu einem Zusammenschluß der Siedlungsunternehmen beweisen – man sich dieser Gemeinsamkeit aus gleichem Geiste auch immer bewußt blieb. So basierten die Siedlungsunternehmen der Jugendbewegung (als dem gewichtigsten Teil der jugendbewegten lebensgemeinschaftlichen Wirtschaftsunternehmen, zu denen außerdem die Handwerker-Gemeinschaften und Spielscharen zu rechnen sind) ebenso wie die vorausgehenden Weltanschauungs- und Reform-Bünde des Wilhelminischen Reichs und später die Jugendbünde der Weimarer Zeit auf einer Vielzahl unterschiedlicher Ideologien. Obwohl sie sich eigentlich hätten gegenseitig ausschließen müssen, konnten sie doch merkwürdig synkretistische Verbindungen eingehen (etwa christlich-völkisch oder anarcho-christlich) und waren durch den Geist der gleichen apokalyptischen Erregtheit verbunden.

Mit dieser Sehnsucht nach der Wende und dem Neuen hing auch eine weitere wesentliche Gemeinsamkeit der jugendbewegten Siedlungen zusammen. Sie waren nicht auf wirtschaftsrationalen Überlegungen im Sinne Max Webers aufgebaut, sondern auf einer gefühlsmäßigen Ablehnung des kapitalistischen Geistes: »Die Jugend wandte sich gegen die seelenlose Mechanisierung der Arbeit, gegen den egoistischen Geschäftsgeist und gegen die Hast und Unrast der Profitwirtschaft.« (Manfred Fuchs) Stattdessen wollte sie innerhalb der Siedlung und vorbildhaft für die umgebende Gesellschaft eine echte menschliche Gemeinschaftsbildung zuwege bringen, das heißt das Zusammenleben auf einer nicht-kapitalistischen Organisation von Produktion und Konsumtion aufbauen. Insofern waren alle jugendbewegten Siedlungen, auch die völkischen, »sozialistisch« oder »kommunistisch«, indem sie dem Egoismus des Kapitalismus die Gemeinschaftsbildung und Gemeinwirtschaft entgegensetzten. Andererseits lehnten es alle Siedlungen, die völkischen (Kritik an der Zuwendung der Jungdeutschen unter Frank Glatzel zur Parteipolitik!) wie die »kommunistischen« ab, sich auf ein bestimmtes Parteiprogramm und eine Parteiorganisation festzulegen. Sie wollten vielmehr den »Sozialismus« *leben* und den neuen sozialen Menschen durch eigene Bewußtseinsänderung schaffen.

Wesentliche Elemente dieses jugendbewegten »Sozialismus« waren: keine Trennung von Arbeits- und Wohnstelle, vom Ort der Produktion und der Konsumtion, von Tätigkeit und Freizeit. Die Gemeinschaft sollte stets präsent sein, gemeinsam wurden die Mahlzeiten, möglichst noch aus einer Schüssel an einem Tisch im Gemeinschaftsraum, eingenommen. Beim Arbeiten wurde ebenso die Kooperation gesucht wie in den durch Erzählen, Diskutieren, Vorlesen, Spielen oder Tanzen zu gestaltenden Mußestunden. Das Privateigentum, besonders an den Produktionsmitteln, wurde abgelehnt, da es gemeinschaftsstörend sei. Die Bestreitung alles Lebensnotwendigen durch gemeinsame Arbeit und aus *einer* Kasse war das Ideal. Ebenso wurde ein differenzierter Leistungslohn als gemeinschaftszersetzend betrachtet. Stattdessen sorgte die Gemeinschaft für Unterkunft und Verpflegung und gewährte höchstens ein individuelles Taschengeld. Natürlich wurde auch die kapitalistische Profitmaximierung als materialistisches Übel zurückgewiesen; stattdessen hielt man die geistfördernden Werte der Askese und der Einfachheit hoch – und tröstete sich damit über die eigene wirtschaftliche Not und Kärglichkeit der Lebensumstände hinweg. Aus dem Gesagten ergibt sich auch zwingend, daß die typische Jugendbewegungs-Siedlung kein Einzel-, sondern ein Gemeinschaftsunternehmen war[6].

Der »Sozialismus« der Siedlungen äußerte sich aber auch im Dienst an der Gemeinschaft und der Einflußnahme auf sie. Der soziale Impuls wird besonders deutlich in der Tatsache, daß viele der jugendbewegten Siedlungen sich um gesundheitsgefährdete oder verwaiste Kinder kümmerten und in irgendeiner Form Kinderheime ins Leben zu rufen suchten (damit flossen ihnen auch staatliche Gelder zu). Daneben wollten sie fast alle erzieherisch auf die Gemeinschaft »draußen« einwirken, sei es auf die Kinder über Schulen, sei es – und hier griffen sie den Gedanken der Volkshochschulbewegung auf – über Bauern- und Heimvolkshochschulen (Ideal der Lebensgemeinschaft als Lehr- und Lerngemeinschaft: »Lebens- als Bildungsgemeinschaft«) oder über die ästhetische Erziehung durch Handwerks- und Verlagsprodukte sowie Spielscharen (unter den Siedlungen war am bekanntesten Hans-Albert Foersters »Landsassen-Werkgemeinschaft«). So sollte der vorbildliche Gemeinschaftsgeist der Siedlungen auf die Gesellschaft ausstrahlen und zu ihrer Verwandlung in die ersehnte Volksgemeinschaft beitragen. Am auffälligsten ist dieser Dienst für das große Ganze bei den »Pionieren« der jüdischen Jugendbewegung und ihrer Vorbereitung für die Aufbautat in Erez Israel.

Verbauern wollten die stadtflüchtigen Jugendbewegten in ihren ländlichen Siedlungen keinesfalls. Sie wollten ihre eigene

---

[6] An gedruckten Erinnerungen an solche jugendbewegte Einzel-Siedlungen, die freilich nicht ohne die Mithilfe von Gesinnungsfreunden entstanden, liegen vor: Gustav-Adolf Küppers-Sonnenberg, Wege und Irrwege zur eigenen Scholle. Berlin 1924; ders., Sonnenkinder. Photostudien und Tagebuchaufzeichnungen aus dem Leben einer naturnahen Siedlung. Berlin 1930; Gudrun Pausewang (in Zusammenarbeit mit Elfriede Pausewang), Rosinkawiese. Alternatives Leben vor 50 Jahren. Ravensburg 1980.

jugend-bewegt-städtische Lebensart, »Kluft« und Ästhetik (in Kunsthandwerk, Verlagsprodukten, Musik, Architektur und Wandmalerei[6a] auf dem flachen Land bewahren – was den Graben zu den Alteingesessenen vertiefte. Die Jugendlichen stellten fest, daß es trotz guten Willens schwieriger war als gedacht, Stadtmenschen in die Landwirtschaft zu überführen. Es fehlten dazu das Wissen und die Ausbildung ebenso wie die Körperkraft. Enthusiasmus war auch kein Ersatz für mangelnde Fertigkeiten, Routine, Kapital und Maschinen. Am ehesten konnte man sich aus diesen Gründen noch mit dem intensiven Gartenbau befreunden, dessen Erträge sich entweder zur Bereicherung der eigenen Mahlzeiten oder zur Beschickung eines nahen Marktes verwenden ließen. Erschwerend kam zu den persönlichen Mängeln hinzu, daß die Lage der Siedlungen nicht primär von der Bodenqualität, dem vorhandenen Wasseranschluß und

[6a] Bisher gibt es keine Gesamtuntersuchung dieser Siedlungs-Architektur; Marco de Michelis (Venedig) hat aber eine Arbeit über Lebensreform und Architektur angekündigt. Als ein besonders eigenständiger Beitrag ländlicher Kommune-Architektur müssen die »Schneckenhäuser« von Hans Weisen, Siedlung »Im Wießeloh« bei Hemfurth im Waldeckischen, genannt werden. Vgl. Hans Weisen, Baukunst. Leipzig 1919, 4. Aufl. 1925; ders., Schneckenhäuser. Leipzig 1920; ders.: Wiesse Loh. Leipzig 1920; vgl. Janos Frecot, Erinnerung an den Baumeister Hans Weisen. In: Rogners Magazin, Oktober 1977. Auch die Siedlung Vogelhof hatte ausdrücklich die Anschaffung von Weisen-Häusern beschlossen; lediglich aus Geldmangel mußte sie mit den vorhandenen Landwirtschaftsgebäuden vorliebnehmen. Der Vogelhof besaß auch eine »Fliegende Bauhütte«. Vgl. dazu Klaus Novy und Günther Uhlig, Bauhüttenbewegung in der Weimarer Republik. In: R. Nitsche (Hrsg.), Häuserkämpfe 1872/1920/1945/ 1982. Berlin 1981; diese schuf als Auftragsarbeit Häuser nach dem Vorbild von Bruno Taut. Taut war wiederum durch Gustav Landauer mit der Siedlungsbewegung verbunden; Bruno Taut, Architekturlehre aus der Sicht eines sozialistischen Architekten. Hamburg, Berlin 1977. Weitere Architekten, die in der Weimarer Republik für die Kleinsiedlungs-Bedürfnisse planten, waren Leberecht Migge (Leberecht Migge 1881–1935. Gartenkultur des 20. Jahrhunderts. Worpswede 1981), Hermann Muthesius (Kleinhaus und Kleinsiedlung. München 2. Aufl. 1920), Peter Behrens (Vom sparsamen Bauen. Ein Beitrag zur Siedlerfrage. Berlin 1918, mit H. de Fries) und Adolf Loos. Vgl. die gesamte Literatur über die Wiener Siedlungsbewegung, u. a. Klaus Novy, Selbsthilfe als Reformbewegung. Der Kampf der Wiener Siedler nach dem 1. Weltkrieg. In: Arche, Heft 55 v. Februar 1981. Vgl. zu dem gesamten Thema auch Klaus Novy und Günther Uhlig, »Wirtschaftsarchäologische« Bemühungen zur Vielfalt verschütteter Formen der Gegenökonomie. In: H.-J. Wagener (Hrsg.), Demokratisierung der Wirtschaft. Frankfurt a. M., New York 1980. – Keine der expressionistischen Wandmalereien, wie sie etwa in Blankenburg, Lindenhof, Neu-Sonnefeld entstanden, hat sich erhalten; auch Heinrich Vogelers Barkenhoff-Fresken wurden bekanntlich durch die Nationalsozialisten zerstört. Vgl. u. a. Zofia Marchlewska, Wie eine Welle im Meer. Erinnerungen an Heinrich Vogeler und Zeitgenossen. Berlin 1968.

anderen wirtschaftlichen Notwendigkeiten bestimmt wurde. Der Grund dafür lag weniger in der ästhetischen Erwägung landschaftlicher Schönheit und Zivilisationsabgeschiedenheit der Niederlassung, wohl auch nicht ausschließlich beim mangelnden Blick für ökonomische Erfordernisse, sondern einfach beim fehlenden Anfangskapital, was bereits beim Kauf zu einem Ausweichen auf billige, d. h. ertragsarme Böden und heruntergewirtschaftete Höfe zwang. Da man zudem weniger knochenbrechende als »schöpferische« Tätigkeiten bevorzugte, wurden die Siedlungen, sofern sie nicht gleich scheiterten, zu Nebenerwerbswirtschaften. Offenbar war es auch leichter, kunstgewerbliche Produkte in der Stadt zu vermarkten (Dürerhäuser) als landwirtschaftliche Erzeugnisse, bei denen ja der Konkurrenzdruck von seiten der anderen Bauern und Gärtner bestand. Die Verderblichkeit der gärtnerischen Produkte verhinderte auch, daß sie städtischen Reformhäusern zugeführt werden konnten, und zu einer Verwertung zu Konserven, wie sie etwa Eden betrieb, fehlten die technischen Voraussetzungen. Wenn man auch das Ziel einer autarken Ernährung der Siedlungen anstrebte, so wurde doch der erzieherische Wert der Bodenarbeit (Verbundenheit mit der Scholle) stärker betont. Je mehr es sich in der Praxis herausstellte, daß Landwirtschaft und Gärtnerei zumindest anfänglich nur geringe Erträge abwarfen, diese zudem witterungsbedingt schwankten, mußte man sich nach anderen, ergänzenden Einnahmequellen umsehen. So traten in den Mittelpunkt der Siedlungen neben das die Landwirtschaft ergänzende Handwerk ein Verlag, ein Kinderheim, eine Schule, ein Landerziehungsheim, eine Druckerei. Spannungen zwischen den ursprünglich agrarisch-handwerklichen und den sie bald zurückdrängenden pädagogisch-literarischen Zielsetzungen (die natürlich den jungen Bildungsbürgern in Wirklichkeit viel angemessener waren) konnten nicht ausbleiben, vor allem dann nicht, wenn sich dieser Prozeß der beruflichen Spezialisierung entlang der Klassenlinie zwischen Bürgertum und Arbeiterschaft vollzog.

Wie bei allen anderen zahlreichen Krisen im Leben einer Siedlung kam es dann auf die Qualität der Führerfiguren in der Siedlung an. Anders als in einer antiautoritär erzogenen Jugend wurde die Notwendigkeit der Führung in der Jugendbewegung nie bestritten, sondern als Voraussetzung echter Gemeinschaftsbildung akzeptiert. Charismatische Führer und Führerinnen gehörten so zum Wesen der jugendbewegten Siedlungen.

(Ist es Zufall, daß auf den Frauensiedlungen Loheland und Schwarzerden sich jeweils zwei »Königinnen« herausbildeten, dagegen immer nur ein Mann im Zentrum der anderen Kommunen stand?) Trotzdem ist auch hier die Rede von der zu großen Distanz zwischen Unten und Oben, die dadurch verstärkt wurde, daß von der literarischen, rhetorischen oder künstlerischen Tätigkeit der Führer das finanzielle Überleben der Siedler abhing (sie waren es auch, welche Mäzene zu mobilisieren verstanden), und vom Eindruck der Beherrschung der »Arbeitsbienen« durch die »Drohnen«. Da aber gruppendynamische Konfliktverarbeitung in der Jugendbewegung nur ansatzweise entwickelt war (am weitesten gingen darin die »Things« in Muck-Lambertys »Schar«), hing das Überleben der Gemeinschaften weitgehend von der Integrationskraft der Führer ab, die darin lediglich von den in der Jugendbewegung allerdings gut ausgebildeten Gemeinschaftsritualen unterstützt wurden, durch welche die Gruppe ihre Identität erhielt.

Wenn man sich auch meist mit einer Subsistenzwirtschaft auf der Siedlung zufriedengeben mußte, stellte sich doch unausweichlich die Frage, welchen Stellenwert der ökonomischen Zweckmäßigkeit überhaupt in der Siedlung eingeräumt werden sollte: Mißachtete man sie gänzlich, dann konnten die Siedlungen nur so lange überleben, wie sie von außen mäzenatisch unterstützt wurden; nahm man aber die Wirtschaftlichkeit ernst, dann drängten sich das gemeinschaftsfeindliche Kapital, die Kalkulation, die Ertragsberechnung, die Berufsspezialisierung (das begann bereits damit, daß die Siedler auf dem Barkenhoff Vogeler aus der Landwirtschaft herausnahmen und ihn wieder hinter seine Staffelei setzten), Arbeitsorganisation, Selektion der Siedlungswilligen nach fachlichen Kenntnissen, leistungsorientierte Entlohnung, Technisierung und kapitalistische Geschäftspraktiken unangenehm in den Vordergrund. Jede Siedlung geriet an diese Grenze, an der sie sich entweder aufgeben oder mehr als zunächst beabsichtigt in die kapitalistische Konkurrenzwirtschaft einpassen mußte. Aber auch dann noch suchte man so viel wie möglich vom ursprünglichen Impuls zu retten, ging der mechanisierten Tätigkeit aus dem Wege und vermied den Erwerbs- und Spekulationshandel. Aber keine Siedlung konnte sich der ernüchternden Erkenntnis verschließen, daß sie nicht zu Keimzellen einer neuen Gesellschaftsordnung wurden, sondern aus eigener Kraft überlebensunfähige Inseln im kapitalistischen Meer blieben. Die Selbsterlösung durch den Liebeskommunismus konnte ebensowenig erreicht werden wie die chiliastische Gesellschaftstransformation. Der Aufbruch endete so meist in der schließlichen beruflichen und menschlichen Wiederanpassung.

Kommunistische Siedlungen

BARKENHOFF

Kommunitäre Siedlungen übten auf die Erzväter des Kommunismus, obwohl nach deren Einschätzung utopisch oder sozialreformerisch, eine gewisse Faszination aus – von Friedrich Engels' ›Beschreibung der in neuerer Zeit entstandenen und noch bestehenden kommunistischen Ansiedlungen‹ (1845) bis zu einer in der von Karl Kautsky edierten Reihe ›Vorläufer des neueren Sozialismus‹ veröffentlichten Studie ›Der utopische Sozialismus und die kommunistischen Versuche in den Vereinigten Staaten Nordamerikas‹ von Morris Hillquit (1920). Aktuell blieb das Thema freilich nur für solche Sozialisten, welche die Entwicklung ihrer Lehre von der Utopie zur »Wissenschaft« nicht mitmachten, sondern, von einem anarchistischen Voluntarismus ausgehend, den Schritt aus dem Reich der Notwendigkeit in das der Freiheit im Hier und Jetzt für möglich hielten: so Peter Kropotkin in seinem Werk ›Landwirtschaft, Industrie und Handwerk oder die Vereinigung von Industrie und Landwirtschaft, von geistiger und körperlicher Arbeit‹ (deutsch 1921) und, mit einer gewissen romantisch-völkischen Ausrichtung, Gustav Landauer in seinem ›Aufruf zum Sozialismus‹ (1911), dem Vorläufer von Martin Bubers ›Pfade in Utopia‹ (1950). Kropotkin und Landauer waren die theoretischen Lehrmeister, von denen die linksbürgerlich-jugendbewegte Intelligenz, radikalisiert durch Weltkrieg und Revolution, das Rezept einer Verwirklichung des klassenübergreifenden Kommunismus auf dem Wege von Landsiedlungen übernahm. Und Heinrich Vogelers Barkenhoff wurde der Musterfall einer solchen Vorwegnahme der Zukunft.

Der Maler, Illustrator und Innenarchitekt Vogeler befand sich seit 1894 in der Künstlerkolonie Worpswede, wo er eine ortsansässige Kunstgewerbelehrerin heiratete und den Barkenhoff als Künstlersitz erwarb – von ihm so genannt, weil er um ihn Birken gepflanzt hatte (den Segensspruch über der Tür verfaßte Rilke: »Licht sei sein Los ...«). Der Weltkrieg brachte für Vogeler die große Erschütterung bisheriger träumerischer Gewißheiten. Seine Ehe zerbrach, und der Kriegsfreiwillige richtete 1918 an den Kaiser und die Oberste Heeresleitung die Aufforderung, den Krieg unverzüglich zu beenden – und wurde darauf in eine Nervenheilanstalt zwangseingewiesen. Schon vor Kriegsende kehrte er nach Worpswede zurück und betrieb dort unter den ausländischen Kriegsgefangenen pazifistische Propaganda. Durch seine Kontakte mit den Bremer Linksradikalen[7] (besonders Johannes Knief) war er mit den revolutionären Ereignissen in Bremen verbunden, beteiligte sich an der Rätebewegung und wurde in den örtlichen Arbeiter- und Soldatenrat gewählt.

Seinen Hof stellte er nicht nur für politische Versammlungen zur Verfügung, sondern nahm auch Arbeitslose, ausländische Kriegsgefangene usw. dort auf. Der Zusammenbruch der Bremer Räterepublik zwang ihn selbst kurzzeitig zur Flucht aus Worpswede. Sein Barkenhoff wurde im Frühjahr 1919 auch zur Zufluchtsstätte linker politischer Flüchtlinge, als Zentrum des von einigen radikalisierten Künstlern getragenen »Worpsweder Kommunismus« auch zum bevorzugten Objekt von Reichswehraktionen und Verhaftungen.

Politisch linkskommunistischen Anschauungen verpflichtet, rief Vogeler 1919 die Arbeitskommune Barkenhoff ins Leben, indem er seinen Hof für ein Siedlungsprojekt zur Verfügung stellte. Arbeitslose, politische Flüchtlinge, Jugendbewegte und suchende Intellektuelle wurden davon angezogen. Die Siedlung fußte auf Gärtnerei, Landwirtschaft und Handwerksstätten, die sich neben der Herstellung von einfachem landwirtschaftlichem Gerät und Gebrauchsgegenständen besonders auf kunstgewerbliche, gehämmerte Metallarbeiten spezialisierten. Wie die Siedlung Blankenburg hoffte auch Vogeler auf dem Barkenhoff durch die gemeinsame Tätigkeit von Proletariat und Intelligenz die Klassentrennung und die Spaltung in Kopf- und Handarbeit überwinden und die klassenlose Gesellschaft antizipieren zu können. Die Siedlung selbst sollte die materielle Basis für Vogelers Lieblingsidee, die »Arbeitsschule«, sein, durch die der neue produktive »kommunistische« Mensch erzogen werden sollte (Kontakte zu den Reformpädagogen um den Hamburger »Wendekreis«). In der Schule sollten die Kinder – Vogeler gab

---

[7] Vgl. Peter Kuckuk, Bremer Linksradikale bzw. Kommunisten von der Militärrevolte im November 1918 bis zum Kapp-Putsch im März 1920. Diss. Hamburg 1970.

auch Waisenkindern ein Obdach – ganz in den wirtschaftlichen Prozeß der Siedlung, in den realen Betrieb von Landwirtschaft und Werkstätten, eingereiht werden und sich so spielerisch die lebensnotwendigen Kenntnisse und Fertigkeiten aneignen. Die Organisation von Siedlung und Schule war zunächst rätekom-

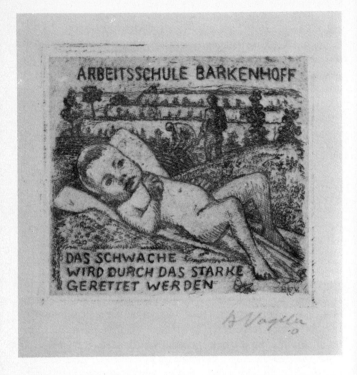

munistisch, mußte sich dann aber der politisch gewandelten Wirklichkeit anpassen.

Obwohl Vogeler, im Gegensatz zu den vielfach romantischen Jugendbewegungssiedlungen, die Technisierung und Mechanisierung der Kommune zu fördern trachtete[8], konnte sie sich

---

[8] Nicht alle Barkenhoff-Kommunarden teilten seine Ansicht – so sprach sich Friedrich Harjes gegen die Maschine aus. Friedrich Harjes, Radikale Siedlung. In: Das neue Werk. Ein Dienst am Werdenden, 3. Jg. (1921), S. 189–192; Eberhard Arnold widersprach Harjes gerade in diesem Punkt: »[Gott] kennt Wege der Liebe mitten in den Industrialismus hinein.«

wirtschaftlich nicht selbständig machen, sondern lebte vom Verkauf der Bilder Vogelers an Mäzene (wie den Kaffeegroßhändler Ludwig Roselius). Aber auch in der Gemeinschaft zeigte sich das Scheitern von Vogelers Ideal der Nächstenliebe und gegenseitigen Hilfe; persönliche Enttäuschungen mit seiner Geliebten (der »Roten Marie«) wie den Mitarbeitern blieben nicht aus. So scheint es, daß Vogeler überraschend früh, nämlich schon 1920, die mit seiner »Arbeitsgemeinschaft Barkenhoff« verknüpften Hoffnungen schwinden sah. Als Reaktion darauf begann er ab Sommer 1920 mit der Entwicklung einer expressionistischen Liebes-Kosmologie in Wort und Bild und mit einer Hinneigung zur kommunistischen Parteiorganisation, wobei ihm der Widerspruch zwischen dem »Expressionismus der Liebe« und der doktrinären Parteilinie offenbar nicht bewußt wurde, da er seine religiösen Erlösungsvorstellungen genauso in die Kommunistische Partei hineinprojizierte wie später in die Sowjetunion.

Eine Rettung der Kommuneidee schien ihm dadurch möglich, daß sie sich organisatorisch von der Person Vogelers trennte: Im September 1921 wurde die »Arbeitsschule Barkenhoff« als Verein eingetragen (»gemeinnütziger Verein ohne politische Tendenz«!). Nominell blieb Vogeler jedoch der Eigentümer des Barkenhoffs, und die Arbeitsgemeinschaft veranlaßte ihn nicht, eine Übereignung des Hofs an den Schulverein vorzunehmen. Die Ausstrahlungskraft des Hofes zeigte sich darin, daß sich in seiner Nachbarschaft zwei Siedlerschulen (bodenreformerische Landwirtschaftsschulen) niederließen, der »Moorhof« und Leberecht Migges »Sonnenhof«, und im Januar 1921 eine Siedlerkonferenz auf dem Barkenhoff stattfand (»Siedlung für alle« war die Losung). Dazu kam die tätige Verbindung mit Fritz Jordi, der dann 1928 nach Vogelers Vorbild in der Nähe von Ascona das Dorf Fontana Martina kaufte und es neu beleben wollte. Auch mit anderen jugendbewegten Siedlungen (Vogelhof, Habertshof, Loheland) ist eine rege Korrespondenz bezeugt.

Obwohl von 1920 bis 1922 die Ernteerträge verdoppelt und vor allem ein Sägewerk in Betrieb genommen werden konnte, blieb der Hof weiterhin ein Zuschußbetrieb. Vogeler, seit Herbst 1922 aufgrund einer neuen Satzung für zwei Jahre gewählter Vorstand des Vereins, sah schließlich eine befriedigende Sicherung des Fortbestandes von Siedlung und Schule darin, daß die kommunistische Gefangenenhilfsorganisation »Rote

Hilfe« (Vorsitzender Wilhelm Pieck) ab 1923 unter Anerkennung der Satzung der Arbeitsschule erholungsbedürftige Proletarierkinder gegen Unterhaltszahlung auf den Barkenhoff schickte. Doch indem die »Rote Hilfe« gegen den Widerspruch der Arbeitsschule die Entlohnung der die Kinder pflegenden Betreuerinnen selbst übernahm, sprengte sie den Zusammenhalt der Siedler von außen (Vogeler war zu dieser Zeit mit seiner neuen Frau in Rußland). Eine Einheit zwischen Arbeitsschule und »Roter Hilfe« war nicht herstellbar; so trennten sich die die Siedlung tragenden Landwirte und Handwerker vom Hof. Als Vogeler 1924 aus Rußland zurückkam, hatte die ehemalige Siedlung ihren Charakter verloren – sie war nun ein kommunistisches Kinderheim. Vogeler zog daraus die letzte Konsequenz und übertrug den Barkenhoff an die »Rote Hilfe«. Die alten Verbindungen zu anderen Gemeinschaftssiedlungen, der Plan des Auf- und Ausbaus einer Siedlungs- und Schulbewegung interessierten ihn nicht mehr, nachdem die Sowjetunion ihm eine größere Vision menschlicher Befreiung geboten hatte.

31. »Schöpferische Tat«

Aus dem Chaos der Unwahrhaftigkeit, der Widersprüche wollten wir heraus und suchten Klarheit. Heinrich Vogelers Gedanken sind auf die brüderliche Nächstenliebe gerichtet, wie sie in der christlichen Urgemeinde geübt wurde durch praktische Lebenshilfe in Verantwortung für andere. Sein Kommunismus sei, wie er sagt, die Liebe, die Gesellschaftsschichten überwindet und Ordnungen bildet, die jedem Frieden und Freiheit geben:

»Wir sind Friedensmenschen, die noch schöpferisch sind, die nicht ihre Befriedigung in Resolutionen und Protesten finden, sondern in der schöpferischen Tat. Wir bauen an einer Zelle, die sich im Gegensatz zur vergehenden Gesellschaft befindet, die sich im Prinzip aus dem Kampf aller gegen alle gebildet hat. Hier liegt die Sicherheit unseres Handelns.«

32. »Christusmensch«

Du wirst in V[ogeler] einen wahren Christusmenschen finden, wie unsre suchende Zeit ihn gebiert und verstößt.

33. »Expressionismus der Liebe« – aus der Polizeiperspektive

Den genannten Personen hatten sich etliche andere zugesellt, die auf dem Barkenhofe die Gemeinwirtschaft betrieben, indem sie alle ihre Kräfte in den Dienst der Sache stellten und das also Produzierte unter einander zur Verteilung brachten. Aber der Kohl wurde anscheinend durch die Anwendung der kommunistischen Zauberformeln auf dem Barkenhof auch nicht fetter als anderswo, und der Weizen blühte wie bei den einfachen Worpsweder Bauern auch nur einmal und nicht dreimal im Jahre, zumal die Zeit von den Männlein und Weiblein in sinniger Weise durch Schäferstündchen und gemeinsames Baden im Barkenhoferteich verkürzt wurde. Heinrich Vogeler, der in den Vorkriegszeiten in alter Biedermeiertracht aufgetreten war, legte Gewicht darauf, seine innere Wandlung auch äußerlich zu kennzeichnen. Der Schnitt seines Anzuges erhielt eine leichte, aber unverkennbare Anlehnung an russische Moden und Trachten. Wenn er also wie Tolstoi höchst eigenhändig auf seinem etwa 12 Morgen großen Anwesen das Unkraut von den Feldern hackte, mögen ihm die Ideen gekommen sein, über die er dann am Abend mit seinem Zirkel ausführlich diskutierte. Dann pflegte man auf der Diele des Barkenhofes auf Strohmatten sitzend zu politisieren, oder man hörte die »Rote Marie« dichten. Die Klampfen ertönten zu den Weisen proletarischer Kampfeslieder. Man schwelgte im Kommunismus, liebte und koste – Expressionismus der Liebe [...]

34. Kommunismus – oder Egoismus? Aus einem Brief des Freundes Ludwig Roselius an Vogeler (1918)

[...] Ihnen genügt es, Ihr eigenes Leben zu intensivster Kraftentfaltung, zum reinen Aktivismus zu bringen. Wie es wirkt, ist Ihnen gleichgültig. Das ist Egoismus, der an Fanatismus grenzt. Sie sind um nichts besser als der Protz, der mit seinem Auto, nur um die Lust an der Geschwindigkeit zu haben, Hühner, Hunde und Kinder niederfährt, ohne sich umzusehen.

Wenn Sie [...] behaupten, daß Kommunismus der Weg zur stärksten Ausbildung der individuellen Lebensformen ist, so belügen Sie sich selbst, denn Sie sind in Ihrer intensiven Kraftentfaltung und Ihrem reinen Aktivismus die stärkste Verneinung des Kommunismus [...]

35. Der Worpsweder Kommunismus aus dem Blickwinkel von Vogelers Töchtern

»Ich sah das alles schon einmal«, sagte Marieluise [Vogeler], »1919, als sie auf unserem Hof diskutierten und wir drei Bürgerstöchter arbeiteten. Als sie die Welt verbesserten und sich nicht wuschen. Sie verwandelten den Park, wo Petri seine Konzerte gegeben, wo Carl Hauptmann seine Stücke aufführte, wo Rilke seine frühen Gedichte ersann, in einen Gemüsegarten. Nichts gegen einen praktischen Gemüsegarten für ein Haus voller Menschen – aber der Mensch lebt nicht von Karotten allein. Die Buchsbaumhecken wurden nicht mehr geschnitten, die Karotten verkamen im Regen, der Salat schoß in die Saat. Wir Töchter arbeiteten! Dann bat ich zu meinem Geburtstag, daß sie den großen Nußbaum stehen lassen möchten, den sie fällen wollten. Aber am Morgen weckte mich das Sägen der vereinigten Genossen! Sie sind nicht gut. Vater hat es vergessen!«

36. »Siegreicher Vorstoß in den Argonnen«: Die Kritik der Gesinnungsgenossen

»Bei einer Unternehmung der Regierungsschutztruppe Bremen gegen die Worpsweder Kommunisten wurden der Kunstmaler Heinrich Vogeler und drei andere Kommunisten verhaftet und nach Bremen gebracht.«　　　　　　　Kriegsbericht der Presse.
[...] Der Unteroffizier Vogeler, Kriegsteilnehmer von 1914 bis 1918, hat also von der Strategie doch recht wenig abgelauscht. Hätte er, anstatt nach Kant sein Leben so zu führen, daß es sittliches Vorbild für jeden Menschenbruder sein könnte, seinen Barkenhoff mit Schützengräben umzogen anstelle von Rosenhecken, hätte er Maschinengewehre in Stellung gebracht an Stelle von Staffeleien – die Bremer Offensive wäre siegreich abgeschlagen worden.

Aber er hatte zu früh abgerüstet, und gegen republikanische Militärkolben konnte die Radiernadel nicht bestehen.

Nun mag er hinter schwedischen Gardinen vom »Expressionismus der Liebe« träumen und von einem neuen Blatt für seine Mappe An den Frühling. Ihr aber, Künstler der deutschen Republik, erkennt aus diesem Falle: Mars regiert die Stunde [...]

37. »Kiek, kiek, da Kommunisten«

Sie [die Mitglieder der ersten Arbeitsgemeinschaft auf dem Barkenhoff] ließen aber das Land verkommen, so daß die Bauern, wenn sie vorbeifuhren, mit dem Peitschenstil auf die Flut des gelben Hederichs wiesen: »Kiek, kiek, da Kommunisten. De hebbt ower ne Freud an de Blomens.« Vom Korn war kaum was zu sehen.

38. »Geburtszelle des Kommenden« – Kommunarden-Glaube

Es ist Sonntag. Gestern abend nach 8–10stündiger Feld- und Gartenarbeit, nackt in Luft und Sonne und dem feinsten weißen Sand, ging ich bis um Mitternacht mit Heinrich Vogeler noch über die Heide, am Moor entlang – eine unfaßbare Weltentrücktheit nach dem schweren Werktag – dann schläft man den Schlaf des Gerechten, bis um 6.00 die große Hausglocke läutet, aus dem Bett heraus, wie von Gott geschaffen und in ein paar Sprüngen ist man im See. Das ist ein Tagesanfang! Man ist gleich mitten darin. Im Sand turnt und rollt man sich trocken; und heut ist Sonntag und man weiß hier, *was* das ist nach den Arbeitstagen. Vor allem ist Jugend hier und bei allem Aufeinanderprallen guter Wille, Freude am neuen Sinn des Lebens und der Glaube, daß hier eine Geburtszelle des Kommenden geschaffen wird. Die Arbeit ist schwer, sehr schwer; aber man sieht doch schon hindurch, wie die Ansätze die ersten Früchte bringen!

39. »Das Siedlungswesen«: Aus einem Aufruf Heinrich Vogelers

Der wirtschaftliche und kulturelle Zusammenbruch Europas, der Weltkrieg, die letzte brutale Verzweiflungstat einer zerrütteten Gesellschaftsordnung, deren Gebäude heute nur noch auf intellektuellem Schwindel beruht, – treibt viele Erkennende, viele revolutionäre Köpfe zurück zur Natur, zur Mutter Erde. – Die gesunden Urinstinkte der Menschheit sind es, die sich von dem Gift der Verneinung des Krieges befreien wollen; sie sind es, die die neue klassenlose Wirtschaftsordnung der Menschen und der Völker untereinander aufbauen können und die uns befreien von der Knechtung und Ausbeutung.

[...] Hier wird nun die Siedlerbewegung die tragende Stütze für den Neubau sein müssen. Der Siedler muß heute mit allen Sinnen Revolutionär sein; denn ohne völlige Umstellung der Gesellschaftsordnung, ohne eine Enteignung des unproduktiven Grund und Bodens (ohne Entschädigung), ohne Erfassung aller Produktivmittel, Maschinen, Baumaterial, Werkzeug

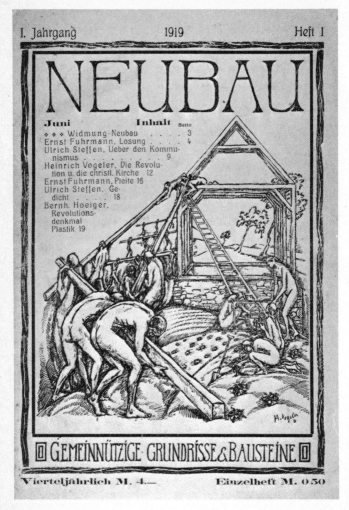

durch die Arbeitenden wird es keine technischen Möglichkeiten geben, die Massen zu ihrem Ziele zu führen.

Der Raubbau der kapitalistischen Ordnung, der völlige Abbau aller wirtschaftlichen und kulturellen Güter macht jede Siedlung auf kapitalistischer Grundlage unmöglich. Heute in den von Regierungen und Bodenreformern propagierten Formen des kleinbürgerlichen Besitzes Siedlungen aufbauen zu wollen, entbehrt jeder technischen Grundlage: Kapital, technisches Material, Baumaterial, Freiland.

Es kann hier lediglich die Aufgabe sein, das Siedlungswesen als Zelle zum Aufbau der sozialistischen Gesellschaft zu betrachten [...] Erst wenn wir Großsiedlungen auf gemeinschaftlicher Basis, auf gegenseitige Hilfe aufgebaut errichtet haben, kann die Zusammenarbeit der Gesunden und [Kriegs-]Beschädigten, der Jungen und der Alten beiderlei Geschlechts, in gemeinsamer Arbeit unser neues gegenseitiges Verhältnis gestalten.

[...] Ohne Sozialisierung der Kohle, der Kraftzentralen, der Kaliwerke, der Maschinen, der ganzen technischen Hilfsmittel ist jede derartige Siedlung dem Untergange oder neuer kapitalistischer Versklavung ausgeliefert! So muß jede Regierung zur Erkenntnis, jeder Siedler zum Kampf um die Übernahme der Produktionsmittel in Gemeinbesitz getrieben werden. Das aus der wirtschaftlichen Not geborene Siedlerproblem mit seinen weitgehenden Konsequenzen ist das stärkste Kampfmittel zur Revolutionierung der Massen. Ein jeder Siedler muß innerlich völlig Sozialist sein; d. h. Träger, Aufbauer für den Neubau der klassenlosen Gesellschaft! Aller Besitz, alle Arbeitskraft ist den Gemeinschaftsinteressen zuzuführen [...] Die kommende Zeit wird uns zu der Erkenntnis zwingen, daß vor allem die intensive Arbeit auf den Siedlungen, die Industrialisierung der Landwirtschaft, uns über die schwersten Hungerperioden hinwegbringen kann [...]

40. Polizei- und Staatsaktionen (1919)

a. »Gefunden: 1 Eimer mit Urin«

Bericht über die Durchsuchung in Worpswede in der Nacht vom 22. 5. zum 23. 5. 1919. An der Durchsuchung nahmen teil:

1. Von der Staatsanwaltschaft Staatsanwalt Dr. Wrede.

2. Von der Kriminal-Polizei Kriminalkommissar Herbig und drei Kriminalbeamte.
3. Von der R. S. T. Lt. Steuding, das Personal der Abt. I c und
4. 50 Mann des I. Batls. unter Führung eines Offiziers.

Das Unternehmen gegen Worpswede wurde wie folgt durchgeführt: Abmarsch vom Domshof in zwei Personen- und zwei Lastkraftwagen um 1 Uhr 15 morgens nach dem Sammelpunkt Westerwede. Von hier aus Fußmarsch nach Worpswede um 2 Uhr 45; Ankunft dort 3 Uhr 30.

Das Gelände, auf welchem sich die Häuser Vogeler, [Lotte] Kornfeld und [Curt] Störmer befinden, wurde mit Einschluß des hinter den Häusern liegenden Wäldchens von der Truppe umstellt. Gleichzeitig wurden unter Führung der Kriminalbeamten und der beiden Gendarmen aus Worpswede Haussuchungskommandos gebildet und nach den drei genannten Häusern sowie den weiter im Orte liegenden Häusern des Schieferdeckers Vester und des Schneidermeisters Heuermann gebildet und entsandt.

Um 4 Uhr morgens begann die Durchsuchung der Häuser und das Absuchen des Gehölzes. Der gesuchte Eugen Lieby [ein politischer Flüchtling] wurde nicht gefunden; es ist mit Sicherheit anzunehmen, daß er Worpswede endgültig verlassen hat.

Die Durchsuchung war bis auf das Haus Vogeler negativ.

Die Nachrichten über die im Hause Vogeler befindlichen Verstecke haben sich bewahrheitet. Diese sind so angelegt, daß sie nur nach mühseliger Absuchung und Untersuchung entdeckt werden konnten.

Ein Versteck befindet sich zwischen dem alten Haus und dem Anbau. Der Zugang zu diesem befindet sich im Fußboden des Vorplatzes zu dem Schlafzimmer im Neubau an der Verbindungstreppe zwischen dem alten und neuen Haus. Der unter dem Fußboden befindliche Raum ist etwa 1½ m hoch und erstreckt sich unter einem Teil des Schlafzimmers und des daran stoßenden Badezimmers. Hier wurde gefunden 1 Eimer mit Urin, welcher nach seiner Beschaffenheit mehrere Tage alt war [...]

Verhaftungen wurden nicht vorgenommen.

Der Rückmarsch erfolgte gegen neun Uhr vorm.   Steuding.
Leutnant d. R.

b. »... daß die lebende oder tote Rosa Luxemburg nicht bei mir gefunden worden ist«
Heinrich Vogeler schreibt uns:
Bisher sind fünf Hausdurchsuchungen von bewaffneter Macht auf dem Barkenhoff vorgenommen worden. Meist kamen die Weißgardisten mit einem großen Aufgebot an Mannschaften, bis an die Zähne bewaffnet, auf schweren Widerstand vorbereitet, in den Nachtstunden zwischen 3 und 5 Uhr; alle Nachsuchungen verliefen ergebnislos. Um den unsinnigen Gerüchten entgegenzutreten, die den Zweck haben, mich und meine Familie den verhetzten Bürgern auszuliefern, stelle ich fest,

1. daß ich jederzeit den bürgerlichen Gerichten zur Verfügung stehe,
2. daß die lebende oder tote Rosa Luxemburg nicht bei mir gefunden worden ist,
3. daß weder Maschinengewehre noch Handgranaten oder sonstige Waffen bei mir gefunden [worden] sind,
4. daß kein Widerstand geleistet [worden] ist, sondern die Truppen und Spitzel auf dem Barkenhoff als Gäste behandelt worden sind,
5. daß man keine Verbrecher bei mir gefunden hat.
6. Als »lichtscheues Gesindel« wurde nur ich verhaftet. Von den Arbeitslosen, die mit mir auf gemeinwirtschaftlicher Basis arbeiten, wurde niemand festgenommen. Alle jene Zeitungen, die nicht gewillt sind, sich selber schuldig zu machen an einer Pogromtreiberei, wie sie gegen Eisner von den klerikalen Blättern getrieben worden ist, bitte ich diese Zeilen abzudrucken. Die Quellen der unwahren Treibereien sind in Worpswede zu finden, nicht unter Bauern, sondern in sogenannten Künstler[8a]- und in Spekulantenkreisen und in der Worpsweder Zeitung.

41. Zwei Geschichten

a. »Eine Brücke in eine neue Zeit«
In der Stille des Heide- und Moorgürtels von Worpswede wächst seit zwei Jahren eine Siedlungszelle, der Barkenhoff. Heinrich Vogeler hat sein Land und seinen Besitz einer Gemeinschaft von Erwerbslosen und kriegsbeschädigten Hand-

---

[8a] Quellenmäßig sind besonders die Denunziationen des Malers Fritz Mackensen zu fassen.

werkern und Gartenbauern zur intensiven Bewirtschaftung übergeben. Zwar sind viele Rosenbüsche und Parkgänge verschwunden, auf dem früheren Tennisplatz wachsen Himbeeren; aber unsere zehn Kinder der Arbeitsschule finden die roten Träubchen der Johannisbeersträucher und die Kirschen und das Zwergobst nicht weniger geschmackvoll. Die Erwachsenen, welche die Siedlung tragen, sind die Kristallisation vieler Menschen und Nöte, die in den letzten beiden Jahren über den Barkenhoff hinweggegangen. Wieviel begeisterte Jugend ist immer wieder zur Mitarbeit angetreten, Freideutsche, Akademiker, proletarische Jugend. Sie fielen nach kurzer Zeit von selbst heraus. Sie sahen nur die Gemeinschaftsfreude, nicht die harte Gemeinschaftsnot, sie sahen das beglückende: Hinein in die Erde; sie brachten Feuer, Schwung und besten Willen mit; aber es gehört eine besondere Zähigkeit und Gesundheit dazu, die Entbehrungen, Arbeiten, Schicksale und die Unsicherheit einer Aufbausiedlung, wie es der Barkenhoff ist, zu bestehen. So verblieben denn als Stamm außer Heinrich Vogeler ein Tischler und Zimmermann, ein Schlosser und Schmied, zwei Landwirte und Gärtner, ein Gärtnerschüler, eine Lehrerin, vier Frauen für Küche und Haushalt und die zehn Kinder, die zum Teil Waisen und Halbwaisen sind. Von den erwachsenen Männern sind drei allein durch Verwundung Kriegsbeschädigte und vier solche, die als Arbeitslose zu Heinrich Vogeler kamen; sie haben bereits zwei Jahre die »produktive Erwerbslosenfürsorge« und Siedlungsfrage auf ihre Weise zu lösen versucht. Sie haben sich bis heute weder durch das Mißtrauen der bürgerlichen Umwelt noch durch Spott und Verdächtigungen aus dem proletarischen Lager an ihrem Werk irremachen lassen. Es ist ihnen in zwei Jahren gelungen, zehn Morgen Wiese und Zierland aufs intensivste gärtnerisch zu bewirtschaften, sie haben drei bis vier Morgen Ödland gerodet und kultiviert, sie haben Werkstätten eingerichtet, ein kleines Wohnhaus und einen großen Schuppen mit eigenen Kräften gebaut; sie haben vier Waisenkinder ohne eine Vergütung durch Kommune oder Angehörige in ihre Pflege genommen. Sie haben den Kleinbauern ihre zwei Pferde ohne Entgelt geliehen und vereinzelte Nachbarn schon zur Gemeinwirtschaft und gegenseitigen Hilfe erzogen; sie sind als Tischler und Schlosser gekommen, wann man sie rief. Sie haben mit einem Wort begonnen: ernst zu machen. Sie sind von der Phrase zur Tat übergegangen [...]

Von einem großen Teich strecken sich nach dem Südhang

einer Mulde zahlreiche Saat- und Verstopfbeete. Darüber steigen in dreifachen Terrassen Tomaten- und Maispflanzungen an; und dort arbeitet ein Mensch. Mit entblößtem Oberkörper (es bestätigt sich). Dieses Wesen aber weist den heranschnürenden Gast mit mehr oder weniger freundlichen Gebärden zu den hochgelegenen, langgestreckten Reihenfeldern, auf denen Som-

Terassisierung eines Südhanges (Sand) durch Flechtwerk.
Anlage für Tomaten und Gurken. "ARBEITSSCHULE BARKENHOFF"

mergemüse, Kohl, Wurzeln und Salate in dichtem Wachstum stehen. An vereinzelt abgeernteten Stellen sind schon die neuen Winterpflanzen gesetzt. Schachbrettartig sind alte Beeren- und Buschobstrabatten für Bohnen und Erbsen kultiviert. In einer Niederung wächst Mais, Hanf und Flachs. Jedes Fleckchen Erde ist aufs äußerste ausgenützt. Ich sah eine solche gärtnerische Intensivierung des Landes bisher nur in Flandern. Über dem Gartenland an der Waldgrenze liegt ein prächtiger Kartoffelakker, der erst im letzten Jahr aus gerodetem Ödland geschaffen. Ein anderer Teil der Brache ist zur Obstwiese und Koppel für das Vieh vorgesehen. Gerade steht oben ein Bohrturm, an dem drei junge Kerle arbeiten: ein Eisendreher aus Dresden, ein Maschinenschlosser aus dem Rheinland und ein Student aus Leipzig. Sie verpflegen sich selbst, da der Barkenhoff auch nicht die kleinste materielle Belastung zu tragen vermag; aber sie sind guter Dinge, schlafen auf einer Planke neben dem Geräteschuppen und wollen helfen, solange ihre Vorräte reichen. Die Quelle soll die oberen Wiesen und Felder berieseln und das Neuland intensivieren helfen. Hinter den Ländereien zieht ein schmaler Kiefernwaldstreifen hin. An seinem östlichen Seehang liegt ein kleines Lehmhaus, das ganz mit eigenen Kräften und mit eigenem Material der Siedlung erbaut ist. Heinrich Vogeler bewohnt es. Daneben steht der Bienenstand mit seinen sechs bis acht Körben. Ein steiler Waldweg führt zu den eigentlichen Gebäuden. Das Haupthaus stellt den geräumigen Umbau eines alten Bauernhauses dar. Rings um den großen Innenhof liegen die Wirtschaftsgebäude und Stallungen. Daran schließt sich eine Schlosserei und Schmiede, eine Schreinerei und Tischlerei und eine im Bau begriffene Töpferei. Schmied und Schreiner haben ständig die Hände voll Arbeit; vorerst für den eigenen Hof. Der große Wagen ist bis auf den letzten Zapfen und den letzten Beschlag selbst gebaut, der neue Schuppen steht im Rohbau. Öfen, Pumpen, Garten- und Handwerksgerät, Zäune und Staudämme müssen erneuert und ausgebessert werden. Jetzt in der Trockenzeit sind alle Mann notwendig, im Moor den Torf umzuschichten, einzufahren und neu zu stechen; für die Kinder ein Fest! Inzwischen liegen auch von außerhalb für die Handwerker ständig Anfragen und Aufträge vor. Mit einer Zahl Nachbarn wird in Form des Naturalaustausches und der Gemeinwirtschaft verfahren: etwa eine Deichsel gegen ein halbes Fuder Torf oder eine Schlosserreparatur gegen einen Bienenkorb oder Ausleihung der Pferde gegen Bestellen der Weide. Viele aber haben versagt und abgelehnt; der Barkenhoff hat die Hoffnung nicht aufgegeben. Aber da er selbst viele Dinge noch mit Geld bezahlen muß, so ist er genötigt, von denen, die seine Bereitwilligkeit verneinen, aber seine Pferde brauchen, auch Geld entgegenzunehmen. Es ist schon eine Tat, daß zwanzig Menschen unter sich besitzlose Gemeinwirtschaft und gegenseitige Hilfe so restlos und konsequent verwirklichen konnten. Ihr Verhältnis zur Umwelt der Privatwirtschaft und des Profits ist für sie nur ein Übergang, eine Brücke aus dieser Zeit in eine neue Zeit.

b. *»Und solche Typen wollten die Welt verbessern?«*
Bobik fuhr hin. Die schwere Landschaft der Moore und Birken, der niederen Föhren und der Häuser, die wie gewachsen aussahen, sagte ihm sehr zu. Das große Haus sah traurig und etwas verwahrlost aus. Kinder spielten laut auf dem Hof. Er fand

Käthe in ihrem Zimmer; es waren kaum Möbel da, alles war äußerst primitiv. Sie fiel ihm um den Hals und weinte. Schließlich führte sie ihn durch das Haus und zeigte es ihm. Es wirkte wie ein Aussiedlerlager. Irgendwo standen Betten, die nicht immer gemacht waren, ab und zu eine Kommode. Kleider lagen herum auf Stühlen oder Kisten. Überall sah man offene Konservendosen, die als Aschenbecher dienten und mit Zigarettenkippen übersät waren. Bobik ekelte sich vor solcher Art zu leben.

In einem Raum saß eine behäbige Dame und erzählte etwas den Kindern, die auf Stühlen oder auf dem Boden sich herumräkelten. Man spürte die Langeweile, die sich wie ein dicker Sirup über den Raum ausbreitete. Abends war Käthe an der Reihe, für die Kommune zu kochen. Bobik leistete ihr in der Küche Gesellschaft. Er wußte, daß Kochen für sie eine Last bedeutete. Der Ofen mußte angefacht werden. Ein riesiger Kessel wurde auf den Herd gestellt und mit Wasser gefüllt. Es dauerte endlos lange, bis das Wasser kochte. Dann schüttete Käthe eine Grütze und Salz hinein und goß Milch dazu. Als die Grütze dicker wurde, mußte man sie mit einem großen hölzernen Löffel rühren, das war eine anstrengende Arbeit. Bobik half Käthe. Als Käthe noch rührte, kam eine Frau herein, die ein unfreundliches Gesicht und verarbeitete Hände hatte. Sie trug einen selbstgewebten abstehenden Dirndlrock. Sie sah Käthe eine Weile bei der Arbeit zu. Bobik spürte sofort, wie die Atmosphäre im Raum gespannt wurde. – »Sie machen das ganz falsch, meine Liebe.« – Sie riß Käthe den Löffel aus der Hand und begann, den Brei mit ausladenden Bewegungen zu rühren. Es war komisch zu sehen, wie ihre hervorstehenden Brüste, ihr Hinterteil, ihr sperriger Rock in wogende Bewegungen gerieten. – »Sehen Sie, das macht man mit dem ganzen Körper und nicht einfach aus dem Ellbogen!« – Käthe war dem Weinen nahe. Sie ließ sie gewähren. Aber da sie durchaus nicht helfen, sondern nur auftrumpfen und belehren wollte, hörte sie bald mit dem Rühren auf und reichte Käthe den Löffel. »Machen Sie es mir nach!« Und sie verließ den Raum. Bobik hatte große Lust zu lachen, aber Käthe war wütend. »Ich könnte diese eklige Person in der Luft zerreißen, und nicht nur sie allein! Hier ist jeder gegen jeden. Durch das allzunahe Zusammenleben sind sie alle gereizt und können einander gegenseitig nicht mehr ausstehen; es entstehen Cliquen von Freundschaften und Feindschaften, heimliche Intrigen und Sticheleien, Verleumdungen. Die Frauen schnappen sich die anderen Männer, und die Ehen gehen kaputt. Die Kinder verkommen, weil sich faktisch niemand um sie kümmert, sie zanken miteinander und fühlen sich unbeschützt. Die eigenen Kinder, die jeden Tag von einer anderen Frau betreut werden, werden einem ganz fremd; ich ertappe mich dabei, daß ich Kinder nicht liebe, und fast bekomme ich es mit der Angst, daß ich auch meine Kinder nicht mehr richtig betreue. Alles ist Theorie und nichts ist menschlich. Du hast es soeben gesehen, sogar über das Rühren des Breis wird theoretisiert. Und dann gibt es alle paar Tage Zusammenkünfte, wo die Leute Parteimakulatur reden. Ich halte es einfach nicht mehr aus! Angelernte, lebensferne Parolen! Sie wollen eine künstliche neue Gesellschaft schaffen, und sie entfernen sich immer mehr vom Leben. Sie sind nur noch Homunculi! Ich kann es Fritz nicht verzeihen, daß er uns, ohne sich die Sache vorher anzusehen, hierher verpflanzt hat. Nun ist er davon und hat uns in diesem Inferno zurückgelassen!«

Dann wurde der Gong geschlagen, und wie im Roman ›Les Misérables‹ von Victor Hugo kamen aus allen Türen Menschen herangeschlichen. Niemand von ihnen hatte ein fröhliches Gesicht, alle waren düster und verkrampft. Der lange Tisch hatte kein Tischtuch; es standen Emailleschüsseln da, und daneben lagen Aluminiumlöffel und Gabeln. Das Essen wurde von einer Frau, die bediente, auf den Teller geklatscht. Die Grütze schmeckte wie das Mensaessen, uninteressant, es war etwas, um den Magen zu füllen.

Abends war eine Versammlung. Sie saßen lässig beieinander, man spürte, daß keine Freundschaft sie verband, sie redeten aneinander vorbei. Sie waren undiszipliniert, jeder wollte seine Gedanken zuerst loswerden, der Sprechende wurde unterbrochen oder gar abgekanzelt. Sie waren voll von Aggressionen gegeneinander, und Bobik hatte den Eindruck, daß jeder nur sich selbst zu hören gewillt war.

Ihre Gesichter waren böse, sie schüttelten oft den Kopf und zuckten mit den Schultern. Niemand lachte, niemand war entspannt. Dabei sahen alle aus, als ob von ihren Worten und Entscheidungen das Wohl oder Wehe der Welt abhinge. Obwohl sie alle nur an eine einzige Wahrheit blind glaubten, an die Weltanschauung von Karl Marx – Bobik war zwar fest davon überzeugt, daß niemand von ihnen Marx wirklich studiert hatte, sie bezogen ihre Weisheit aus den üblichen Slogans, von denen ihre Zeitungen und Zeitschriften voll waren –, war jeder von ihnen sein eigener Karl Marx mit höchst persönlichen Auslegungen. Eine Aussicht, seine eigene Meinung bis zum Ende äußern zu können, bestand sowieso nicht. Irgendeiner sprang auf und unterbrach ihn mit den stereotypen Sätzen: »Aber, Genosse, so hat Marx das doch nicht gemeint, das sind willkürliche Interpretationen. Sie sind ein typischer bourgeoiser Abweichler!« – Die anderen freuten sich über diese Aggression, aber bald wurden auch sie selbst das Ziel einer solchen. Nur wenige, wie Käthe Wolf, blieben still. Die Frau mit dem steifleinenen Rock redete am meisten, sie begeisterte sich an den zahlreichen Fremdwörtern, die sie oft falsch aussprach oder benutzte. Die Sitzung dauerte endlos. Die Konservenaschenbecher quollen über von Kippen. Keiner der Hausfrauen fiel es ein, sie zu entleeren. Die Luft war zum Ersticken. Bobik stand auf und öffnete das Fenster. Sie schrien ihn an: »Machen Sie es sofort wieder zu, man könnte uns belauschen!« Er ließ es offen und sagte: »Und wenn schon, aus diesem Geschrei wird doch keiner klug!«

Dann verließ er ostentativ den Raum. Er hatte genug, und er hatte nur den einen Wunsch, solchen Leuten nie wieder zu begegnen. Szenen aus Dostojewskis ›Dämonen‹ standen leibhaftig vor seinen Augen; es war die gleiche freudlose, penetrante Atmosphäre von Menschenverachtung, Machthunger und Haß. Und solche Typen wollten die Welt verbessern?! Er hatte vergessen zu fragen, wo er schlafen solle; bei der allgemeinen Desorganisation und Gleichgültigkeit gegen Bequemlichkeiten war es ihm klar, daß niemand, auch Käthe nicht, daran gedacht hatte, ihn irgendwo unterzubringen. Also schlenderte er durch das Haus und fand einen greulich unordentlichen Abstellraum, in dem eine gebrechliche Chaiselongue stand, die dick mit Staub bedeckt war. Es hatte keinen Zweck, den Staub abzuwischen, er würde nur durch die Luft wirbeln. So nahm Bobik seinen Regenmantel und legte sich darauf.

Am nächsten Morgen suchte er Käthe auf und verabschiedete sich von ihr. Sie klammerte sich an ihm fest. »Verlaß mich nicht, ich bitte dich!« – »Nein, ich werde keine Sekunde länger in diesem Pandämonium bleiben. Schließlich habe ich erlebt, was eine Kommune ist: in jedem Zimmer eine Familie, aber das war erzwungen. Freiwillig in solchem Pandämonium zu leben, mit diesen Menschen, nein!« – Er blieb hart, er empfahl Käthe, so schnell wie möglich diesen Ort zu verlassen und fuhr weg. Er war tief deprimiert. In einer abendländischen, verfeinerten Kultur dieses Zurück – zu was: zur Steinzeit, oder eher noch zum

Pithecanthropus – mit Verzicht auf alle Kultur, auf gepflegte zwischenmenschliche Verhaltensregeln, das war entsetzlich!

42. Geldlose Wirtschaft?

a. Auszug aus der »Satzung der Arbeitsschule Barkenhoff« (1921)
6. Bei der Aufnahme als aktives Mitglied verfällt der Besitz des Eintretenden an die Arbeitsschule Barkenhoff E. V. und verbleibt auch beim Austritt des Mitgliedes in der Schule [...]
7. Von den Arbeitenden und Lehrern der Arbeitsschule Barkenhoff E. V. darf kein Gehalt beansprucht werden; das Geldverhältnis innerhalb der Arbeitsgemeinschaft ist völlig ausgeschaltet und wird nach außen durch den Betriebsrat geordnet.
8. Es darf kein Schulgeld von den Eltern genommen werden.

b. Geldlose Wirtschaft? Erläuterung zu § 7 und § 8 der Satzung
Der § 7 bedeutete nicht, daß die einzelnen Mitglieder ohne Geld in der Tasche herumlaufen müßten. Außerhalb des Hofes Wohnende erhielten die notwendigen Mittel, um zurechtzukommen. Raucher erhielten Geld nach ihrem Bedarf. Für den einzelnen ergaben sich zudem Ausgaben in sehr unterschiedlicher Höhe durch Kleidung, Krankheiten, Reisen usw. Was wir an Erfahrungen innerhalb der Gemeinschaft gesammelt hatten, war in diesen Paragraphen gefaßt. Er bedeutete im wesentlichen, daß keine Wertung der einzelnen Leistung durch Geld erfolgen sollte. Zum andern sollte der Betriebsrat Einnahmen zum größtmöglichen Nutzen für den Aufbau der Schule einsetzen können. Wer schließlich sollte Gehalt zahlen? Der Betriebsrat oder Vorstand war ja nicht Arbeitgeber. Dieses Verhalten zur Geldfrage bewährte sich, und an ihm konnte der Grad des Zusammenhaltes erkannt werden.

Zur Besitzlosigkeit ist zu sagen, daß es unmöglich war, zu dem – wenn auch labilen – Gemeinschaftsbesitz noch unterschiedlichen Privatbesitz in der hergebrachten Form gelten zu lassen. Das Individuelle lebte sich durch Arbeit und Leistung des einzelnen innerhalb der Arbeitsgemeinschaft auf diese Weise reiner und uneigennütziger aus. Kleider, Bücher, überhaupt alles, was einem jeden zur Entfaltung seiner Persönlichkeit diente, fiel selbstverständlich nicht unter die Forderung zur

Entäußerung. Der persönliche Bereich wurde geachtet und blieb unangetastet.

Auf ein Schulgeld wurde verzichtet, weil die Mitverantwortung der Eltern und Gemeinden angesprochen werden sollte, deren Aufgabe es ist, eine Schule in ihrem eigenen Lebenskreis zu verankern.

Auch die Geldentwertung spielte bei diesen Beschlüssen eine Rolle, weil Arbeit kaum noch vergütbar war.

c. Heinrich Vogeler und der »50-Pf.-Stundenlohn«

Im ›Volksblatt‹ wurde Heinrich Vogeler angegriffen, weil er für 50-Pf.-Stundenlohn arbeiten ließe. Es war von vornherein klar, daß es sich nur um einen Irrtum oder eine Verleumdung handeln konnte, mit der dem Kommunisten Vogeler eins ausgewischt werden sollte. Vogeler pariert nun den Angriff wie folgt:

»Auf dem Barkenhof fanden sich im Frühling arbeits- und obdachlose Kommunisten zusammen, die den Willen hatten, auf dem Grundsatze ›allen Besitz und alle Arbeitskraft für die Gemeinschaft‹, ein Zusammenleben zwischen den Gleichgesinnten neu aufzubauen. Tagelohn wurde für die Kommunisten nicht bezahlt, hingegen alle Einkünfte in dem Betrieb fruchtbar gemacht. Bei einem Kommunisten, dessen Luxusbedürfnisse die Anforderungen der anderen überstiegen (gleiche Wohnung und Verpflegung) sind für diese Bedürfnisse Tagesgelder ausgezahlt (der sogenannte 50-Pfg.-Lohn). In Zeiten der Not, der vollen Nutzung der Arbeitskraft, verließ der betreffende Landarbeiter den Hof, um, wie er selbst sagte, rein kapitalistisch zu arbeiten, die freie Wohnung blieb ihm, wenn sie auch für eine andere arbeitslose Familie dringend notwendig ist.

Logischerweise landete der Landarbeiter bei den M. S. und bei der Regierungstruppe, wo alle jene landen müssen, denen die Revolution nur ein klingendes Geschäft ist und keine innere Angelegenheit. Heinrich Vogeler, Worpswede.«

43. »Unsere Taterziehung auf dem Barkenhof«

Der Leitgedanke der Arbeitsschule Barkenhof ist der, das Kind durch aktive Arbeit an dem ganzen Wirtschafts- und Handwerksbetrieb der Schule so teilnehmen zu lassen, daß das Kind immer von dem Gefühl getragen ist, ein Mitglied der Gemeinschaft zu sein, auf dessen gestaltende Kraft es ankommt, das durch sein ganzes Lernen und Gestalten dazu beiträgt, die Lebensverhältnisse aller zu entlasten und zu verbessern. Alle Pädagogik geht von einem Kollektivgefühl aus für das Ganze. In dieser sozialen Pädagogik haben wir als Ausgangspunkt die natürliche psychologische Einstellung des Kindes nötig. Für das Kind ist das Spiel mit dem Material der Natur ein fortwährendes schöpferisches Gestalten. Wir beobachten, wenn Kinder im Sande mit Steinen, Blumen, Holz, Wasser und dem einfachen Werkzeug der Schaufeln, Scherben, Blechdosen ihr fantastisches Kleinleben aufrichten, wie sie diese Arbeit ohne Reibung dem einzelnen Kinde zuteilen, und wie sie dem schöpferischsten Kinde die Kräfte und das Material entgegenbringen. Diesen natürlichen Schöpferprozeß im Leben des Kindes nie zu unterbinden, sondern immer wieder zur Befreiung der Psyche von allen Spekulationen, intellektuellen Hemmungen zu führen, ist nun wohl bei uns die eigentliche Grundlage der Schulung des Menschen am vorhandenen Material und an den geistigen Bedürfnissen geworden.

[...] Das Schulleben der Kinder geht [...] seinen ungehinderten Gang neben dem Betrieb [der Siedlung »Arbeitsgemeinschaft Barkenhoff«], da das Schulleben die inneren Wirtschaftssorgen mitträgt. Da ist die Ordnung der Zimmer, die Pflege des Körpers, die Pflege der kleinen Kinder durch die größeren. Da ist die Berechnung für die Ernährung und die Gartenarbeit, Stallarbeit, Werkstättenarbeit. Überall schließt sich die Lehrtätigkeit an diese Funktionen der Arbeitsgemeinschaft an und überall zeigen die Lehrenden die inneren Verbindungen zu den Gemeinschaftsbedürfnissen der Menschen und die Bindungen mit den kosmischen Gesetzen, die zu einer Glückserfüllung des Menschen durch das schöpferische Gestalten am Ganzen treibt.

44. Praxis der Arbeitsschule

a. Im Garten ist Gerda mit den Kindern eingezogen. Manchmal sind sie schon im Morgengrauen in den Beeten, hacken und jäten. Dann sei es am schönsten, heißt es, aber ich glaube, am meisten treibt unsere Freude sie an, die wir Gärtner zeigen, wenn wir fertige Arbeit vorfinden. Gerda ist immer mitten unter den Kindern. Die Arbeit macht ihnen nur Spaß, wenn sie mit Erwachsenen gemeinsam verrichtet wird. Arbeit um des Nutzens oder Profits willen liegt ihnen noch fern. Kinder-Arbeit wirkt sich sozial verheerend aus, weil mit ihr Keime gelegt werden zur Verhärtung des Gemüts und des Körpers; die rechten Maßstäbe gehen verloren in Bitterkeit und Einengung des Denkens, Fühlens und Wollens. Die Arbeitsschule will aus dem Tätigkeitsdrang der Kinder das seelische und geistige Gleichgewicht in ihnen schaffen. Die Ehrfurcht soll gefördert werden

vor dem, was Wesensinhalt eines Berufes ist. Wie sich Berufe gegenseitig ergänzen, das soll erfahrbar gemacht werden.

Als ein Feld mit Sommerfrucht gedrillt werden mußte, sollten die Kinder unter Gerdas Aufsicht helfen. Karl Lang zeigt ihnen, wie es gemacht wird. Nachdem das Wichtigtun vorüber ist, geht es recht gut. Alle größeren Kinder kommen an die Maschine, die kleineren laufen mit. Es ist drollig anzusehen. Alle sind gespannt auf das Wachsen.

Wenn das Jäten, Häufeln, Hacken und Ernten nach den Menschen ruft, ist selbst Mining [Heinrich Vogeler] viele Stunden lang im Garten. Er bindet Tomaten, Himbeeren und Brombeeren, pflückt mit den Kindern die reifen Früchte und erzählt ihnen dabei Schnurren, damit sie bei der Arbeit fröhlich bleiben. Am Hang hat Mining eine Quelle entdeckt, die er fangen will. Das ist etwas für die Kinder. Zuerst schneidet er mit ihnen Reisig von den Weiden, dann spitzt er »Stöcker«, wie der Alte

August immer sagt, Pfähle, um die er die Weidenzweige schlingen will. Später will er die Quelle mit Steinen fassen, wenn sie wirklich trägt. Von ferne sieht es aus, als geschähe etwas ganz Wichtiges. Der Eifer der Kinder kennt keine Grenzen.

b. Gäste wie Julia Goldstein und Margarete Schmidts – früher Lehrerin der Vogeler-Kinder, jetzt bei Rudolf von Laban – bringen in den Wochen ihres Hierseins eine Fülle von Anregungen für den Umgang mit den Kindern, wie wir es uns für die Schule wünschen. Die Art, in der Margarete mit den Kindern singt, wie Gymnastik getrieben wird, erschließt viel für die Zukunft, sind wir doch sämtlich ungeschult in bezug auf die erzieherischen Erfordernisse. Ich lese eifrig Pestalozzis Schriften, und unsere Gespräche kreisen um das Wie in der Erziehung.

Am Alten August sehen wir, wie die Kinder durch das Erlebnis lernen. Er sagt ihnen auch, wie ein Werkzeug benutzt wer-

den muß, daß zu große Kraftanwendung dem Gerät schadet. Eine uralte Axt hat er mitgebracht. Mit einer wahren Andacht erzählt er, wie sorgsam man mit der Arbeitskraft zurückhalten muß, um das Werkzeug im höchsten Leistungszustand zu halten. Er lehrt die Kinder Höhen schätzen und zeigt, mit welch einfachen Mitteln sich das genau machen läßt. Er weist auf die verschiedenen Holzarten hin und erklärt, wie sie zu verwenden sind. Oder er geht mit den Kindern in den Wald und sucht »Stöcker«, wie er sich ausdrückt, für die Lagerstätten in der Herberge. Dabei wählt er natürliche Formungen aus, so daß die Lagerstätten etwas Urwüchsiges erhalten. Sie sollen nicht aus einer schematischen Arbeit entstehen. Arbeiten die Kinder im Garten, dann wird jeder Arbeitsvorgang erklärt: warum man Pflanzen verzieht, wie bei schlechter Arbeitsweise beim Säen Saatgut vergeudet wird, wie die Wurzeln in die Erde gebracht werden müssen, warum sie gekürzt werden, wieviel Abstand die Pflanzen jeweils haben müssen u. s. w.. Das alles lassen wir erleben, damit die Kinder lernen, einen Arbeitsvorgang zu durchschauen. Auch das eigene Beet ist da. In den Werkstätten haben sie eine Bastelecke.

Aber immer noch fehlt der Pädagoge, vor allem für die schulpflichtigen Kinder.

c. Otto Schoppmann, der an seiner schweren Kriegsverletzung leidet, befindet sich als Lehrer in einer Krise. Das Lehren über den Weg der praktischen Betätigung auf dem Hof fällt ihm schwer. Er selbst fühlt sich hier als Lernender und bewundert den Alten August. Anerkennend erlebt er, wie Erfahrung und Weisheit des mehr als siebzigjährigen Mannes sich in einer frappierenden Sicherheit des Lehrens äußern. August lehrt, wie ein Beil oder Messer zu schleifen ist, wie das Sägen vor sich zu gehen hat, wie die Auswahl des Holzes für die einzelnen Zwekke der Holzbearbeitung zu treffen ist, warum ein Eschenstiel für eine Axt besser ist als einer aus Buchenholz. »Buchenholz«, sagt er, »zieht das Blut aus den Händen.« Wenn er mit den Buben die Takelage für Schiffchen baut, erzählt er vom Schwerpunkt und den Höhenverhältnissen der Masten und daneben allerlei, was es zu erzählen gibt vom Meer und vom Leben auf den Schiffen. Er kann aus altem, verdorbenem Quark mit Zusatz von Löschkalk Leim machen, der sich im Wasser nicht auflöst, und alles bei diesen Verrichtungen geht mit Maß und Sorgfalt vor sich. Merkt er, daß den Kindern die Zeit lang wird, bis der Leim brauchbar ist – man muß die Mischung lange reiben, bis sie Fäden zieht –, dann erzählt er Geschichten aus seinem Handwerksburschenleben, von den durchwanderten Städten – und den Kindern geht eine Welt auf. Dabei charakterisiert er Menschen, die er in seinen Wanderjahren getroffen hat. Er baut mit den Kindern auch Taubenschläge und Vogelkästen, sie streichen alles mit Farbe an, recht bunt natürlich. Und so geht das immerfort.

Blankenburg

Die Ursprünge dieser »kommunistischen« Siedlung liegen in einer städtischen Wohnkommune in Berlin. Dort traf sich 1916/17 ein Freundeskreis jugendbewegter Kriegsteilnehmer, einst Freiwillige, jetzt verwundet und desillusioniert, um Hans Koch (Steglitzer Wandervogel), Alfred Kurella (Bonner Wandervogel) und dem künftigen Pädagogen Fritz Klatt, mit anderen freideutschen und freistudentischen Gesinnungsgenossen und Anhängern des Reformpädagogen Gustav Wyneken. Ihr Ziel lag, nachdem ihr patriotischer Idealismus verbraucht war, nicht zuletzt in der antimilitaristischen Propaganda, über die sie auch mit der revolutionären Arbeiterjugend in Kontakt kamen.

Als ihnen in Berlin der Boden zu heiß wurde, sich dort auch die Ernährungslage verschlechterte, setzten sich Mitte 1918 die politisierten Freunde nach Bayern ab, um hier ihre seit 1916 diskutierten Pläne zur Verwirklichung der Wynekenschen »Jugendkultur« durch Gründung einer ländlichen Siedlung weiterzuverfolgen. Dort verband sich ihr Schicksal schließlich mit der Münchner Novemberrevolution. Während Kurella ganz zum politischen Handeln und zur organisierten Arbeiterklasse überging und der Siedlung abschwor, arbeitete Koch zäh an der Verwirklichung seiner Gemeinschaftsgründung, durch die er eine Brücke zwischen der bürgerlichen und proletarischen Jugend bei ländlichem Siedeln schlagen wollte. Nach der Zwischenstation einer Wohngemeinschaft in einem Häuschen in Berg am Starnberger See gelang es Koch schließlich so viel Geld aufzutreiben, daß er Anfang 1919 einen Bauernhof in Blankenburg bei Donauwörth kaufen konnte.

Dort siedelten dann ungefähr zwanzig männliche und weibliche Jugendliche aus Bürgertum und Arbeiterschaft und suchten sich durch Gartenbau, Tierhaltung und Handwerk (Schlosserei und Schreinerei) über Wasser zu halten, ohne daß aber je die Selbstversorgung erreicht wurde (Koch finanzierte die Siedlung über Mäzene). Im Gegensatz zu vielen anderen Jugendbewegungssiedlungen und in Gemeinsamkeit mit Vogelers Barkenhoff plante Koch, die Siedlung zu mechanisieren, um den jungen Stadtmenschen und sich selbst (Kriegsverletzung!) die schwere Handarbeit zu erleichtern (Einflüsse des Sozialreformers Konrad von Meyenburg, den er in Basel aufsuchte); er konnte damals aber seine Vorstellungen noch nicht realisieren.

Nachdem sich in der Siedlung bereits innere Spannungen angehäuft hatten, wurde ihr Ende durch den Gang der politischen Ereignisse beschleunigt. Hatte man sich zunächst in Übereinstimmung mit der revolutionären Politik in München gefühlt und das Wohlwollen Gustav Landauers, kurzfristig bayerischer Kultusminister, genossen, so änderte sich dies mit dem gewaltsamen Ende der Revolution im Mai 1919. Politische Flüchtlinge benutzten – wie Vogelers Barkenhoff – Blankenburg als Zwischenstation (so Max Levien, der Leiter der Münchner Spartakusgruppe); aber auch die politische Polizei wurde auf die Siedlung aufmerksam und vermutete hier fälschlicherweise eine Hochburg des Spartakismus und das Zentrum einer neuen bayerischen Revolution. So wurde im Sommer 1919 die Siedlung kurzerhand militärisch ausgehoben, die Anwesenden wurden arretiert, nach München gebracht, und dort wurde der Kern der Siedler für einen Hochverratsprozeß ausgesondert. Wenn auch die Entlassenen wieder nach Blankenburg zurückkehren konnten und schließlich auch der Prozeß glimpflich ausging, so fand das Unternehmen doch schon 1920 sein Ende, nachdem sich die ökonomischen Schwierigkeiten als unüberwindlich erwiesen. Für kurze Zeit jedoch hatte Blankenburg wie keine andere Siedlung innerhalb der freideutschen Jugendbewegung die Hoffnung auf eine reale Überwindung der Klassengesellschaft durch einen »Klassenkampf der Jugend« gegen die »Alten« belebt.

Koch fuhr jedoch mit kollektiven Experimenten fort. 1920/21 versuchte er es in Berlin auf der ökonomischen Basis einer Schokoladefabrik und eines Stummfilmkinos, dann 1924 mit einer (ihm nicht gehörenden) landwirtschaftlichen Siedlung (und Waldschenke) in Klingberg am Pönitzer See. 1925/26 bewirtschaftete er in Gemeinschaft eine Gemüseplantage mit Konservenfabrik in Harxbüttel bei Braunschweig. Hier konnte Koch zum ersten Mal seine Idee der Motorisierung des Hackbaus in die Tat umsetzen (Patent für eine Motorhacke mit Rückentragmotor). Doch als auch diese Siedlung scheiterte, gab

Koch den Gedanken an ein *gemeinschaftliches* Siedeln auf und wurde zum Produzenten landwirtschaftlicher Geräte; sein ländlicher Kleinbesitz diente ihm nur noch zur Erprobung der Erfindungen. Nach dem Zweiten Weltkrieg begann er mit dem Aufbau eines Familien-Fabrikbetriebs (HAKO-Werke) in Bad Oldesloe, bei dem nur noch die Produktionspalette (motorisierte Kleinbauern- und Siedlergeräte) und die für das Unternehmen gewählte Rechtsform des Fideikommiß an den ursprünglichen antikapitalistischen Ansatz erinnerten. Erst mit dem altersbedingten Ausscheiden aus der Firma gedachte der Siebzigjährige in der Zeit der Studentenrevolte wieder seiner eigenen jugendbewegten Anfänge und fand durch Besuche auf israelischen Kibbuzim und gegenwärtigen Landkommunen erneut den Anschluß an das ländliche Kommunewesen.

45. »Bruder Arbeiter!« Aus einem Aufruf von Hans Koch (1919)

[...] Wir sind aus gleichem Blut!

Unsere Sehnsucht weist nach gleichem Ziel!

Und was bisher trennend zwischen uns stand, waren die Zufälligkeiten der verschiedenen Atmosphäre, in der wir groß geworden waren. Waren die Ungerechtigkeiten einer durch Geld zu erkaufenden Erziehung! Die euch in dumpfen Wohnungen und im Frondienst an der Maschine verenden ließen, hatten in ihrer Überhebung und Sorge, daß nur ja ihre Kinder nicht mit Proletariern zusammenkämen, als feste, kaum übersteigbare Mauer jene Schulen erfunden, in die nur eintreten konnte, wer durch die Vermögenslage seiner Eltern gefahrlos schien.

Wir erkannten und verachteten die erlogene Sicherheit des Bürgers!

Wir machten uns frei!

Wir fanden den Weg zu Dir, Bruder Arbeiter! [...]

46. »Der Bolschewismus, die umfassende Jugendbewegung der Völker« (Hans Koch)

Hein, denke einmal über unsere Jugendbewegung nach! Folgend dem Gesetze, das wir in uns lebendig fühlten, gerieten wir, ohne es zunächst zu wollen, tagtäglich in einen Gegensatz zu der uns umgebenden Gesellschaft. Wir versuchten uns ein eigenes sinnvolles Leben aufzubauen außerhalb oder doch neben dieser als feindlich empfundenen Gesellschaft, und je wahrer und vorurteilsloser wir unser Leben zu gestalten wagten, desto weiter führte unser Weg von dem der Gesellschaft fort. Hein, was wir Jugendbewegung nannten, diese ständige Auflehnung der Jugend gegen die Mächte der Gesellschaft, die sie zu ungefährlichen guten Staatsbürgern zu erziehen suchten, ist ein Teil der großen revolutionären Bewegung, die die Aufgabe hat, die Menschheit jung zu erhalten, wachzurütteln und die Panzer, die das lebendige Leben einengen, immer wieder zu sprengen.

Nein, Freund, ich glaube, es ist so, daß eine ganz ehrliche Jugend ihrer Zeit ein Stück vorauslebt, daß in ihr schon Kräfte lebendig sind, und Probleme ihrer Lösung entgegengeführt werden, die in großem Maßstabe, im Leben der Völker erst nach Jahren sichtbar werden: Es ist gewiß kein Zweifel, daß wir, in gesundem Instinkt aus den Hochburgen des Kapitalismus, den großen Städten, geflohen sind. Daß wir, entgegen den Anschauungen, in denen man uns erzog, den starken Drang nach körperlicher und handwerklicher Arbeit verspürten. Daß wir schon in den Anfängen unserer Siedelungen den Kommunismus (allerdings im wesentlichen nur der Konsumtion) als selbstverständliche Wirtschaftsform einführten. Und es hat gewiß einen tiefen Sinn, daß seit einiger Zeit in den verschiedensten Kreisen der Jugendbewegung ein starker Drang nach ländlicher Arbeit im Kreise der Gemeinschaft lebendig ist.

[...] Hein, in diesen Tagen erhellte sich mir unser Weg in blitzartiger Erleuchtung: seit wir uns mit 14 Jahren gegen die geistigen Verbiegungsversuche in Schule und Haus auflehnten, sind wir im Grunde schon vom Geist des Bolschewismus infiziert!

[...] Dort [im Proletariat] sind meine Brüder! Und je mehr Menschen unserer Art sich dem Bolschewismus, der umfassenden Jugendbewegung der Völker, anschließen und in ihr wirken werden, desto sicherer wird sie sein, und unverfälscht ihre große Sendung erfüllen!

47. Radikaler Eingriff

Alf: Hein, ich leugne die Möglichkeit gar nicht ab, daß unser Weg vielleicht in ein Chaos führen kann! Der komplizierte Apparat unseres Wirtschaftslebens wird vielleicht versagen und die Städte infolge von Verkehrsschwierigkeiten nicht mehr ausreichend versorgt werden können.

Hein: Aber Alf, das sollte doch wirklich genügen, um Dir selbst klar zu machen, daß Dein Weg unmöglich ist!

Alf: Hör nur erst weiter: Ich ziehe also Deine und der bürgerlichen Presse Befürchtungen in den Bereich der Möglichkeiten. Ich mache mir gar keine Illusionen. Und ich werde dadurch in meinem Wege eher bestärkt als gehemmt. Denn ich sehe in dem Chaos, das vielleicht kommen wird, die Möglichkeit eines umfassenden Abbaues der wahnsinnigen Zustände, unter denen die Völker durch die überspannte Entwicklung der kapitalistischen Wirtschaft geknechtet werden. Die immer mehr um sich greifende Materialisierung und Mechanisierung des gesamten Lebens, die die Menschen »fortschrittsgläubig« vom Wesentlichen abzog und sie ihre Göttlichkeit vergessen ließ, die alle Welt in einen Taumel der Gier nach Besitz und Macht versetzte, dieses ganze giftige Geschwür, das man zusammenfassend Kapitalismus nennen kann, ist überreif. Mit Pflästerchen und milden Kuren ist da nichts mehr zu machen. Ich glaube, daß die Menschheit nur durch einen radikalen Eingriff vor dem völligen Untergang gerettet werden kann [...]

Hein, wir dürfen nicht erschrecken, wenn ein kommendes Chaos (und Verkehrsschwierigkeiten) die Städte so in Mitleidenschaft zieht, daß es die zusammengepferchten Millionen dort gar nicht mehr aushalten können! Dann wird die Not zu ihrem Befreier werden. In Massen werden sie auswandern aufs Land und in weitgehender Innenkolonisation die ungenützten Landstriche und die unrationellen Ländereien der großen Güter bevölkern. Reicht unser Boden nicht, so finden alle gewiß reichlich Platz auf dem des benachbarten russischen Brudervolkes. Aus Not werden sie den Anschluß wieder finden an die schon fast vergessene Natur. Hunger wird sie zum Landbau treiben. In neuer freier Gesellungsform werden sie sich zusammenfinden zu gegenseitiger Hilfe in brüderlicher Liebe.

Dann werden die Menschen im neuen Bunde mit den Kräften des Himmels und der Erde ihr Wesentliches wieder finden, »fromm« werden.

Ich glaube an keinen anderen Weg mehr, Hein. Wir sind zu sehr in eine Sackgasse verrannt. Wir werden vieles in Trümmer legen müssen, um Licht und Luft zu schaffen für alle Menschen.

Wir dürfen uns vor den Schrecknissen eines Chaos nicht fürchten, Hein! Was kann uns noch schrecken, nach solchem Kriege! Die Menschheit muß vielleicht einen langen Weg durch die Wüste erleiden, ehe sie in das gelobte Land einziehen kann. Was würde es besagen, wenn auf dem Wege zu unserm Ziel, dem Ziel der Befreiung einer ganzen Menschheit aus jahrhundertelanger Tyrannei, Hein, ein paar Jahre Hungersnot kämen, selbst Menschen Hungers sterben müßten: Es wäre ein sinnvolleres Sterben als das der Millionen »Helden des Schlachtfeldes« – doch schließlich sind auch jene schon Märtyrer der kommenden Freiheit gewesen.

48. »Leben aus dem Geiste der Jugend heraus«

a. Auszug aus einem Brief von Hans Koch an Karl Hauptmann von 1919

[...] nun habe ich im Februar dieses Jahres in Blankenburg bei Nordendorf in Bayerisch-Schwaben, unter Beihilfe von Bekannten ein Anwesen erworben, um dort mit einem Kreis von befreundeten Männern und Frauen ein Gemeinschaftsleben auf der Basis restloser menschlicher Aufgeschlossenheit zu beginnen, und einen Neu-Anfang jugendlichen Lebens, wie es unter den mancherlei Hemmnissen der Stadt nur sehr stückweise gelungen war, in einem Guß zu versuchen. Ich glaube, daß die Art unseres Zusammenlebens und Wirtschaftens in Garten und Werkstätten (wir haben Schlosserei und Schreinerei angefangen) große Ähnlichkeit hatte mit dem, was Ihr Freund Vogeler in letzter Zeit begonnen hat. Selbstverständlich leben wir rein kommunistisch, d. h. nicht nur jeder Privatbesitz hat vollständig aufgehört, sondern wir bemühten uns überhaupt um die Umschaltung aus dem kapitalistischen Besitz- und Machtgedanken in den kommunistischen Geist brüderlicher Liebe und gegenseitiger Hilfe. Diese Siedlung, die im besten Werden war, ist nun am Fronleichnamstag, heute vor 14 Tagen durch die Münchner politische Polizei wegen Verdacht politischer Umtriebe aufgehoben worden. Man behauptete, daß die ganze Wirtschaft und das Gemeinschaftsleben nur Deckmantel seien für neue spartacistische Umsturzbewegungen. Seitdem sitze ich nun zusammen mit 11 Freunden im Gefängnis in München. Mir geht es recht gut, und ich betrachte es als eine Ehre, für diese Idee in dieser Weise eintreten zu können. Es besteht nun aber die große Gefahr, ganz einerlei wie der Ausgang meines Verfahrens vor dem Standgericht sein wird, daß man alle nichtbayerische Glieder der Siedlung, darunter also auch mich, aus Bayern ausweisen wird.

Es wurde mir nahegelegt, eine Eingabe an die Regierung zu machen, in der sich recht viele *namhafte Persönlichkeiten* aus allen Kreisen dahin aussprechen sollten, daß sie die Fortsetzung der Siedlung Blankenburg als einen ganz wichtigen Versuch innerhalb Deutschlands auf das wärmste befürworten, und daß ich selbstverständlich freie Hand behalten muß in der Auswahl der Menschen, die ich auf der Siedlung aufnehmen will, da natürlich eine Beschränkung auf Nur-Bayern im Rahmen der Sache ganz widersinnig und unmöglich wäre.

Auf alle Fälle wäre zu betonen, daß es sich bei diesem Versuch nicht um die Sache irgendeiner Partei handelt, sondern daß hier einmal ein Leben aus dem Geiste der Jugend heraus versucht wird, und daß wir selbst noch absolut nicht übersehen können, wohin unser Weg führt. Daß wir aber in uns keimhaft eine neue Welt lebendig fühlen, deren rückhaltlose Verwirklichung uns ganz besonders am Herzen liegt in einer Zeit, da alle Werte der Welt wankend geworden sind, und sich überall nur die große Angst vor dem Hereinbrechen des Chaos bemerkbar macht.

b. Eine Petition (1919)

Berlin, 10. 8. 1919

An die Regierung des Volksstaates Bayern,
zu Händen des Herrn Ministerpräsidenten Hoffmann
Bamberg

Das Streben nach menschlicher und gemeinschaftlicher Erneuerung, das insbesondere die ihrer Verantwortung bewußtesten Kreise der deutschen Jugend kennzeichnet, fand einen Ausdruck in der Gründung der Siedlung Blankenburg bei Augsburg. Hier gründeten im Januar dieses Jahres Friedrich Bauermeister, Hans Koch und Alfred Kurella eine Gemeinschaft von Menschen, die – Arbeiter und Intellektuelle – in unbehindertem geistigem Austausch und in täglicher ländlicher Arbeit einen Zusammenschluß erreichen wollten, der von den Merkmalen und Unterscheidungen eines früheren Lebens in keiner Weise mehr bestimmt wäre. Mitte Juni wurden die Mitglieder der Siedlung unter der Beschuldigung verhaftet, ihre Gemeinschaftsbestrebungen wollten nichts andres als nur als Deckmantel neuer Unruhen dienen. Gründer und Mitarbeiter von Blankenburg sind mit dem Gedanken der Siedlung und dem begonnenen Weg so verknüpft, daß jede charakterologische Gewähr gegeben ist, daß sie keine anderen Absichten verfolgten, als solche, die ihnen zur Verwirklichung der neuen Form ihrer Existenz wesentlich schienen. Wenn trotzdem irgend eine Handlung von Angehörigen der Siedlung zur gerichtlichen Beanstandung Anlaß böte, so dürfte doch dieser Handlung innerhalb der Gesamttätigkeit und der Gesamtwesenheit der Siedler keine so beträchtliche Bedeutung zukommen, daß dadurch der Wert dieses wichtigen Versuches zum Aufbau einer produktiven, von Klassenunterschieden nicht mehr bestimmten Gesellschaftsform negiert würde. Das Besondere der Gesinnung, die hier einen ersten Versuch zu solidarischer wirtschaftlicher Arbeit unternimmt, ist, daß sie unmittelbar dem Gemeinschaftsgeiste der Jugend entstammt. Darin liegt die Bedeutung dieses Versuches auch für einen durch seine Fähigkeiten wichtigen Teil der deutschen Jugend. Selbst wenn also diese Bestrebungen bei ihren ersten Schritten nicht ohne jeden Konflikt mit den Gesetzen des Staates ausgekommen sein sollten, so sollte doch selbst hier der Jugend das Recht auf ihre Gesinnung und eigene Entwicklung dieser Gesinnung zugestanden werden, um sie zu ermutigen, nach den Zusammenbrüchen und Schrecken dieses Krieges, die die Jugend am unmittelbarsten selbst erleben mußte, einen neuen Aufbau zu vollbringen. – Wie auch die Folgen dieser Verhaftung sein mögen: Auf jeden Fall besteht die Gefahr, daß die Fortsetzung der blankenburger Siedlungstätigkeit durch die Ausweisung der Nichtbayern verhindert werde.

Die Unterzeichneten ersuchen die Regierung des Volksstaates Bayern dem kaum begonnenen Versuch nicht schon in seinen Anfängen ein vorzeitiges Ende zu setzen, sondern den Fortbestand der Siedlung dadurch zu ermöglichen, daß die Regierung die Gründer und Mitarbeiter dem Werke erhalten und von jeglicher Ausweisung absehen wolle.

Achim von Arnim, Hauptmann im Generalstab/Dr. Martin Buber/Theodor Däubler/Engelbert Graf/Arthur Holitscher/Käthe Kollwitz/Ernst Joel/Gesandter Graf Harry Kessler/Privatdozent Dr. K. Korsch/Rudolf Leonhardt/Prof. Dr. Franz

Oppenheimer/Curt Papst-Weisse/Dr. Hans Reichenbach/Freiherr Günther v. Reinbaben/Dr. Alexander Schwab/Dr. Helene Stöcker/Bruno Taut/Paul Westheim/Walther Rilla, Breslau/Bernhard Reichenbach. Berlin 16. 9. 1919 (...) Ergänzend haben sich angeschlossen: Paul Zech/Dr. Rudolf Kayser/Chefredakteur Walter Oehme/Dr. Alexander Rüstow/Armin T. Wegner, Berlin/Otto Flake, z. Zt. Zürich/Dr. Kurt Thesing, Bichl bei Kochel/Walther Rilla, Breslau.

49. Tagesablauf

Uns weckte nur in Ausnahmefällen jemand, sonst begann der Morgen ohne Uhrzeit, nur zum mageren Frühstück war es erwünscht, sich auch dazu einzufinden. Allerdings war der Anreiz dafür nur gering, denn unsere Mädchen verstanden es regelmäßig die Haferflocken anbrennen zu lassen. Für ein solches Produkt hatten wir den Ausdruck »Hi drahte Kohle« [hingedrehte Kohle] eine Abwandlung von Kohlehydrate. Für notorische Langschläfer hatten wir ein probates Mittel. Man überfiel den Schlafenden und wickelte ihn in eine Decke ein. Kräftige Hände zerrten ihn aus dem Bett, schleiften ihn die Treppe und den Wiesenhang hinunter zum Flüßchen und mit Schwung wurde er dann in die Schmutter geschleudert, zum Hallo der Zuschauenden.

Zum Frühstück gab es weiter keine Zuspeise, jedoch noch etwas geistige Nahrung. Verschiedene Gedichte, einzelne Abschnitte aus Werken oder Romanen, die von allgemeinem Interesse waren, und zur Zeit vor der Staatsaktion wurde der ›Olympische Frühling‹ von Spitteler gelesen, der ja auch ein Sturz aus unserem Olymp folgte. Mit solcher Seelenspeise ging es dann an die Arbeit. Eine Vesper oder, wie man in Bayern sagt, eine Brotzeit gab es nicht.

Das Mittagessen war besonders in den Anfangszeiten eine recht dürftige Angelegenheit. Bei aller Bereitschaft, Opfer zu bringen, gab es doch dann, wenn die Mahlzeit eingenommen wurde, oft Schielaugen, ob es denn noch einen Nachschlag abgeben wird. Kartoffeln konnte man essen, soviel jeder mochte, denn solche konnten wir auch ganz umsonst uns holen aus unserem großen Keller, der zu Einlagerung derselben an den größten Bauern des Ortes vermietet war. Jedoch an den Zutaten an unser Hauptgericht herrschte chronischer Mangel. Daher wurden solche, wie sie auf den Wiesen und Feldern zu finden sind, eifrig gesammelt. Da wurden Löwenzahn, Schafgarbe, Gänseblumenblätter, Brennessel usw. willkommene Hilfen zur Verbesserung unserer Mahlzeiten. Fette dazu gab es nur auf Lebensmittelmarken zu kaufen; um Fleisch oder Wurst kaufen zu können, dazu hätten wir mehr Geld benötigt, als wir zu besitzen pflegten. Um sich nun einmal ganz satt essen zu können, war der Vorschlag gemacht worden, Kartoffelknödel zu kochen, zu denen man ja nur rohe und gekochte Kartoffel und etwas Brot benötigt. Es waren dann 36 Knödel, die auf den Tisch kamen, und nun war dem Appetit keine Grenzen gesetzt. Ein Norddeutscher konnte nur einen Knödel bezwingen, die allerdings ganz schön groß ausgefallen waren. Die Mehrzahl der Esser kam auf drei oder vier Stück und ein Münchener, der noch dazu der Koch war, brachte es fertig, sieben seiner Knödel zu verdrücken. Es blieben aber noch etliche davon übrig, die sollten nun auch noch aufgegessen werden, und man fand Möglichkeiten dazu, indem mit Essig und Öl nachgeholfen wurde, andere Marmelade dafür als geeigneter fanden. Eine allgemeine Zufriedenheit und Heiterkeit beschloß diese Knödelinvasion.

Das Kochen war die Arbeit der Mädchen, später jedoch wurden auch die Jungs dazu herangezogen, um ihre Künste zu zeigen. Die zur Verfügung stehenden Mengen der Lebensmittel zum Kochen mußten jeweils eine Woche reichen, solange eben der Kochdienst dauerte. Bis zum Donnerstag waren dieselben aber meistens verbraucht, aber ebenso auch die Kenntnisse, um sich nicht wiederholen zu müssen in dem zu Bietenden. Glücklich der, welcher es verstand, über diesen kritischen Tag hinwegzukommen, und am Freitag und Sonnabend auch noch ein zufriedenstellendes Essen auf den Tisch bringen konnte.

Zum Abendessen hatte es sich eingebürgert, ganzen Weizen, am Abend vorher in Milch eingeweicht, dann gekocht auf den Tisch zu bringen. Wir fanden, daß der Weizen, am Abend vorher in einem Tongefäß zum Aufquellen gebracht, einen besonders feinen Geschmack bekommt, und auch sonst wurde versucht, die Nahrung möglichst wesenhaft zu bereiten. Die Abwechslung im Abendessen war natürlich auch beschränkt gewesen.

Wenn auch der Einzelne in der Gemeinschaft sich individuell gab, so kam man doch zu der Anschauung, daß es uns eigentlich fremd ist, wenn jeder auf seinem Stuhl sitzt und auf diese Weise sich einer Art von Thrönchen bedient, womit er sich von den

Mitmenschen absondert, sich ein eigenes Reich abgrenzt, was ja doch dem Streben nach Gemeinschaft entgegengesetzt ist. Um eine neue gemeinschaftsmäßige Form zu haben, wurde ein etwas erhöhtes Podium gebaut, darauf Matratzen von den Feldbetten gebracht, welche Hans Koch noch bunt mit Stoffarben bemalte. Damit war ein Lager geschaffen, auf das man sich im orientalischen oder Schneidersitz setzen konnte, wenn man das fertig brachte, sonst war das Lager auch als Liegestatt geeignet. Die Stühle waren somit unnötig geworden und wurden abgeschafft. Aber einen Tisch wollte man anfangs noch nicht entbehren, also schnitt man demselben die Beine ab und stellte ihn in die Mitte des Podiums, um den herum saßen dann alle bei den Mahlzeiten. Später aber wurde auch dieser als entbehrlich angesehen und ebenfalls abgeschafft. Teller wurden auch nicht mehr gedeckt, man aß aus einer gemeinsamen Schüssel. Um das Einnehmen der Speisen etwas zu erleichtern, benützte man dazu Limonadelöffel, weil diese einen längeren Stiel hatten, damit man sich nicht mehr so sehr strecken mußte. Wir hatten auch einen Fletscherer (langer, sorgfältiger Kauer), der es auch begrüßte, daß dieselben etwas weniger aufnahmen, auf diese Weise würde man auch weniger zum Schlingen veranlaßt und jeder Löffel voll mit mehr Bewußtsein zu sich genommen. Auch eine Form für eine neue Lebensweise, welche sich recht gut einführte.

Da uns keine geheizten Zimmer zur Verfügung standen, spielte sich das Leben in der Hauptsache in der vom Kochen warmen Küche ab und da speziell auf dem Podium. In der warmen Jahreszeit lagerten wir uns gerne im Freien unter dem großen Birnbaum. Auch sonst waren wir angewiesen, ohne Wohnkultur auf unseren Zimmern zu leben, wir hatten ja kaum ein paar Möbel im ganzen Haus. In Feldbetten, von der Heeresverwaltung bezogen, schliefen wir mit Decken, welche auch gekauftes Heeresgut waren. Einige von uns versuchten etwas Farbe in ihr Zimmer zu bringen und bemalten deren Wände in expressionistischer Weise. Eigenartig fiel ein Zimmer aus in der Bemalung, das Formen eines Urwaldes aufwies und auch ganz in dunklen Farbtönen gehalten war. Seltsam ist, daß dieser Mensch, der es sich ausmalte, später 7 Jahre im brasilianischen Urwald als Flüchtling leben mußte. Hans Koch hatte sich eine Wandfläche im Flur des Hauses erwählt, um darauf sein Pfingstbild mit Taube und Ausgießung des Heiligen Geistes zu malen. Als der Holzener Wachtmeister wieder einmal in unser

Haus kam, sah er sich das Bild auch an und meinte, es sei aber viel Rot darin, worauf ihm erwidert wurde: »Und sehr viel violett.« »Ja und?« meinte der Wachtmeister. »Das bedeutet viel Religiosität«, bekam er ganz aus der Empfindung und dem Gefühl heraus gesprochen zur Antwort. Unserem Bedürfnis nach Farbe wurde etwas noch abgeholfen, indem wir unsere Hemden alle mit Stoffarben, je nach Lieblingsfarbe einfärbten, was ein buntes Bild ergab.

Trotz aller Einfachheit und Dürftigkeit unserer Lebenshaltung, ohne geheizte Zimmer unter anderem, traten keine ernsthaften Krankheiten auf, so daß nie ein Arzt ins Haus kommen mußte. Es gab auch sonst keine größeren Sorgen, die Einschränkungen mannigfaltigster Art wurden als bedingte Einschränkungen hingenommen. Ebenso gab es kaum einen Ärger oder Verdruß, und was erst später in das Bewußtsein kam und sehr beachtenswert sowie bedeutsam ist, es gab *keinen Streit* unter den so verschiedenartigen Menschen und auch keinen Zank. Wohl gab es Meinungsverschiedenheiten, aber keine Rechthaberei machte sich breit.

Viel wurde während des Tages und besonders abends gesungen. Ein wesentlicher Bestandteil für unsere Fröhlichkeit. Es waren Wandervogellieder, welche in ihrer Mannigfaltigkeit stets fähig waren, auch eine gehobene Stimmung zu erzeugen und auch zu allen Situationen herhalten mußten, wenn man sich durch ein Lied aussprechen wollte. Einer, der lange Zeit zu Besuch bei uns war, konnte fast nie ohne seine Laute gesehen werden, die er aber auch meisterhaft spielte und nachts auch stets bei seinen Spaziergängen mitnahm, verursachte ein lustiges Ereignis. Er wollte nämlich zur späten Stunde einem von uns ein Ständchen bringen und stellte sich dabei vor das Fenster eines Zimmers auf, in das sich kurz vorher ein Mädchen einlogiert hatte, das sehr spät von der Bahnreise eintraf, zum erstenmal zu uns kam und einfach in das unbewohnte Zimmer einstieg. Das Erstaunen dieser beiden war aber groß, als bei näherer Betrachtung gegenseitig sich herausstellte, daß ja wohl eine Verwechslung vorlag und [sie] mit schallendem Gelächter dann ihre Verwunderung beendeten. Heute möchte man meinen, daß der »Wandervogel« an seinem Singen gestorben sei, ohne Eier zu legen, welche zukunftsfähige Werte hinterlassen haben.

Unsere Abende hatten recht oft ein festliches Gepräge, ohne äußeren Aufwand zu benötigen. Bei schönem Wetter lagerten wir uns oft unter dem großen Birnenbaum, unter dem auch recht oft das Mittagessen eingenommen wurde, oder wir gingen hinunter an unser Wäldchen. Sonst lagen oder saßen wir auf unserem Podium und lauschten auf Vorlesungen von Dichtungen, Romanabschnitten usw. Dazu waren modernere Dichter und Schriftsteller wie Rilke, George, Kaiser, Dostojewski, Tolstoi und auch klassische gerne gehört und angetan, uns jeweils in ihre Welt zu begeben, uns erheben oder anregen zu lassen für Gespräche und Diskussionen. Auch die akuten Zeitereignisse wurden durchgehechelt und von den Großen in der Weltgeschichte gesprochen. Jedoch die Tagespolitik oder Parteienpolitik waren selten unser Thema. Ja, manchmal zeigte sich sogar eine apolitische Gesinnung, welche zu erkennen gab, daß man mit den herkömmlichen Anschauungen etwas in Konflikt kam, da unser Leben ja andere Maßstäbe setzte und eine Befreiung von Anschauungen erforderte, die man bisher als unumstößliche Wahrheiten angenommen hatte. Es lockerten sich festgefahrene Meinungen und wir durften dieselben nicht schonen, sollte man in aufgeschlossener Weise den Zugang zu neuen Erkenntnissen sich nicht verbauen. Unsere reichlichen Besucher trugen auch dazu bei, andere Ansichten kennen zu lernen, so daß sich unsere Gespräche wandelten und fruchtbar gestalteten.

Aber auch der Humor fehlte nicht bei unseren abendlichen Zusammenkünften, der auch über den Tag hinweg auf seine Rechnung kam. Es wurde allerhand Blödsinn verzapft, Klamauk gemacht und auch Streiche ausgeheckt. Erwähnenswert ist auch unser Vergnügen beim Baden in der Schmutter, einem Flüßchen, das an unserem Grundstück vorbeifloß, so daß wir einen eigenen Badeplatz hatten. Viel schöner erheiternder Allotria wurde da getrieben, wie eben Jugend dazu fähig ist und sich dabei glücklich fühlen kann.

50. Die Wasserprozession

Eines Morgens, es war noch sehr früh, wurden wir von Ruben geweckt mit der Begründung: wir wollen doch der Hilde helfen, ihr Gemüse im Garten zu bewässern, da die Erde schon so stark ausgetrocknet ist. Er bat dazu mit so warmer Herzlichkeit, doch aufzustehen, um eine Kette Wassertragender bilden zu können, daß man es gar nicht hätte ausschlagen zu können, dabei mitzuhelfen. Wir sollten unten in der Schmutter so viel Wasser schöpfen und den Berg herauftragen, bis Hilde erklärt, es sei dem Boden nun genug Wasser zugeführt worden und auch noch eine Weile vorhalte. Also stand man halt auf zu dieser Hilfeleistung, wenngleich die Müdigkeit vom Vortage noch in den Gliedern steckte. Wir verteilten uns in einer Linie von der Schmutter aufwärts, auf dem kürzesten Weg den Wiesenhang überquerend. Alle Gießkannen, Eimer und sonst tragbaren Gefäße wurden eingesetzt und soviel Wasser aus dem Flüßchen geschöpft und heraufgetragen, bis die Erde gesättigt war und das ging so einige Stunden lang, so daß man das Tragen oder Schleppen den Berg hinauf in seinen Gliedern sehr zu spüren bekam. Noch während unserer Arbeit sahen wir, wie in der Nachbargemeinde eine Bittprozession vieler gläubiger Menschen sich über die Fluren bewegte und in Gebeten, vom Pfarrer geleitet, um Regen flehte. Ihre Ländereien waren ebenso ausgetrocknet wie unser Garten, und so galten die Gebete der Bauernbevölkerung der Vorsehung, um ihre Kulturen vor dem Ausdörren zu bewahren und ihnen ein willkommener Wassersegen vom Himmel kommen möge. Wenige von uns werden des Glaubens gewesen sein, daß diese Gebete um Regen helfen werden, und man fühlte sich als Mensch der Selbsthilfe klüger als die gläubige Bevölkerung. Man freute sich der eigenen Abhilfe, wobei der Hilde eine große Sorge um ihr Gemüse abgenommen war. Das Gottvertrauen war uns ja ganz fremd, auch ihre Sorge um das tägliche Brot und um eine gute Ernte, die ja bestimmend ist für das Maß ihrer Lebensmöglichkeiten, diese bedrückte uns ja nicht. Man meinte mit der Selbsthilfe dem Wettergott ein Schnippchen geschlagen zu haben.

51. »Quack, quack ...«

Mit Jo und Lene zusammen kam die Rede darauf, daß es doch ein großes Wunder sei zu erleben, wie die Pflanzen wachsen und wie alles dazu beiträgt, daß ein Wachstum vor sich gehen kann. Eigentlich nötige eine richtige Betrachtungsweise dazu, in Devotion und Ehrfurcht dem Lebendigen gegenüberzutreten.

Am anderen Tag war es sehr heiß geworden, und ich bereitete ein Stück Land vor, um es bepflanzen zu können, indem ich Mist darauf brachte und es mit dem Spaten umgrub. Gerne hätte ich es gesehen, daß man mir dabei helfen möchte, aber es blieb dabei, daß ich das Land pflanzfertig machte. Am Abend, wenn es kühler würde, wollte ich es mit Kohlrabi bepflanzen.

Als ich mich dazu anschickte, da sah ich, daß Jo und Lene sich an dem Beet zu schaffen machten und mußte feststellen, daß die beiden dabei waren, es mit Kohlrabi zu bepflanzen. Es fiel mir aber auch auf, daß Lene recht betulich sich dazu anließ, als wolle sie einer Priesterin gleich eine heilige Handlung vornehmen und Jo ihr dabei ministrierte. Ich sah aber auch, daß von sachgemäßer Arbeit keine Rede sein konnte. So kann man doch nicht Pflanzen setzen und die Gewähr haben, daß sie auch anwachsen werden! Nun kam noch dazu, daß mir ins Bewußtsein kam, ich hätte mir doch die Arbeit gemacht mit dem Herrichten des Beetes und ohne im Einvernehmen mit mir die beiden sich das Recht herausnahmen, dazu berufen zu sein, die Pflanzung vorzunehmen. Da aber lupfte es mich, ein Unmut überfiel mich, meine innere Erregung setzte sich um in körperliche Bewegung, ich strebte weg und lief in den Wald, immer weiter halt- und fassungslos. Bis nach Kühletal trieb mich dieser innere Sturm, und Nacht ist es inzwischen geworden. Ich muß in die Nähe eines Teiches gekommen sein, denn ein hundertfältiges Quack, quack, quack ... war vernehmbar und bewog mich stehenzubleiben. Dabei begann ich mich zu beruhigen, und als sollte ich eine Erklärung bekommen, verwandelte sich in mir das quack, quack in Quatsch, quatsch. »Ist ja alles Quatsch was die machen«, und mit dieser Einsicht gab ich mich zufrieden und trat den Heimweg an. Am Hause angekommen, hatte ich weder einen Groll noch Unmut in mir und hatte bald die wohltuende Ruhe des Schlafes gewonnen.

52. Zeichen und Wunder: Szenen aus einem Prozeß (1919)

[...] Aber abgesehen von dem Verhandlungsvorgang selbst, geschahen im Laufe dieses Tages [vor dem Gericht] in Einzelnen, in kleineren Gruppen, in seltenen Augenblicken wohl unter allen Anwesenden Dinge – herrschte im ganzen eine Atmosphäre, die teils – von den Jungen – beglückend, teils – von den »anderen« – nicht ganz geheuer, etwas unheimlich empfunden wurde; die jedenfalls den entscheidenden Ernst, der in jenen zusammengedrängten Stunden von symbolischer Bedeutung zutage trat, nie – wie zunächst zu erwarten war – in das überlegene Lächeln verkehren ließ, das alte Menschen so gerne zu Hilfe ziehen, wenn sie ihre Position entscheidend bedroht fühlen. Im Gegenteil, es geschahen »Wunder und Zeichen«, so daß die Gerichtsdiener über die Zwischenstufe lächelnden Kopfschüttelns sich in einer neugierig suchenden Offenheit in direkter Frage mit ihren Häftlingen »einließen«. Aber noch mehr: Durch die Andeutungen und in der offiziellen Atmosphäre [des Prozesses] fast quälenden Versuche, die Gedankengänge des Kommunismus klarzulegen, wie er einem Teil der Jugend als notwendige Erfüllung und Ausfluß ihres unbedingten Wahrhaftigkeitsstrebens zur bestimmenden Idee ihres Lebens geworden ist, war in vielen Anwesenden eine suchende Unruhe und Drang nach Klärung aufgewachsen, und es geschah, daß [...] in der Stunde, die zwischen Schluß der Verhandlung und Urteilsverkündung lag, ein großer Kreis in buntester Zusammensetzung sich auf den Gängen des Justizpalastes zusammenfand, in dessen Kern der Hauptangeklagte Hans Koch in lebhaftester Aussprache stand, nicht allein mit den beiden Verteidigern und mancherlei jungen Menschen aus Jugendbewegung und Gendarmerie, sondern sogar mit den Vertretern der Anklage, dem Staatsanwalt[9]. Und alle in gleichem heftigen Grübeln und Auswegsuchen aus den Nöten und Unerforschlichkeiten unserer Zeit [...] Und so weit führte die Beschäftigung mit dem letzten – man könnte sagen – kosmischen Geschehen, das dem Prozeß dieses Tages zugrunde lag, über den Horizont der Gerichtsstätte, auf der man stand, hinaus, daß, nach beendigter Beratung des Gerichts, ein Gerichtsdiener erst den Staatsanwalt und den Hauptangeklagten – die inzwischen von den Fragen des aktuellpolitischen Kommunismus bis zu den letzten Geheimnissen altindischer Stern- und Körperlehre vorgedrungen waren – aufmerksam machen mußte, daß das Gericht bereits zur Urteilsverkündigung versammelt war [...]

---

[9] Nach Joseph Eggerers Erinnerung erkundigte sich dabei sogar der Staatsanwalt mit Wohlwollen bei Koch, ob seine Tochter auch auf die Siedlung kommen könne! – Urteil: die Anklage wegen Flüchtlingsbegünstigung wurde fallengelassen, Hans Koch wegen Aufforderung zum Hochverrat (durch seine Schrift ›Der Weg zum Bolschewismus‹) auf Bewährung verurteilt, die übrigen drei Angeklagten wurden freigesprochen.

LINDENHOF

Die »kommunistische« Siedlung Lindenhof entstand durch die Initiative des Studenten und Schriftstellers Hugo Hertwig, der verwundet aus dem Ersten Weltkrieg zurückgekommen war, im Arbeiter- und Soldatenrat in Schwerin an der Revolution mitgewirkt hatte, dann nach Bremen und Düsseldorf gegangen war. Er lernte dabei auch Vogelers Barkenhoff und Leberecht Migges Siedlerschule (chinesische Ackerbeetkultur!) kennen, aber auch die Sehnsucht vieler junger Bildungsbürger, denen er nach dem Zusammenbruch der Revolution im Weimarer Bauhaus und in der Künstlerkolonie in Hagen/Westfalen begegnete, nach einer neuen Gemeinschaft. Nicht zuletzt beeinflußt durch die Biosophie Ernst Fuhrmanns[10] predigte er der Jugend seinen Lieblings-Aufruf: »Vorwärts zur Natur!«

1919 erwarb er mit gleichgesinnten Freunden – u. a. dem Maler Max Schulze-Sölde, dessen Siedlungsphantasien während der folgenden Inflationsjahre eine starke Beunruhigung in die deutsche anarcho-syndikalistische Bewegung tragen sollten – einen Hof in der Wilster Marsch bei Kleve. Man zog auf den Lindenhof, ohne daß die Siedler und ihre Freundinnen viel Ahnung von der Land- und Hauswirtschaft hatten. Eigene Werkstätten, so eine Schmiede, sollten die agrarische Tätigkeit ergänzen. Der Anspruch, auf dem Hof »frühere Akademiker, Arbeiter und Handwerker« zu gemeinsamer Arbeit zusammenzuführen, konnte nicht so wie auf dem Barkenhoff und in Blankenburg eingelöst werden; die Siedlung ähnelte eher einer ländlichen Künstlerkolonie. Weniger an den inneren Spannungen und Rivalitäten als an der ökonomischen Realität ging bereits im Winter 1919 das Gemeinschaftsexperiment überraschend schnell zuende. Der Hof brannte einige Zeit später bei einem Gewitter ab.

Hertwig gab nicht auf; angeregt durch Fuhrmann, dachte er zunächst daran, eine Siedlung auf einem Schloß zu gründen. Dann ging er jedoch 1923 zu seiner Cousine und Freundin Maria Reps nach Prerow auf der Halbinsel Darss, wo diese sich mit dem gemeinsamen Kind in einem Fischerhäuschen niedergelassen hatte. Prerow war damals schon nicht mehr bloß ein

---

[10] Franz Jung, Erinnerungen an einen Verschollenen (Ernst Fuhrmann). Radio-Manuskript v. 1962, Mschr. (Kopie im Besitz des Hrsg.)

Fischerdorf, sondern hatte nach dem Ersten Weltkrieg vor allem pensionierte Offiziere und viele Künstler angezogen, die auf Existenzsuche waren (Fritz Klatt gründete dort aus kleinen Anfängen seine später bekannte Volkshochschule). Hertwig versuchte aus Prerow eine sozialistische Dorfgemeinschaft zu machen und weitere Siedlerfreunde dorthin zu ziehen. So ließ sich in Born auf dem Darss Walter Mett mit seiner Gralssiedlung nieder. Hertwig gab für diese Freunde 1925/26 das mit Schreibmaschine vervielfältigte Blatt ›Der lebendige Weg. Organ einer Siedlungsgesellschaft an der Ostseeküste‹ heraus. Doch aus der beschworenen Gemeinschaftssiedlung wurde nichts.

So zog Hertwig nach der Geburt seines zweiten Kindes im Jahre 1929 nach Jena, dann nach Berlin, zurück in die Großstadt also, zu den Bibliotheken und besseren Verdienstquellen. Aber auch in der Stadt wirkte er in lebensreformerischem Sinne als Schriftsteller weiter. Zeit seines Lebens betrachtete er es als seine wesentliche Aufgabe nachzuweisen, daß aus einer biologischen Weltanschauung ein neues Ethos und ein neuer Gemeinschaftsgeist geboren werden könnten.

53. »Was sollen wir tun?«

Der Erste Weltkrieg. Die idealistisch erzogene Jugend erfuhr die Realität [...] Der junge Hugo Hertwig, Student und Schriftsteller, hatte den Krieg mitgemacht, er kannte die Kämpfe an der Somme [...] Er lernte den Tod kennen – den Tod im Felde mit Lastwagen voller Leichen übereinander gestapelt – und er sah im Urlaub, wie ein bürgerlicher Toter feierlich zu Grabe getragen wurde mit Blumen und Musik [...]

Die Revolution. Wer das Christentum ernst nahm, begann sich mit dem Kommunismus zu beschäftigen. Es gab »Jesusnachfolger« wie [Louis] Haeusser, [Leonhard] Stark, [Max] Schulze-Sölde u. a. Soziale Unterschiede zwischen Reich und Arm wurden offenbar. Die Sympathie war von vornherein bei den Ärmsten. Wer aus bürgerlich gesichertem Hause kam, wollte etwas gutmachen, was die Väter versäumt hatten. Die Söhne vergaßen dabei, daß auch die Väter oder Großväter aus armen Handwerker- und ähnlichen Arbeiterkreisen stammten, daß sie sich »heraufgearbeitet« hatten durch großen Fleiß und Zähigkeit. Es sollte endlich für die Sehnsucht der jungen Menschen ein neues Leben beginnen, in dem soziale Gerechtigkeit herrschte, keine Kriege mehr möglich waren und auch keine Standesunterschiede.

Als die Revolution ausbrach, war Hertwig gerade bei der Genesenenkompanie in Schwerin. Er schloß sich der Revolution an, wurde in den Arbeiter- und Soldatenrat gewählt und leitete die Presse. .

Nach einem mißglückten Putsch ging er nach Hamburg, Bremen, Düsseldorf. Die Erfahrungen, die er dabei machte, enttäuschten ihn. Er erlebte z. B., daß die Arbeiter einem Kartoffeldieb aus Hunger schärfere Strafen verabfolgten, als es im Bürgerlichen Gesetzbuch vorgesehen war. Er verließ die revolutionären Städte und ging nach Weimar zu Freunden, die am Bauhaus tätig waren. Auch sie waren durch die Zeit im inneren Aufruhr. Alle fragten: »Hertwig, was sollen wir tun? Wie können wir ein neues Leben beginnen?«

Und Hertwig, begabt mit einer starken Phantasie, immer voller Ideen, außerdem befähigt, Menschen mitzureißen, sagte: »Gehen wir aufs Land! Gründen wir eine Siedlung! Unsere Losung soll nicht heißen wie bei Rousseau ›Zurück zur Natur!‹ Sondern: ›Mit allen geistigen Errungenschaften Vorwärts zur Natur!‹«

Das war im Sommer 1919. Im Frühling 1920 wurde der »Lindenhof« gekauft mit dem Geld der »Väter«, denen die Idee der »Landnahme« irgendwie einleuchtend war in einer Zeit des Hungers und der Armut. Vielleicht war das Geld hier besser angelegt als auf der Bank.

54. »Eine Kommunistensiedlung bei Itzehoe« (Hugo Hertwig 1920)

[...] suchen wir den Beweis zu liefern, daß es dem Menschen, wenn er überhaupt noch Ideale hat, möglich ist, sich von der Geldwirtschaft, in deren immer größere Abhängigkeit er geraten ist, zu befreien und seine alte Unabhängigkeit wieder zu erreichen, um die sich immer wieder im Laufe der Entwicklung der Kampf der Menschen dreht. Das aber kann er nur auf dem Lande durchsetzen, wo er wieder in unmittelbare Berührung mit dem Boden gerät. Er muß sich wie in Rußland in größeren Verbänden zu sogen. Dorfgenossenschaften zusammenschließen und ähnlich wie unsere Siedelung es versucht, sich alle

Dinge (Nahrung, Kleidung, Gebrauchsgegenstände), die er zum Leben braucht (und dabei ist nur bei der allgemeinen Not an ein Existenzminimum gedacht), in gemeinsamer Arbeit selbst herzustellen. Durch die gemeinsame freiwillige Arbeitsteilung, die keine Dienstboten und andere Untergebene mehr kennt, werden alle Dinge, die man zum Leben braucht, in kürzester Zeit hergestellt, die Arbeitszeit schrumpft zusammen und die freie Zeit für geistige Interessen wird immer größer [...]

55. »Menschliches, Allzumenschliches«

Mein Glücksgefühl erreichte seinen Höhepunkt, als ich mit meinem Schimmelchen und dem grün-gestrichenen Bretterwagen vor der Großen Paaschburg erschien, um die Siedlungsgenossen und den Hausrat abzuholen. Es hatte zwar seine Schwierigkeiten, in den engen Straßen den unbeholfenen Wagen zu drehen, und ich mußte einen kleinen Menschenauflauf und einige Verkehrsstockungen mit in Kauf nehmen, als ich versehentlich mit den Hinterrädern auf den Bürgersteig geraten war, aber es ging schließlich doch und ich knallte, um meine Ankunft anzumelden, so heftig mit der Peitsche, daß mir der sonst so brave Schimmel beinahe davon gelaufen wäre.

Das Gerümpel wurde aufgeladen, und ich merkte zu meinem Staunen, daß Hertwig seine ganze Bücherei in den Wagen schleppte. Verwundert stellte ich ihn darauf zur Rede: ich sei bisher in dem Glauben gewesen, wir würden nun alle Theorie und alle Bücherweisheit zu Hause lassen und mit dem frisch-fromm-fröhlichen Tun beginnen. Ob es nicht besser sei, diese Bücher zu verkaufen und das Geld der Siedlung zuzuführen? Er selbst habe doch immer am heftigsten die Notwendigkeit verfochten, daß das, was in den Büchern stünde, nun endlich einmal gelebt werden müsse. Sie seien also nur noch ein unnötiger Ballast, und den müsse man, wie er ja selber immer predige, hinter sich lassen.

»Das hast du in deiner Trottelhaftigkeit mal wieder mißverstanden, lieber Max,« schnauzte er mich an, aber er konnte nicht verhindern, daß ich hinter seinem Gebrüll seine Verlegenheit bemerkte.

Noch eine andere Enttäuschung wartete meiner: Lina Volquardsen, auf die ich am meisten gerechnet hatte, erklärte, daß sie nicht mitkommen werde, daß sie niemals mit uns zusammen siedeln werde, solange Käthe dabei sei.

»Ha, ha! Eifersucht!« dachte ich. Wo blieb da die Theorie? Mit derartig veralteten Gefühlen wollten wir uns doch überhaupt nicht mehr aufhalten. Wir hatten doch als getreue Jünger des Meisters Hugo »jenseits aller Sentimentalitäten« zu stehen. Und nun begann die Geschichte sogleich mit dem Menschlichen, Allzumenschlichen

Es blieben also nur noch fünf: Hugo [Hertwig], Johannes [Auerbach], Käthe [Gräfin Sweerts-Sporck], Maria [Reps] und ich [Max Schulze-Sölde].

56. »Ein Original-Proletarier«

Die ganze Unmöglichkeit und verstiegene Weltfremdheit unseres Unternehmens kam mir besonders deutlich zum Bewußtsein, als es sich nun darum handelte, für unsere Schmiede die nötigen Arbeiter zu finden. Es stellte sich heraus, daß wir gänzlich in der Luft schwebten und nicht die leiseste Verbindung hatten mit jenen, als deren Befreier wir uns fühlten und gebärdeten.

Auf vieles Bitten schickte uns schließlich Heinrich Vogeler einen Original-Proletarier von seinem Barkenhofe. Dieser behauptete, er sei Anarchist und nach der Beschäftigung mit Hertwigs Schriften zu der Überzeugung gekommen, daß Hugo der König der Anarchisten sei.

Wir waren nicht wenig erstaunt, als unser Anarchist zum Arbeiten nicht die geringste Lust bezeigte, sondern den ganzen Tag, die Hände lässig in die Hosentaschen vergraben, spazieren ging und unser ohnehin reichlich belastetes Konto beim Kolonialwarenhändler durch einen erheblichen Zigarettenverbrauch vergrößern half.

57. Ein Antiautoritärer Erziehungsversuch

Gräfin Käthe wünschte, ihre erlernte Kinderpflege praktisch anzuwenden. So wurde beschlossen, aus dem Waisenhaus Itzehoe ein Kind auf den Hof zu holen und es in der damaligen Hungerzeit an der einfachen, aber guten Landernährung teilhaben zu lassen.

Es war für Peter [der richtige Name des zwei- bis dreijährigen Jungen war Rudolf Lange] höchste Zeit, daß er aufs Land kam. In dem bunt ausgemalten Bauernhaus, zwischen Pferden, Kühen und Hühnern, auf den sonnigen Wiesen und Feldern erholte er sich bald.

Die Menschen der Siedlung ließen ihn zuerst fast wild aufwachsen. Erst später machte der eine oder andere Erziehungsversuche an ihm, die alle fehlschlugen. Die Männer betrachteten ihn wie ein wildes, kleines Tier oder glaubten sogar, schon den späteren Verbrecher in ihm zu erkennen.

Käthe hatte auf ihren eigenen Wunsch die Erziehung Peters übernommen, und dieser wühlte zu ihrem Kummer ständig in ihrem Zimmer herum. Sie brauchte nur einen Augenblick den Rücken zu drehen, dann hatte Peter ein wahres Chaos angerichtet unter der in malerische Falten gelegten Aussteuer, oder er kletterte auf dem Düngerhaufen herum und schleppte einen Teppich hinter sich her.

Er war ein richtiger Racker, dieser Junge, von ungebändigtem Trotz und wilder Lebendigkeit. Käthe hatte sich die Kindererziehung harmloser vorgestellt; diese Aufgabe ging über ihre Kräfte, und Peter, der das natürlich merkte, machte sich ein Vergnügen daraus, ihr das Leben sauer zu machen, sich heulend an ihre Rockschöße zu hängen und ihr mit stets neuen Wünschen auf die Nerven zu fallen.

Am liebsten hätte sie ihn wieder abgegeben, aber ihr Ehrgeiz duldete nicht, so schnell den Zusammenbruch ihrer pädagogischen Künste anzumelden, und so lebte sie in ständigem Kriegszustande mit dem Jungen.

Hertwig sah sich diesen Kampf eine Zeitlang belustigt an. Er hatte, wie wir anderen übrigens auch, seinen Spaß an dem Bengel und nahm immer seine Partei. »Er ist ein Wikinger, ein Rebell, er kann noch mal gut werden.«

Als die Geschichte aber gar zu bunt wurde, schlug er vor, man solle den Jungen anbinden. Käthe griff diesen Vorschlag begierig auf, und so bekam denn Peter einen Gürtel umgeschnallt und wurde an einer langen Pferdeleine an eine der Linden gebunden, die vor dem Hause standen. Er bekam ein paar Spielsachen vorgelegt und sollte nun, von der Sonne beschienen, im Sande spielen. Diese Lösung war eigentlich gar nicht so dumm, aber Peter hatte keine Lust, den Kettenhund zu spielen. Er schrie Zeter und Mordio und strampelte mit den Beinen wie ein Besessener. Doch merkte er bald, daß diesmal nichts zu machen war, ergab sich in sein Schicksal und fing seelenvergnügt an, mit seinem Hammer Steine zu zerklopfen.

In den Frauen aber erwachte das Mütterliche. Es wurde nur oft durch alle möglichen sog. modernen Ideen, die damals wucherten, unterdrückt. So steckte einmal eine fast männliche Gärtnerin den kleinen Peter, um ihn abzuhärten, abends nackt in eine Kiste mit Heu. Auf sein jämmerliches Geschrei eilte Maria [Reps] herbei und schob ihm ein Kissen unter.

Von da an blieb Peter unter Marias Obhut. Maria war ein noch verträumtes, junges Mädchen [...] Sie war selbst noch ein halbes Kind. Das spürte sicher auch Peter, der sie oft plötzlich und unvermutet mit Zärtlichkeiten überfiel, die wie aus einem tiefen, mit Steinen verschütteten Garten aufblühten.

In dem Dreijährigen wuchsen eine Leidenschaft und ein innerer Stolz, der manchmal rasend zum Ausbruch kam, wenn er sich durch Reizen und Necken von Besuchern getroffen fühlte. Dann nahm das Kind einen Stein oder was ihm gerade in die kleinen Hände geriet, um es dem feindlichen Menschen an den Kopf zu werfen. Dieser Haßausbruch Peters erschrak viele, aber Maria mußte sich immer daran freuen, weil sie das Recht des Kindes fühlte, mit dem die Erwachsenen spielten. Diese Erwachsenen, die es nicht verstanden, das kleine, sich nach Liebe sehnende Herz zu öffnen.

Nach einem Jahr ging das Idyll der ländlichen Siedlung zu Ende [...] Wo aber sollte Rudi Lange bleiben, das Proletarierkind, an dessem weiteren Schicksal sich alle schuldig fühlten?

Es zeigte sich, daß von den vielen Menschen der Siedlung keiner für ein kleines Kind zu sorgen vermochte. Dies war das jämmerliche, negative Endergebnis eines kommunistischen Siedlungsversuches bürgerlicher Künstler und Intellektueller.

58. Poetisches und Prosaisches

a. »Auch die Tiere wurden ›sozial‹ behandelt«
Der Kontakt mit dem Dorf Kleve gelang nicht recht, nur der mit dem nächsten Nachbarn. Dabei aber entstand der zu den eigenen Tieren; sie waren einbezogen in das Gemeinschaftsleben: Den Hühnern wurden nicht die Flügel beschnitten, und sie erinnerten sich bald daran, daß sie Vögel waren und begannen auf die Bäume zu fliegen, dort die Nächte zu verbringen und ihre Eier im Garten zu verstecken. Den neu geborenen Kälbern

wurde nicht – wie allgemein üblich – die Milch ihrer Mütter weggenommen. Niemand mochte ihnen diese kostbare Nahrung verweigern. Anfangs, als es einen schlimmen Regenguß gab, wurde einer Kuh, die sich draußen befand, aus Mitleid einfach das große Ölgemälde eines Malers zum Schutz übergelegt.

b. Sonntags-Dienst
Sonntag: Vormittags
Gemolken, Schweine gefüttert, Pferd geputzt, Pferd angepflockt, Rahm mit Johannes [Auerbach] geholt, Aborteimer geleert, Kartoffeln gehackt, gemolken, Stall gemistet, Ferkel gestreut, Kühe von der Heuwiese geholt, Zaun in Ordnung gebracht.
     Nachmittags
Heuboden geordnet, Tenne gefegt, Glucke auf das Nest gesetzt, Kartoffeln gehackt, Unkraut aus Erbsen gejätet, beide Kühe gemolken, Schweine und Ferkel gefüttert, Feuer angezündet, Abendessen hergerichtet.

59. »Sehnsucht«

Neben dem Gemeinschaftsleben, der Gemeinschaftsarbeit führte eigentlich jeder sein individuelles Leben, wie es bei Künstlern üblich ist. Abends kam man zusammen, dann las Hertwig aus der finnischen Kalewala vor und er packte seine Zuhörer, als wäre er selbst einer der uralten finnischen Zauberer. Der Plan, nach Island auszuwandern, entstand und begeisterte alle.

Es lag überhaupt über dem Hof eine große Sehnsucht, die Sehnsucht junger Menschen. Auch die Natur ringsum wurde zum Märchen. Im Mondschein und Nebel verwandelte sich alles. Mondscheinspaziergänge waren beliebt und das Wandern zu Fuß ans Meer durch die Marsch.

60. Geldnöte und Abhilfen dafür

a. »Immer umsetzen«
Besorgt machte ich Hertwig auf unser rasend dahinschwindendes Betriebskapital aufmerksam. Er lachte und meinte: »Immer umsetzen, immer umsetzen, je schneller und angstloser wir die

alten Mittel verbrauchen, um so schneller werden neue uns zufließen.« Er selber beteiligte sich eifrigst an diesem Umsetzen, schickte eine größere Summe zur Schuldendeckung an seinen Buchhändler und half großmütig einem seiner Itzehoer Bekannten, der wegen irgend einer peinlichen Angelegenheit im Dreck saß, aus der Klemme.

Für die Landwirtschaft blieb dabei nicht viel übrig, sie hielt sich bescheiden im Hintergrunde und begnügte sich mit dem Ankauf von etwas Saatgut und ein paar Obstbäumchen. Den Rest verschlangen die immer mehr anwachsenden Ausgaben für die Lebensmittel. Der arme Hof hatte ja nicht nur uns zu versorgen – es kamen sehr bald Gäste, immer mehr Gäste.

b. Der Leib als Ware
Als wir am Abend um den Küchentisch versammelt waren, zeigte Hilde Förster nicht übel Lust, bei uns zu bleiben und überlegte hin und her, wie sie wohl zu Gelde kommen könne. Hertwig schlug ihr lachend vor, sie solle ihre Leiche an irgend eine Anatomie im voraus verkaufen. Das sollten wir überhaupt alle tun, denn das gäbe bei sechs Personen ein ganz schönes Sümmchen, und es könne uns ja gleichgültig sein, was sie nach unserem Tode mit unseren Knochen anstellen würden. Oder sie solle es machen wie Käthe und ihren reichen Eltern durch eine Scheinheirat die Mitgift entlocken. Hilde Förster hörte sich alles mit todernstem Gesichte an und versank über Hertwigs Vorschlägen in tiefes Brüten. Wir achteten aber nicht weiter darauf und rechneten uns unterdessen unter fröhlichem Gelächter aus, wieviel wir wohl für unsere Leichen bekommen würden.

Am anderen Morgen stand ich mit Johannes und Maria bei der Arbeit auf dem Felde. Da kam auf einmal Hilde Förster auf mich zu, nahm mich geheimnisvoll beiseite und bat mich, sie müsse dringend mit mir sprechen. Wir schritten schweigend auf dem sandigen Feldwege nebeneinander her und ich dachte: »Was hat sie nur?« Da blieb sie plötzlich vor mir stehen und sagte mit rauher Stimme: »Ich wollte Sie fragen, ob Sie bereit sind, mich zu *heiraten*?«

Einen Augenblick war ich ganz verdutzt, dann aber brach ich in ein so herzhaftes Lachen aus, daß mir die Tränen die Backen herunterliefen. Sie wurde davon angesteckt und lachte gutmütig mit, setzte dann aber sogleich wieder eine ernsthafte Miene auf und erklärte mir, daß es wegen der Mitgift sei, und daß doch zwischen uns alles so sehr schön passen würde, weil ja doch ihr

Papa so etwas ähnliches sei, wie der meinige. Wir könnten uns natürlich sogleich wieder scheiden lassen.

Ich hatte die größte Mühe, ihr den tollen Plan wieder auszutreiben und erklärte ihr schließlich kurz und bündig, ich sei nicht gewillt, diesen meinen letzten Trumpf so leichtsinnig aus der Hand zu geben.

c. »Jenseits von Gut und Böse«

Unser Bankkonto neigte sich seinem Ende zu. Die Mittel, von denen Hertwig phantasiert hatte, blieben aus.

»Das liegt an euren Hemmungen«, meinte er, als wir wieder einmal alle im Kreise versammelt saßen, »ihr steht eben immer noch nicht jenseits von Gut und Böse. Wir haben ein Anrecht darauf, uns das zu nehmen, was wir brauchen, weil unsere Siedlung ja doch nicht Selbstzweck ist, sondern für die Allgemeinheit den Weg bahnen soll zu etwas Neuem. Wer hindert euch denn, euch nachts von den reichen Bauern das zu holen, was ihr nötig habt?«

Da versagte ich zum ersten Male dem Führer den Gehorsam. Ich meuterte.

In höchster Erregung sprang ich auf, schlug mit der Faust auf den Tisch und erklärte:

»Nie und nimmer wirst du mich dazu bekommen. Ich weigere mich, irgend etwas zu tun, was das Licht scheuen muß. Für mich heiligt der Zweck die Mittel *nicht*! Wenn ich nicht hinter deinem wahnwitzigen Spiel das Ringen um den allmächtigen Gott und um die letzte große Erlösung witterte, längst hätte ich dir den ganzen Krempel vor die Füße geworfen. Verstehst du mich, du Teufel?!«

Er erbleichte bis an die Haarwurzeln. Einen Augenblick lastende Stille. Nur die Frauen atmeten hörbar. Dann stieß er zähneknirschend hervor: »Du bist eben ein Feigling!«

Da sah ich ihn verächtlich über die Schulter an und verließ, ohne ein weiteres Wort zu verlieren, das Zimmer.

Ganz anders Johannes. – Der spannte noch in derselben Nacht den Schimmel vor den Wagen und holte sich in einem benachbarten Barackenlager einen ganzen Haufen »Rohmaterial« für seinen Schweinestall. Er wollte sich totlachen, als ihm der Wächter am nächsten Morgen erzählte, es seien doch tolle Zeiten, jetzt kämen die Diebe sogar mit Pferd und Wagen herangefahren, um zu stehlen. Kühn gemacht durch diesen wohlgelungenen Handstreich, und in dem ehrgeizigen Bestreben, mich bei Hertwig auszustechen, brachte er es sogar fertig, bei hellichtem Tage nach Itzehoe zu fahren, vor einem Neubau zu halten und seelenruhig Ziegelsteine aufzuladen.

Der Maurer-Polier war erschienen und hatte erstaunt nach der Bedeutung dieses Tuns und nach einer schriftlichen Bescheinigung gefragt. Darauf Johannes, alle seine Taschen durchsuchend, er sei doch bestellt, dummerweise habe er den Ausweis zu Hause liegen lassen. Dann müsse er wieder abladen, hatte der Polier erwidert, und Johannes, der wohl fühlte, daß nun die Grenze der Frechheit erreicht war, hatte mit der harmlosesten Miene wieder abgeladen und war unbehelligt von dannen gezogen.

d. Ein Sachverständigen-Gutachten

Je mehr unsere Geldmittel zusammenschmolzen, um so fieberhafter arbeitete Hertwig an der Vergrößerung unseres Betriebes. Er plante den Ankauf eines weiteren Bauernhofes, der den Vorzug hatte, mit einer vollständig eingerichteten Schmiede versehen zu sein.

Johannes sollte die Sache »finanzieren«. Er hatte einen reichen Erbonkel in Jena sitzen, und dieser wurde nun durch ein Trommelfeuer von Briefen mit denselben Gründen wie mein Vater dahin bearbeitet, er solle das Erbteil des Johannes in Grundbesitz anlegen. Eine günstigere Gelegenheit sei nie wieder zu finden.

Auch der Erbonkel konnte sich der Triftigkeit unserer Beweise nicht verschließen und erklärte sich mit dem Ankauf einverstanden. Da er aber ein vorsichtiger Herr war, verlangte er zunächst ein Gutachten über den zu erwerbenden Hof, und zwar von einem landwirtschaftlichen Fachmanne. Da war guter Rat teuer, denn kein Sachverständiger hätte mit gutem Gewissen den Kauf dieser heruntergewirtschafteten Klitsche empfehlen können. Hertwig war aber nun einmal versessen auf diesen Hof, wegen der Schmiede, die er mit Proletariern zu besetzen gedachte.

Und er wußte Rat, wie immer.

»Ein Gutachten will der Onkel? Das soll er haben!« meinte er, setzte sich an den Schreibtisch und schrieb auf tadellosem Aktenpapier zunächst einmal folgenden Briefkopf:

»Dr. Hugo Kirchbach, staatlich vereidigter Güter-Sachverständiger und Wirtschaftsberater.«

Dann begann er, in einem mit Fachausdrücken reichlich gespickten Schreiben den fraglichen Hof in einer Weise herauszustreichen und zu begutachten, daß man hätte meinen sollen, es handele sich um ein Lehr- und Mustergut.

Der Erfolg stellte sich prompt ein, der Onkel schickte postwendend die nötigen Gelder, und der Einfachheit halber wurde der neue Erwerb im Grundbuche dem Lindenhofe hinzugeschrieben, so daß ich nunmehr Besitzer zweier Rittergüter war.

e. Die Erpressung

Der Geldbriefträger erschien eines Morgens auf dem Hofe. Allgemeine Überraschung. Nur Hertwig schien es selbstverständlich zu finden, daß er tausend Mark in Papierscheinen vor ihm aufzählte.

Auf meine Frage, woher das Geld komme, grinste Hugo geheimnisvoll und sagte: »Ach, ich habe da so einen netten alten Herrn im Lande sitzen, der mir immer etwas schickt, wenn ich einmal was brauche.«

Ich ließ nicht locker, und schließlich vertraute er mir an, daß mein *Vater* dieses Geld geschickt habe.

Er hatte es von ihm erpreßt. Auf folgende Weise:

Entgegen der damaligen Vorschrift hatten wir unsere Milch nicht abgeliefert, sondern selbst verbraucht, und waren dafür in eine ziemlich hohe Geldstrafe genommen worden.

»So und soviel Mark oder acht Tage Haft!« stand auf dem Strafbefehl.

»Gut!« erklärte ich, »da wir kein Geld haben, werde ich diese Haft absitzen.«

Darauf hatte Hertwig heimlich an meinen Vater geschrieben, er möge sofort eine größere Summe Geldes schicken, weil ich sonst ins Gefängnis käme.

Das Geld war nun da, aber damit auch der letzte Anstoß, den ich brauchte, um mich endgültig von Hertwig zu lösen.

In aller Ruhe nahm ich die Geldscheine vom Tisch und steckte sie in meine Tasche, ging in meine Zelle, packte mein Zeug in den Wäschesack und zog ein paar derbe Militärstiefel an, die wir zum Torfstechen angeschafft hatten. Zum letzten Male wanderte ich durch die Ställe, streichelte noch einmal das Vieh, und dann klopfte ich feierlich und entschlossen an Hertwigs Türe.

Er saß an seinem Schreibtische, der mit Blumen umstellt war wie ein Altar. Er schrieb. Die Geldangelegenheit schien er schon wieder vergessen zu haben.

Ohne Umschweife erklärte ich ihm, daß ich den Lindenhof verlassen würde und gekommen sei, um von ihm Abschied zu nehmen.

61. Besucher berichten

a. »Ich sehe nur Werden und Gelingen« (1920)

[...] Der Lindenhof ist *wundervoll*, lebendig, zukünftig, voller wirkender Kräfte. *Alle* arbeiten, außer Friedel Hertwig, die aber in diesen Tagen in die Schmiede zieht, wo sie auch wird arbeiten müssen. [Hugo] Hertwig arbeitet mit der größten Geduld und Sorgfalt stundenlang auf dem Felde, jätet und hackt. Er malt die leeren Zimmer in der Schmiede, arbeitet den ganzen Tag. Johannes [Auerbach] hat so viel Arbeit, daß er um 4 oder 5 aufstehen muß, um sein Tagewerk zu bewältigen. Die Frauen sind durchaus fleißig; Wirtschaft, Küche, Haus usw. sind schön instand. Garten, Felder, Wiesen in bestem Zustand; die Erde trägt, das Vieh gibt her, was es kann. Die Schmiede gekauft und in vollem Betrieb; 2 Schmiede und ein Tischler arbeiten dort den ganzen Tag. Die Tischlerei wird hier herauf verlegt werden. Milch wird verkauft; Vieh eingetauscht, die Schweine haben Junge ... ich sehe nur Werden und Gelingen. Johannes baut eine feine Lehmhütte, zu der wir gestern Lehm geholt haben. Bisher hat es viel geregnet; heut ist es endlich einmal schön warm und sonnig.

Die Menschen untereinander scheinen im Gleichgewicht; das Menschliche drängt sich nicht hervor. Alle sind still, wie mit Einem Plan erfüllt, von Einem Gedanken oder Gefühl getragen. Hertwig ist hier oben ganz anders wie neulich in Hagen: Durchaus auf aufbauende Arbeit eingestellt und absolut ruhig und sicher. Er hat den Kopf voller Projekte; in diesen Tagen kommt Rosam, der hier arbeiten und große Wasseranlagen machen wird.

Was soll ich noch berichten: Hertwig, Johannes, Maria [Reps] sind in der Schmiede, Kaethe [Gräfin Sweerts-Sporck], Peter [Rudolf Lange] und ich sitzen im Abendfrieden in tiefster Stille vor dem Haus; sie sieht ihrer Entbindung tapfer und gelassen entgegen. In diesen Tagen wird mit der Ernte begonnen; Hilfe dafür ist bereits da [...]

b. »Eine ganz andere Welt« (1920)
Also auf nach Kleve!

Bei drückender Hitze marschierten wir am andern Tag los. Sobald wir im Dorf waren, äugte ich nach jedem Hausgiebel, um die roten Teufel zu entdecken; denn die spukten mir besonders im Kopf herum. Aber nichts zu machen! Erst als wir eine halbe Stunde im Dorf umhergeirrt waren und uns dann erkundigten, entdeckten wir den Lindenhof, noch eine ziemliche Strecke hinter Kleve, über den Berg weg und dann den ersten Feldweg links. Da sahen wir denn richtig die roten Teufel, allerdings nicht am Hausgiebel, aber an der Haustür und außerdem waren's keine Teufel, sondern rote expressionistische Figuren. »Siehst Du«, sagte August, »habe ich nicht recht gehabt?«

Mit einigem Herzklopfen pochten wir an die Tür, indem ich einem der roten Teufel auf den Bauch klopfte. Ein Mensch öffnete uns. Es war ein Mann von recht wildem Aussehen, mit langem struppigen Haar, unrasiert, nur notdürftig mit Hemd und Hose bekleidet – ein Naturmensch! Aber er sagte uns freundlich guten Tag und fragte nach unsern Wünschen.

August und ich fingen nun beide zugleich an zu sprechen und hörten auch beide zugleich wieder auf. »Wir möchten gern einmal ... Wir haben gehört, daß hier ...« Der freundliche Mann half uns aus der Verlegenheit, indem er sagte: »Wir sind Kommunisten, und Sie wollen sich unsern Betrieb hier ansehen, nicht wahr?« »Jawohl« sagte ich, nachdem ich nun von dem ersten beklemmenden Eindruck, den dieser Mann auf mich gemacht hatte, befreit war. »Darum sind wir gekommen. Wenn es gestattet ist?«

»Natürlich ist es gestattet«, sagte der Kommunist und führte uns nun durch die ganze Siedlung. Es wohnen etwa 15–20 Kommunisten dort, Männer, Weiber und Kinder, die ganz nach kommunistischen Grundsätzen leben und wirtschaften, ohne jede Kultur, ohne jedes Gesetz. Das Haus ist mit den allereinfachsten Mitteln in viele kleine Kammern geteilt, wobei die Kuh- und Schweineställe ausgenutzt sind. Alle Wände sind in krassen Farben kubistisch bemalt und mit expressionistischen Gemälden behangen. Ebenso sind die Fensterscheiben mit ganz unmöglichen Figuren »verziert«. Die weitere Stubeneinrichtung besteht nur aus den allereinfachsten und primitivsten Tischen, Stühlen und Schlafstätten. Alles was an unsere heutige Kultur erinnert, ist verbannt. Das alles machte auf mich einen ganz eigenartigen Eindruck, als sei ich in einer ganz anderen

Welt. Einer der Kommunisten wohnte in der Scheune in einem Schweinestall, den er sich ganz primitiv zu seiner Wohnung eingerichtet hatte. Als Eingang diente ein rundes Loch in der Wand. Unser Führer kroch uns auf Händen und Füßen voran und August und ich hinterher. Warum soll man als Eingang auch gerade eine Tür nehmen. Wenn's einem Vergnügen macht, sich mit einem Loch in der Wand zu begnügen, wo er gerade hindurch kriechen kann, warum nicht?

c. »... daß der Zustand verwahrlost ist«. (1920)
[...] Das Haus und Grundstück ist jetzt zum Kauf ausgeboten. Selbst ein Laie sieht, daß der Zustand verwahrlost ist. Hergerichtet ist wenig oder garnichts. Denn die Bemalung der Tore zu Haus und Stall mit verrückten Figuren (blutrote Skelett-Menschen, die blutrote Beile über ihren Häuptern schwingen, erstochene Pferde und blaue Hunde) kann man schließlich nicht als Verbesserung des Hauses ansehen. Die Nachbarn meinen, diese Türbemalung und der plötzliche Aufbau von einer Anzahl Lehmhütten sollte dazu dienen, die aus Rußland kommenden Bolschewisten aufzunehmen. Denn nach der Niederlage von Polen meinte man, Rußland werde Deutschland überschwemmen mit Bolschewisten. Das Haus ist weich gedeckt und hat zwei größere Wohnräume und mehrere Kammern. Der kleine Garten war wohl nie gepflegt. Das einzige neu Angelegte ist eine kleine Tomatenpflanzung im Sande des Geestabhanges.

So dürfte dieser Kommunistentraum in kurzer Zeit ausgeträumt sein. »Es wär' zu schön gewesen, es hat nicht sollen sein.«

Frauen-Siedlung

SCHWARZERDEN

Die Wurzeln der jugendbewegt-ländlichen Gymnastikschulen für Frauen reichen in die Kulturrevolution des letzten Jahrhunderts zurück, welche durch die Rückkehr zum ursprünglichen Rhythmus der Bewegung auch zu einer Reform des Tanzes und zur Sakralisierung der Tanzvorführung beitrug. Ausgehend von den Lehren des Bewegungstheoretikers François Delsarte setzte Isadora Duncan als erste dem traditionellen Ballett den neuen Tanz entgegen und verbreitete ihre Ideen mit Vorführungen ab 1899 in Europa. Ein paar Jahre später glaubte Émile Jaques-Dalcroze zu erkennen, daß das ursprüngliche rhythmische Gefühl bei den Zeitgenossen nur verkümmert war; ab 1906 führte der ehemalige Lehrer am Konservatorium in Genf dann mit seinen Schülern öffentlich eine rhythmische Gymnastik als Auslegung von Musik vor. 1911 baute ihm ein Mäzen eine eigene Bildungsanstalt in der Gartenstadt Hellerau bei Dresden. Eine weitere Schule des neuen Tanzes wurde 1910 von Rudolf von Laban in München ins Leben gerufen, die von der Bewegung und nicht von der Musik ausging. 1913 gründete dann Laban als Sommerfiliale seines Münchner Instituts in Ascona die »Schule für Kunst der Coopérative individuelle des Monte Verità«, in welcher die Bewegungskunst mit anderen Formen des einfachen naturgemäßen Lebens verknüpft wurde. Auf dieser »Tanzfarm« (so Laban) gehörten nicht nur das Tanzen, sondern auch die Gartenarbeit und die anderen Verrichtungen, aber auch die vegetarische Kost und die Luftbäder zur Erziehungsarbeit. Frauengruppen nähten dort Tanzkleider und fertigten Sandalen, später lieferten sogar eigene Webstühle die notwendigen Stoffe. In Sommerspielen wurden dort in einem Naturtheater Tanzdramen vorgeführt, die chorischen Spielen ähnelten. Von den Genannten erhielten andere Tänzerinnen wieder ihr Rüstzeug, so die Ausdruckstänzerinnen Mary Wigman und Charlotte Bara. Sie alle, so sahen es die Zeitgenossen, waren dazu berufen, Europa die Heiligkeit des Tanzes zu verkünden und durch die Gestaltung von Raum, Licht und Bewegung neue sakrale Aufführungsformen zu entwickeln.

Wie in anderen Dingen erwies sich die Jugendbewegung auch hier als Erbe der Lebensreform. Denn die bürgerliche Jugendbewegung hatte nicht nur die Natur entdeckt, sondern sie betonte auch die Natürlichkeit von Kleidung, Essen, Haltung und menschlicher Bewegung. Ihre Absage galt jeder Form von Verkrampftheit, auch dem eigenen und fremden Leib gegenüber. Ein neues Körpergefühl wurde so geboren. Es holte sich Anregungen für improvisatorische Bewegungsgestaltung aus den Volkstänzen (so Eugen Diederichs Sera-Kreis), nahm Impulse aus der neuen Singkreisbewegung (Fritz Jöde) auf, adaptierte lebensreformerische Vorstellungen von der richtigen Ernährung ohne Alkohol und Nikotin und entwickelte eine neue Entspannungsschulung (etwa die Atemgymnastik von Alice Schaarschuch, Elsa Gindler und Gertrud von Hollander). Aus dieser Einstellung erwuchs der Gedanke einer naturgemäßen Leibeserziehung, insbesondere auch der Frau, in welcher das Bewegungsspiel, das Schwingende, die anmutige Harmonie im Mittelpunkt standen (Ganzkörperbewegung in fließender Form). Und aus der Lebensreform wurde der Gedanke der »Tanzfarm« weiterentwickelt, wie er sich dann schließlich in den beiden Gymnastikschulen für Frauen in der Rhön – in Loheland und in der jüngeren Schwestersiedlung Schwarzerden konkretisierte, wo außerhalb der Großstadt eine natur- und bodennahe Heimstätte in einer Siedlung gesucht wurde.

Dem Landsiedlungsversuch »Schwarze Erde« ging eine »Stadtsiedlung« voran: Junge Studenten und Werktätige beiderlei Geschlechts lebten nach dem Ersten Weltkrieg in einem Darmstädter Studentenwohnheim zusammen und schufen durch regelmäßige gesellige Zusammenkünfte und Diskussionen mit Sympathisierenden einen geistigen Mittelpunkt, in dem auch gesellschaftskritische Fragen diskutiert wurden. Hierbei entstand der Gedanke an eine ländliche »Freie Handwerksgemeinde« auf dem Frankenfeld (zwischen Gernsheim und Worms), der sich die jungen Frauen anschlossen.

Träger dieser Siedlung war also einmal eine aus dem Jungwandervogel hervorgegangene Darmstädter Mädchen- und Frauengruppe, ein Freundschaftskreis um die Lehrerin Marie Buchhold und Emilie (»Malchen«) Hermann, die bereits explizit den Gedanken einer Mädchen-Siedlung vertrat. Doch die von ihnen angestrebte landgebundene Bildungs- und Ausbildungsstätte trauten sie sich noch nicht als reines Frauenunternehmen ins Leben zu rufen, sondern verbanden sich mit einer aus dem Darmstädter Wandervogel hervorgegangenen Männergruppe unter Führung des Malers und Illustrators Hermann Pfeiffer, der »Freien Handwerksgemeinde E.V.«. Deren Ziel war es, auf dem Frankenfeld neben der gärtnerischen und landwirtschaftlichen Tätigkeit eine Buch- und Kunstdruckwerkstatt aufzubauen. Die Mädchen dagegen erstrebten über die Bodenbearbeitung die Schaffung einer sozialen Frauenschule, die nebengeordnet einen Unterrichtsaufbau vom Kindergarten bis zur ländlichen Volkshochschule vorsah.

Doch die über die Landwirtschaft hinausgehenden Absichten ließen sich aus wirtschaftlichen Gründen nicht verwirklichen; dazu zerbrach über der dadurch eingetretenen Skepsis und durch den eruptiven Besuch einer Gruppe ehemaliger freideutscher Mädchen aus Neuwied unter Führung der Lehrerin Elisabeth Vogler (sie standen damals in der gymnastischen Ausbildung in Loheland) im Sommer 1920 auch der Konsens der Frankenfelder Frauengruppe selbst. Die meisten Mädchen gaben daraufhin das Siedeln auf; ein Kern dagegen beschloß, nach dem Fehlschlag des Frankenfelder Unternehmens, einen Neuanfang in der Rhön – diesesmal als reine Mädchengruppe (was nicht heißt, daß bei ihnen später nicht auch jugendbewegte Besucher mit Hand anlegten).

Nach einem bescheidenen Beginn auf dem Altenteil eines Hofes im Weiler Rabennest pachteten die Siedlerinnen um Buchhold und die zu ihnen gestoßene Vogler, den beiden nun schon dreißigjährigen Führerinnen, 1923 einen Hof im Weiler Schwarzerden, betrieben dort Landwirtschaft und stellten im Winter kunstgewerbliche Artikel her, besonders Bast- und Webarbeiten, die über die Dürerhäuser vertrieben wurden. Die ländliche und handwerkliche Tätigkeit sollte die Grundlage für die pädagogische Arbeit sein, dachte man doch an die Gründung einer »Wirtschafts- und Bildungsstätte«, einer »Produktionsschule« im damaligen Wortgebrauch. So richteten die Siedlerinnen ab 1924 für gleichgesinnte junge Lehrerinnen und Sozialtätige Ferienkurse ein, die ebenso Gymnastik wie allgemeine geistige und musische Bildung umfaßten. Im Gegensatz zu Loheland (»klassische Gymnastik«) wurde die Gymnastik in die soziale Arbeit integriert. Da die Kursteilnehmerinnen gegen Bezahlung bei den umliegenden Bauern wohnten, wurde nicht zuletzt dadurch das nachbarschaftliche Band zwischen Landbevölkerung und Siedlerinnen enger geknüpft. In keinem Bericht über andere Siedlungen ist von einem so herzlichen Einvernehmen zwischen ansässigen Bauern und zugewanderten Siedlern die Rede.

Aus der Praxis der Ferien- und (ab 1925) Arbeitskurse heraus wurde die Grundlage für die »Frauenbildungsstätte Schwarzerden« als einem Beitrag zur Frauenbildung aus jugendbewegtem Geiste gelegt. Was hier als alternative Frauenkultur mit einem gesellschaftlichen Veränderungsanspruch begann, wäre wohl den wirtschaftlichen Unzulänglichkeiten erlegen, wenn nicht der Staat auf diese Arbeit aufmerksam geworden wäre, sie subventioniert und schließlich die staatliche Lehrgenehmigung erteilt hätte. So konnte ab 1927 erstmals mit elf Schülerinnen ein zunächst dreisemestriger Lehrgang in der »Ausbildungsstätte für sozial angewandte Gymnastik und Körperpflege« begonnen werden.

Das Wachstum der Bildungsstätte und staatliche Zuschüsse brachten es mit sich, daß 1928 das inzwischen der Schulsiedlung gehörende Anwesen in Schwarzerden (»Alt-Schwarzerden«) verkauft und stattdessen der verkehrsgünstiger gelegene Bodenhof in der Nähe von Poppenhausen erworben werden konnte. Die sozialpflegerische und musische Ausbildung trat jetzt ganz in den Vordergrund, die landwirtschaftliche Tätigkeit verlor an Bedeutung: nach dem Wegzug der leitenden Landwirtin 1934 arbeitete man zunächst mit einem bezahlten Landwirt und Knecht weiter; vor zehn Jahren etwa wurde dann die Landwirtschaft verpachtet.

Die Nationalsozialisten integrierten die Schule geschickt in das Programm der Nationalsozialistischen Volkswohlfahrt; Widerstand übte die Schule nicht aus, schon weil sie bisher ihre Existenz nicht unter primär politischen, sondern sozialhelferischen Vorzeichen gesehen hatte. 1935 wurden den Mitarbeitern auch erstmals Gehälter bezahlt.

1946 konnte das Seminar wieder eröffnet werden; in der »Gymnastikschule Schwarzerden« sind derzeit in modernen Gebäuden etwa 120 Schülerinnen in sechssemestrigen Kursen, und die Gymnastikschule gilt als eine der führenden Ausbildungsstätten dieser Art in der Bundesrepublik. Und es ist dort noch immer etwas von den Einflüssen des Reformpädagogen Gustav Wyneken zu spüren, dessen Gedanke Elisabeth Vogeler begleitete, »daß Jugend das Recht zu eigener Kultur habe, auch zur Mitgestaltung in der Schule, und daß Lehrer und Schüler verpflichtet seien, hohen Wertmaßstäben zu dienen«.

62. Ein Programm (1918)

Die Mädchenbund-Siedlung als werdende Frauengemeinschaft setzt sich zur Aufgabe, eigenes Frauenleben zu entfalten, [...] den Frauen zur rechten Lebensform und Wirkung zu verhelfen; indem wir so dem Wesentlichen in uns einen Dienst leisten, fühlen wir uns täglich verbunden mit allem, auf dem Wege zu den höchsten Menschheitsidealen.

63. »Sofort nach Hause kommen – Vater«

Mitten in der Abschlußfeier der Gartenbauschule – im Juni 1921 – rückte Agnes [...] neben meinen Platz und fragte mich, ob ich als Gärtnerin nach Frankenfeld gehen wollte, die bisherige Gärtnerin sei durchgebrannt und Agnes sollte Grete Brock und mich fragen, ob einer von uns kommen wollte. Am liebsten wäre es ihnen, wenn ich käme. Ich sagte bedenkenlos sofort zu, obwohl ich einen mit meinen Eltern festgelegten Plan hatte und Gartenarchitektin werden wollte. In der Stadtgärtnerei in Aschaffenburg war meine Anstellung als Gartengehilfin schon vereinbart und später sollte und wollte ich nach Geisenheim zur Weiterbildung. – Ich warf alles über den Haufen, sagte dem Stadtgärtner von Aschaffenburg ab und schrieb meinen Entschluß mit ausführlichen Begründungen nach Haus. Darauf bekam ich umgehend ein Telegramm »Frankenfeld absagen, sofort nach Hause kommen – Vater.« – Das war ein »Schlag ins Kontor«! Ich war fest entschlossen nach Frankenfeld zu gehen und mußte gegen den Willen meines Vaters handeln, mit dem ich mich bisher immer sehr gut verstanden habe. – Ich schrieb wieder – kurz und bündig, daß ich in einigen Tagen volljährig würde – Anfang Juli wurde ich 21 –, und wenn sie versuchten mich mit vier schweren »Belgiern« abzuholen, käme ich nicht mit. Diese schweren Ackerpferde haben mich schon als Kind stark beeindruckt. Dann bekam ich einen ebenso kurzen Brief vom Vater – ich hätte mich gegen das Elternhaus für Frankenfeld entschieden und hätte in Zukunft nichts mehr von daheim zu erwarten. – Das war eine bittere Pille, die ich schlucken mußte. Bisher wurde ich von Vater – auch mit Taschengeld – sehr verwöhnt. Das fiel also alles weg.

Losgelöst vom Elternhaus war auch noch das Einleben in Frankenfeld sehr schwer [...] Im September mußten wir Frankenfeld auflösen [...] Ich suchte eine Stelle, weil ich ja nicht nach Hause konnte [nachdem ein Versuch fehlschlug, in einem Irrenhaus als Putzfrau angenommen zu werden, fand sie endlich ein Unterkommen bei einem Landschaftsgärtner als Gehilfin]. Dann schrieb ich ausführlich nach Haus, daß Frankenfeld aufgelöst sei, daß ich eine Stelle hätte und Weihnachten heimfahren wollte.

Zu Haus waren alle entsetzt über mein schlechtes Aussehen. Durch die Fasterei [sie hatte vorher eine Fastenkur nach der Masdasnan-Lehre gemacht!] war ich ja recht dünn geworden (für normales Essen hätte das Geld nicht gereicht). – Die Tage zu Haus waren schwer für mich als Außenseiter, der für alle Einwände gegen meine Kleidung und gegen meine Weltanschauung etc. unzugänglich war. Alle standen gegen mich, und ich war froh, als ich wieder abreisen konnte, um [...] meine Arbeit als Gartengehilfin zu beginnen.

[Die Stellung erwies sich als Reinfall; sie konnte aber woanders – diesmal in einer sehr netten Gärtnerei – unterkommen]. Ich schrieb alles nach Haus, und daß ich mich auf die neue Stelle freue. Daraufhin kam von meiner Mutter ein Brief, der mir starken Eindruck machte und mich bewog, meiner schönen neuen Stelle wieder abzusagen. Mutter schrieb, daß es ihr gesundheitlich so schlecht gehe, daß ich nach Haus kommen und sie im Haushalt entlasten müßte. Gedanklich war ich ganz darauf eingestellt, meine »kranke« Mutter zu vertreten und war sehr überrascht, sie gesund und wohlauf vorzufinden. In ihrem Brief täuschte sie die Krankheit vor, um mich zu bewegen wieder heim zu kommen. Von Übernahme verantwortlicher Arbeit war keine Rede. Meine Mutter wollte mir Kochen und Haushaltsführung beibringen, dabei mußte ich aber aufpassen, daß ich den beiden Hausmädchen keine Arbeit abnahm. Das war für mich so unbefriedigend, daß ich mich entschloß, unseren Garten neu anzulegen nach einem von mir genau ausgearbeiteten Plan. [...]

Meine Eltern hatten Angst, daß ich – bei meinen »verschrobenen freideutschen Ideen« – wieder ausbrechen könnte und wollten mich dringend »unter die Haube« bringen mit Hilfe meiner liebsten Tante Bella. Bei ihr lernte ich einen netten jungen Lehrer kennen, dem ich trotz meines widerspenstigen Wesens sympathisch war. So gemein war ich, ihn hinzuhalten im Hinblick auf eine Aussteuer, die ich später für Schwarzerden brauchte (reinwollene Decken, Bettwäsche etc., was 1922 nur durch gute Geschäftsverbindungen zu haben war). – Nach einem Jahr hielt ich es zu Haus nicht mehr aus, setzte mich mit Marie Buchhold und Elisabeth Vogler brieflich in Verbindung und erfuhr von ihren Siedlungsplänen. Zur näheren Informierung sollte ich einfach mal zu ihnen kommen [...] Meinen Eltern sagte ich, es war vor Ostern 1923, daß ich von zwei Freundinnen aus der Gartenbauschule eingeladen wäre, vierzehn Tage zu ihnen zu kommen. Mit Marie Buchhold und Elisabeth Vogler wieder zusammen zu kommen hatten sie mir verboten.

[...] Wie gesagt, sollte ich unbedingt zu Hause bleiben, und es war recht schwierig, bei meinen Eltern durchzusetzen, daß ich bis zum Herbst eine Stelle in der Rhön – im Kurhaus Sofienhöhe in Frankenheim – als Gärtnerin und Hausdame annehmen durfte [...] Nach Sofienhöhe nahm ich einen großen Reisekorb voll Sachen mit, z. B. auch die schöne neue Aussteuer. Für mich stand fest, ab Herbst in Schwarzerden mitzuarbeiten. Ich hoffte, dies meinen Eltern, die mich doch mit dem jungen Lehrer verheiraten wollten, mit der Zeit beibringen zu können. – [...]

Am Ende der Sofienhöher Zeit schrieb ich meinen Eltern, daß ich durch die anstrengende Arbeit nervlich vollkommen herunter wäre, und daß ich mich bei meinen Freundinnen in Schwarzerden erholen könnte. Wohl oder übel waren sie einverstanden.

[...] Nun schrieb ich meinen Eltern, daß aus der Verheiratung mit dem Lehrer nichts würde, und daß die beiden Freundinnen mich gebeten hätten, bei einer Aufbauarbeit mitzuhelfen, daß ich also vorläufig in Schwarzerden bleiben wollte. Sie gaben nach und ich konnte bleiben. Nun mußten wir sehen, wie wir durchkamen [...]

Mein kleiner elfjähriger Bruder Paul kam in seinen Schulferien 14 Tage zu uns [...] Meine Mutter wollte Paul abholen und bei der Gelegenheit Schwarzerden kennenlernen. Ich brachte sie im Gasthaus zum Hirsch in Poppenhausen unter. Sie war entsetzt, als sie sah, wie wir hausten und behauptete, wir lebten wie in einer Räuberhöhle. Sie bekam nun heraus, daß die Freundinnen Marie Buchhold und Elisabeth Vogler waren. Ein fürchterlicher Krach kam hinterher, und es war wieder alles aus. Keiner der Familie durfte mir schreiben, und ich empfand, wie stark Blutsbande sein können. Ein Jahr lang hielt ich es aus, dann wollte ich zu Weihnachten heim, um zu hören und zu sehen, wie alles ging. Ich kriegte die besten Sachen, die wir hatten, zum Anziehen – an den schönen Mantel von Dora Werner erinnere ich mich noch genau – und fuhr mit so viel Geld, daß es für Hin- und Rückfahrt reichte. Wenn alles schief ging, wollte ich sofort mit dem nächsten Zug zurückkommen. – Vater begrüßte mich eisig und wollte wissen, woher ich kam. Erstaunt über diese Frage, sagte ich »von Schwarzerden«, heulte los, weil ich die »Hochspannung« nicht ertrug. Das wirkte auf ihn lösend und er meinte, ich sähe nicht so schlimm aus, wie er sich's vorgestellt hätte. Ich dürfte bleiben, wenn ich mich seinen und Mutters Anordnungen fügen wollte – und ich wollte. – Die Tage wurden deshalb schwer für mich, weil alle mir klarzumachen versuchten, wie hirnverbrannt es ist, so primitiv in Schwarzerden zu leben, wo ich es doch viel besser haben konnte. – Ich war froh, als ich wieder in Schwarzerden war.

Erst später, als mein Vater feststellte, daß wir trotz der schweren Zeiten es fertig brachten, die Gymnastikschule aufzubauen, sagte er mir anerkennend: Ihr habt trotz der schlechten Zeiten es zu was gebracht, und Du bist Deinen Weg über alle Hindernisse geradeaus gegangen [...]

64. Bildungselemente beim ländlichen Wirtschaften. Aus einer Siedlungslehre

Das alltägliche Wirtschaften auf dem Lande hat nun schon einige Gruppen junger Menschen miteinander vereinigt, und es liegt vielleicht etwas vor, was mit dem Namen Siedlungslehre zu bezeichnen ist. Allerdings sehr in ersten Anfängen, und viele einzelne Lehren mit negativen Vorzeichen. Die Reihe: Siedeln ist nicht ... usw. ist länger als die andere Reihe: Siedeln ist ... usw. Aus beiden Reihen will ich einige Sätze mitteilen, die vielleicht die Andeutung einer beginnenden Lehre enthalten mögen, einer Lehre, die nach oft recht schmerzlichen Erfahrungen Einigen anfing aufzugehen, die den Mut hatten, nicht davonzulaufen, als vieles schief ging, die aber auch den Mut hatten, einzusehen, was möglich war und was unmöglich war, also Mut genug, ihre »Ideale«, oder Utopien, zu korrigieren, ohne dabei der Wahrheit im Kern der Idee untreu zu werden. Ganz allgemein gesprochen: es gehört ebensoviel Mut dazu, mit Bewußtsein aufzuhören, was dann nicht gleichbedeutend ist mit davonlaufen, als Mut dazu gehört, dabeizubleiben, durchzuhalten, ohne in Fallen zu geraten, die einem gerade durch die heutige Wirtschaftslage leicht und viel über den Weg gestellt werden.

[...] Nachfolgende Sätze entstammen den Erfahrungen, die ich selber beim Aufbau einer Siedlung mit anderen Menschen gemacht habe. Sie tragen somit die Beweiskraft des praktischen Lebens in sich, sind aber auch zugleich unter dem Vorbehalt geschrieben, eines wenn auch typisch allgemein gültigen, so doch auch lokal, technisch, menschlich-individuell und zeitlich besonders gelegenen Ereignisses.

Es genügt nicht, zum Siedeln zu kommen aus lauter negativen Gründen. Ablehnung der bestehenden Wirtschaft und Gesellschaftsordnung und bloße theoretische Vorstellung neuer Ideale vom Leben genügen nicht. Man muß etwas wissen und etwas können, und das gründlich. Beim ländlichen Siedeln vor allem muß gründliche Kenntnis in landwirtschaftlichen, gärtnerischen, haushandwerklichen und haushälterischen Dingen vorhanden sein. Jeder, der mit hinausgeht, muß eine Sache ganz gut können, oder doch mindestens kein einfacher Lehrling mehr sein in seinem Fach, damit er an einem Platz stehen kann, den er fürs Erste ausfüllt, und damit sich sein Dasein lohnt. Denn jedes Menschen Dasein muß bei einem solchen Anfang einen ganzen, auch im Äußerlichen sichtbaren Sinn haben. Jeder muß von Anfang an wissen, was er jetzt zu tun hat. Es darf nicht dazu kommen, daß eine Wirtschaft von Gelegenheitsarbeitern lebt, die sich erst »ihre Arbeit« suchen wollen und zu den einfachsten Dingen problematisch stehen. Wenn schon, denn schon, Stallmisten, Garten- und Feldbestellung, Hausarbeit, dies alles darf nicht als Aufgabe an und für sich ins Bereich problematischer Auseinandersetzung geraten. Dann ist schon viel verloren, wenn es geschieht. Damit ist nicht gesagt, daß nicht fortwährend als wichtigster geistiger, ja! geistiger Austausch zwischen den Anfängern gerade das Gespräch von der Arbeit sein sollte. Es darf garnichts Interessanteres geben fürs Erste als dies, wie bewältigen wir am besten das vor uns Liegende, wie kommt es am besten für uns aus, welche Folge wird unsere Arbeitsweise für Mensch und Tier, Pflanze, Boden und jedwedes Ding haben. Und hier beginnt dann das Positive zu wachsen, das, was den ländlichen Siedler nicht nur in der bloßen Gesinnung von den Bauern oder Großgrundbesitzern unterscheidet, kurz: vom Kapitalisten, nämlich die sich in der Wirtschaftsweise ausdrücklich treubleibende Art des wahren Idealisten. Hier liegen auch die Konflikte. Von einigen nur will ich sprechen: Fangen wir heute mit bescheidenen Mitteln, oder auch, es ist fast gleich, mit etwas reichlicheren Mitteln eine Wirtschaft an, so treten wir durch Kauf und Verkauf, auch wenn wir nur Selbstversorger sein wollen – und wer kann es wirklich am Anfang? – sicher aber, da wir meistens bei Überproduktion auf Verkauf angewiesen sind und entsprechenden Einkauf, mit jener Wirtschaft in Verbindung, die wir im Prinzip ablehnen. Denn Siedler sein heißt allerdings: eine neue, edlere, gerechte Form der Wirtschaft als Grundlage des Lebens wollen. Ob sich alle heutigen Siedler darüber im Letzten klar sind, und aus dieser Klarheit konsequent handeln, ist zu bezweifeln. Es gehört eben Mut dazu, auch aus sich selber den Kapitalismus auszutreiben; denn aus uns selber muß er erst vertrieben sein, wenn wir weiter wirken wollen. Hier liegen eben die Berührungspunkte zwischen Wirtschaft und Moral. Und hier scheitern die meisten Siedlungslustigen mehr an sich selber, als an der Ungunst äußerer Umstände. Es gehört etwas dazu, moralische Entscheidungskraft nämlich, um in Verbindung mit der kapitalistischen Außenwelt das zu sein und zu bleiben und immer mehr zu werden, was man ist. Und allen Siedlern sei es gesagt: unsere Wirtschaft, wie sie im kleinsten Ereignis des Alltags sich zeigt, richtet uns augenblicklich, und jeder Tag ist beim Aufbau einer ländlichen Siedlungsstätte ein Gerichtstag. Dem sei gewachsen, laß dich richten, sei heiter und werde einfach dabei, lerne die letzten kapitalistischen Reste von Besitzlust jedem Geschöpf, auch dir selbst gegenüber, austreiben. Dir selbst gegenüber? Ja, denn wenn du dich vielleicht nicht mehr fühlen brauchst im äußeren Besitz – man kann das lernen und einsehen –, so willst du dich doch fühlen in deiner besitzeifrigen Liebe und Ehre den Menschen und dir selbst gegenüber. Da liegt das Letzte und Schwerste, kaum zu Überwältigende, Elementare Deiner Bildungsaufgabe beim ländlichen Wirtschaften. Denn nirgends so wie da gehen dir sichtbar die Dinge und Geschöpfe durch die Hände, nirgends so wie da bist du so mit den Menschen auf gemeinsames alltägliches Tun verwiesen. Und nirgends so wie da ist Gelegenheit, seine seelischen Kräfte im kommunistischen Mit-den-Menschen-Sein zu bilden. So wächst aus der alltäglichen Wirtschaft das Feinste, Menschliche, unsere Beziehung zueinander in allen Formen und Stufen hervor und gibt uns, wirklich »aus dem Boden gewachsen«, die höchsten Aufgaben, die höchsten Pflichten. Nun habe ich das Wort kommunistisch hier gebraucht und will auch dazu noch etwas sagen. Es ist klar, daß wir beim Beginn eines Aufbaus alles miteinander und zu gleichen Teilen teilen. Es ist klar? Es sollte doch sein! Es war nicht immer so, das muß ich sagen. Aber man kommt dazu, wenn man ehrlich ist auf dem Wege. Gibt es später Gewinn, so wird er am besten auch entweder gleichmäßig verteilt oder als Spareinlage der Gemeinschaft aufbewahrt, je nachdem. Heute ist es allerdings stets besser, man legt Geld in wirklichen Werten an. Unter Gewinn verstehe ich das, was übrig bleibt, nachdem jeder das Seine, sein Existenzminimum, erhalten hat, nachdem auch die Wirtschaft als Betrieb das Ihre erhalten hat. Ich halte aus mehreren Gründen nicht viel von dem »Aus einer Gemeinschaftskasse-Wirtschaften«. Es scheint mir billig und angemessen, einem Jedem das Seine zu geben. Unterschiede machen? Gehaltsstufen? Kaum in der kleinen Gemeinschaft, wohl auch kaum zu Beginn eines Aufbaus, später aber können da Wege gefunden werden, die durchaus gemeinwirtschaftlich bleiben können. Aber hier fehlt mir die Praxis. Wir hatten noch keine Unterschiede, doch ist daran zu denken. Am Verhalten zum Geld allein kann man schon viel sehen und lernen. Gleicherweise ist eine ständige Lehre im Verhalten zu den Dingen, zu Pflanzen und Tieren wie zum Menschen gegeben. Wirtschaft und Gemeinschaft hängen eben auf das Innigste zusammen. Die praktische Wirtschaftsprobe ist *die* Probe für eine Gemeinschaft. Auch hier gibt es Stufen. Die schwerste Probe ist wohl die praktische Siedlung, da hier fortwährend der Alltag und seine sichtbare Arbeit zum nie endenden Stoff werden, an dem sich die Probe erkennbar vollzieht. Gemeinsamer Existenzkampf des Leibes wie der Seele, das ist es.

Zum Schluß noch einiges über die technische Bewirtschaftung des Bodens. Die »kapitalistische« Bauern- und Großgrundbesitzerschicht hat eine Art, die Felder zu bewirtschaften, die einem von wirklichem Körper- und Gemeinschaftsgefühl erfüllten Menschen zuwider sein muß. Ausnutzung ist Prinzip, nicht nur des Menschen, sondern auch des Bodens, auf dem er steht, wovon er lebt. So verankert ist die heutige »wissenschaftliche« Bodenbearbeitung, die Chemie, die der Erfindung von Düngemitteln dient, die Technik, die der Erfindung von Maschinen dient. Zuerst wird der Siedler meist ohne Nachdenken sich den Errungenschaften von Chemie und Technik anpassen, mit ihnen wirtschaften, was soll er auch anders tun, will er, worauf er angewiesen sein wird, gleichen Schritt halten mit der umliegenden Wirtschaft. Aber wenn er nachzudenken beginnt, wird ihm aufgehen, was auch in den hervorragendsten und modernen Erfindungen für ein Teufel sein Wesen treibt. Die Konsequenz von all dem wird ihm aufgehen. Man wird zum kritisch denkenden Volkswirtschaftler beim Siedeln. Es wird Problem, welcher Maschinen, welcher Düngemittel man sich bedient; und zwar nicht nur von der Seite her, die allein gültig ist für den kapitalistischen Landwirt, welche Bewirtschaftung bringt den höchsten Gewinn?, sondern auch von der Seite des in uns wieder erd- und bodentreu gewordenen Gefühls her und von der Seite der Veredelung der Arbeit her, ihres Materials und ihrer Ergebnisse, die nicht nur augenblicklich gewertet werden sollen, wie die »problematisch-dickste Kartoffel oder Futterrübe«, sondern auch Glieder darstellen sollen einer wirklichen Kette von Kulturergebnissen, die tatsächlich zur allgemeinen Veredelung der Lebenshaltung beitragen sollen. Hier steht das Problem der Intensivwirtschaft, hier das Problem der Rasseveredelung durch Darreichung edelster Nahrung usw.

Genug geistige Arbeit, aber solche für den mit Leib und Seele der Arbeit Hingegebenen. Wollen wir überhaupt, dann nur so.

65. Der Mietvertrag

In den 14 Tagen suchten und fanden wir einen alten verlassenen Bauernhof im Ort Schwarzerden, der dem Gastwirt Köhler aus Poppenhausen gehörte. Dem alten »Köhleri« mußte ich erst durch Schneiden seiner verwilderten Apfelbäume und seiner Hecken beweisen, daß ich praktisch arbeiten – auch sein Vieh versorgen – konnte. Erst danach willigte er in folgenden Mietvertrag ein: Wir mußten die Arbeiten eines Weidehirten verrichten, ca. 8 Stück Vieh, Ochsen und Kühe auf der Weide hüten, füttern, putzen und den Stall sauber halten. Dafür durften wir in dem Haus wohnen, bekamen pachtweise eine Wiese und einen Acker. Außerdem durften wir eine »Mietkuh« vom »langen Walhaus« halten, die ca. ½–1 Liter Milch gab, eine armselige Kuh, die der Viehhändler für ganz geringes Entgelt uns bis zum Herbst in Pflege gab, um sie dann in besserem Zustand teuer zu verkaufen.

66. Der Einzug

Mein Einzug in Schwarzerden war höchst dramatisch. Bahn- oder Busverbindung von Sofienhöhe nach Schwarzerden gab es nicht. Zwei Frankenheimer Jungens waren schließlich bereit, gegen gestrickte Wollsocken mit mir zu gehen und mein großes Gepäck auf einem Schubkarren herüberzubringen. Die Route ging über Wüstensachsen, Gersfeld, Brembach, Schachen. Es regnete furchtbar, und die Jungens meuterten, weil ihnen der Weg zu weit und beschwerlich wurde und sie wieder zurück mußten. Außer den Socken hatte ich nichts anzubieten, was sie interessierte. Meine ganze Überredungskunst reichte gerade noch bis zum Schachener Loch, und da ließen sie mich mit meinen Reisekörben im triefenden Regen ratlos stehen. – Weiter oben sah ich ein Kuhfuhrwerk. Ich raste hinauf und nach langem Hin- und Herreden brachte ich die Leute gegen eine Rolle gehäkelter Spitzen dazu, meine Sachen aufzuladen und nach Schwarzerden zu bringen. Als ich endlich da war, war ich völlig durchnäßt und erschöpft und meine Tränen mischten sich mit den Regentropfen. – Das war Mitte September 1923.

67. Rosen für die Kommunardin

Wenn ich daran denke, wie es war, als Dora Werner zu uns kam, muß ich heute noch lachen. Ein Tag vor ihrer Ankunft brachte der Briefträger einen großen Strauß Rosen, den wir auspackten und auf die Kiste neben ihr Bett (Sprungrahmen mit Strohsack) stellten. Mehr war nicht in ihrem Schlafraum, und dies war ein kleiner Gang zwischen dem Wohnteil des Hauses und dem Holzstall, der tiefer lag. – Man stelle sich vor: der wunderschöne große Rosenstrauß in dem armseligen Raum. Zum Glück hatte Dora damals schon genug Humor, es so hinzunehmen, wie es eben war.

68. »Wotan« und »Siegfried«

Der alte Köhler brachte mir die landwirtschaftlichen Arbeiten bei, mit dem Vieh umzugehen, es zu pflegen, striegeln, auf der Weide zu halten, nachfüttern, Stall säubern etc. Für die Ackerarbeit mußten wir die ungelernten Stiere einarbeiten. Der Schwiegersohn von Köhler, der in einer Wagneroper gewesen war, gab dem Vieh die eindrucksvollen Namen Wotan, Siegfried, Brunhilde usw. Wotan war groß und stark; aber Siegfried, klein und mikrig, ließ an Stärke sehr zu wünschen übrig. Aber mächtig bockig waren beide, und wir hatten unsere liebe Not auf dem Acker mit ihnen. Elisabeth und ich rackerten uns ab. Mit Flüchen und bäuerlichen Ratschlägen zogen sie schließlich den Pflug bis zum Ackerende. Aber das Wenden war unmöglich. Wir mußten sie abschirren, herumdrehen und wieder anschirren. Unsere Anstrengung kann man sich kaum vorstellen, bis wir die beiden endlich zu Zugtieren umwandelten. Einmal, Köhler war gerade im Haus, hatte ich Wotan und Siegfried angespannt, um mit dem Fuhrwerk Steine zu fahren. Während ich auflud, legten sich beide um und verstrickten sich mit dem Geschirr derart, daß schon die Augen herausquollen. Ich kriegte sie nicht hoch und holte schnell den Nazebauer, der die Halfter durchschnitt, weil die Ochsen sonst erstickt wären. Zum Glück merkte Köhler nichts, und unser guter Nazebauer brachte mit mir zusammen alles wieder in Ordnung.

69. »Schwein, komm herauf!«

Um in der Landwirtschaft möglichst rentabel zu wirtschaften, hielten wir eine gute Zuchtsau, mit der Gisela Reiners besonders gut umgehen konnte. Wenn z. B. das Schwein unerlaubterweise ins hohe Gras der Wiese hinunterging, rief Gisela mit energischer Stimme: »Schwein, komm herauf«, und es kam herauf.

70. »Frisch gewaschen«

Ich schlief eine Zeitlang mit Blanche Moll zusammen in einem Raum direkt unter dem unverschalten Ziegeldach. Im Sommer war das oft so heiß, daß wir nasse Bettücher aufhängten oder uns nachts im Bach vor dem Haus abkühlten. Und im Winter war es so eisig kalt, daß wir mit warmem Kopftuch schliefen und uns morgens mit gefrorenen Waschlappen wuschen. Merkwürdigerweise haben wir uns dabei nicht erkältet.

Richtig gründlich waschen, in der Waschbütt mit warmem Wasser, durften wir uns samstags. Dafür wurde für jeden eine Stunde im einzig geheizten Raum eingeteilt.

Zur Feier des Wochenendes saßen wir am Samstag Abend frisch gewaschen und sauber angezogen bei Kakao und Brötchen.

71. »Halt!«

Zwei denkwürdige Abfahrten [mit dem Heuwagen] erlebten wir. Die eine mit Dora Werner an der seitlichen Bremse. Sie hatte wegen des Raines auf dem schmalen Weg kaum Platz zum Gehen, rutschte aus, ließ die Bremse los. Ich an der Hinterbremse sah es, schrie laut »halt« und Tilla [Winz] konnte sofort anhalten, sonst wäre Dora vom Hinterrad überfahren worden. Sie lag ganz knapp davor.

Die andere Abfahrt war die letzte vor unserem Umzug nach dem Bodenhof. Ausgerechnet die letzte Fuhre Heu von der Eube herunter auf einem steinigen Weg haben wir umgeworfen. Schuld war Wasser, das über den Weg lief. Der Wagen kam ins Rutschen, trotz der Bremsen – Tilla mußte mit dem Kuhgespann laufen, dann kam das linke Vorderrad auf einen großen

Stein, der die Fuhre so ins Wanken brachte, daß sie umfiel. Das war bitter – abends um ½ 8 Uhr.

72. »Mitten in der Hölle«

Das Dreschen im Spätherbst war ein besonderes Erlebnis. Wir lernten es noch mit drei und vier Dreschflegeln im dreier und im vierer Takt. Eine kleine alte Stiftemaschine, die zu viert gedreht werden mußte, war schon ein Fortschritt. Die Garben wurden durch eine Walze mit Stiften durchgedreht, und wir mußten – zu je zweien rechts und links an der Maschine – das große Schwungrad in Gang halten. Als Beleuchtung hatten wir nur eine Stall-Laterne mit Spiritusdocht, und es war – im Halbdunkeln – ein unheimlicher Krach, daß ich mir vorkam wie mitten in der Hölle.

73. Der »Westöstliche«

Durch Dora [Werners] Raum hindurch ging es hinunter in den Holzstall zum »Westöstlichen«. Das war unser Eimerklo, eine Kiste mit ausgesägtem Loch über einem Eimer. Die alten Bretterwände des Holzstalles hatten so viele Löcher und Ritzen, daß wir die schönste Aussicht westöstlich in der Richtung nach dem Pferdskopf hatten.

Wöchentlich abwechselnd hatten wir zu zweit Eimerausleerdienst. Mit Zeitungen die Hände schützend, faßten wir den Henkel an und hielten den Eimer möglichst weit von der Nase weg, bis wir ihn auf einem Quecken-Komposthaufen ausleeren und im Bach reinigen konnten.

74. Das Klavier und die Kuh

Marie [Buchhold] verkaufte ihr Klavier, und wir konnten mit dem Geld unsere erste [eigene] Kuh »Alma« beim Bauern Johann Paul in Sandberg kaufen. Die vom »langen Walhaus« gemietete Kuh, die noch nicht gelernt hatte, am Halfter zu gehen, mußte nach Gersfeld zurückgebracht werden. Hüsis Josef ging mit und nahm die Kuh ans Seil, das er fest um seine Hand schlang. Die Kuh war recht wild, vielleicht auch weil etwas Schnee lag, und sie war nur mit meinen Schlägen nach Josefs Anweisungen hinten und vorne zu bändigen. In Güntersberg riß der Strang, und die Kuh war im Nu verschwunden. Zum Glück hatte sie sich im Schweineauslauf hinter einem Bauernhaus verfangen. Sie bis Gersfeld zu bringen war eine wirkliche Leistung. Die Kuh blutete aus der Nase, und wir waren gespannt, was Walhaus dazu sagen würde. Aber er war froh, daß *er* sie nicht herunterbringen mußte. – Dann holten wir »Alma« ab, eine wunderschöne Kuh, die tadellos an der Leine ging. Stolz führte ich sie durch Gersfeld und ließ sie von den Leuten bewundern.

75. »Rauhe Gesellen«

Wir arbeiteten wie die Bauern, z. B. zogen wir in der Heuernte morgens um 3 Uhr mit unseren Sensen auf die Eube, mähten bis ca. 6 Uhr, ohne was zu essen. Wenn der Haushalt uns das Frühstück brachte, brüllten wir ihm »Hunger, Hunger, Hunger« entgegen. Ab 10 Uhr wurde gewendet und abends brachten wir ein bis zwei Fuhren Heu nach Haus mit vier Stück Vieh auf schlechtem Feldweg von der hohen Eube herunter. Das kleine kräuterduftende Heu mußte recht fest gepackt werden (das war meine Aufgabe), daß wir unterwegs nichts verloren. Beim Wetzen der Sense passierte es einmal, daß Hillis [Menze] die Sense ausrutschte und die Pulsader durchschnitt, aus der Blut herausspritzte. Tilla [Wenz] drückte sofort die Ader unter der Achsel ab und sprang mit Hillis den Berg herunter nach Haus. Dort band sie einen Kochlöffel ein und Hillis ging ganz allein zum Arzt nach Gersfeld. So rauhe Gesellen waren wir damals.

76. Amazonen

Paule Domke, die damals Lehrerin an einer Volksschule in Hamburg war, besuchte uns in allen ihren Ferien. Sie wohnte beim Nazebauer und war ständig bei uns. An einem der Abende wollte sie nicht nach Haus, und wir wollten Schluß machen. Um sie hinauszuwerfen kam es zum Ringkampf, bei dem unser kostbarer von Marie [Buchhold] gemauerter Ofen einfiel. Marie mußte ihn am nächsten Tag wieder neu mauern.

77. »... Fuhren wir in die Wurst«

Im Winter gab es mit den Nachbarn gemeinsame Abende, z. B. veranstaltete jeder die sogenannte »Spinnstub« und einmal eine »Bälleri«. Bei der Spinnstub wurde zuerst gearbeitet, gestrickt, gesponnen, Körbe geflochten und dabei erzählt. Dann gab es einen großen Teller voll hausgemachter Wurst, selbstgebackenes Brot und Bier vom Faß. Dabei wurden Spiele mit Streichhölzern etc. gemacht, und die Männer spielten Schafskopf oder Skat. Beim Ball ging es feiner zu. Es wurde nicht gearbeitet, viel gespielt und getanzt und, wenn man nach Hause wollte, gab es Kaffee und Kuchen. Wir waren so ausgehungert, daß uns das Essen sehr wichtig war. Zuerst warteten wir immer auf Kaffee und Kuchen, bis wir herauskriegten, daß das erst kam, wenn wir uns verabschieden wollten.

Wenn bei einem Bauern geschlachtet wurde, »fuhren wir in die Wurst«, ein alter Rhönbrauch. Wir verkleideten uns mit umgekehrten Jacken und Strümpfen über den Kopf. Dann gab es einen Vers, den wir aufsagten. Und nun mußten wir uns wehren, daß wir nicht durch Herabreißen der Verkleidung erkannt wurden. Zum Schluß kriegten wir Würste mit oder wurden zum Essen eingeladen. – Wir hatten so guten Kontakt mit der Nachbarschaft, wie wenn wir die besten Verwandten wären.

78. »Nun danket alle Gott!«

Schön war das gesellige Leben der Bauern im Winter, an dem auch wir teilnahmen. Sie ruhten sich aus, flochten Körbe, die Frauen strickten und spannen, eine behäbige Ruhe trat ein. Ungehemmte Heiterkeit und Fröhlichkeit durchzog die Bauernstuben bis in die Nächte hinein. Die Jugend war voller lustiger Einfälle, Eimer voll Schnee flogen ins Zimmer, die Mädchen flohen mit viel Gekreisch und Lachen, und es gab manch lustigen Kampf mit den Jungen.

Wir genossen das deftige Abendessen, um den großen Familientisch sitzend, der eine mächtig dicke Eichenplatte hatte. In der Mitte stand die große Schüssel mit Kartoffelsalat. Alle gruben sich von ihrem Platz aus in die Herrlichkeit hinein, respektierten die entstehenden Grenzmauern, aßen dazu heiße Kochwurst und Brot und waren nicht abgeneigt, aus der Flasche, die rundging, ein Schlückchen Schnaps zu trinken. Dann kam der gesellige Teil mit gemütlicher Handarbeit, humorvollen Spielen, Tanzen und Singen. Erst um zwölf Uhr – und zwar Punkt 12 – kam der duftende Kaffee ins Zimmer, die Rhöner Streusel- und Apfelkuchen – ach, was taten sie uns, die wir immer hungrig waren, gut! Drei Uhr wurde es jedesmal. Draußen war die große, weite erfrorene Landschaft mit grünlichem Mond, Schattenwürfe von den Bergen und Bäumen, die Sterne so nah, ihre klare Bilderschrift verständlicher als anderswo, so schien es uns. Dicht vermummt, denn der Ost blies scharf, stapften wir die kurzen Pfade nach Hause. Ein andermal waren wir die Einladenden; ca. 50 Bauern saßen, wie im Theater, auf Stühlen und Bänken in unserer großen Bauernstube. Im Eisenofen, der von der Küche aus geheizt wurde, bollerte das Holzfeuer – jeder Eingeladene hatte einen Arm voll Holz mitgebracht, wir hatten ja so wenig Heizmaterial. Alt und Jung – auch Kinder mit ihren im Wind schwingenden Stallaternen – kamen aus den näheren und ferneren Höfen. In der großen Stube stand nun die »Laterna Magica«, meine Kinderlaterne, rot war sie und konnte viele, viele Bilder auf die weiße Wand zaubern, biblische Geschichten, Märchen, humorvolle Szenen, sich drehende bunte Sterne, alles mit entsprechenden phantasievollen Erzählungen durch uns reizvoll gestaltet. Die Bauern fanden, daß sie am Schluß »Nun danket alle Gott« singen müßten. Die Stube dröhnte von ihren kräftigen Stimmen. Kaffee und Kuchen gab es dann auch bei

uns – und wenn die Gesellschaft nach Mitternacht den Hof verlassen hatte, sahen wir im Nebenraum auf Tisch und Stühlen Kuhseile, Axt, Werkzeug, Speck und Wurst liegen, alles Geschenke, die die Bauern dort ganz heimlich hingelegt hatten. Dies und noch vieles andere an Nachbarschaftshilfen, auch tatkräftiges Einspringen in Notfällen, hat uns eng mit den Bauern verbunden bis auf den heutigen Tag. Die Rhöner sind offene und humorvolle Menschen, klug und tüchtig. Ihre Gesichter großzügig, ihre Augen hell – Originale gibt es auch dazwischen.

Wir waren ja eine Sensation für sie: »Was wollt ihr denn hier? Ihr seid doch aus der Stadt; wie kommt das nur, daß es euch hier gefällt und daß ihr keine Arbeit scheut?« Wir hießen die »hängerschen Maderies« – die Mädchen, die im letzten Haus wohnten. Sie liebten uns und wir sie. Wir brauchten uns nicht um die Sympathie der Bauern zu bemühen; es war keine Kluft zwischen Stadt und Land, zwischen Gebildet-Sein und Bauer-Sein zu bemerken; wir waren Nachbarn. Die Bauern waren in helfender Stellung, wir waren die Hilfsbedürftigen, die Lernenden und dankbar Annehmenden. Durch manche Erntehilfe konnten wir unsere Dankbarkeit später beweisen. Auch in Krankheitsfällen sprangen wir ein, und ich pflegte manche Nacht hindurch. Die Bauern waren durch ihre weiten Wiesen und Hutflächen im Wasserkuppegebiet – für die Rhön gesehen – reich, hatten 18 bis 20 Stück Vieh im Stall, aber sie sparten auch gern, zum Beispiel den Arzt!

79. Vom Träumen und der Pflicht

Die Hutweiden zogen sich durch die romantischen, einsamen Schluchten der Eube hinauf zu schönen Gipfeln mit weiter Sicht ins Land. Dort hinauf hüteten wir unser Pachtvieh, später das eigene. Ausgerüstet mit einem guten Hütehund, mit Stekken und Ledertasche, in der das Vesperbrot – aber auch irgendein Buch – Platz hatten, zog jeweils abwechselnd eine von unseren Mitarbeiterinnen zu langen Hütestunden in die Berge hinauf. War das Vieh ruhig und sorgte der Hund für das Nichtüberschreiten der Grenzen (er kannte sie genau), so verlor man sich in Nachdenken und Träumen oder in sein Buch, oder man schwätzte an der Grenze mit dem Nachbarhirten, bis man vom hartnäckigen, unzufriedenen Bellen des Hundes auf die Pflichten aufmerksam gemacht wurde.

80. »Blitz und Donner«

Schwere Gewitter erlebten wir in Schwarzerden. – Es passierte mir einmal beim Viehhüten oben auf der Eube, daß die Gewitterwolken schneller da waren, als ich voraussehen konnte. Sie entluden sich, und ich rannte unter Blitz und Donner mit meiner Viehherde den Berg herunter. Bei den nahen Einschlägen hatte ich gräßliche Angst, daß eine Kuh getroffen werden könnte. Am schlimmsten aber war, daß mir eine Helferin entgegengeschickt wurde, so mußte ich auch Angst um sie haben. Zuletzt mußten wir durch einen tief aufgeweichten lehmigen Hohlweg barfuß waten, weil die Holzschuhe steckenblieben. Unten angelangt, wurde ich von Tilla schimpfend empfangen, weil ich nicht rechtzeitig aufgebrochen war. Aber ich ging schnell in mein Dachzimmer, um allein zu sein. Es war wirklich wie ein Wunder, daß wir alle heil unten ankamen. Nicht weit hinter uns hat es eingeschlagen.

Ein andermal waren wir gerade beim Aufladen einer Fuhre Heu auf der Hauswiese. Ich – auf dem Wagen ladend – konnte die schwarzgelben drohenden Wolken sehen und trieb zur Eile. Aber das Gewitter mit einem Wolkenbruch kam so schnell über uns herunter, daß wir durch mindestens 20 cm hohes Wasser den Hang hinauf nach Haus fahren mußten. Dann hatte Tilla auch noch Mühe, mit dem bockig gewordenen Zugvieh in die Scheune zu kommen. – Wir konnten nicht schnell genug am Stalleingang einen Damm mit Mist machen und im kleinen Garten daneben ein Stück Mauer ausbrechen. Wie ein reißender Bach floß das Wasser durch. Die Schweine vom benachbarten »Nazebauer« mußten gerettet werden, weil der Stall unter Wasser stand. – Hinterher kamen noch triefende Bauern mit ihren durchnäßten Heuwagen vom Hang der Wasserkuppe.

Überall – auch im Haus – geriet alles in Unordnung durch die nassen Sachen. Wo einer stand, hinterließ er eine Pfütze. Wie gut, daß alles Wasser bald von unserem Hang weg ins Tal abfloß.

Die nächtlichen Gewitter waren in Schwarzerden oft so schlimm, daß wir aufbleiben mußten. Hundemüde hockten wir auf den Bänken in der großen Stube bei dem schwachen Licht einer Stall-Laterne. Jeder mußte einen Stock neben sich haben für den Fall, daß es einschlug und wir das Vieh aus dem Stall treiben müßten. Zum Glück ist das nie passiert.

81. »Männersache«

Die vollgepackten Heuwagen auf den schmalen, steinigen, steilen Wegen zum Hof – Kühe als Gespann – zu lenken, war auch so eine Sache, eine Männersache, aber Tilla Winz und ihre Helferinnen meisterten sie immer, von den Bauern bewundert; nur

einmal fiel ein Heuwagen um. Den besten Bauern passierte dies, und man sah beinahe täglich an heißen Heutagen irgendwo auf den Wasserkuppenbergen einen Wagen liegen. Frühmorgens um drei Uhr gingen, noch müde, die Mäherinnen auf die Eube; sie mähten, stundenlang sich gegen die Steilheit der Wiesenhänge stemmend, lange abfallende Strecken. Die Arbeit des Wendens, Häufelns, Aufladens, Abfahrens dauerte bis in die tiefe Abenddämmerung, und dann hörte man noch, wie bei Stallaternenschein die Sensen gedengelt wurden. Die Nächte waren kurz, drei bis vier Stunden Schlaf mußten genügen. Die Sonnwendnacht verbrachten wir trotzdem am Feuer hoch auf der Eube. Maschinen gab es nicht. Die Kornernte wurde in der Scheune mit Dreschflegeln gedroschen, eine alte mit der Hand gedrehte Dreschmaschine war schon ein großer Fortschritt.

82. Wirtschaft und Gemeinschaft. Zur Problematik einer Praxis

Die Jugend versucht sich in der Verwirklichung von Werk- und Lebensgemeinschaften. Sie will anders wirtschaften als die alte Generation, sie will Gemeinwirtschaft, sie will ein auf dieser Gemeinwirtschaft aufgebautes Gemeinschaftsleben. Der Mut zum Anfang hat den Meisten nicht gefehlt. Viele Versuche scheiterten nach den ersten Stadien. Wenn sie nicht nach außen scheiterten, so weiß man, daß im Innern die Angelegenheiten trotzdem nicht gut standen. Heute ist es so, daß die bestehenden Werk- und Lebensgemeinschaften noch alle mehr oder weniger in einem sehr aufreibenden Existenzkampf stehen, der sowohl nach außen wie nach innen geführt wird. Einmal geht es um die rein wirtschaftliche Existenz, zum andernmal geht es um den Kampf zwischen den Charakteren, um die Verwirklichung der Idee vom neuen Leben, das als Gemeinschaftsleben gewollt wird. Außerordentliche Unklarheit der Begriffe »Gemeinwirtschaft« und »Gemeinschaftsleben« in Gedanken und Gefühlen der Jugend ergab sich in der Praxis. Laientum in fast jeder praktischen Arbeit, Unkenntnis der einfachsten organisatorischen Erfordernisse, irrige Ideologien von einem Sein-Soll, ohne jede praktische wie psychologische Vorerkenntnis, Unberatbarkeit und oft Unbelehrbarkeit einer trotzigen Jugend, die aus »eigener Kraft und auf Grund eigener Verantwortung« ihr Leben gestalten wollte, zeitigten Erlebnisse und Schicksale Einzelner wie ganzer Gruppen, die keineswegs angetan sind, günstige Urteile bei dem in »bürgerlichen« Bahnen gehenden Beschauer zu erzielen. Wichtiger als das Urteil Außenstehender dürfte die Kritik aus den eigenen Reihen sein. Sie kann nicht nur positiv sein. Wo sie verneint, liegen erwiesene Gründe, Erfahrungen, Erkenntnisse vor, letzten Endes will die Kritik aber doch Rechtfertigung der elementaren Idee der Jugend. Es erwächst eine Lehre aus der eigenen Tätigkeit, eine gewisse Objektivität im Chaos des Subjektivismus. – Die praktische, d. h. durch den Lebensversuch klargewordene Erfahrung über die Möglichkeit einer Gemeinwirtschaft ist folgende: Es gibt verschiedene Formen (Stufen!) einer Gemeinwirtschaft. Betrachten wir das Problem zunächst in Hinsicht auf die Mitarbeiter innerhalb eines gemeinsamen Werkes. Ein primitiver und kleiner Anfang diktiert von selbst die einfachste Form. Es wird aus *einer* Kasse gelebt, man findet den einfachsten Teilungsmodus, d. h. jeder erhält dasselbe, man versucht einander in diesem Sinne gerecht zu werden. Das geht zu Zweien, Dreien, Vieren, auch noch bei einer höheren Zahl von Mitarbeitern. Jedoch lehrt die Praxis, daß die Zahl kaum Neun erreicht, ohne daß sich merkliche Hemmungen im friedlichen Ablauf des Gemeinschaftsverkehrs zeigen. Kurz angedeutet seien die psychologischen Gründe: die Jugend, Erbe eines extremen Individualismus, will zwar miteinander teilen, gefühlsmäßig, aber nicht sachlich. Solange Friede zwischen den Meinungen der Einzelnen ist, vielleicht die gemeinsame Einigung, ausgesprochen oder unausgesprochen auf einer Idee (Dogma irgendeiner Art!) besteht, geht es gut. Entsteht aber Meinungsverschiedenheit, hält die Idee bezw. das Dogma nicht stand, zeigt es sich, daß das Glaubens- oder Humanitätsideal, was es auch sei, unter der kritischen Zersetzung der Individualauffassungen zerfällt, ist diese erste Form primitiver Gemeinwirtschaft, die auch als brüderliche Wirtschaft bezeichnet werden kann, nicht mehr möglich. Gerade das eigensinnige Suchen, welches nun beginnt und welches fast nie freibleibt von Ressentiment, (schmerzlich verbittertes Rückwärtsgefühl und Hängen am *Bild* des Einst-Gewollten!) zersetzt nicht nur das geistige Inbild der Sache, sondern auch die Stoßkraft, die zu einer auf wirklicher Erkenntnis basierenden Umstellung nötig wäre. Hier scheitern die Meisten, resignieren und ziehen sich zurück, werden je nach Anlage zum Abenteurer oder ergreifen in rechtzeitiger Bescheidung einen bürgerlichen Beruf.

Noch schwieriger gestaltet sich die Lage, wenn nahe Verbindungen innerhalb des Gemeinschaftskreises zu Ehe- und Familiengründung drängen. Die erste brüderliche Wirtschafts- und Lebensform ist dann immer gestört und schließlich zerstört worden. Organisatorisch mißlang eben aus Mangel an Studium und Erfahrung, der Versuch, die primitive Form zu erweitern und vernünftig umzugestalten. Auch mißlang der Versuch deshalb, weil oft derartige seelische Zerwürfnisse zwischen den miteinander als Kameraden ausgezogenen Freunden eintraten, daß nur Trennung eine Lösung bringen konnte. Der Deutsche, mit einer gewissen Neigung, tragisch zu leben, wobei aber der Begriff des tragischen Lebens von ihm ganz willkürlich, leider auch etwas theatralisch fixiert ist, hat nicht die geistige Grundlage a priori, die nottut, das zu leben, was er, mitgetrieben von dem vorwärtseilenden Zeitgeist, wohl erahnt, aber, aus Mangel an sachlicher Konzentration und nüchterner Selbstschulung, nicht oder noch nicht leben kann. Belastet mit einer suggestiven

Ladung von als Ideale bezeichneten irrigen Vorstellungen, ist der gesunde Elementarkern, in dem sich das Neue vorahnend rührt, verdeckt und kann nicht ans Licht, wie er will, sondern gerät in die Wirrnis.

Wir haben also bereits zwei Formen sich entwickeln sehen, und gesehen, daß es nur Stufen sein können in einer Entwicklungsreihe. 1. Primitive brüderliche Wirtschaft, die zu Ende gehen muß, wenn die Zahl sich vergrößert, und weil der heutige Mensch sie nicht ehrlich durchhalten kann. 2. Familienwirtschaft, die unter bestimmten organisatorischen Maßnahmen innerhalb einer mehr nach der genossenschaftlichen Seite gehenden Gemeinwirtschaft einbezogen werden kann. (Beispiel: Der durchsozialisierte Betrieb der Landsassen-Werkgemeinschaft, Leipzig.) – Ein solcher Betrieb bietet die Möglichkeit, sowohl die soziologische Form der Ehe- und Familie als auch die Ledigengruppen einzuorganisieren. Wie aber gestaltet sich die Wirtschaftsform weiter, wenn die brüderliche Form des Anfangs nun einmal unmöglich geworden ist? Immobilien, Mobilien und Einkünfte können nicht mehr allen zu gleichen Teilen gehören. Was dann? Hier ist eine Klippe. Vor allem ist es nunmehr richtig und notwendig, daß die Gemeinschaft sich eine Verfassung gibt, die auch nach außen juristisch formuliert werden muß. Es entsteht die Firma. Sich vor solchen praktischen Folgerungen scheuen, hieße infantil bleiben und nicht erwachsen werden wollen. Nach außen muß eine Werkgemeinschaft den Mut haben, genau so gut wie jede andere Geschäftsunternehmung kaufmännisch und ohne Sentimentalität zu arbeiten. Wie sie nach innen arbeitet, geht ja »die Welt« zunächst nichts an. Nach außen aber muß sie ein realer und reeller Kaufmann werden und sich soviel wie nur irgend möglich geschäftliche, wirtschaftliche und volkswirtschaftliche Bildung aneignen. Die Frage des wirtschaftlichen Durchkommens ist auch vor allem die Frage der richtigen Postenbesetzung. Die ewigen Idealisten sind analysiert eigentlich Hypochonder und bringen es zu nichts. Nach innen aber organisiere man nach folgenden Gesichtspunkten: Man setze ein allgemeines Existenzminimum fest, das für alle Mitarbeiter gilt. Man unterscheide aber Mitarbeiter und Helfer, also bleibende und ihre Existenz im Werk und durch das Werk suchende Gemeinschaftsmitglieder, und vorübergehende, vielleicht ihre Probe machende Hilfskräfte. In der persönlichen Beziehung zwischen den Einzelnen muß das nichts ausmachen. Die Qualität der Mitarbeiter bestimmt sich nach Leistung und Treue. Das scheint einfach, ist aber sehr schwer, indem ein fortwährendes Ingefühl für den Einzelnen und das Ganze wach und bildsam bleiben muß, um beide Begriffe nie erstarren zu lassen. Außer einem allen gemeinsam gleichen Existenzminimum an Nahrung, Kleidung, Raum, Licht, Heizung – einerlei ob in Materialen oder Geld ausgegeben – gestatte man, ja pflege! die Vermehrung des Eigentums der Einzelnen, damit einem natürlichen Bedürfnis des Menschen entgegenkommend. Gemeinsam, d. h. auch juristisch formuliert, müssen bleiben die Produktionsmittel, Land (falls es dazu gehört) und Wirtschaftsräume. Private Geldgeschenke an die einzelnen Mitarbeiter sollten einem prozentual nach der Höhe der Summe sich steigernden Abgabenmodus unterstehen. Sachwerte als Privatgeschenke an Einzelne unterliegen dem nicht. In dieser organisatorischen Richtung liegt eine Gewähr für eine Entwicklung von beruhigender Dauer. Das »Seelische«, die innere Problematik, welche heute noch der im Übergang der Zeiten stehende junge Mensch unterworfen ist, Wachstum und Wandlung des Herzens und des Erkenntnisvermögens, darf nicht fortwährend ein doch von allen gewolltes gemeinsames Wirtschaftsunternehmen in Schwankung bringen und gefährden. Das Wirtschaftsunternehmen muß als Körper betrachtet werden, der so gesund und ruhig wie möglich gestaltet werden muß. Die Einrichtungen, die man trifft, müssen in diesem Sinne für das Ganze einen körper- und damit seelenhygienischen Charakter tragen. Man muß der menschlichen Natur und ihrer heutigen Lage Rechnung tragen und nichts wollen, was diese Natur nicht, nie, oder noch nicht kann. Aber man glaube und wisse vom Sinn des Geistes in der Natur! Der Zusammenschluß der einzelnen bestehenden und sich durchkämpfenden Werk- und Lebensgemeinschaften der Jugend steht noch aus. Er wird erst gelingen, wenn die schwersten inneren Übergangskrisen für die einzelnen Gemeinschaften vorüber sind. Ob die Beispiele der Werk- und Lebensgemeinschaften von Einfluß sein werden auf eine zukünftige (nicht amerikanische!) Weltwirtschaftsgestaltung, ist schwer zu sagen. Als Beispiel für Gestaltung von Lebensschulen werden sie wichtiger sein, d. h. als Beispiele dafür, wie das Leben selber die Elementarschule des Menschen ist.

83. Die Frauenbildungsstätte

Seit Jahren schon, und seit Herbst 1921 in regelmäßig fortgesetzter pädagogischer Praxis, stehen wir in den Problemen der modernen und zukünftigen Frauenbildung. Auch unser wirtschaftliches Arbeiten ist Suchen und Versuch nach einem Beispiel und Beitrag zur Frauenexistenzfrage. Im doppelten, leiblich-wirtschaftlichen und geistig-beruflichbildenden Sinne. Seit Jahren besuchen uns und nehmen an unseren Ferien- und Arbeitskursen teil: Beruf-suchende und berufstätige Frauen. Die letzterwähnten sind meistens Lehrerinnen, Sozial- und Fürsorgebeamtinnen, kaufmännische Angestellte, studierende Frauen, aber auch Frauen in praktisch-handarbeitenden Berufen, Gärtnerinnen, Kunstgewerblerinnen, alles aber solche, die im Existenzkampf mehr oder weniger hart je nach ihrer Anstellung und Berufsart stehen. Unter den Berufsuchenden bzw. den sogenannten Berufslosen sind zu nennen die als Haustöchter lebenden heranwachsenden Frauen, die nicht recht wissen, was sie wollen und sollen, andererseits aber auch die vielen im Haushalt arbeitenden Frauen, die entweder durch die Heirat ohne Weiteres ihren natürlichen Beruf antreten, oder diejenigen, die in den Haushalt gegangen sind, weil sie nichts anderes gelernt haben. Alle diese Frauen kommen als Suchende, zum Teil unzufrieden zu uns, nicht recht wissend, was sie wollen und sollen, die Einen fast resigniert, erschöpft und überanstrengt die Anderen. Wir haben gesehen, daß ihnen, so vielseitig ihre Spezialausbildung auch in einzelnen Fällen war, doch eins fehlt: Eine grundlegende Erkenntnis der körper-seelischen Zusammenhänge ihrer eigenen Wesenheit und, von da ausgehend, die grundsätzliche und bewußte Einstellung ihrer sich selber bewußt werdenden Frauenart zur Welt, die ebenfalls von der Frau als körper-seelischer Zusammenhang eines Natur-Ganzen (Kosmos) begriffen werden muß. Es fehlt den geschulten und ungeschulten Frauen die befriedigende sicherheitsgebende Einsicht in eine eigentliche Naturlehre, die mehr [ist] als bloß physisch-empirischer Materialismus einer Natur-Fach-Wissenschaft, die Natur als Emanation des Geistes erlöst aus der Gefangenschaft »rein wissenschaftlichen Experimentes«. Denken und Tun der Frau verlangt nach Totalität. Die im »Spezialfach« verbrauchte Frau bleibt unerfüllt, ebenso unerfüllt und darum in ihren eigentlichen Kräften nicht genützt bleibt die »hauptamtliche« Hausfrau, die doch in einer Fülle von Kleinarbeit und

Nebenbeschäftigungen untergeht, eine gedankenlose und durchschnittlich im Benehmen selbstverständlich-egoistisch-brutal lebende Familie nimmt die alltäglichen Dienste einer Mutter und Hausfrau hin, ohne nur im Geringsten den wirtschaftlichen oder gar kulturellen Wert ihrer rastlosen Tätigkeit auch nur zu sehen, ohne auch nur danach zu fragen, wie die Hausfrau sich selber dabei fühlt, ob sie verkümmert, lebendig bleibt, geistiges Leben hat usw. Die Mutter und Hausfrau ist eben eines Tages »altmodisch«, die Töchter beginnen sie zu »bemuttern«, »aufzuklären« oder zu »verschönen«, also letzten Endes in der schrecklichsten Weise über sie wegzugehen. Die Frau, ohne das geistige Mittel einer von ihr erarbeiteten und darum ihr gemäßen organischen Welt- und Menschenauffassung wird nicht erfüllt sein von ihrer Tätigkeit im Modernen und [in der] Zukunft. Sie braucht eine von sich aus gefundene frauenhafte (ohne den üblichen Beigeschmack von feminischer Inferiorität!) Naturlehre als Weltanschauung. Von da aus kann erst die Um- und Neugestaltung ihrer Existenz im doppelten Sinne geschehen. Von da aus nimmt Frauenbildung ihren Ausgang. In der Erkenntnis, daß dies den Frauen fehlt, und daß sie dies aber suchen, gestaltet sich unsere pädagogische Aufgabe in erster Linie aus zur Schaffung eines allgemeinen Frauenbildungsjahres. Indem wir den Bildungsstoff und die Bildungsmittel in fortwährender praktischer pädagogischer und wissenschaftlicher Arbeit auffinden, erweitern, ordnen, verbinden und vertiefen, sind wir uns bewußt, an unserem Teil und an unserer Stätte eine Vorarbeit zu leisten, die unter so erschwerten Umständen, wie sie bei uns jetzt noch vorliegen und auch angesichts der wirtschaftlichen Gesamtlage der Frauen (und aller Menschen überhaupt) natürlich so umfassend nicht betrieben werden kann, wie das einmal sein muß. Ganz anders und im vorausgesehenen Sinne kann eine solche praktische Forschungsstätte für geistige Frauenbildung erst ausgebaut und wirksam werden, wenn in der wirtschaftlichen Gesamtlage grundsätzliche Änderungen eintreten. Eine solche grundsätzliche Veränderung wäre z. B. die absolute und anerkannte wirtschaftliche Selbständigkeit der Frau, einerlei in welchen sonstigen, persönlichen Verbindungen sie außerdem zu leben gewillt ist.

Zukunft und allgemeine Forderungen nie aus dem Auge lassend, befassen wir uns aber heute mit der Frage: Was kann heute für eine allgemeine Frauen-Vorbildung geschehen? Denn das allgemeine Frauenbildungsjahr ist gedacht für die heranwachsenden Frauen, die noch vor der Berufsentscheidung stehen oder auch für solche, die bereits in einem Berufe stehend, unzufrieden und unerfüllt sind und den Beruf wechseln wollen. Sofort wird gefragt: Wer kann sich das heute noch leisten? Nun, wer ernstlich will, kann auch heute noch manches durchsetzen, und wir sehen auch in der wirtschaftlichen Ermöglichung eines solchen allgemeinen Bildungsjahres eine Aufgabe. Unsere Bildungsstätte ist im Begriff als Produktionsschule ausgebaut zu werden. Jedenfalls müssen wir es dahin bringen, daß die Teilnehmer an solch einem jährlichen Bildungsgang mit einem Minimum an Nähr- und Lehrgeld aufgenommen werden können, und daß, wie das jetzt schon vorkommt, ein Teil und nach einiger Zeit das ganze Nähr- und Lehrgeld durch Teilnahme am Produktionsgang der Wirtschaft erarbeitet werden kann. Der Bildungsgang ist beim allgemeinen Frauenbildungsjahr von außen gesehen denkbar einfach. Einführung in alltägliche praktische Verrichtungen wie sie die Wirtschaft bietet. Sowohl Hausarbeit, wie Umgang mit Tieren und Pflanzen sind natürliche Gegebenheit. Es ist und bleibt wichtig für die Frau, den täglich sich wiederholenden Hergang von Arbeiten, die sich mit der Unterbauung eines täglichen Lebens befassen, praktisch zu lernen, einerlei, was sie später beruflich tun wird, einfach deshalb, um den wirklichen Zusammenhang zwischen diesen Verrich-

tungen und dem Leben zu begreifen. Aus dieser natürlichen Beschäftigung erhebt sich eine neue Elementarlehre von Feuer, Wasser, Luft und Erde, mit deren unmittelbaren und verwandelten Formen man ja immer zu tun hat.

Ganz selbstzweckhaft ist auch die Körperlehre als Gymnastik, die zur Lockerung und Neuspannung des Körpers von vornherein geübt wird. In keiner Weise wird allerdings hier – wie auch nirgends sonst – schematisch vorgegangen. Man wird sehen, welche Übungen für den Einzelnen, welche Übungen für alle zusammen und wann sie gut sind. Danach wird man handeln, d. h. es kann gerade so gut auch einmal der Fall eintreten, daß die Gymnastik für Eine oder die Andere nicht der Angriffspunkt ist, an welchem bei ihr begonnen wird, sie zu sich selbst zu befreien [...]

Völkische Siedlungen

Donnershag

Ländliche Siedlungen gehörten in Deutschland zum Erbe der völkischen Utopien des 19. Jahrhunderts. Ein romantischer Ansatz führte zur Vorstellung, daß die deutsche Wiedergeburt nicht in der industrialisierten Stadt, sondern nur auf dem Lande als dem Hort des Volkstums möglich sei. Hier sollte auf agrarischen Kommunen in organischer Gemeinschaft von Mensch und Natur die ersehnte Erneuerung von Volk und Rasse stattfinden. Zum wichtigsten theoretischen Vorreiter einer völkischen Agrarsiedlung wurde vor dem Ersten Weltkrieg Willibald Hentschel und seine rassische Zuchtkolonie »Mittgart«. Als Mittel zur Menschenzucht und damit als Methode des Überlebens der für ihn bedrohten arischen Rasse empfahl er Rassenhygiene und Polygamie (»Mittgart-Mehrehe«). Das Verhältnis von Männern zu Frauen sollte dabei wie zehn zu eins sein; nach Hentschels Vorstellung sollte ein Mann nach Schwängerung seiner bisherigen Frau sich sofort von ihr trennen und eine neue eheliche Verbindung eingehen. Hentschels Programm stand zunächst auf dem Papier (»Varuna«, »Vom aufsteigenden Leben«, »Mittgart«), seine Lehre fand aber Verbreitung durch den »Mittgart-Bund«.

Wurzeln schlug diese arische Phantasie dann nach dem Weltkrieg – so zeugte Friedrich Muck-Lamberty unter Waldesbäumen den Deutschland erlösenden Christus; freilich schreckte das Bildungsbürgertum, als Mucks Vielweiberei schließlich aufkam, vor dieser völkisch-jugendbewegten Erlösungslehre zurück. Während Hentschel mit dem Anstoß zur bündischen Artamanenbewegung seine wirksamste Tat vollbrachte (Aufruf ›Was soll nun aus uns werden?‹, 1923), fanden seine Vorstellungen doch ihre adäquateste Verwirklichung in Ernst Hunkels Siedlung »Donnershag« (eigentlich »Donarshag«). Diese muß freilich im Zusammenhang mit zahlreichen verwandten völkischen Bestrebungen gesehen werden, etwa dem »Deutschen Bunde für rassische Siedlungen« des Arztes Heinrich Tegtmeyer.

Hunkel leitete zunächst nicht nur die Presseabteilung des »Deutschen Ostmarken-Vereins« und war Generalsekretär der »Deutsch-Asiatischen Gesellschaft«, sondern hatte auch die Schriftleitung des in Eden herausgegebenen Blattes ›Neues Leben‹ und des dortigen »Jungborn-Verlages« in der Hand. Er verwandelte diese Zeitung aus einer bloß lebensreformerischen und freiwirtschaftlichen (gemeint ist die Freiland-Freigeld-Lehre Silvio Gesells) in eine »deutsch-religiöse«, deren nordisch-rassische Mystik (Einflüsse Paul de Lagardes) besonders die »jungdeutschen« völkischen Jugendbewegten (um Otger Gräff) ansprach, und gab ihr den Untertitel ›Monatsschrift für deutsche Wiederburt‹.

Diese Wiedergeburt erhoffte er sich von einem »Deutschen Orden« (gegründet 1911 durch Otto Sigfrid Reuter, Verfasser von ›Sigfried oder Christus?‹) als einem »neuen Volkskern«. Als »Lebens- und Tatgemeinschaft« sollte der Orden durch rassenreine ländliche Siedlungen zur »Verjüngung unserer Volkskraft« und »Wiedergewinnung der Volksgemeinschaft« beitragen (»Deutsch-Ordens-Land«).

Einen ersten Schritt zur Verwirklichung machte Hunkel noch im Weltkrieg (1917), als er über seine Frau Margart Hunkel die »Deutsche Schwesternschaft« gründete, »die ihre Hauptaufgabe in der Aufzucht rassisch wertvoller Kinder im Geiste deutscher Volks- und Lebenserneuerung« erblickte – was natürlich nur im »Licht« (Zusammenhang der völkischen Bewegung mit dem Nudismus), »frei von allen Hemmungen des Großstadtlebens, der Kulturgifte, des kapitalistischen Drucks«, eben auf ländlichen Siedlungen möglich sei. Die von Frau Hunkel angepriesene »deutsche Gottesmutterschaft« ließ dabei bereits die Mittgart-Mehrehe anklingen. 1919 teilte eine Angehörige der Deutschen Schwesternschaft (deren öffentlich bekanntgegebenes Ziel eher an die Kinderdorf-Idee erinnerte) Hunkels Frau mit, an ihrem Arbeitsort Sontra im hessischen Bergland stünden einige Häuser leer, die für die Niederlassung der Schwesternschaft und ihre Waisen-Heimstätte (allerdings war diese nicht für »Rassenbastarde« gedacht) wie geschaffen erschien. Da glaubte nun auch Hunkel seinen alten Siedlungstraum verwirklichen zu können, und so schritt er denn 1919 zur »Landnahme«(!) in Sontra, indem er die »Freiland-Siedlung Donnershag, e.G.m.b.H.« gründete, die 1920 durch den Zuerwerb von Land aus den von der Genossenschaft »Deutsch-Ordens-Land, eingetragene Siedlungs-, Wirtschafts- und Verlagsgenossenschaft m.b.H.« aufgebrachten Geldmitteln noch vergrößert werden konnte.

Das Land wurde zunächst – im Gegensatz zu den anderen Siedlungen in ihrer Gründerphase – an einen Landwirt verpachtet, da Hunkel realistischerweise seinen deutsch-religiösen und freiwirtschaftlichen Verlag »Jungborn«, den er nach Sontra verlegte, als finanzielles Rückgrat der Siedlung ansah. Bald wurden neue genossenschaftliche Betriebe, darunter eine Warenvertriebsstelle und eine »deutsche Herberge« angegliedert (auch die andere völkische Siedlung Vogelhof diente lange Zeit als Jugendherberge). Doch war es sein erklärtes Ziel, die Siedlungsgemeinde wirtschaftlich möglichst autark zu machen und junge Landwirte heranzuziehen, um eine viehlose Landwirtschaft (daneben Gartenbau und Kleintierzucht) zu betreiben. Denn »die Hauptquelle aller Nahrung ist der Grund und Boden, die neu geheiligte Mutter Erde.« Auch plante man, handwerkliche Erzeugnisse in eigenen Werkstätten herzustellen. Ende 1922 waren diese Ziele insoweit erreicht, als die Siedler selbst den größten Teil des Grundes landwirtschaftlich oder gärtnerisch bepflanzten. Dagegen war erst eine Werkstatt für kleinere Instandsetzungsarbeiten vorhanden und die Einrichtung eines kunstgewerblichen Betriebs beabsichtigt.

Wegen der von den 45 Siedlern und Siedlerinnen betriebenen Freikörper-Kultur gab es unerfreuliche Spannungen mit der ansässigen Bevölkerung. 1922 kam es dann auch zu ersten Auseinandersetzungen zwischen dem Deutschen Orden, dessen »Kanzler« Hunkel ab 1918 gewesen war, und der Donars-Gilde in Sontra, in deren Gefolge Hunkel im Dezember 1922 vorübergehend aus dem Deutschen Orden ausschied und mit seinen Freunden von der Donars-Gilde einen eigenen Deutschen Orden mit Sitz in Sontra gründete. 1923 spitzte sich der Konflikt zu: neben Streitigkeiten um die Wirtschaftsführung Hunkels ging es »um grundlegende Fragen deutschen Aufbaus«, nämlich um die Mittgart-Mehrehe. Es blieb dabei allerdings offen, ob Hunkel und seine Frau diese tatsächlich in Sontra praktiziert oder nur schriftstellerisch propagiert hatten (Hunkel stritt damals ab, daß gegen ihn ein Verfahren wegen Kuppelei anhängig sei). Jedenfalls war der Orden der Meinung, Hunkel wolle diesen »für seine Anschauungen sturmreif machen«, und reagierte mit einer deutlichen Absage an die Mehrehe. Denn diese »rein züchterische Eheauffassung der Mittgartbewegung« und die »ungehemmte Gattennahme der Frau« (warum nicht des Mannes?) sei nicht mit der deutschen Sitte vereinbar und »unnordisch« (siehe Tacitus!). Diese »Zeitehe« verstoße außerdem gegen das Personenstandsgesetz. Hunkel, der die Jugend im Orden auf seiner Seite wußte (er war erst im Mai 1921 zum »Jungbornmeister" der »Jungscharen Deutschen Ordens« gewählt worden), griff seinerseits die Vertreter der Einehe als »Moralingreise« und »Muffiane« im Namen einer »höheren Ehe auf dem Grunde deutscher Treue« an. Diese jedoch werteten die Mehrehe und das »Mutterrecht« (schon Hentschel sah vor, daß die Kinder zwei Jahre bei der Mutter lebten, ehe diese wieder eine neue Verbindung und Empfängnis zum Ruhme der arischen Rasse eingehen durfte) nicht als Ausdruck höherer Sittlichkeit, sondern als »feige Waffenstreckung vor ungehemmtem Triebleben« und als das »Sexualrecht der niedersten Rassen«. Schließlich schloß der Aufsichtsrat der »Genossenschaft der Deutsch-Ordens-Land« seinen Vorstand und Gilde-Leiter Hunkel als »Schädling an der völkischen Sache« aus und änderte die Satzung der Genossenschaft. Die Donars-Gilde mußte die Siedlung nach einigen verlorenen Prozessen räumen; Hunkel und seine Freunde gingen fast ausnahmslos wieder in ihre alten Berufe zurück.

1924 kam dann auch schon das Ende der genossenschaftlichen Siedlungsform in Sontra. Hatte während der Inflationszeit die Genossenschaft etwa 350 Mitglieder umfaßt, so fanden sich nach der Währungsreform keine Siedlungswilligen mehr. So löste sich die Genossenschaft »Deutsch-Ordens-Land« im Oktober 1924 selbst auf. Die Gehöfte und das Land wurden verkauft bzw. reprivatisiert.

Doch damit war die Geschichte von Sontras alternativer Wirtschaft noch nicht ganz zuende. Denn Oswald Kiehne, der letzte Vorstand von »Deutsch-Ordens-Land«, der auch die Räumungsklage gegen Hunkel gewann, »der von sich selbst an sich selbst Donnershag auf dreißig Jahre verpachtet hatte«, und dann die Siedlung liquidieren mußte, blieb als einziger von den alten Donnershagern am Ort zurück – als Gartenbauer und Reformkaufmann. Von ihm gingen auch die entscheidenden Impulse zur Wiederbelebung der vegetarischen Bewegung in Deutschland nach 1945 aus: Ende Mai 1946 wurde in seinem Haus in Sontra die »Vegetarier-Union Deutschlands«, der jetzige »Bund für Lebenserneuerung« gegründet, und Kiehne zum Leiter der »Deutschen Vegetarier-Zentrale in Sontra« bestimmt. Als jahrzehntelanger Herausgeber der ›Vegetarier-Rundschau‹

(1982 im 36. Jahrgang) und des ›Sontraer Gesundheitsboten‹ (inzwischen im 34. Jahrgang) weist der 85jährige Kiehne immer noch »Wege zu neuem Leben«.

84. Knabenträume

Donnershag soll der Name unserer Siedlung sein. Warum dieser Name? Jeder hat in der Schule von der heiligen Eiche gehört, die nicht allzuweit von hier bei dem hessischen Dorfe Geismar stand und dem Donnergotte geweiht war. Da kam der Engländer Winfried, den die Römlinge Bonifatius, d. i. Gutglück, nannten und den wir lieber einen Unheilsboten und Heiligtumsschänder nennen sollten, und hieb sie um. Mich hat die Geschichte schon als Schulbuben stark beschäftigt. Es schmerzte mich, daß die Hessen damals sozusagen mit den Händen in den Hosentaschen dabeistanden und untätig auf des beleidigten Gottes Racheblitz warteten, und es den wackeren Friesen überließen, dem Frechling später den Lohn zu geben. Und als kein Wunder geschah und der Frevler sein Schandwerk unverletzt beendet hatte, da krochen sie elend zu Kreuze. So machen wir Deutsche es oft auch heute noch, und durch diese Seelenverfassung sind wir in unser heutiges Elend gekommen. Jener Vorgang ist tief sinnbildlich. So ist er eine der Hauptquellen, aus denen schließlich das Meer von Schande zusammengeronnen ist, in dem wir fast ertrinken. Wir Dümmlinge und Schwächlinge, glauben wir wirklich, unsere Götter blieben uns treu, wenn wir sie feige im Stich lassen, sie hülfen uns, während wir die Arme in den Schoß legen? Umgekehrt ist die Sache: wir müssen für unsere heimischen Götter streiten bis zum Tode, dann streiten sie auch für uns, aus unserem Herzen heraus durch unseren Arm, und anders nicht. Dann aber ist immer und ewig der Sieg unser, auch wo wir äußerlich unterliegen, ja da erst recht. Das ist Wallhall, des Helden selige Heimat!

Als Knabe habe ich mir vorgenommen, die Sünde der alten Hessen zu sühnen und die gefällte Donnerseiche wieder aufzurichten. Äußerlich haben wir sie auch droben auf dem schiefen Berge in unserer alten Mal-Eiche – so wird sie noch heute vom Volke genannt –, unter der wir uns wie die Väter zu Rat, Gericht und Weihtum versammeln. Vor allem aber wollen wir den hehren Gottesbaum aufrichten in unseren Herzen, auf daß sie stark und tapfer, treu und alles Segens voll seien wie der rotbärtige Bauerngott, dessen Auge Flammen sprüht und dessen Faust den zermalmenden Hammer führt; die durstende Erde erquickt er mit dem »Spender des Lebens« und ist der Vater der Fruchtbarkeit und alles Gedeihens. Ihm weihen wir unseren heiligen Hag, auf daß er zu Gottes Wohnung, zur »Drutwang« werde, d. i. zum *Felde der Kraft!*

85. Freiland-Siedlung Donnershag

Also wurde der Siedlung am 13. Heuerts 1919 Ziel gesteckt und Weg gewiesen:

1. *Rasse.* Aufgenommen können nur Männer und Frauen deutschen, d. i. germanischen, Stammes werden. Wer also der Genossenschaft durch Erwerbung von Geschäftsanteilen beitreten will, muß an Eides Statt versichern, daß er deutscher Abkunft und seines besten Wissens von jüdischem und farbigem Einschlag frei ist, auch seine Kinder aus gleichem, reinem Geblüte hat und, soweit es in seiner Macht steht, darin erhalten will.

Siedlungsbewerber müssen sich nebst ihren Hausangehörigen einer Untersuchung durch einen Vertrauensarzt der Genossenschaft unterziehen. Dem Arzt wird ein vom Vorstand der Genossenschaft ausgearbeiteter Fragebogen vorgelegt.

2. *Deutscher Glaube.* Angesiedelt kann nur werden, wer dem Deutschen Orden und der Deutsch-gläubigen Gemeinschaft angehört. Die Siedler bilden eine geweihte Gilde (die Donners-Gilde); in die Gemeinde soll kein fremder und falscher Ton mehr hereinklingen; und wer die Brücken, die ihn mit der seelenverpestenden und nervenzerrüttenden Zivilisationswelt verbanden, so weit abgebrochen hat, daß er sich in unseren Lebenskreis begibt, dem wird es auch nicht schwer werden, der Hüterin des fremden Glaubens den Abschied zu geben und sich mit den Seinen auch weihtümlich ganz und gar auf den Grund der Heimat zu stellen.

Aus der deutschgläubigen Grundgesinnung folgt als eine Selbstverständlichkeit die Tat der Lebenserneuerung auch in Wohnung, Kleidung, Nahrung und Genuß, frei von engem Eiferertum und äußerlichen Bindungen, aber fest verankert im Gemeinschaftsgewissen und in der Verantwortung für die völkische Kraft und Gesundheit, getragen von Sehnsucht nach Reinheit und Lebensadel. Angedeutet ist dieses Streben in der

Freiland=Siedlung Donnershag

eingetragene Genossenschaft m. b. H.,
Sontra in Hessen.

Heimstätten=Genossenschaft
Spar= und Darlehnskasse — Siedlerschule.

Die im Jahre 1919 begründete Siedlung verwirklicht zum ersten Male **ein geschlossenes deutschgläubiges Gemeindeleben** auf der Grundlage arischer Rasse und germanischen Boden= und Gemeinschaftsrechtes und erstrebt die Wiedergeburt unserer Volkheit an Seele und Leib durch ein gesundes, vernünftiges Leben, durch bewußte Sippenpflege und rassische Auslese sowie durch gemeinsame Pflege aller Werte und Güter deutschen Wesens.

———o———

Bestimmung, daß Schlächtereien und Verkaufsläden für Rauschgetränke und Rauchgifte auf dem Siedlungsgelände grundsätzlich nicht eingerichtet werden dürfen.

3. *Deutsches Recht.* Der gesamte Grund und Boden bleibt dauernd im Eigentum der Genossenschaft. Die Veräußerung von Grundbesitz an Ansiedler ist unzulässig. Die auf dem Grundeigentume der Genossenschaft ruhenden Pfandrechte sind planmäßig zu tilgen. Nach der Tilgung ist eine neue Belastung ausgeschlossen. Die Pachtzinsen sind so zu bemessen, daß eine allmähliche Tilgung der auf dem Grundeigentume der Genossenschaft ruhenden Pfandrechte möglich ist. Ein beson-

derer Freilandstock dient der Entschuldung des genossenschaftlichen Grundeigentums und dem Ankaufe neuen Landes. In den Freilandstock fließen: a) der von der Genossenversammlung festgesetzte mindestens 10 v. H. betragende Anteil des Reingewinnes, b) besondere, ausdrücklich für diesen Zweck bestimmte Zuwendungen, insbesondere Zinsen und Gewinnanteile, auf die von den Berechtigten verzichtet wird. Auch die Ausgabe von Freilandbriefen ist vorgesehen.

Die Genossenschaft vergibt die Heimstätten in Erbpacht. Die Pachtverträge werden vom Vorstande und Aufsichtsrate gemeinsam festgesetzt. Der Vorstand hat das Recht des Einspruches gegen mißbräuchliche und gemeinschädliche Ausnutzung der Heimstätte. Bei einer etwaigen Auflösung der Genossenschaft darf kein Genosse mehr als sein Guthaben erhalten.

Damit ist jede Spekulation, jedes Anheimfallen der Grundrente an Einzelne ausgeschlossen und der Freilandgedanke in unserer Gemeinschaft grundsätzlich verwirklicht, seiner völligen tatsächlichen Durchführung durch Entschuldung des Bodens, die ja nur allmählich erfolgen kann, der Weg gewiesen. Die zweite Großtat des Willens zu volkswirtschaftlicher Gerechtigkeit und Gesundung, die Einführung des Freigeldes und der unbedingten Währung, ist Sache des Staates. Ob die Beseitigung des arbeitslosen Zinseinkommens in einer privaten Genossenschaft überhaupt möglich ist, erscheint fraglich. Jedenfalls müßte die Genossenschaft so groß und vielgestaltig sein, daß sie die Befriedigung ihrer wirtschaftlichen Bedürfnisse wesentlich in sich selber finden könnte. Ist es erst einmal so weit, dann wird zu prüfen sein, ob wir's schaffen können, falls sich bis dahin der Staat noch nicht auf seine Pflicht besonnen haben sollte.

Die angeführten grundsätzlichen Bestimmungen sind dadurch gesichert, daß sie nur durch einstimmigen Beschluß geändert werden können. Dasselbe gilt für die Bestimmung, die diese Einstimmigkeit verlangt.

86. Deutsche Feste

[...] Um so ungehemmter und reicher kann und soll sich das Gemeinschaftsleben auf geistigem Gebiete entfalten. Stehen doch alle Glieder des Gemeinwesens, Männer, Frauen und Kinder, im Dienste einer unendlich hohen, heiligen Aufgabe, sinnbildlich: im Dienste des hammerbewehrten göttlichen Trägers aller Lebenskraft, dem sie sich zugeschworen. Und so werden sie sich regelmäßig vereinigen zur Pflege alles Starken, Schönen und Tiefen, das aus deutschem Wesen quillt. Da mögen Vorlesungen und Vorträge gehalten, die freie Wechselrede gepflegt werden; es mögen Sagen, Märchen und Geschichten erzählt werden wie in vergangenen Zeiten, und die Herzen der Lauscher werden klopfen, wenn sie in Taten und Worten trotziger Helden und stolzer Frauen ihr innerstes Wesen freudeglühend erkennen. Alle Kunst wird man pflegen, in der sich lichte deutsche Art darstellen mag; durch das Leben soll in Arbeit und Feier wieder ein Schwingen und ein Klingen gehen; die Volkslieder werden wieder mehrstimmig gesungen werden, wie sich's gebührt; im Reigen und Volkstanze wird man sich um die Linde wiegen, auch uralte Weihetänze aus reingermanischer Zeit wie das faröische Sigfridslied werden zu neuem Leben erstehen. Neben Fiedel und Laute wird man wieder die hehre Harfe spielen lernen, und ihre Klänge werden den Sänger begleiten, wenn er, ein wiedererstandener altdeutscher Schöpp, aus alten Mären Wunders viel zu singen und zu sagen weiß; von der Entstehung der Welt und dem Göttergeschick, von Sigfrids Drachenkampf und Tod und Dietrichs Feueratem. So mancher alte Gesang der Götter- und Heldensage, der jetzt nur ein papiernes Dasein fristet, wird neu aufblühen in quellenden Tönen. Und alles, was zugefroren und versteinert war im deutschen Herzen, wird sich wieder lösen.

Und Feste werden wir zu feiern wissen! Wenn uns ein Kindlein zugeboren wird aus Gottesschoße, wenn ein Jüngling und ein Mädchen sich einen, um zu zweien das dritte zu schaffen, das über sie hinausweist, wenn einer zurückkehrt in die ewige Heimat; wenn das Licht neu geboren wird in der heiligen Mutternacht, wenn die Erde Auferstehung feiert, die Feldarbeit beginnt und das Vieh ausgetrieben wird, wenn zu den Hohen Maien Himmel und Erde Hochzeit halten, wenn zur Sonnenwende in Sommersglut die Himmelsleuchte sich zum Sterben kehrt und wenn wir im Herbste die Früchte unseres Fleißes als gute Gaben der Götter pflücken – o, das sollen Feste des Herzens werden, wie sie schon lange nicht mehr gefeiert wurden im deutschen Land! Das wird ein Leben und Weben werden in Wald und Au, auf dem Anger und der Tenne und den Dielen der Häuser zu Donnerhag! Frommer Brauch der Väter wird Leben erhalten, als obs nie anders gewesen wäre, und auch zu schmücken werden wir uns wissen, und schon beim Anblick unserer schlichten schönen Festgewänder soll einem freudig und feierlich zumute werden.

87. »Gemeindelinde«

Das Leben der Gilde ist nach manchen am Anfang unausbleiblichen Erschütterungen in ruhige feste Bahnen gekommen. Jeden Donnerstag ist Laube [Gilde-Treffen], abwechselnd vertraute, geschlossene und offene. Zwischendurch an Sonntag-Vormitta-

gen Morgensprache, möglichst unter freiem Himmel, unter der Maleiche. Die Jahresfeste werden gemeinsam begangen. Geburt und Tod sind schon in der ersten Zeit zwischen uns getreten und haben die Teilnahme der Gemeinschaft gefordert.

An einem Frühlings-Sonntage weihten wir unsere Gemeindelinde auf dem grünen Anger, der uns zu Spiel und Volkstanz, zu Gerwerfen und Bogenschießen dienen soll. Der Gildemeister sprach dabei mit erhobenem Hammer den Weihespruch:
Wachse und blühe, Baum des Heiles,
Mächtig wurzelnd in der Mutter Schoße,
Der dir und uns Urborn des Lebens,
Lenzstark grüne auf lichter Au,
Stolz reckte den Stamm zur Höhe,
Des Weltbaums Abbild in einiger Kraft.
Ring um Ring umrunde dich jährlich,
Dein Holz härte sich zum Heldenmale,
Tauglich einstens tatfrohen Enkeln
Als Schildholz im Streit, wenn Speere fliegen.
Doch der Laubkrone leuchtende Äste,
Breiten sich sehnend zur seligen Bläue
Der Himmelsfeste, zum Vater des Lichts,
Herzen der Menschen zur Heimat weisend.
Also krönen sie kraftvolles Leben,
Wirken und Schaffen unserer Welt,
Der Männer Wettkampf, der Mädchen Spiele
Der Frauen Lieben, das Lachen der Knaben,
Ein Bild der Treue und trotzigen Stärke,
Ein Bild der Freude und friedlichen Wachstums,
Wahrzeichen von Deutschlands Wiedergeburt.
Blühe, gedeihe, Donnershags Heiltum,
Im Schutze der Hohen, die im Herzen uns walten
Und um uns das All mit Atem durchweben,
Mit Licht und Lachen und Lebensfülle –
Grüne und blühe, heiliger Baum!

88. »Hausweihe«

Liebe Freunde! Ich habe Euch hierhergebeten, damit Ihr mit mir und den Meinen den Einzug in unser neues Haus begehen möget. Solche Hausweihe mag ja jedem von uns etwas bedeuten, der auf dieses Fleckchen Erde seinen Fuß gesetzt hat, um hier eine Heimat zu finden. Wohl jeder von uns hat, wie es das heutige Leben mit sich bringt, ein Nomadenleben hinter sich. Seit ich mein Elternhaus verlassen, ist dies die 14. Wohnung, die ich beziehe, seit ich eine Ehe geschlossen habe, die sechste! Es ist eine alte Ordnung, daß einmal die Wanderjahre ein Ende haben müssen und die seßhaften Meisterjahre beginnen. Wir umherziehenden Neuzeitmenschen haben aber, ungleich den alten Meistern, mit Weib und Kind umherziehen müssen. Nun wollen wir endlich, müde des Zigeunertums, das den deutschen Menschen verdirbt und zerreibt, ansässige, ehrsame Bürger und Meister unseres Berufes und unseres Lebens werden. Möchten wir alle nun endlich eine bleibende Stätte in diesem ruhelosen Leben gefunden haben, da wir einst unser Haupt auch zur ewigen Ruhe niederlegen können. Nun haben unsere Kinder ein wirkliches Vaterhaus. Den Kindern der großen Städte ist es ein unbekannter Begriff geworden. Sie werden von einer Mietwohnung in die andere geworfen, höchstens an ein paar Möbelstücke knüpfen sich ihre Kindheitserinnerungen. Welche Freude, welche Traulichkeit und Heimlichkeit strömt dagegen ein wirkliches Elternhaus aus, den Menschen mit seinem Segen begleitend sein ganzes Leben lang, auch in der Ferne und Fremde. Was hat da jede Wand, jede Ecke und jeder Winkel zu erzählen, Liebes und Leides! Und was für ein schönes Heim haben wir gefunden, Wiese und Berg und Wald vor der Tür, und im Innern können wir alles behaglich einrichten, wie es unseren Bedürfnissen und Wünschen entspricht. Mit am meisten freut mich der mächtige steingemauerte Herd, der rechte Mittelpunkt einer deutschen Herdstätte, wie in Urväter-Zeiten, während den armen Berlinern, von denen ich herkomme, der Herd ganz verloren gegangen ist und sie nur noch ihre seelenlose eiserne »Maschine« kennen! Da mag uns denn aus diesem eigenen Herde, der ja Goldes und mehr als Goldes wert ist, und aus dem Tau der Wiesen und aus der fruchtbaren Scholle des Gartens das Heil der Heimat aufsteigen, die wir ergreifen und uns zu eigen machen wollen mit unseren ganzen Herzen [...]

VOGELHOF

Der Vogelhof – an der südlichen Abdachung der Schwäbischen Alb bei Hayingen gelegen – hatte seine ideelle Grundlage in einer Mischung von deutsch-völkischen, deutsch-christlichen und lebensreformerischen (hier besonders Alkohol-Abstentionismus) Gedanken. Die Gründer kamen aus dem württembergischen Raum: Da war einmal als ältester Kern die Stuttgarter Gruppe um den Oberreallehrer Friedrich Schöll, einem rührigen Publizisten. Er gab bereits vor dem Ersten Weltkrieg die Zeitschrift ›Hellauf‹ zur »Förderung der Enthaltsamkeit« heraus; ferner leitete er den »Mimir-Verlag«, bis zum Kriegsende »Verlag für deutsche Kultur und soziale Hygiene«, nach der Revolution »Verlag für deutsche Erneuerung«. Nach der Revolution hielt Schöll, Anhänger eines deutschen Christentums im Sinne Paul de Lagardes, auch Vorträge über »Christentum und Sozialismus«; in diesem deutsch-sozialen Christentum der Volksgemeinschaft stand er den »Christlichen Revolutionären« um den lebensreformerischen Priester-Arzt Carl Strünckmann und dem Stuttgarter Herausgeber des ›Christlichen Revolutionär‹, Alfred Daniel, nahe. Die Konstellation seiner Gedanken wird in den beiden Schrifttiteln ›Obst und Trauben als Nahrungsmittel. Praktische Anleitung zur Obstverwertung im Haushalt und Anstaltsbetrieb‹ und ›Nordische Lebensbejahung oder christlicher Erlösungsglaube‹ sichtbar[11]. Sein Siedlungsziel formulierte er als die »Schaffung einer arisch-christlichen Lebensgemeinschaft«. Als Lehrer verfolgte er mit seiner »Hellauf«-Siedlung insbesondere die Absicht der Errichtung einer »deutschbewußten« Schule.

Zu Schöll stieß eine Gruppe von kriegsbeschädigten Tübinger abstinenten Wandervögeln (Guttempler, Wehrtempler) um die beiden Bankbeamten Hans Reichart und Matthäus (Matts) Schwender, die zur Natur und Einfachheit des Bauernlebens zurückstrebten, und – wie Schwender heute sagt – eher jugendbewegt-volklich als völkisch ausgerichtet waren. Und schließlich verband sich mit ihnen ein Kreis um den Stuttgarter Musikdirektor Otto Mayr, der eine Musikersiedlung verwirklichen wollte, jedoch durch seinen plötzlichen Tod seine musischen Ziele nicht mehr in das Siedlungsprojekt einbringen konnte.

Nach der Verbindung aller drei Gruppen beschlossen diese 1920 die Gründung der »Siedlung Hellauf G. m. b. H.« und faßten schließlich nach mancherlei theoretischen Vorerwägungen auf einem spannungsreichen Siedlertag (Jahreswende 1920/21

---

[11] Nur am Rande sei hier angemerkt, daß es nicht nur eine völkische Lebensreform gab, sondern diese auch einen kommunistischen Flügel besaß (etwa verkörpert durch Ernst Raffalowicz alias Ostweg und seinen Berliner Strom-Verlag); in der »Mitte« standen die Hamburger Nationalkommunisten um Heinrich Laufenberg und Fritz Wolffheim und ihren Affillationen in der Naturheilbewegung.

auf dem Schloß Hohentübingen mit über 100 Teilnehmern) und einer harten Auseinandersetzung zwischen den theorielastigen »Alten« und den ungeduldigen jungen Aktivisten den Entschluß zum praktischen Beginnen. Ehe ein passender Hof gefunden war, zogen Anfang 1921 die ersten vier tatendurstigsten

Sehr eilig!   An unsere Freunde!   Lenzing 1921.

Nun gilt's! wir haben Land! Der Vogelhof bei Erbstetten O.A. Münsingen (unteres Lautertal) – 84 württembergische Morgen Land mit Gebäuden, lebendem und totem Zubehör – ist gekauft. Wir handelten im Vertrauen auf die tatkräftige Hilfe aller unserer Freunde, um das Land zu „Freiland" für unsere große Sache zu machen. Es sind außer der schon geleisteten Anzahlung bis 10. 4. 21. noch **200000 Mark (Zweihunderttausend)** zu beschaffen. Wir rechnen auf die Mitwirkung unserer Freunde. Jeder, dem die Sache am Herzen liegt, sollte sich verpflichtet fühlen, einige tausend Mark Darlehen zu geben oder zu vermitteln oder mindestens einen Anteil zu zeichnen. Alle Darlehensgeber erhalten unverzinsliche Freilandbriefe, auf runde Summen lautend, ausgehändigt, für die das Land und das gesamte Vermögen der Genossenschaft als Sicherheit dient, so daß die Darlehensgeber keinerlei Gefahr laufen. Diese Freilandbriefe werden vom fünften Jahre ab (1926) zurückbezahlt, jedes Jahr ein Zehntel der auf diese Freilandbriefe erhaltenen Gesamtsumme.

Von euch, ihr Freunde alle, hängt es ab, ob unser Werk auf gesunden Füßen stehen und gedeihen kann. Wir rechnen auf euch alle. Wir Siedler alle sind einig. Wir sind bereit, unser ganzes Sein und Haben in den Dienst unserer großen Sache zu stellen.

Da wir die Summe bis spätestens 10. 4. 21. in der Hand haben müssen, bitten wir, alle Gelder sofort auf Postscheckrechnung 3357 Stuttgart (Friedrich Schöll, Stuttgart, Landhausstraße 223) einzubezahlen mit Zweckbezeichnung auf Abschnitt. Bis zum Erscheinen der Freilandbriefe gilt Postabschnitt als Bescheinigung. Freiwillige Beiträge und Stiftungen bitten wir als solche zu bezeichnen. Jede, auch die kleinste Gabe ist herzlich willkommen.

Es sind einige Bilder vom Vogelhof, die Willo Rall selbst in Holz schneidet und druckt, im Entstehen begriffen und werden unseren Freunden demnächst zur Unterstützung der Sache zur Verfügung stehen. Vorerst erhält jeder Zeichner eines Anteils oder eines entsprechenden höheren Darlehens eines der Kunstblätter frei. Aber die weiteren Bilder erfolgt Mitteilung nach Fertigstellung. Liebhaber können sich jetzt schon melden.

Wir grüßen einmütig mit Heil und Hellauf
Der Vorstand der
:SIEDLUNG✺HELLAUS:
e. G. m. b. H.:
Friedrich Schöll, August Merz, Hans Reichart.
Für den Aufsichtsrat: Willo Rall, Hans Wöllecke.

Siedlungswilligen zur Erprobung ihrer Fähigkeiten auf die Künstler-Siedlung Runheim bei Gaildorf am Kocher, deren Zentrum der Maler und Dichter Willo Rall war, sozusagen der einzige Anhänger des bemerkenswerten Wanderpredigers Gusto Gräser. Schon im Frühjahr 1921 konnte dann der Vogelhof erworben und gemeinschaftlich besiedelt werden.

Die Siedlung fußte zunächst auf Landwirtschaft, Gärtnerei und Obstbau mit biologischer Grundlage, dazu kam gelegentlich etwas Viehwirtschaft und Handwerkstätten (so ein Schusterbetrieb). Wegen der mangelnden Rentabilität des Anbaus wurde das Einkommen ergänzt durch ein Erholungsheim. Als Nebenbetriebe waren ferner zeitweilig ein Verlag (»Siegfried«-Verlag) und eine Verlagsbuchhandlung angeschlossen. Zum eigentlichen Rivalen der Siedlung entwickelte sich jedoch das von Schöll von Anfang an ins Auge gefaßte Landerziehungsheim »Sonnenheim«, zumal als Schöll nach der Pensionierung 1925 mit seiner Familie auf den Vogelhof zog und dort seine Absicht einer Schulsiedlung realisierte. Es scheint symptomatisch, daß 1923 die Siedler mit der Ausführung eines schon lange gehegten Plans zum Bau eines Werkgemeindehauses mit Windmotorenturm[12] begannen, dieser Bau jedoch aus wirtschaftlichen Gründen in noch unfertigem Zustand 1925/26 zum Heim der neuen Schule umgewandelt wurde. (Neben dem Landerziehungsheim gab es auch kurzzeitige Versuche mit einer Bauernvolkshochschule.) Es zeigte sich bald, daß mangels eines geeigneten Absatzmarktes die gärtnerischen Produkte der Siedlung am besten von der Küche der eigenen Schule verwertet wurden, so daß zumindest ökonomisch Siedlung und Schule voneinander profitierten.

Neben den Spannungen zwischen der Konzeption der Landwirtschafts- und Schul-Siedlung, die 1942 bei der drohenden Liquidation der Siedlung ihren Höhepunkt erreichten, blieben auch andere persönliche Konflikte nicht aus. Besonders gravierend waren die mit den Vorgängen in Sontra vergleichbaren Auseinandersetzungen um die Verwirklichung der Mittgart-Mehrehe. Diese Debatte brachte 1924 für die ganze Siedlung eine starke Erschütterung, die schließlich zum Wegzug des An-

---

[12] Diese Entwicklung alternativer Energie war nicht einzigartig; z. B. errichtete der Vegetarier Friedrich Köhnlein, Einzelsiedler in Obersontheim, hinter seinem aus Natursteinen, Lehm und Holz selbst errichteten Wohnhaus einen Windmotor (Abbildung in: Georg Herrmann, Hausbuch der Lebenserneuerung 1977, Obersontheim 1977, S. 139).

hängers der Mehrehe (Hans Reichart) und seines Kreises führte, da nach Meinung der Mehrheit die beiden Ehebegriffe miteinander unvereinbar waren. Weitere Probleme entstanden dadurch, daß andere im Unguten ausgeschiedene Siedler – wenn auch vergeblich – versuchten, gegenüber der Siedlungsgemeinde nachträgliche Versicherungs- und Lohnansprüche durchzusetzen.

Trotzdem war die Siedlung kräftig genug, Ende 1923/Anfang 1924 eine Schwestersiedlung ins Leben zu rufen, den Schurrenhof bei Rechberg (Kreis Schwäbisch-Gmünd), der vor allem für einen breiten, mit Automobil beschickten Absatzmarkt Gartenbau in Gewächshäusern betrieb. 1936 nahm der Stifter des Grundstücks, Karl Solleder, dieses nach einem Entschuldungsverfahren wieder in Privatbesitz zurück.

Der Versuch, während der Inflationsjahre alle jugendbewegten Siedlungen und Werkstätten in Deutschland vom Vogelhof aus zu einem Revisionsverband zusammenzufassen, scheiterte. Dagegen gelang es Schöll, dessen Deutung der Siedlung als eines nordisch-rassischen »Aufbau-Ordens« von den Siedlern nie ganz übernommen wurde, den Vogelhof dadurch zu einem Zentrum völkischer Bestrebungen in der Weimarer Zeit zu machen, daß er einmal jährlich führende Völkische zu Vorträgen und Gesprächen innerhalb einer »Arbeitsgemeinschaft für die geistigen Grundlagen der deutschen Zukunft« einlud.

Die Genossenschaft bestand, bei stets sinkender Zahl der Genossen, bis zu ihrer Auflösung Ende der dreißiger Jahre weiter; die Schule wurde von den Nationalsozialisten 1938 geschlossen (Schöll aber durch einen Lehrauftrag in einer Ordensschule belohnt). Erst in den vierziger Jahren wurde die Siedlung reprivatisiert. Nachdem die Familien Schwender und Schöll bereits vorher Grundstücke und Gebäude in Erbpacht erhalten hatten, zerfiel jetzt die Siedlung vollends in ihre natürlichen Bestandteile Siedlung (Privatbesitz Schwender) und Schule (Privatbesitz Schöll). 1956 ist das Schulgebäude in ein Schullandheim umgewandelt worden. Eine weitere Besitzteilung kam dadurch zustande, daß ab 1962 auch Grundstücke an frühere Vogelhofer und Freunde als Ferien- und Alterssitz abgegeben wurden. In ihrem baulichen und landwirtschaftlichen Charakter hat dagegen die alte Siedlung Vogelhof bis heute ohne allzu große Modernisierungs-Veränderungen die Zeit überdauert.

89. »Hellaufsiedlung«

a. Die Siedlung steht auf dem Boden eines *arisch-christlichen Glaubens.*

b. Lange hat uns bei unserer Aussprache die *völkische Frage* beschäftigt. Ich habe geltend gemacht, daß wir unsere Aufgabe nur erfüllen können bei restloser Treue gegen uns selbst, d. h. gegen die uns als Eigenart geschenkte Gottesoffenbarung. Auch unsere Gemeinschaft muß ihre Eigenart haben, sie *kann* nicht anders. Eigenart aber ist nicht rein geistig, sondern wir als Geist, Seele und Leib sind eine vollkommene Einheit, d. h. dem Wesen (dem Geist) entspricht restlos bis auf die nebensächlichsten Äußerlichkeiten die Erscheinung (der Körper, das Blut, der Bau, die Farbe, die Handlinien, der Gang, die Handschrift usw.). Gegen diese Einheit und Eigenart dürfen wir nicht sündigen, weil sie gottgegeben ist. Wir dürfen also in unserer Gemeinschaft keine fremde Art, kein fremdes Blut hereinnehmen.

Wir haben selbst als einzelne schon viel zu viel »Dunkles« in uns und unter uns, das wir allmählich wieder ausmerzen müssen, teils durch ein Streben zum »Hellen« in Gesinnung und Lebensführung, teils durch Herbeisehnen und Herbeirufen blonder, lichtvoller Seelen als unsere Kinder, teils durch Erziehung unserer Kinder im Hell-auf-Sinne. Zur dreifachen Reinheit gehört auch die Helligkeit, die Lichtheit der Augen, des Haares, der Haut als Ausdruck der lichten Seele und des sonnenhellen Geistes. Also, liebe Freunde, wir wollen das Dunkle aus uns selbst mit allem Bedacht, mit aller Liebe zum Hellen ausschalten, darum müssen wir auf peinliche Fernhaltung weiterer Verdunklung und Vermischung bedacht sein. Nur reines Blut entspricht reiner Seele, und nur reine Seelen können einheitlich und ihrer Eigenart treu sein und Höchstes schaffen. Mischseelen sind meist innerlich zerrissen. Wir wollen den Seelen der gefallenen Freiwilligen, der »Heiligen Schar« eine reine, weihevolle Stätte unter uns bereiten! Heil und Hellauf, ihr Frauen unserer Gemeinschaft! Sehnet sie herbei und weihet eure Leiber und eure Seelen für sie! Heil und Hellauf! Ihr Männer unserer Gemeinschaft, seid stolz und treu und wahr und ganz rein, damit das Schöpferische in euch Höchstes, Feinstes, Heiligstes zeuge!

[...] Wir waren alle gegen eine Stimme geneigt, dieser Form uns zu fügen [...] Aber ich wünschte bei der Schaffung der Grundlagen unseres Hauses volle Einheitlichkeit, und so haben wir uns der einen Stimme gefügt und auf die Form des Blutsbekenntnisses verzichtet. Aber es wird in der Satzung niedergelegt werden: »Wir wollen völkische Reinhaltung der Siedlung und Pflege deutscher Eigenart.«

90. »Wirtschaftsgemeinschaft«

a. Eine besonders bewegte Aussprache hat die Frage der *Gemeinwirtschaft* hervorgerufen. Wir waren uns zwar alle klar darüber, daß wir eine neue Zukunft einzuleiten haben. Aber nicht alle Freunde konnten jetzt schon ihre Bedenken überwinden. Und so werden wir zwei Stufen einführen müssen: 1) Die Stufe der Planwirtschaft mit Rechenwirtschaft unter Festhaltung der Privatwirtschaft, d. h. der betr. Siedler erhält den Ertrag seiner Arbeit als sein Einkommen gutgeschrieben, ist aber an die Preise und an die Rechenwirtschaft der Genossenschaft gebunden. 2) Die Stufe der vollen Gemeinwirtschaft, d. h. der

Siedler arbeitet für die Gemeinschaft als eine große Familie und erhält von ihr einen bestimmten für *alle* – auch die Frauen – *gleichen* Einkommenssatz gutgeschrieben. Die Kinder erhalten eine Kinderrente, Kranke und Alte ein Mindesteinkommen. Die Einzelheiten darüber sind einer Beratung über die Verfassung vorbehalten. Auf der 2. Stufe gilt der Grundsatz: »Einer trage des anderen Last.« Ob eine 3. Stufe (Gütergemeinschaft) sich noch angliedern wird, mag der Zukunft vorbehalten sein. Alle Bedenken gegen die Gemeinwirtschaft sind hinfällig, wenn wir uns über *uns selbst* klar sind. Wir müssen den festen *Glauben,* jeder an sich, jeder an seine Mitsiedler und alle an die Seelengemeinschaft als *Grundlage* der Wirtschaftsgemeinschaft haben. Dieser Glaube muß einfach da sein, wer ihn nicht aufzubringen vermag, ist kein taugliches Glied unserer Gemeinschaft [...]

Ich muß noch besonders erwähnen, daß ich eine Abstufung des Einkommens vorgeschlagen hatte nach der Art der Leistung (gelernt oder ungelernt, Hand- oder Kopfarbeit), daß aber jede Berücksichtigung des Unterschieds der Leistung verworfen wurde mit der Begründung 1. daß es innerhalb einer »Familie« solche Unterschiede nicht geben dürfe, 2. daß wir alle die gleichen Bedürfnisse haben oder uns dazu erziehen wollen, also auch Anspruch auf gleiches Einkommen haben. Wir »tragen« einander, und die Kinder der Siedlerfamilien sind die Kinder der Genossenschaftsfamilie. Bitte Matth. 20, 1–6, besonders V. 10 zu vergleichen [Das Gleichnis von den Arbeitern im Weinberg].

b. Gegenstand des Unternehmens ist der Erwerb von Boden, der dauernd unveräußerliches Eigentum der Genossenschaft bleibt [...], ferner die Errichtung von Gebäuden, der Betrieb von Gewerben und gemeinnützigen Einrichtungen, gemeinwirtschaftliche Verwertung aller in der Siedlung erzeugten geistigen und stofflichen Arbeitswerte, gemeinsamer Ein- und Verkauf von Waren, Pflege des bargeldlosen und zinslosen Rechnungswesens.

c. Alle Siedler ohne Rücksicht auf Alter und Geschlecht erhalten ein gleiches Einkommen (Gewinnanteil).

d. Die Siedlung ist gemeinwirtschaftlich aufgebaut, d. h. es gibt auf ihr weder Privatbesitz noch Privatbetrieb. Alle Betriebe haben zwar ihre Sonderabschlüsse, laufen aber in einer Gesamtbilanz zusammen. Jeder Betriebsleiter führt seinen Betrieb so, wie er ihn als guter Wirtschafter für sich führen würde. Die Mitarbeiter eines Betriebs sind nicht Angestellte, sondern Mitunternehmer. Sie erhalten also keinen Lohn oder Gehalt sondern einen gleichen Anteil am Jahresend-Ertrag. Sie sind für das Gedeihen des Betriebs ebenso mitverantwortlich wie der Betriebsleiter. Dieser hat jedoch, wie in den einzelnen Häusern die Hausmütter, die besondere Verantwortung für das Ganze des Betriebs und hält seine Mitarbeiter über dessen Zusammenhänge auf dem Laufenden. Er hat auch die Rechnungsführung seines Betriebs in der Hand.

Neu eintretende Siedler können als Probesiedler oder Gastsiedler eintreten. In beiden Fällen erkennen sie den der Siedlungsverfassung zugrund liegenden Gesellschaftsvertrag durch Unterschrift an und verpflichten sich, die Lebensführung der Siedlung zu befolgen. Probesiedler sind grundsätzlich auch am Ertrag beteiligt, also nicht angestellt. Sie erhalten außer der freien Station einen festen Betrag als vorläufig nach unten und oben begrenzende Vorwegnahme des voraussichtlichen Jahresertrags gutgeschrieben. Diese Gutschrift gilt deshalb nicht als Lohn oder Gehalt, und der Probesiedler ist sowenig wie der Vollsiedler versicherungspflichtig. Von dieser Gutschrift können Auslagen für notwendige Bedürfnisse über die freie Station hinaus (kleines Taschengeld, Kleidung, Bücher, Musik usw.) je nach Lage der Verhältnisse und nach vorheriger Verständigung mit dem Betriebsleiter bestritten werden. Wenn irgendmöglich sind sämtliche Bezüge in Verrechnung durch die Siedlung zu betätigen. Der Rest bleibt als unverzinslicher, aber wertbeständiger Anteil am Betriebskapital stehen und kann nach etwaigem Ausscheiden in jeweils festzusetzenden monatlichen Raten zurückgefordert werden. Die Probezeit dauert je nach Einzelfall ein halbes bis zwei Jahre.

Alle übrigen auf der Siedlung weilenden Menschen, seien es nun Dauergäste (Pensionäre), Erholungsgäste, für besondere Aufgaben gerufene und angestellte Hilfskräfte oder ungerufen zu uns kommende Helfer, sind Gastsiedler. Die wirtschaftliche Stellung der Gastsiedler wird jeweils durch besondere Abmachungen geregelt. Liegen solche besonderen Abmachungen nicht oder noch nicht vor, dann handelt es sich in jedem Fall um Gastverhältnisse, schlicht um schlicht, bei denen jedoch von Seiten der Siedlung im Hinblick auf ihre harte Wirtschaftslage von den Gastsiedlern selbstverständliche, vorbehaltslose Mitarbeit vorausgesetzt wird. Das trifft natürlich nicht für zahlende Gäste des Erholungsheims zu.

91. »Besuche ...«

Besuche [auf dem Vogelhof] bitten wir dringend nur nach vorheriger schriftlicher Abmachung und unter Spendung eines Gastgeschenks [...] zu machen. Besuche sollten möglichst mitarbeiten. Hamstern muß mit Rücksicht auf den Ruf der Siedlung streng vermieden werden.

92. »Auszug aus unserer Hausordnung«

Die Arbeit beginnt um 5 Uhr früh auf dem Feld, im Garten, am Bau, in der Hauswirtschaft. Um 6 ½ Uhr ist Frühstückszeit, um 12 Uhr findet das Mittagsmahl, um ½ 7 Uhr Abendessen

statt. Die Gemeinschaftsstunde dient gemeinsamer Musik oder der Besprechung von Fragen, die uns bewegen, und von Meinungsverschiedenheiten oder Reibungen, die ausgetragen werden müssen. Vor oder nach jeder Mahlzeit wird etwas Anregendes oder Erbauliches gelesen. Besuche beteiligen sich an der Arbeit oder entrichten ein den Verhältnissen entsprechendes Taggeld. Die Arbeit wird von den Gruppenleitern verteilt, denen nach geschehener Verteilung unbedingt Folge zu leisten ist. Die allgemeinen Regeln der Hausordnung betreffen 1. strengste Einhaltung der Zeiten, 2. sorgfältigste Reinlichkeit und Ordnung, 3. brüderlichen Ton (bei allem, was man tut und sagt, an den andern denken und ihm über Schwierigkeiten und Fehler hinweghelfen), 4. »Jede Arbeit sei dir Bruderdienst und Gottesdienst.«

92. Stadt und Land

a. »Das Große am Bauernwerken«
Das Große am Bauernwerken und -wirken hat sogar bis heute trotz aller Versicherungen und vorheriger Rentabilitätsberechnungen u. ä. noch nicht ganz umgebracht werden können. Und das ist dies, daß der Bauer gläubig Arbeit und Saat in die Scholle legen muß und trotzdem nirgends ein verbrieftes und einklagbares Recht auf den sicheren Ertrag seiner Arbeit und seiner Aufwendungen hat und bekommt. Er muß dankbar hinnehmen, was da wächst und gedeiht und muß oft noch an Erntearbeit mehr aufwenden, als der ganze, vielleicht gar verhagelte oder verseuchte Jahresertrag wert ist. Da macht das Gesetz der Rentabilität sogar stille Halt. Das ertragen unsre Bauern als gewohnte Spannung. Der eine dumpf und fast unbewußt, der andere bewußt und königlich und dazwischen wieder einer auf die oder jene Seite neigend. Anders ging es uns Städtern, die Lohnarbeiter geworden waren bis fast in die letzte Faser. Wir waren gewohnt, fest umgrenzte, vertraglich gewährleistete Ansprüche zu machen. Dazu kam noch bei fast allen die körperliche Umstellung. Wir mußten erkennen, daß Landarbeit von Tagesgrauen bis zur sinkenden Nacht einen Körper braucht von Stahl und Eisen und dazu zum Wartenkönnen auf das Sichtbarwerden des Erfolges oder auch Nichterfolges eine Seele und ein Herz diesem Körper gleich. Weit und groß und unverzagt. Und das alles mußten wir neuen Bauern vom Vogelhof erst lernen und uns erwerben. Da reichten die Kräfte trotz allem guten Willen meist nicht aus, und bis auf wenig Ausnahmen zerbrachen an dem, was notwendig war, die Menschen, die bei uns waren, oder die, die Lücken füllend, aus dem damals noch fast

unerschöpflichen großen, lebendigen Kreis der Jugendbewegung zu uns kamen. Zu diesen mit der Arbeit an der Scholle unlöslich verbundenen Forderungen und Spannungen kamen noch viele fast gleich schwere Nöte, die aus dem begonnenen Werk und den dabei beteiligten Menschen herauswuchsen. Freunde, die bisher aufeinander gebaut hatten, verstanden einander auf einmal nicht mehr. Denn es ist etwas ungleich anderes und Schwereres, gewissermaßen an einem schweren Pflug gemeinsam freiwillig ziehen und die gegenseitigen Schwächen erleben und ertragen zu müssen oder aber der in einer Maschinenfabrik, jener in einem Büro und der dritte wieder als Student je in verschiedenen Sielen stehend, einander zu kennen in einigen wenigen froh gespannten Stunden und allenfalls noch in tiefem persönlichen Leid. Da fehlt das Kleine und Fressende, das jeder mit dem Werktagsgewand ablegt und nach Möglichkeit zu Hause läßt, wenn er zu Nestabenden und »feinen Stunden« geht. Für uns war (und ist es teils heute noch) aus uns selbst heraus die schwere Aufgabe zu lösen, die der Kapitalismus mit der Knute des Aufsehers und im modernsten Sinne mit der Knute des laufenden Bandes und dahinterstehend der Entlassungsdrohung brutal und einfach löst. Es ist der Gedanke und die Aufgabe der »Werkgemeinde«, die mit der Gründung von Siedlungen (ob Landbau, Gartenbau oder Handwerk) vor uns Menschen stand mit einem vorher nicht für möglich gehaltenen Pack an Schwierigkeiten und Nöten. Auch daran zeigte sich, wie gemeinschaftsfern wir alle waren und wie sehr es der Stadt schon gelungen war, uns in lauter »Einzelne« zu zerteilen und möglichst auch für jeden gleich eine Spezialaufgabe zu erfinden, in die sich jeder dann auch tüchtig verrannt hat. Dadurch nur ist das Volk und die Masse so hilflos zu erhalten, daß sie gegen die Macht des Kapitalismus nichts Geschlossenes mehr ins Feld zu stellen vermag. Denn bis alle »selbständigen« Menschen geeinigt sind, hat der Wolf sein Schäfchen längst verzehrt.

b. »Kärgliche Verhältnisse«
Nun mußte die Umstellung vom Stadtmenschen zum Land- und Werkgemeindemenschen noch erfolgen unter kärglichsten Verhältnissen. Außer dem notwendigsten an Nahrung für 30 Menschen konnte unsre Scholle nichts hergeben. Unser Gartenbau gab in den ersten Jahren keine Erträge, die sich im Küchenzettel deutlich bemerkbar machten. Auf diesem Gebiet waren wir alle Anfänger bzw. Theoretiker. Und soweit Praxis vorhanden war, mußte eine große Umstellung und Anpassung an unsern Boden und unser Klima erfolgen. Das galt auch für die Landwirtschaft und unsern bescheidenen Obstbau, zu dessen rascherer Ausdehnung das Geld ebenso fehlte, wie zu einer intensiveren Bewirtschaftung des Landes überhaupt. Dazu waren oft die Arbeitskräfte für Garten und Land völlig unzureichend, weil Menschen und Tiere vom Hausbau völlig absorbiert wurden (wir hatten Jahre, in denen gar nichts oder fast nichts an Wintersaaten in die Erde kam und auch nicht eine Furche von der notwendigen Ackerarbeit nach der Ernte geleistet werden konnte) und wieder andere oft entscheidende Saat-,

Pflege- oder Erntestunden auf das Wälzen der aus unsrer Gemeinschaft herauswachsenden Probleme verwandt werden mußten. Die Führenden und Tragenden der Siedlungsgemeinde waren deshalb von Herzen dankbar, wenn die oft als eintönig und nicht menschenwürdig geschmähte Nahrung, bestehend aus Kartoffeln und Getreidespeisen in allen nur denkbaren Zubereitungsarten wenigstens zureichte. Wenn ich heute gelegentlich alte Küchenaufschriebe in die Hand bekomme, dann muß ich selbst den Kopf schütteln. Man muß sich deutlich vor Augen halten, daß wir in den Jahren 1921 bis 1925 keinerlei Ausfuhr an Werten hatten (außer gelegentlicher Arbeitskraft) und die schon immer knappen Erträgnisse reichten kaum zu für den Kreislauf innerhalb der Siedlungsgemeinde und des Betriebes selbst. Alle Zukäufe (mancherlei konnten wir eben bei bestem Willen und Können nicht selbst erzeugen) mußten gemacht werden aus den hin und wieder aufgenommenen Darlehen von Freunden unsrer Sache. Diese Darlehen stellten den damit teilweise in Geld umgewandelten Aufwand an eigenen Arbeitswerten beim Bau der Gebäude dar. In erster Linie mußten aus solchen Geldern jedoch die Baustoff- und Handwerkerrechnungen bezahlt werden. Und oft reichten die Mittel dazu nicht einmal aus und der Zukauf des Notwendigsten zur Nahrungsergänzung blieb oft unter dem Mindestmaß. Unsre Kleidung bestritten wir in der Hauptsache aus alten auf die Siedlung mitgebrachten Beständen und aus geschenkten getragenen Kleidern. Die Anschaffung neuer Kleidung wurde manchesmal und dies nicht nur aus Geldnöten ein »Siedlungsproblem«. Unsre Ansprüche an Kleidung waren jedoch immer sehr bescheiden, besonders im Sommer, in dem wir am liebsten im Licht-Luftkleid herumliefen, wenn uns nicht böse Nachbarn das versalzten. Trotz allen Nöten waren wir ein meist frohes Völklein, das aus dem Lauf der Natur bald gelernt hatte, daß die Sonne trotz aller Wolkenberge und Unwetter doch immer da ist.

94. »Junge« gegen »Alte«

a. [...] Bedenken [der Jungen]: Ist nicht unsere dringendste Aufgabe jetzt die rasche Verwirklichung der Siedlung, die Beschaffung eines Gutes? [...] Die Frage ließ ein starkes Drängen »heraus aus der Not« der Widersprüche, die der »neue Mensch« im »alten Leben« empfindet, erkennen, zeigte aber auch, daß in diesem Drängen der Gemeinschaftsgedanke nicht genügend beachtet wurde. Es klang ein störender Gegensatz zwischen »Jungen« und »Alten« durch die Arbeit hindurch, der in zweierlei begründet schien. Erstens darin, daß die Jugend der Meinung war, die »Alten« wollten die praktische Arbeit verzögern. Das ist durchaus unzutreffend. Ich hatte zum Ausdruck gebracht: »Die Gemeinschaft ist noch nicht reif.« [...] Es können zunächst nur kleine Kreise ans Siedeln denken. Die Jugend hat von ihrer Not gesprochen. Wir haben sie in vollem Maße anerkannt und mitempfunden. Aber stehen wir Älteren denn nicht in der gleichen Not? Und empfinden wir sie weniger stark? Diese Not bindet uns ja zusammen, nur darf sie uns nicht beherrschen, sonst besteht die Gefahr des Drängens [...] Im übrigen haben wir [...] *nichts* versäumt, um ein geeignetes Gut zu finden. Unsere Bemühungen waren aber erfolglos, teils wegen der ungenügenden Geldmittel, teils wegen der ungenügenden Lage [der Projekte]. Zweitens darin, daß wir »Alten« zu papieren, zu schulmeisterlich seien. Die Jugend will das Leben unmittelbar erleben, will keine Richtlinien irgend welcher Art (Erlösungswege usw.), will nichts Gedrucktes und Geschriebenes, empfindet das als Belehrung, als eine Beengung des Lebens und Erlebens [...]

Niemand ist es schmerzlicher als mir, daß ein solcher Gegensatz zwischen Jugend und Alten entstehen, ja daß man davon

überhaupt reden konnte. Das heiß drängende Erleben der Jugend und das Werden des Neuen in der Jugend tragen auch wir Älteren noch als Sehnsucht in uns. Auch wir drängen heraus und wollen einen »völligen Bruch mit dem alten Leben«; auch wir kennen die Welt von Diefenbach und Fidus[12a], sonst hätten wir uns nicht mit der Jugend zusammengefunden, sonst wäre der Ruf zu einer solchen Siedlung überhaupt nicht ausgegangen. [...] In uns Älteren lebt das Sehnen nach wahrer Gemeinschaft, die uns bisher nur ein »Fern-Erleben«, ein mittelbares Erleben war, so stark wie in der Jugend, weil wir uns in einer Umwelt, der das Neue so völlig fremd ist, bitter einsam fühlen und weil unser Leben reich an Enttäuschungen gewesen ist. Aber die Gemeinschaft muß von selbst wachsen, und Vertrauen zu verlangen, wo die Voraussetzungen dafür noch ungenügend sind, ist eine unbillige Forderung.

[...] Aus dem Verlauf der Verhandlungen erwähnte ich noch folgendes: Hans Reichart und Fritz Jaquet redeten von der Not der Jugend und ihrem Weg: Drang nach körperlicher Arbeit und Boden. Wilfried Busse klagte, daß die Jugend in Not und Gemeinheit nicht mehr wachsen könne, sondern zu Grunde gehe [...][12b]

b. Gegen die von Dir [Friedrich Schöll] zuletzt erstrebte Umkehrung des ganzen Siedlungsaufbaues und Eingliederung der Siedlung in die Schule wehrten wir uns mit allen Kräften, weil wir nicht nur ein Anhängsel eines Schulbetriebes sein wollten, sondern weil wir den Werkgemeindegedanken, in dem auch die Schule vollständig Raum hatte, für richtiger hielten. Leider fanden wir bei Dir für unser Denken und Fühlen sehr wenig Verstehen [...]

Der Zusammenbruch des ganzen Siedlungsaufbaues durch das Schließen der Schule [1938] zeigte mit aller Deutlichkeit auf, daß das Fühlen und Denken und Streben von uns Jungen das

---

[12a] Karl Wilhelm Diefenbach und sein Schüler Fidus drückten das Lebensgefühl dieser Jugend am besten aus: Körperkultur (Licht, Luft, Sonne, Nacktheit, Beschwingtheit) und kosmisches Pathos verbanden sich zu einer Weihekunst, in der die völkische Gemeinschaft ebenso einen Platz hatte wie der Wunsch nach sexueller Erlösung.

[12b] Reichart und Busse gehörten zum Runheimer Kreis, der bereits einen Anfang mit Siedeln gemacht hatte und sein jugendbewegtes Drängen und seine Opposition gegen die »Alten« am 9./19. Eiser 1921 in einem »Ruhe-Brief« zum Ausdruck brachte. Sein Verfasser – Willo Rall – wurde stark beeinflußt durch den »Wanderprediger« Gusto Gräser.

Richtigere war. Für uns war der Beginn der Siedlung vorweg die Weiterführung unseres schon vorher bestehenden Wirtschaftslebenszieles: Erarbeitung und Erringung einer tatsächlichen irdischen Heimat für uns und unsere teils schon bestehenden und teils noch zu gründenden Familien. Wir waren bereit, allereinfachstes Leben und Not auf uns zu nehmen, dieses Ziel in innerlich sauberer, wenn auch härtester Arbeit auf der Scholle zu erkämpfen. Wir gaben aussichtsreiche Stellungen [Spitze gegen Schöll, der sich durch den Verbleib im Staatsschuldienst den Anspruch auf ein Ruhegehalt erworben hatte!], die uns bequemer zum Ziele geführt hätten, ohne Bedenken auf, denn wir wußten und fühlten, daß nur die Rückkehr aufs Land die Erreichung dieses Zieles ermöglicht. Selbstverständlich war uns Jungen auf diesem Wege die eigene, saubere und rauschgiftfreie Lebensführung und das Miterstreben einer unserer Lebensauffassung entsprechenden Volks- und Wirtschaftsführung [wichtig]. Doch erhofften wir bei diesen Zielsetzungen mehr von der lebendigen Ausstrahlung gesund aufgebauter und gesunderhaltender Kleinzellen als von Werbung und Propaganda. Wir berichteten deshalb auch lieber dankbar von Erreichtem anstatt für Geplantes mächtig zu werben. Sicher hat auch Letzteres seine volle Berechtigung. Doch setzt dies in der Regel das Erreichthaben des ersten Fundamentzieles voraus. [...] Aus dieser verschiedenen Rangordnung unserer im Gesamten und

Einzelnen völlig gleichen Zielsetzungen wuchsen wohl die meisten unserer Siedlungsnöte und -Spannungen heraus.

95. »Weizen-Währung«

a. »Nullenwährungszeitalter«
Dem Nullenwährungszeitalter 1922/23 gaben wir auf dem Vogelhof schnell den Abschied und führten eine eigene Währung auf Weizengrundlage ein. 1922 schon boten wir den mit uns in Verbindung stehenden Geschäftsleuten und Handwerkern die Weizenrechnungsgrundlage an. Einige nahmen dies, wenn auch kopfschüttelnd an. Andere lachten uns aus. 1922/23 gaben wir zur Beschaffung von Bau- und Betriebsmitteln unsre Hellaufsiedlungsbriefe (H.S.B.) auf Weizen lautend aus. Auf dieser Basis haben wir mit der wiederkehrenden Festwährung auch alle Freundesdarlehen voll aufgewertet.

b. »Vogelhofer Währung«
Eine rege Aussprache ergab sich auch über die Vogelhofer Währung, die auf dem Weizenwert aufgebaut ist. Der Wert eines Pfundes Weizens gilt hier eben gleich 1 Teut (T); 1 T = 100 Kreuzer (+). [Das Verhältnis der Reichs-Mark zum »Teut« wurde Ostern 1923 mit 10:1 angegeben.]

96. »Deutsches Erbübel«

a. »Revisionsverband«
In diesen Jahren [um 1923] versuchten wir noch mit viel Mühe und Arbeit all die vielen Siedlungen in deutschen Landen zu einem Revisionsverband zusammenzuschließen. So verwandt jedoch alle uns und auch untereinander waren, so litten doch alle zu sehr am deutschen Erbübel »Eigenart« und das brachte alle Mühe und alle Pläne zum Scheitern. (Und auch fast die Mehrzahl der Siedlungen selbst. Denn das Gesagte galt und gilt auch für die andern Siedlungen und ihre einzelnen Menschen ebenso.)

b. Ein Beschluß
[...] fand eine Beratung mit den Vertretern auswärtiger Genossenschaften und Siedlungen (Koburg und Graz) statt. Das Er-

gebnis war ein Beschluß, an weitere verwandte Vereinigungen und Genossenschaften heranzutreten, um zunächst einen Verband zur Wahrung gemeinsamer Belänge und Erfüllung gemeinsamer Aufgaben zu schaffen. Die weiteren Verhandlungen sollen bei der Pfingsttagung in Weimar stattfinden[13].

c. »An alle Siedlungs-, Wirtschafts- und Werkgemeinschaften!«
Schon oft ist versucht worden, die im Gemeinschaftsgeiste arbeitenden Vereinigungen enger zusammenzuführen, innerlich und äußerlich. Wirtschaftlich schon stehen dem allerhand Schwierigkeiten entgegen (Erzeugnis-Austausch infolge Entfernung meist unwirtschaftlich; wirtschaftlich stärkere Vereinigungen meiden wirtschaftliches Zusammengehen mit schwächeren oder unbekannten usw.). Wir glauben nun aber doch einen Weg zu sehen, der alle in Frage kommenden Vereinigungen zu praktischer Zusammenarbeit führen kann: Bei der an Ostern stattgehabten Genossenversammlung der Hellauf-Genossenschaft beschlossen die Vertreter der unterzeichneten Vereinigungen, an alle anderen in unserem Sinne arbeitenden Siedlungs-, Wirtschafts- und Werkgemeinden mit dem Vorschlag heranzutreten, einen gemeinsamen Revisionsverband zu schaffen, der dann die Grundlage eines engeren Zusammengehens bilden könnte (Wahrung und Förderung der gemeinsamen Belänge vor Behörden und Öffentlichkeit; später gemeinsame Bank usw.); denn durch die Revisionen, die ja für alle Genossenschaften gesetzlich vorgeschrieben sind, würde sich ein besserer Einblick in die Grundlagen und über die Art der Wirtschaftsformen und der Bewirtschaftung der einzelnen Inseln ergeben, der zunächst zu einem regen Erfahrungsaustausch, dann aber auch zum engeren Zusammenschluß richtungsgleicher Gruppen führen kann. Wir bitten nun alle in unserem Sinne arbeitenden Vereinigungen, sich zu diesem Plane zu äußern und bestimmte Vorschläge zu machen. Da es bis jetzt keine Stelle gibt, die über eine umfassende Anschriftensammlung aller in Frage kommenden Vereinigungen verfügt, so teilt

[13] Fortschritte wurden auf dieser Pfingsttagung des »Bundes für deutsche Lebenserneuerung« (Weimar 20.–22. Mai 1923) offenbar nicht gemacht, denn im Protokoll heißt es lediglich: »Neben diesem geistigen Zusammenschluß soll auch ein wirtschaftlicher in die Wege geleitet werden, der als »Wirtschaftsbund« alle Siedlungen u. a. wirtschaftliche Unternehmungen der Erneuerungsbewegung zusammenfaßt und den Untergrund für die Durchführung der neuen [Weizen-] Währung bildet. Die Vorarbeiten dafür sind von Hans Reichart schon in Gang gebracht.«

uns bitte solche mit, die euch bekannt sind, damit wir diesen Aufruf an sie weiterleiten können. An Ostern wurde vorgeschlagen, die Gründung des Verbandes für Pfingsten vorzusehen (Weimar). Die Siedlung Habertshof, die inzwischen auch ihre Beteiligung zugesagt hat, weist aber darauf hin, daß bei manchen Vereinigungen Pfingsten durch eigene Tagungen belegt sind, so daß wohl besser der erste oder zweite Sonntag nach Pfingsten in Frage kämen. Macht auch über Zeit und Ort (Habertshof ladet nach Schlüchtern ein) eure Vorschläge; die endgültige Festsetzung wird dann unter möglichster Berücksichtigung aller Wünsche erfolgen und allen mitgeteilt, die sich zur Teilnahme und Bereitwilligkeit melden. Über die Sache selber glauben wir kein weiteres Wort verlieren zu müssen. Schreibt nun sofort eure Vorschläge, sendet eure Satzungen oder Veröffentlichungen, ferner eine Aufstellung der euch bekannten Vereinigungen an *Siedlung Vogelhof*, Post Hayingen, Württ.!

Heil unserem gemeinsamen Werke!

Am 1. 4. 1923.
Im Auftrag der Siedlungs- und Erneuerungshaus-Genossenschaft, e. gem. G. m. b. H., *Koburg:*

gez. Karl le Maire.

»*Hellauf*« gemeinnützige eingetragene Siedlungs- und Wirtschafts-*Genossenschaft* m. beschränkt. Haftpflicht:

i. A. gez. Hans Reichart.

d. »*Siedlungs-Liste*«[14]
1. Siedlung Bergfried, Söllhuben, Oberbayern.
2. Siedlung Blankensee, bei Strelitz, Mecklenburg.
3. Siedlung Frankenfeld.
4. Haus Asel, Post Herzhausen b. Cassel.
5. Siedlung Donnershag bei Sontra in Hessen.
6. Siedlung Lichtland Springe.
7. Siedlung Loh[e]land.
8. Klappholttal auf Sylt.
9. Siedlung Brieselang-Lindenhof bei Nauen (Berlin-Nordbahn).
10. Siedlung Wust bei Brandenburg/Havel.
11. Sonnenhof Worpswede [Leberecht Migge].
12. Heinrich Vogeler, Worpswede.

[14] Sie führt offenbar die für den Revisionsverband vorgesehenen Mitglieder auf. Unbekannt ist, welche dieser Siedlungs- und Werkgemeinden dann tatsächlich bei dem folgenden Treffen auf dem Habertshof vertreten waren.

13. Landsassen, Hans Albert Förster, Leipzig, Königstr. 11.
14. Märkischer Bergfried, Gg. Eckert, Berlin W 15, Uhlandstr. 40.
15. Hellauf-Siedlung Vogelhof, Post Hayingen, Württ.
16. Siedlung Habertshof, Elm Kr. Schlüchtern.
17. Neue Schar, Dresden-A., Güterbahnhofstr. 3.
18. Siedlung Moorhof, Kurt Ortlepp, Hamburg 27, Vierländerstr. 6a.
19. Siedlung Jungborn, Hameln.
20. Siedlung Lichtland, Bücksburg.
21. Wirtschaftsbund Soest i. W., Hch. Dolle.
22. Kleinsiedlungsamt des Dt. Vereins für ländliche Siedlung, Berlin-Steglitz, Treitschkestr. 15.
23. Berhard Jansa, Neudietendorf b. Erfurt.
24. Reichsgegenzinsbund, Grundhof bei Dollerup, Schleswig.
25. Nordisches Sekretariat, Zepernick b. Berlin.
26. Schaffersiedlung Bergedorf bei Hamburg, Ernst Mantiusstr. 5 (Karl Weissleder).
27. Wirtschaftsbund Sanatorium Lehmrade Post Mölln in Lauenburg.
28. Freie Schulgemeinde Wickersdorf bei Saalfeld.
29. Siedlung Struppen bei Pirna (Arthur Zinke).
30. Siedlung Heimland.
31. Deutsche Werkgemeinschaft Göttingen.
32. Bund der Werkgemeinschaften, Berlin-Wilmersdorf, Sigmaringerstr. 16.
33. Hanse, Wirtschaftsstelle Dt. Jugendbünde GmbH, Spandau.

e. »Grenzenlose Solidarität mit anderen Siedlungsunternehmen«?

Max Zink unternahm die Gründung eines Verbandes einiger aus der Jugendbewegung hervorgegangener Siedlungen. Deren Delegierte tagten bei uns [auf dem Habertshof]. Erich Herrmann alarmierte mich mit der warnenden Frage: »Weißt du, was vorgeht? Sie planen einen Verband, in welchem wir für die Schulden der andern haften sollen.« Wir forderten von Max Zink eine sofortige Besprechung mit uns beiden Vorstandsmitgliedern. Zink bestätigte, es sei geplant, dem Vorstand dieses Siedlungsverbandes ein unbeschränktes Umlagerecht auf alle Mitglieder zu erteilen. Wir, Erich Herrmann und ich, weigerten uns, unsere Unterschrift unter einen solchen Pakt zu setzen. Damit war die Situation für Zink gegenüber den Vertretern der andern Siedlungen sehr peinlich. Die Beschränkung seiner persönlichen Verfügungsgewalt über den Habertshof trat zutage. Gerade diese Vollmacht aber beanspruchte er und rief darum am selben Abend alle ständigen Siedler zusammen. Er erklärte: »Ich habe den Habertshof seinerzeit gekauft. Ich weiß, was ich damit gewollt habe. Ich trage die Idee der Siedlung in mir. Ich fordere das Recht, den Habertshof zu führen und ihn nach außen zu vertreten.« Erich Herrmann und ich blieben hart. Der Anspruch eines Einzelnen auf absolute Führungsgewalt vertrug sich nicht mit der proklamierten Gemeinschaft. Als Vorstandsmitglieder wußten wir uns der Genossenschaft Habertshof gegenüber verantwortlich. Eine grenzenlose Solidarität mit andern Siedlungsunternehmen erachteten wir als unsern kommenden Ruin. Es blieb bei unserer Weigerung, in den eben auf Habertshof gegründeten Siedlungsverband einzutreten. Ich habe in meinem Leben kaum je solch heftiges Herzklopfen wie an jenem Abend gehabt.

97. »... der bleibe uns fern«

Allen denen, die gerne zu uns kommen möchten, wollen wir recht deutlich vorher sagen: Wer sich der Sache nicht *ganz*, unter Verzicht auf eigenes Wünschen und Bequemlichkeiten, widmen will, wer nicht schon in naturfroher und naturgemäßer Weise (frei von Fleisch, Alkohol und Tabak) lebt, wer nicht räumliche und wirtschaftliche Enge, ein Leben ohne Geld, zu ertragen vermag, wer nicht im Geiste der Jugendbewegung zu Hause ist, wer nicht von früh bis spät zu *jeder* Arbeit bereit ist, wer Menschen verschiedener seelischer Artung nicht mit liebevollem Verstehen zu ertragen weiß: der bleibe uns fern, er wird nicht zu uns passen, er wird es bei uns nicht aushalten, er wird uns nicht fördern sondern belasten. Wer aber hier nichts verdienen, sondern mit ganzer Seele dem Aufbau eines Werkes und der Erreichung eines hohen Zieles dienen will, der ist uns willkommen.

Anarcho-religiöse Siedlung

SANNERZ

Ländliche Siedlungen haben eine lange christlich-schwärmerische Tradition. Ihre Stärke erwies sich in Deutschland erneut nach dem Ersten Weltkrieg, als sich Christentum, Sozialismus und Jugendbewegung verbanden. Die christliche Brüderlichkeit erhielt damit einen durchaus revolutionären, sozialen Bezug; und dieser »religiöse Sozialismus« gewann enthusiastischen Schwung durch eine christliche (genauer: evangelische und quäkerische) Jugendbewegung, die in der Krise der bürgerlichen Frömmigkeit und eines am Staat orientierten Christentums die Sehnsucht nach einer neuen Religiosität, nach einem radikalen Christentum verspürte. Anders als die jugendpflegerischen christlichen Vereine äußerte diese christliche Jugendbewegung das Verlangen nach einer Neugestaltung von Gesellschaft und Kirche. Unter allen jugendbewegt-christlichen Gruppen war es wiederum die »Neuwerk«-Jugend, welche sich mit der sozialistischen und pazifistischen Bewegung (Nähe zu den Quäkern!) solidarisierte und als einzige kirchliche Gruppe ihre Ziele nicht nur über Jugendarbeit, sondern in Siedlungen zu verwirklichen suchte. Denn die Lebens- und Arbeitsgemeinschaft schien ihr der rechte Ort für eine vertiefte Erziehung und eine Verwirklichung von Brüderlichkeit und Menschlichkeit (»aktives Christentum«).

Die charismatische Gründerfigur dieser Bewegung war der ganz und gar unbürgerliche Theologe Eberhard Arnold, für den die Forderung der Bergpredigt, der anarchistische Pazifismus Tolstojs und der Verwirklichungssozialismus Gustav Landauers gedankliche Grundlagen seiner Arbeit wurden. Ein unbedingtes Leben aus dem Geiste der Urgemeinde, die vorwegnehmende Verwirklichung des Reiches Gottes in dieser Zeit schienen ihm durchaus im Bereich der Möglichkeit zu liegen. Auf dem ersten Schlüchterner Pfingsttreffen 1920 gründete er nicht nur die Neuwerk-Bewegung – der »Aufruf zur Urgemeinde« des »Neuwerkes« war allerdings vor allem von Georg Flemming und Otto Bruder (das ist Otto Salomon), einem späteren Sannerzer, ausgegangen –, sondern faßte nach Bekanntschaft mit der Siedlung Habertshof auch die Absicht zur Siedlungsbildung in der Nähe des kleinen hessischen Ortes Schlüchtern, der nicht nur ein in der Reformation evangelisch gewordenes Kloster besaß, sondern Wohnort des Dorfschullehrers Georg Flemming war. Dieser rief 1919 zusammen mit Pfarrer Otto Herpel den

Emmy und Eberhard Arnold

demokratisch, religiös-sozial und pazifistisch ausgerichteten ›Christlichen Demokraten‹ ins Leben, später genannt ›Das Neue Werk. Der Christ im Volksstaat‹. Flemmings Stube wurde »die stille Mitte« der Neuwerk-Bewegung.

Arnold war zunächst ein größeres Haus in Schlüchtern innerhalb der Klostermauern angeboten worden, noch mehr liebäugelte er mit der Absicht, die alte Ansiedlung des Grafen Zinzendorf auf dem Herrenhag bei Büdingen wiederzubeleben. Doch die mangelnden Geldmittel zwangen ihn schließlich dazu, kurz nach der Pfingsttagung in Schlüchtern mit einer kleinen Gemeinschaft nach Sannerz (bei Schlüchtern) zu ziehen, wo sie nach vorübergehend knappster Einschränkung in einigen Zimmern im Hinterhaus einer Gastwirtschaft noch im gleichen Jahr ein Haus mit Grundstück pachten konnten. So war der Anfang der Siedlung auch hier bescheidener als die Pläne. Landwirtschaft und Gärtnerei wurden mehr schlecht als recht betrieben. Jedoch kam ›Das neue Werk‹ unter der Mitherausgeberschaft von Arnold nach Sannerz, jetzt mit dem programmatischen Untertitel ›Ein Dienst am Werdenden‹. Neben der Zeitschrift wurde der »Neuwerk-Verlag« als Genossenschaft aufgebaut. Dann wurde die aus der sozialen Verpflichtung erwachsene Absicht realisiert, elternlosen Kindern auf der Siedlung eine Heimat zu verschaffen. Propagandistisch aktiv waren die Sannerzer besonders in der Jugendbewegung (neben den Schlüchterner Pfingsttreffen wirkten sie durch ihr Buch ›Die junge Saat. Lebensbuch für eine Jugendbewegung‹ und die ›Sonnenlieder. Lieder für Naturfreunde, Menschheitsfriede und Gottesgemeinschaft‹[15]) und in der internationalen Friedensbewegung. Von der bescheidenen Wirklichkeit der Siedlung hoben sich die schwärmerischen Visionen ihrer Gemeinschaft als einer zellenhaften Verwirklichung des Reiches Gottes um so leuchtender ab.

Mit dem Abklingen der apokalyptischen, weltverwandelnden Erregtheit nach dem Weltkrieg kam es schon 1922 zur Spaltung der Neuwerk-Bewegung (auf dem Wallrother Pfingsttreffen). Die »theologische«, unter Einfluß Karl Barths stehende Rich-

---

[15] Die Siedlung Sannerz wurde auch manchmal »Sonnherz« genannt. – Die schönsten Sonnenlieder hatten Otto Bruder (d. i. Salomon) zum Verfasser, den bedeutenden christlichen Laienspieldichter (›Ein Spiel vom heiligen Franz, wie das Wort zu ihm kam‹. Schlüchtern/Habertshof 1924; ›Himmelsschlüssel. Ein liebend mütterlich Märchenspiel. Schlüchtern/Habertshof 1924; ›Christofferus‹. Legendenspiel. Schlüchtern 1925).

tung vertrug sich nicht mit der »aktivistischen« um Arnold, und die Mehrheit der Jugendlichen wollte eher eine sozialreformerische Mitarbeit an den Institutionen als Arnold, der Kirche und Dogma fernstand und auf die Verwirklichung der radikal gedeuteten christlichen Botschaft der »Bergrede« im realen Lebensvollzug hinarbeitete. So schieden die anarcho-religiösen Sannerzer als spiritualistische Minderheit aus der die Versöhnung mit der Welt suchenden Neuwerk-Bewegung aus.

Im gleichen Jahr 1922 kam es über wirtschaftliche Probleme auch zur inneren Krise der Sannerzer Siedlung, die mit der Liquidation des Verlags und dem Abzug der meisten Siedler endete; der größere Teil der Bücher wurde zusammen mit der Zeitschrift vom neuen Zentrum der Neuwerker auf dem Habertshof bei Schlüchtern übernommen. (Der Versuch von Heinrich Schultheis, nach dem Weggang von Sannerz eine eigene Siedlung aufzubauen, scheiterte.)

Zurück blieb aber Arnold mit sieben Getreuen. Nach einer schwierigen Übergangszeit wuchs schließlich ihre Gemeinschaft wieder. 1924 erhielt sie auch ein neues Organ mit ›Die Wegwarte. Monatsschrift der Weggenossen, des Freideutschen Werkbundes und des Sannerzer Bruderhofes‹. Auch der Buch-Verlag (»Eberhard-Arnold-Verlag G.m.b.H.«) blühte auf und wurde das finanzielle Rückgrat der Siedlung. Landwirtschaft, Gärtnerei und Handwerk wurden ausgebaut, und die betreute »Kindergemeinde« (1927: 23 Kinder) wuchs zusammen mit der für sie eingerichteten Schule.

Als 1926 der alte Pächter dem »Bruderhof« kündigte, wollte Arnold zunächst unter Aufgabe der Landwirtschaft in der Nähe einer Großstadt ein größeres Gebäude mit Gartengrundstück mieten (schon 1919 hatte er ursprünglich nicht an eine ländliche Siedlung, sondern an ein »Settlement« im Berliner Großstadt-Slum zur geistigen und sozialen Betreuung der Armen gedacht[16]). Doch dann griff er zu, als günstig der Sparhof in der Rhön (Gemeinde Veitsteinbach) erworben werden konnte und gründete hier 1927 den »Rhön-Bruderhof«. Die durch den Kauf eingetretene hohe Verschuldung führte zur Anlehnung an die Mennoniten; damit wandelte sich schon ab 1927 der Charakter des Bruderhofes: er verlor seinen anarcho-religiösen Charakter (1927 Einführung einer eigenen Ordnung), nachdem schon in

---

[16] Die englische Settlement-Bewegung hatte in der deutschen Jugendbewegung mit der Gründung des »Charlottenburger Siedlungsheims« in Berlin durch einen studentischen Kreis um Ernst Joël 1913 Fuß gefaßt.

Sannerz der Übergang vom undogmatischen Spiritualismus zum Täufertum (Erwachsenentaufe) erfolgt war. 1930 schloß sich die Arnoldsche Gemeinde den Hutterischen Brüdern in Amerika an und gewann damit die reale Verbindung zu der schon immer betonten ideellen Ausrichtung an einer vierhundertjährigen Tradition christlichen Gemeinschaftslebens[17]. Die Siedlung nannte sich jetzt »Neuwerk-Bruderhof der Hutterischen Brüder«.

Der »Rhön-Bruderhof« wuchs ständig – so stießen in den dreißiger Jahren Kräfte aus dem Züricher »Werkhof« (einer Gründung von Leonhard Ragaz) und aus der religiös-sozialen Siedlung Ziegelwald in Eisenach (unter Führung von Bernhard Jansa) hinzu. Schon vor der Schließung dieser Gemeinschaft durch die Nationalsozialisten 1937 – zwei Jahre nach Arnolds Tod – begann das Ausweichen der Bruderhöfler ins europäische Ausland, bis ihr Weg sie schließlich bis nach Süd- und Nordamerika führte. Einer Rückkehr nach Deutschland nach dem Zweiten Weltkrieg war nur ein zeitweiliger Erfolg beschieden (Sinntalhof bei Bad Brückenau). Neben den Kibbuzim wird in den Bruderhöfen ein weiterer internationaler Ableger der Gemeinschaftssiedlungen der deutschen Jugendbewegung faßbar, der bis heute am Prinzip der Gütergemeinschaft festhält und – zusammen mit den Hutterischen Brüdern – etwa 25 000 Mitglieder umfaßt.

98. »Stimme des Geistes«

[...] Die Erkenntnis des religiösen Sozialismus und der geistigen kommunistischen Gemeinschaftsforderung war der äußere historische Anstoß, der einige von uns in den Jahren 1918 und 1919 auf den Weg des gemeinsamen Lebens drängte. Innerlichst waren wir von Anfang an davon überzeugt, daß alle Gemeinschaftsversuche zum Scheitern verurteilt sind, soweit sie nicht den Geist der Bergpredigt und der Urgemeinde in sich tragen. In öffentlichen Vorträgen und offenen Abenden wurden wir in

---

[17] Nicht alle Brüder waren mit dieser Entscheidung einverstanden. So heißt es in einem Brief an den Verfasser: »1929 waren alle Türen weit offen zum Hineingehen und Hinausgehen! Erst durch die Vereinigung mit den Hutterern sind die Türen verschlossen worden – leider! 1929 hatten die Formen Inhalt. Der Inhalt war wichtiger als die Form. Heute ist die Form zwar geblieben – aber der Inhalt ist gewichen!«

größeren und kleineren Kreisen suchender Menschen in das Erlebnis der Bergrede Jesus und der Urgemeinde hineingeführt, wie sie in den ersten Kapiteln der Apostelgeschichte zu uns sprach. Die völlige Hingabe als die völlige Liebe, die Gemeinsamkeit des Lebens, auch in allen äußeren Dingen, leuchtete uns als ein Weg auf, der uns zu den Menschen führen sollte, die damals so leidenschaftlich um Gemeinschaft und Gemeinsamkeit rangen und litten. Die Hauptsache ging uns schon damals als innerster Antrieb auf, daß wir in tiefster gemeinsamer Sammlung die Stimme des Geistes hörten, der allein Einheit in sich trägt [...]

99. »Erweckte Jugend« der Nachkriegsjahre

Die Ströme von Hunderten, die aus der Jugendbewegung aller Art durch unser Haus fluteten, brachten viel Chaos und Störung, aber ebenso viel positive Bewegtheit und tiefste Anregung mit sich. Was wir diesem Gesamterlebnis dieser erweckten Jugend verdanken, die besonders seit 1918, am stärksten in dem damaligen Freideutschtum und in der proletarischen Jugend, auf uns einwirkte, ist so tief und groß, daß hier nur darauf hingewiesen werden kann: Es war ein Ereignis, das nicht von Menschen herrührte, sondern vielmehr das damalige Menschentum auf die große Zukunft Gottes hin erschütterte.

100. Christliche »Protestbewegung«

[...] Was vorher von Einzelnen hier und da schon kürzere oder zum Teil längere Zeit vertreten oder gesagt worden war, das war jetzt gemeinsamer Kampfruf einer geschlossen vorstoßenden Front: Feindschaft dem Antigott Gold und seinem furchtbaren Gefolgsmann Krieg; – freiwillige Armut; – vollkommen freie Hand, nach dem Gewissen zu leben; – Leben aus dem Unbedingten heraus; – ein Müssen von oben her, auch gerade in der Sozialdemokratie; – immer in Bewegung bleiben; – Gemeinschaft mit jeder Gewissensregung, die sich irgendwie gegen Unrecht, Haß und Mammon erhebt; – Freiheit von jeder programmatischen Bindung; – Freiheit zum Dienst in der Liebe Christi; – missionarischer Auftrag, besonders in Gemeinschaft mit freideutschen und sozialistischen Kreisen; – Brüderlichkeit und gegenseitiges Vertrauen; – Zeugnis des lebendigen Heilands als des persönlichen Erlösers und als des einzigen Erfüllers aller Menschheitsideale; – das Nahekommen der ersten christlichen Gütergemeinschaft; – Glaube an das kommende Reich der Gerechtigkeit und des Friedens. Man könnte in diesen kurzen Anführungen unaufhörlich fortfahren, um das Drängen der gemeinsamen enthusiastischen Erwartung von allen Seiten zu zeigen. Oft schien diese Erwartung ganz nahe an manche freideutsche, pazifistische, sozialdemokratische, kommunistische und anarchistische Ideale heranzuführen, – und doch blieb sie immer von ihnen allen unterschieden, weil sie sich ganz auf Christus und sein Kommen, auf die Auswirkung seines Geistes richtete. Für diese Auswirkung war uns der Glaube gemeinsam: »Wenn man uns noch so überzeugend die Unmöglichkeit eines solchen Lebens, wie es die Bergrede darstellt, beweisen will: wir glauben dennoch das Unmögliche: Jesus verwirklicht das Reich Gottes.« [...]

101. »Das neue Leben leben« (Schlüchterner Pfingsttreffen 1920)

Der Frage, die unbewußt hinter allem steht: Was sollen wir tun? – dieser Frage konnte endlich nähergetreten werden. Und es zeigte sich, daß der Gedanke der freien Siedlung auf kommunistischer Grundlage als unmittelbarste Auswirkung für das, was wir wollen, sich darbietet. Das neue Leben *leben*, nicht darüber reden und nicht durch Polemisieren gegen das alte Leben es hervorbringen wollen! Damit verbindet sich selbstverständlich der Gedanke der Volkshochschule auf dem Lande, wie er jetzt in vielen Köpfen sich entfaltet. Es wurde klar, daß dies Gebilde in der Luft hängenbleibt, wenn es sich nicht volkswirtschaftlich auf die Siedlung gründet.

102. Schritte der Verwirklichung (Schlüchterner Pfingsttreffen 1920)

In diesen Pfingsttagen 1920 faßte der Neuwerkverlag für die sich langsam um seine Mitarbeiter bildende Lebensgemeinschaft Fuß in Sannerz. Die innere Gewißheit für die Gütergemeinschaft und Arbeitsgemeinschaft, für die offene Tür und für die autonome Freiheit dieses Gemeinschaftslebens war dem werdenden Kreis bereits in Berlin-Steglitz [Kreis um Arnold während des Winters 1918/1919[18]] geschenkt worden. In Sannerz sollten die ersten Schritte der praktischen gemeinsamen Arbeit gewagt werden.

103. Christlicher Anarchismus

a. Mit dem Pfingsttreffen in Schlüchtern 1920 war eine Jugendgruppe gesammelt, die künftig den tragenden Kreis der Neuwerkgruppe darstellte, ein Kreis der sich freilich im Laufe der Jahre mannigfach verändert hat. Als Otto Herpel von der Schriftleitung des Blattes [›Das neue Werk‹] zurücktrat, wurde von den Neuwerkfreunden Eberhard Arnold zur Weiterführung des Blattes gerufen. Er zog in das Schlüchtern nahe gelegene Dorf Sannerz, gründete dort den Neuwerk-Verlag und lebte mit seinen Mitarbeitern in Gütergemeinschaft. In der Gestalt Eberhard Arnolds fand das enthusiastisch-eschatologische Moment der Neuwerkbewegung einen markanten Vertreter. Er führte die Bewegung in scharfer Ablehnung von Staat und Kirche einen ausgesprochen christlich-anarchistischen Weg. Die nächsten Jahre brachten für Neuwerk eine Ernüchterung, die kirchlich-evangelischen Elemente traten in Gegensatz zur extremen Führung der Bewegung. Unter ihnen Georg Flemming, der stets die maßvolle kirchliche Richtung vertrat und in seiner Person den Kreis Neuwerks immer stark zusammengehalten hat. Die reformatorische und die täuferische Linie hoben sich schärfer als bisher von einander ab und brachten in ihrem Auseinanderlaufen eine Krise ins Neuwerk.

b. Die Darstellung kommt der Wahrheit erstaunlich nahe. Die Charakterisierung als »Gütergemeinschaft«, als »täuferisch« und als »enthusiastisch-eschatologisch« und als »extrem« entspricht völlig unserem innersten Anliegen. Auch von scharfer Ablehnung des Staates und der Kirche durch die Sannerzer Führung der Neuwerk-Bewegung kann man mit gutem Grunde sprechen (obwohl wir damals leider allzu sehr mit kirchlich Gebundenen zusammenwirkten), so daß es begreiflich ist, wenn Emil Blum von einem »ausgesprochen christlich-anarchisti-

[18] Beeinflussung durch die »Soziale Arbeitsgemeinschaft Berlin-Ost«, einem von Friedrich Siegmund-Schultze 1911 gegründeten Settlement.

schen Weg« spricht, auf den Sannerz »geführt« hätte. Nur bedürfen alle diese Worte aufs dringendste einer näheren Erklärung, welchen Radikalismus dieser extreme Weg meint, welche Gruppe des Täufertums nämlich, welche Christlichkeit, und welche Art von Anarchismus gemeint war. Die Notwendigkeit und [die] von Gottes Gerichts-Macht wirklich gewollte Geschichtlichkeit des Staates haben wir nach Römer 13 stets auch durch die Steuer anerkannt, beteiligten uns damals sogar an staatlichen Aktionen, nämlich an Wahlen, was wir heute nicht mehr tun [...]

[Es ist von größter Bedeutung,] daß diese *Ernüchterung* einer ins tiefste erregten Bewegung durch *evangelisch-kirchliche* Elemente, durch den Einfluß einer *maßvoll kirchlichen* Richtung eintrat, daß also 1922 Neuwerk wie Habertshof von der Kirche in die Hand genommen, *gut kirchlich* wurden. *Das* war der *Sinn* der ganzen Krisis für Schlüchtern und den Habertshof.

104. Christlich-radikale Lebensgemeinschaft (1920)

[...] Am Montag wanderten wir [...] von Büdingen nach Herrenhaag. Unterwegs erzählten wir uns von der wunderbaren mystischen Linie, die durch die Jahrhunderte hindurch dieses Stückchen Land unter den besonderen Einfluß Gottes gestellt hat. In seltsamer Schwingung hat Gottes Geist immer wieder in der Wetterau Bewegungen ausgewirkt, die in revolutionärer Befreiung und religiöser Geistestiefe eine weittragende Bedeutung hatten. Im 13. Jahrhundert war der Herrenhaag durch Zisterzienser besiedelt, später durch Inspirierte, Täufer und Sektierer aller Art. 1736 ließ sich Graf Zinzendorf, aus Herrnhut verbannt, mit seiner wandernden »Pilgergemeinde« auf der Ronneburg und auf dem Herrenhaag nieder. Fünfzehn Jahre lang erstrahlte der Herrenhaager Berg in den häufigen Illuminationsfesten der enthusiastischen, lebensbejahenden Epoche der Brüdergemeinde. Hier war die sogenannte Sichtungsperiode der Brüdergemeinde, die von der späteren gesetzlichen Gesetztheit so scharf verurteilt wurde. Es war eine Jugendbewegung mit dem 1727 geborenen Christian Renatus von Zinzendorf an der Spitze, eine Jugendbewegung, die alles offen, unbefangen und natürlich aussprechen wollte und »keinen Kopf mehr, nur noch Herz« haben wollte. Ihnen war das Leben der Christen ein Fest. Auch wir wollen Freudengemeinschaft und Arbeitsgemeinschaft. Handelt es sich doch darum, daß unsere religiössoziale Bewegung und unsere frei von Christus bewegte Jugend auf gemeinsame Arbeit und Siedlungsgemeinschaft hindrängt. Wir brauchen ein Lebenszentrum auf dem Lande, in welchem wir wandernden Gruppen eine schöne Bleibe bieten und in welchem wir zugleich einen engeren Zusammenschluß verschiedener Arbeitsgruppen [gedacht ist an Baugemeinschaft, landwirtschaftliche Arbeitsgemeinschaft und Verlag] zu produktivem Schaffen und gegenseitigem Güteraustausch herbeiführen. Es handelt sich um eine Lebensgemeinschaft, die Arbeitsgemeinschaft, Tischgemeinschaft, Gütergemeinschaft und Glaubensgemeinschaft sein soll.

[...] Die Einkünfte sämtlicher Angestellter aus dem Neuwerk-Verlag, also auch mein Gehalt, fließen ebenso wie die Einkünfte aus der Baugemeinschaft und aus der landwirtschaftlichen Arbeitsgemeinschaft in eine gemeinsame Kasse, die von zwei tüchtigen Finanzleuten und Verwaltungsmenschen [...] verwaltet wird [...] Ferner würde unsere Gemeinschaft aus dem [eigenen] Pachtgut so gut wie alle Lebensmittel beziehen. Auch unsere Kleidung würde innerhalb unserer Lebensgemeinschaft ohne Geldverkehr hergestellt und in Ordnung gehalten werden. Es handelt sich hier also um ein kleines Beispiel einer kommunistischen, von Christus und seinem Geist geleiteten Lebensgemeinschaft, die in produktiver Arbeit der Gesamtheit dient. Die Räume unserer Häuser wollen wir für die Bewegung offen halten und besonderen pädagogischen Zwecken widmen [...]

Aus der Geschichte der Gemeinde Gottes geht es ja hervor, daß es in der Brüdergemeinde, in Kornthal, in Täufergemeinschaften, unter den Quäkern, bei Jean von Labady, in Rußland, in Palästina und noch sonst oft zu solchen Lebensgemeinschaften gekommen ist, wobei es unwesentlich ist, welche Form der kommunistische Gemeinschaftsgedanke angenommen hat. Wir sind von dem Glauben durchdrungen, daß heute der lebendige Christusgeist darauf drängt, daß wieder zahlreiche kleine Brennpunkte entstehen, in denen nicht nur Versammlungsgemeinschaft und Erbauungsgemeinschaft, sondern wirkliche Lebensgemeinschaft und produktive Arbeits- und Berufsgemeinschaft zu finden sind. Selbstverständlich ist die entscheidende Frage die nach den Menschen, die eine solche Gemeinschaft bilden. Sicherlich werden nicht alle, die einmal zu uns kommen, dauernd bei uns bleiben können. Aber wir sind gewiß, schon jetzt unter den von Christus ergriffenen Freideutschen, unter den zu Christus gezogenen Proletariern und unter den in Christus freigewordenen D.C.S.V.ern [Deutsche Christliche Studentenvereinigung] und Treubündlern solche Menschen zu haben, in denen die Liebe und der Gemeinschaftsgeist alle störenden und hemmenden Instinkte überwinden wird.

Das Wertvollste an unserm Zusammenleben wird sein, daß wir eine Erziehungsgemeinschaft sind, die durch den gemeinsamen Christusgeist getragen ohne Zwang und ohne gesetzliche Ordnung aus einem jeden das herausholt, was aus ihm werden soll und werden kann. Es werden viele Jugendliche bei uns teils dauernd wohnen, teils auf Wochen oder Monate zu Gast sein. Wir werden heranwachsende Kinder bei uns haben und eine neue Art Landerziehungsheim bilden, in welchem es nicht auf ein abzuarbeitendes Pensum ankommt, sondern vielmehr auf die lebendige Einführung in das geistige Erlebnis aller natürlichen, religiösen und kulturellen Zusammenhänge. Später muß aus den kunsthandwerklichen Erzeugnissen, die in Verbindung mit dieser Erziehungsarbeit entstehen werden, eine weitere Einnahmequelle erschlossen werden [...]

Wir wollen uns bemühen, zunächst keinen zu großen Kreis zu bilden, um den Charakter der Siedlung mit etwa 40 zuerst Beteiligten so rein darzustellen, wie es mit uns, wie wir heute sind, jetzt möglich ist [...]

105. Geplanter Aufbau der Siedlung

Du weißt, daß sich uns der Aufbau unserer Siedlung in drei Arbeitsgruppen ergibt. Die erste eigentliche Urzelle der Siedlung ist und bleibt die landwirtschaftliche Gruppe; als zweite tritt die handwerklich arbeitende Gruppe der Maurer und Schreiner und Kunsthandwerker hinzu und die dritte, die literarisch-pädagogisch und sonst geistig arbeitende Abteilung. Es versteht sich von selbst, daß die handwerkliche und die verlegerisch und pädagogisch arbeitende Gruppe soviel wie irgend möglich auf dem Felde mitarbeiten will. In Zeiten, in denen es auf jede Hand ankommt, werden wir alles zurückstellen können und uns gleichsam als Hilfsarbeiter ganz der Landarbeit zur Verfügung stellen. Umgekehrt können wir in für die landwirtschaftliche Arbeit ruhigeren Zeiten dem gesamten Kreis aus dem Strom unseres geistigen Austausches mitteilen, können manchem auch auf diesem Gebiet eine befriedigende Tätigkeit oder Nebenbeschäftigung geben.

106. »Starker Eindruck« (Schlüchterner Pfingsttreffen 1921)

[...] So fuhren wir denn auf die Siedlung »Sannerz« bei Schlüchtern.

Unterwegs erklärte mir mein Begleiter, es sei »Jugendbewegung«, die sich da zu einer großen Pfingst-Tagung treffen werde. Ich wußte nicht, was ich mir unter »Jugendbewegung« vorstellen sollte. Gemeint waren wohl diese Leute, die für alte Ritterburgen schwärmten, eine »Kluft« trugen und auf dem Rücken Eßgeschirre und Klampfen mit sich herumschleppten.

Meine gespannte Erwartung wurde dadurch etwas herabgemindert, daß sich die Siedlung äußerlich als eine »Villa« entpuppte. Das Ländliche war durch zwei Kühe und eine Ziege dargestellt und einen liebevoll gepflegten Gemüsegarten. Ein jugendlicher Original-Proletarier war ebenfalls da. – Ich mußte an den Lindenhof denken.

Die Atmosphäre im Inneren der »Villa« dagegen versetzte mich in eine ziemliche Erregung. Vieles von dem, worum ich auf dem Lindenhofe vergeblich gerungen hatte, war hier mit müheloser Selbstverständlichkeit erreicht, und obwohl die Liebe und Brüderlichkeit der Siedler untereinander echter gewirkt hätte, wenn sie weniger stark betont gewesen wäre, so war dennoch die gemeinsame Schwingung der Seelen so stark zu spüren, daß ich beglückt davon mitgerissen wurde. Zudem machte Eberhard Arnold, der geistige Mittelpunkt dieser »Gemeinschaft im Sinne des Urchristentums«, einen starken Eindruck auf mich.

Unter dem Blick seiner klugen, fanatisch-dämonischen Augen fühlte ich die inneren Widerstände durch all seine Freundlichkeit hindurch. Ich sah wohl auch nicht gerade aus wie einer, der zur Erhöhung der Gemütlichkeit beiträgt. Aber die Verwandtschaft in Ziel und Gesinnung war zu groß, als daß wir voneinander hätten lassen können, und als ich ihm auf seine Frage, ob wir auch Decken mitgebracht hätten, lachend antwortete, wer auf der richtigen Spur sei, fände die Decken rechts und links am Wege liegen, war das Eis gebrochen.

Allmählich stellten sich die Pfingstgäste ein, und der Strom der festlichen Erregung wuchs von Stunde zu Stunde. Ich kam aus dem Staunen nicht heraus über die Art dieser jugendlichen Menschen. Wie sie sich kleideten, wie sie unbefangen miteinander umgingen, wie sie in Selbstdisziplin ihre Decken empfingen und ihre Strohlager aufsuchten, wie sie sich unter frohem Lachen begnügten mit trockenem Brote und ein wenig Suppe aus dem großen Kessel, wie sie ihre Reigen tanzten auf der Wiese dahinten, wie sie barfüßig mit wehenden Haaren und hängenden Zöpfen dahinstürmten, wie ihnen die fromme Ergriffenheit aus den weitgeöffneten Augen strahlte – das alles stürzte traumartig, märchenhaft auf mich ein, als seien meine geheimsten Wünsche plötzlich lebendig geworden, und ich ging umher wie ein Trunkener.

Ich sprach nur wenig mit ihnen, aber wenn ich etwas sagte, nickten sie mit dem Kopfe und – verstanden mich. Das war mir lange nicht mehr geschehen.

So tat sich in einem Augenblicke der Gnade blitzartig die Ahnung von dem großen Gottesgeschehen der Jugendbewegung vor mir auf, und ich begriff, warum ich hierher geführt worden war.

Aber meine berauschte Phantasie hatte die Wirklichkeit wieder einmal in einer veredelten Verzerrung gesehen.

Als die sangesselige Romantik und die im Grunde harmlos-bürgerliche, durchaus unrevolutionäre innere Haltung dieser Menschen mir immer deutlicher wurde, die Reigen aber und die Klampfenlieder kein Ende nehmen wollten, kam die Ernüchterung über mich, und ich stellte bei mir fest, daß mir diese Art von Christentum zu zahm sei.

107. Arbeitsethos

a. Wie Pfarrer Emil Blum in Sannerz zur Handarbeit degradiert wurde (Ende 1921)

[...] besuchte ich Sannerz. Hier lebte Eberhard Arnold mit seiner Frau, zwei Schwägerinnen, mit dem Theologen Heinrich Schultheis und dessen Frau, mit Otto Salomon und andern jungen Mitarbeitern in gemeinsamem Haushalt. Er gab die Zeitschrift ›Das neue Werk‹ heraus und führte einen kleinen Buchverlag. Gemäß dem Prinzip der »offenen Türe« galten Gäste immer als willkommen, hatten sich dabei aber an der Arbeit zu beteiligen. Diesem Grundsatz gemäß hackte ich stundenlang Holz. Der Metzgermeister war gerade jenes Tages zum Schlachten des Hausschweines da und ließ beim Mittagstisch erklären, wenn ihm nicht nachmittags wieder wie vormittags geholfen werde, würde er bis zum Abend mit Wursten nicht fertig.

b. »Arbeitsgemeinschaft«

Es gibt keine Gemeinschaft, die nicht Arbeitsgemeinschaft wäre. Die wenigsten, die im Laufe des Sommers auf unsere Siedlungen oder in unsre Hausgemeinschaften gekommen sind, hatten die Bedeutung dieser Wahrheit geahnt. Die Notwendigkeit täglicher harter Arbeit wird nirgends tiefer bewußt, als in einer solchen Siedlungs-Gütergemeinschaft. In Wahrheit kann niemand auch nur einen Tag ein solches Gemeinschaftsleben »miterleben«, der nicht seine ganze Kraft in die gemeinsame Arbeitsaufgabe drangeben will. Jede Arbeit, die wirklich Arbeit ist, führt in die Welt und ihre Not hinein. Sie wendet sich niemals von der Welt weg. Arbeit fordert praktische Einzelentscheidungen, Willensentschlüsse, bei denen auch der Verstand mit zu reden hat. Es handelt sich jetzt in unserer Bewegung um Mann-Werden, nicht zuletzt in diesem Sinne um Mensch-Werdung. Die meisten von uns sind noch zu wenig Männer, noch zu sehr Jungens, als daß sie schon immer auf die harten Anforderungen der Tagesfragen jene heiß ersehnten Antworten praktisch befreiender Arbeit finden könnten, die für die heutige Lage die Alten nicht mehr zu finden vermögen.

108. »Offene Tür«

Wir erkannten, daß unser Christentum nichts war im Vergleich zu dem der Urgemeinde. Was uns allen bewußt wurde, setzte Eberhard Arnold in die Tat um, indem er seine gesicherte Stellung in Berlin aufgab und auf dem kleinen Hof in Sannerz einen Mittelpunkt brüderlichen Lebens in Gütergemeinschaft schuf. Er hatte in seiner Arbeit als Studentensekretär erlebt, wie viele Menschen den Weg zur Kirche nicht fanden. Seine Siedlung, in die ihm seine Frau mit 5 Kindern folgte, wollte nichts mehr sein als »eine immer offene Tür« für die vielen, eine geistige Heimat suchenden Menschen dieser Zeit.

Ich erlebte, wie verschieden die Menschen waren, die den Weg dorthin fanden. Für die meisten war es nur Durchgangsstation. Doch durften auch diese »Gäste« einmal erleben, welche Kraft der Liebe und der Zucht von einer Gemeinschaft ausgeht, deren Glieder, ganz hingegeben an Christus als den Mittelpunkt ihres Lebens, sich für einander und für alle einsetzen. Es war nicht Eberhard Arnolds Meinung, daß alle Neuwerker seinen Weg des Verzichtes auf eine bürgerliche Existenz und Besitz gehen müßten, wohl aber war er überzeugt, daß es in unserer materialistischen Welt seine Berufung war, ein Beispiel solch urchristlichen Zusammenlebens zu geben.

Trotz der hohen Ideale war die moralische Verwirrung in der Jugendbewegung damals groß. Es gab z. B. eine Richtung, die aus Überschätzung der inneren Bindung Liebender auf jede äußere Bindung der Eheschließung glaubte verzichten zu sollen. Ein solcher Jüngling saß neben mir, als ich einmal in Sannerz war. Ich spürte ihm seine Bedrückung an und fragte Eberhard Arnold, was wohl mit ihm los sei. Eberhard erzählte mir, daß er ihm habe ins Gewissen reden müssen wegen solcher Anschauung und fügte hinzu: »Wo kämen wir hin in Sannerz, wenn wir uns da nicht leiten ließen von der Heiligen Schrift?« Nachher las ich im Gästebuch die Eintragung des jungen Mannes:

Ich kam als Hans im Glück
und ging als Hans im Leide.

Möge er sich besonnen haben!

Ein andermal bediente uns »Karlchen« bei Tisch – ein älterer Mann. Er hatte eine weiße Schürze umgebunden und eine Kochmütze auf – eine seltsam vornehme Bedienung, wo nur ein Eintopf im Napf mit Blechlöffel gereicht wurde. Eberhard flüsterte mir zu: »Karlchen ist ein sehr geschickter, dienstwilliger ›Bruder von der Landstraße‹, der immer im Winter zu uns kommt. Die weiße Uniform hat ihm geholfen, den Schmutz aus seinem Wanderleben abzulegen.« Karlchen mahnte auch stets die Gäste zum rechtzeitigen Aufbruch bei Abreisen – sonst ein schwacher Punkt in Sannerz.

Daß jeder seinen Gaben gemäß aufgenommen und eingegliedert wurde, erlebten wir einmal bei einem anderen Wanderer, der an einem Sonntagnachmittag, recht heruntergekommen, vorbeikam. Nach dem Abendessen eröffnete Eberhard: »Ein ›Hofsänger‹ aus Berlin ist heute bei uns, wir dürfen ihn jetzt hören«. – Vor unsren staunenden Augen stand der Bruder von der Landstraße auf, sauber gewaschen und gekämmt, in einem neuen Hemde und erzählte aus seinem Leben und sang und sang – wohl fast zwei Stunden –, niemand wäre hinausgegangen oder hätte gewagt, ihn zu unterbrechen, am wenigsten Eberhard – denn ein Heimatloser fühlte sich daheim!

Anläßlich einer Konferenz stellten wir Eberhard Arnold die Frage, wie er bei seiner radikalen Bejahung der Bergpredigt und der Lehre Jesu allen Ansichten, Richtungen und Religionen gegenüber so tolerant sein könne. Seine Antwort geht lebenslang mit mir und hat mir schon oft geholfen. Er sagte: »Man muß nur weit genug zurückgehen. In der letzten Tiefe kommt alles Gute und Wahre, was Menschen je erkannt, gedacht oder gelebt haben aus der einen Quelle des Lichtes. Ihr den Weg zu bahnen, sind wir berufen.«

109. »Fasse Mut!« (Ermunterung Arnolds nach dem drohenden Auseinanderfall der Kommune 1922)

Fasse Mut! Wir dürfen das Kleine nicht mehr sehen. Das Große muß uns so ergreifen, daß es auch das Kleine durchdringt und verändert.

Ich habe wieder Mut und Freude für unser Leben; allerdings in der Gewißheit, daß es großen aber herrlichen Kampf kostet. Der Geist wird siegen über das Fleisch. Der Geist ist der Stärkere. Er überwältigt mich, Dich, einen nach dem anderen. Dieser Geist ist Güte und Unabhängigkeit, Beweglichkeit.

Unser Leben wird nicht enger sondern weiter werden, nicht umgrenzter sondern uferloser, nicht angeordneter sondern flutender, nicht pedantischer sondern großzügiger, nicht nüchterner sondern enthusiastischer, nicht kleinmütiger sondern waghalsiger, nicht menschlicher und schlechter sondern gotterfüllt und immer besser, nicht trauriger sondern glücklicher, nicht untüchtiger sondern schöpferischer. Das alles ist Jesus und sein Geist der Freiheit. Er kommt zu uns. Deshalb wollen wir uns über nichts grämen, allen alles vergessen, wie uns alles vergessen werden muß – und strahlend vor Freude in die Zukunft gehen. Bleibet und wartet bis ihr ausgerüstet werdet mit der Kraft aus der Höhe!

110. Beerdigung einer Protestbewegung (1922)

[...] So hat es sich in Wallroth [Pfingsttreffen 1922] zeigen müssen, was sich innerhalb des Jahres ergeben hatte, daß sich auch in Schlüchterner Kreisen und in Neuwerkkreisen starke Verschiedenheiten des Ausdrucks und der Lebenshaltung aus demselben Geist herausbilden mußten. Auf der einen Seite sind starke Bedenklichkeiten gegen jede extrem revolutionäre Anwendung der Bergrede aufgestiegen; auf der anderen Seite werden ebenso starke Bedenken gegen jede Vergottung des menschlichen Denkens, gerade auch des theologischen Denkens, und gegen jede Ergebung in die Abhängigkeiten menschlicher Verhältnisse und Ordnungen geltend gemacht. Die so fromm scheinende Ergebenheit in die Gegebenheiten erscheint vielen von uns als ein Götzendienst, der sich damit zufrieden gibt, daß alles so sein muß, wie es ist. Die geschichtliche Erschlaffung der Revolutionsbewegung hat starke reaktionäre Tendenzen in Europa hervorgerufen. Sie hat nach unserem Eindruck auch für manche unserer Freunde als Rückwärtsbewegung gewirkt.

Diesem und jenem wird deshalb die Frage auftauchen müssen, ob sein Eingehen auf den Gewissensruf der Revolution vielleicht ebenso zeitgeschichtlich bestimmt war wie jetzt seine Betonung des Bleibenden und des Alten. Ich sehe vielfach eine Erschlaffung der Protest-Bewegung, die sich vom Übergeschichtlichen, vom Unbedingten her der Ungerechtigkeit, dem Haß und dem Gewaltsamen unter den Menschen entgegengestellt hatte. In Wallroth ist der Protest gegen Krieg und Kapitalismus, gegen die sklavische Unterdrückung der meisten Menschen durch eine Minderzahl anderer Menschen kaum hörbar geworden. Soweit er vereinzelt laut wurde, stieß er nicht überall auf starkes Echo. Der Neuwerk-Aufruf zur Einheitsfront gegen die Übergriffe bevorzugter Menschengruppen, gegen die Hartherzigkeit der Satten und Reichen, der Ruf der hingebenden Liebe Jesu im Eins-Sein mit der Schuld und Not aller trat diesmal im Vergleich mit den früheren Pfingsttreffen zurück.

[...] als vorwärtsgetriebener Keil, als leidenschaftliche, fest zusammenhaftende Protestbewegung und unnachgiebige Geistesrevolution – ist die Schlüchterner Bewegung – als Ganzes – gestorben und in Wallroth beerdigt worden. Aber der Geist kann nicht getötet werden. Das Unbedingte erliegt niemals den Bedingtheiten [...]

111. »Entscheidende Wendung« (Trennung zwischen Arnold und Neuwerk 1922)

Auf dem Pfingsttreffen in Wallroth, nicht weit von Schlüchtern, im Jahre 1922 nahm die Entwicklung im Neuwerklager nach bewegten Auseinandersetzungen die entscheidende Wendung: [...] Eberhard Arnold und die Seinen folgten [...] dem ihnen zuteil gewordenen Auftrag, »immer wieder dieses Eine« – nach den Worten Arnolds – »so einseitig, so extrem, so radikal, wie es ihnen geschenkt ward, zu glauben und zu wagen; die Botschaft des lebendigen Christus und Seines Gerichts über unser tägliches Leben und Treiben aus dem immer wiederholten Antrieb zur Verwirklichung der Bergpredigt im praktischen Leben.« – Uns aber, deren Wege sich damals von denen Arnolds trennten, ging es darum, den Ewigkeitswert auch der zeitlichen Dinge inmitten der so andersartigen »Widerwelt« in Ehrfurcht zu erfahren. Nicht »hier Zeit, dort Ewigkeit«, sondern Ewigkeit in der Zeit, das Reich Gottes schon hier beginnend – das suchten wir in der Jugend des Neuwerk.

112. Zwei Arten, Christ zu sein: Sannerz und Neuwerk-Habertshof

Damals ist schon der Grundunterschied deutlich geworden, der sich auch in dem verschiedenen Weg vom Habertshof und von Sannerz verkörpert.

Es handelt sich um zwei Wege christlicher Existenz, die sich beide gegenseitig anerkennen und die sich in ihrem Verhältnis zu Staat und Gesellschaft unterscheiden. Auf beiden Wegen wird es abgelehnt, im Sinne Spenglers oder Naumanns, den Gegensatz von Gottesreich und Reich der Welt unverbunden nebeneinander stehen zu lassen. Die Welt, wie sie ist, können wir nicht unmittelbar in den Leib Christi verwandeln. Es gibt nirgendwo (auch in den Siedlungen neuer Menschen) schon das Gottesreich, und die Siedlungen neuer Menschen leben ungestört dadurch, daß die Macht des Staates, durch Polizei und Gewalt und Ordnung des Rechtes sie vor zerstörenden Übergriffen schützt. Trotzdem hat der Versuch eines Lebens im Sinne Eberhard Arnolds oder der Quäker hinweisende Bedeutung. Der »symbolische Mensch«, wie wir dann in späteren Gesprächen zwischen Habertshof und Sannerz ihn genannt haben, hat die Bedeutung, die Vorläufigkeit der bestehenden politischen und gesellschaftlichen Ordnung vor Augen zu halten. Deshalb sein »Nein« zum Schwören, zum Kriegsdienst usw. – Der politische Mensch auf der anderen Seite geht ein in den bestehenden Lebenszusammenhang, in die bestehende Ordnung des Staates und der Gesellschaft und versucht innerhalb dieser Ordnung aus dem Geist Christi heraus zu kämpfen und zu wandeln. Das bedeutet vielleicht in den meisten Fällen die Entscheidung zwischen zwei Übeln. Das innere Gerichtetsein auf das vollendete Gottesreich wird aber auch hier in keiner Weise aufgegeben.

Beide Arten Christ zu sein – so haben wir uns gegenseitig zuletzt verstanden – erkennen sich gegenseitig an, und wissen um ihre besondere Gefahr. Der politische Mensch ist in Gefahr, im Kampf um die Wandlung der Welt zu ermatten und gewissenlos und taktisch zu handeln. Der symbolische Mensch ist in Gefahr, seine Besonderheit als ungebrochenes Christsein gesetzlich und pharisäisch mißzuverstehen und den politischen Menschen als Christen zweiten Grades anzusehen. Beide sollten sich als Glieder der Gemeinde kennen, die in gleichem Kampf stehen und sich von der Gefahr frei halten, daß man einen im politischen Leben stehenden Christen für einen unaufrichtigen Kompromißmenschen, den symbolischen Menschen für einen Pharisäer hält.

Es würde zu weit führen, diese grundsätzliche Unterscheidung, auch an der Entwicklung der Rechtsformen der Siedlungen Habertshof und Sannerz zu veranschaulichen, die auf der einen Seite zu einer gemeinnützigen Genossenschaft, auf der anderen Seite zum »Bruderhof« führte.

113. »Der spezifische Auftrag des Sannerzer Gemeinschaftslebens«

Wenn ich hier eine persönliche Anwendung machen darf, so wird sich naturgemäß der spezifische Auftrag des Sannerzer Gemeinschaftslebens immer schärfer herausarbeiten müssen. Die Solidarität mit dem Proletariat, mit den unterdrücktesten und gequältesten Menschen muß immer lebendiger hervortreten. Insbesondere haben wir diesen Menschen Heimatrecht und Arbeitsmöglichkeit zu schaffen, weil ihnen irgendwie Heimat, Lebensmöglichkeit oder Arbeitsmöglichkeit beschnitten ist. Es handelt sich um eine Menschwerdung der Menschheit, die eine besondere Aufgabe an den Kindern und an der Jugend bedeutet. Den Kindern eine freie, unter dem Einfluß des Geistes Gottes stehende Erziehung und Lebensausrüstung zu geben, die Jugend zu einer Erziehung untereinander, zu einer freien Erziehungsgemeinschaft aller Gemeinschaftsglieder zu führen und ihnen zu solider vielseitiger Arbeitsmöglichkeit tüchtiger produktiver Leistung zu verhelfen, wird eine unserer Hauptaufgaben sein, wobei uns die bis heute so mangelhafte Verwirklichung nicht beirren kann. Die offene Tür soll für alle offen bleiben. Der Protest gegen die scheinbaren Vorzüge des Intellektualismus, des Reichtums aller Art, muß schärfer hervortreten als bisher. Die besitzlose Gütergemeinschaft und Freiheit von aller menschlichen Autorität wird immer brennender von uns ersehnt. Die Gemeinschaft mit den vielen ausgestoßenen oder sich selbst ausschließenden Menschen, die auf großer Fahrt zu uns kommen, soll immer lebendiger werden.

114. Feuerlied

Strahle herab! Strahle herab!
Sonne der ewigen Liebe,
daß alle feindlichen Triebe
sinken ins Grab, sinken ins Grab.

Feuer verzehrt! Feuer verzehrt!
Alles dem Tode Geweihtes,
Alle Gewalten des Neides.
Feuer verzehrt! Feuer verzehrt!

Leuchtet empor! Leuchtet empor!
Sonnen der glühenden Strahlen,
Sterne unzählbarer Zahlen.
Leuchtet empor! Leuchtet empor!

Brechet herein! Brechet herein!
Kräfte der ewigen Gluten,
Ströme der lodernden Fluten
Weihe zu sein! Weihe zu sein!

Strahle herauf! Strahle herauf!
Du auferstandenes Leben,
Ewige Kräfte zu geben.
Strahle herauf! Strahle herauf!

Eberhard und Emmy Arnold.

Evangelische Siedlung

Habertshof

1919 erwarb der jugendbewegte Gärtner Max Zink den Habertshof (zu dem damals die Ausflugsgaststätte »Waldeslust« gehörte) bei Schlüchtern und gründete dort mit Gleichgesinnten eine Siedlung, basierend auf Gemeineigentum. Die Wirtschaft sollte auf einem intensiv gärtnerischen Beeren- und Obstanbau fußen; 1920 kam eine Samenhandlung hinzu. Soziales Engagement war auch in dieser Siedlung spürbar, da die Zinks ein Kinderheim einrichten wollten, doch der 1921 begonnene Bau des Heims konnte aus wirtschaftlichen Gründen nicht vollendet werden. Ein Jahr später wurde die Gründung in eine Genossenschaft umgewandelt. Es zeigte sich bald, daß die weltanschauliche Inhomogenität und die ungünstigen ökonomischen Bedingungen (kein richtiger Absatzmarkt für die gärtnerischen Produkte) die Siedlung so weit schwächten, daß diese 1922 durch innere Zerwürfnisse zerfiel.

Genau in dieser Zeit aber suchte die Neuwerk-Bewegung, die schon beim ersten Schlüchterner Pfingsttreffen 1920 mit dem Habertshof in Kontakt gekommen war, nach der Trennung von Eberhard Arnold und seiner Sannerzer Siedlung nach einer neuen Stätte. Nachdem Zink das Angebot der geschwächten Sannerzer abgelehnt hatte, mit ihnen zusammenzugehen, erklärte er sich bereit, den von Arnold abgegebenen Neuwerk-Verlag und die Zeitschrift auf seinem Hof zu übernehmen. Gleichzeitig traten der Schweizer Pfarrer Emil Blum und eine Reihe von Neuwerk-Anhängern in die Zinksche Genossenschaft ein.

Nach der Trennung von Arnold verlor die Neuwerk-Bewegung ihre schwärmerische Unbedingtheit. Der Ernüchterungsprozeß wurde schon durch die Titeländerung der bisherigen Zeitschrift ›Das neue Werk‹ in ›Neuwerk‹ manifestiert, durch die verdeutlicht werden sollte, daß nicht der Mensch, sondern nur Gott das neue Werk bewirken könne. Unter der Führung Hermann Schaffts wandte man sich – nach Arnolds schwärmerischer Abseitsstellung – nun auch der evangelischen Kirche zu, innerhalb derer man sich gegen die Erstarrung und für den

Aufbau einer lebendigen Gemeinde einsetzen wollte (»Kampf gegen die Kirche für die Kirche«). Auch trat die ursprüngliche, nach der Revolution stürmisch einsetzende Umarmung des Proletariats zurück, das sozialreformerische Engagement wurde aber fortgeführt. Die Bewegung selbst, zu der ursprünglich auch proletarische Jugendliche gezählt hatten, akademisierte sich. Wie sehr der radikale brüderliche Gemeinschaftsgedanke entschärft wurde, sieht man am besten daran, daß Schafft kein Bedürfnis verspürte, sich der Siedlung anzuschließen.

Am deutlichsten erhalten blieb die sozialpädagogische und sozialpolitische Ausrichtung bei Blum, dem es freilich auf dem Hof nicht um Siedlung und Landarbeit, sondern um die Verwirklichung eines älteren Plans von Neuwerk zur Gründung einer ländlichen Volkshochschule ging. So betrieb er dort zielstrebig die Errichtung einer Arbeiter-Heimvolkshochschule. Während Arnold den Weg zur Lösung der sozialen Frage über kommunistische Siedlungen gesucht hatte, setzte der nüchterne Blum auf die verwandelnde Wirkung einer praktischen Arbeiterbildung. Die von der kapitalistischen Welt abgehobene brüderliche Lebensgemeinschaft Arnolds wurde hier von einer gegenüber der Welt und ihren Einflüssen offenen und zeitlich begrenzten Erziehungsgemeinschaft abgelöst.

Blum unterwarf die Zinksche Siedlung immer mehr dem für ihn vorrangigen Schulziel. Da es sich zeigte, daß Gelder, die für die Schule bestimmt gewesen waren, in die Siedlung flossen, statt dem Heim zugute zu kommen, gab er den verschiedenen Abteilungen der Siedlung – Landwirtschaft, Gärtnerei, Samenhandlung, Verlag, Verlagsbuchhandlung und Kinderheim – eine gewisse Selbständigkeit und verantwortliche Leiter und ab 1923/24 auch eine getrennte Kassenführung mit Rentabilitätsüberprüfungen. Anstelle des religiös-anarchistischen Enthusiasmus von Arnold trat bei Blum das ökonomische Erfolgsprinzip. Zink, der die Verlagsleitung übernommen hatte und im Gegensatz zu Blum an der Gemeinwirtschaft festhalten wollte[19], verließ schließlich 1925 mit seiner todkranken Frau die Siedlung, nachdem die Rentabilitätsprüfung 1924 ans Licht gebracht hatte, daß der Verlag stark verschuldet war. Die Dezentralisierung der Geschäfte wurde jetzt aufgehoben und Blum 1926 der alleinige Geschäftsführer der Siedlung. Die ursprüngliche Güterge-

---

[19] Vgl. auch im Kapitel über den »Vogelhof« den Konflikt zwischen Zink und Blum über die Gründung eines umfassenden Siedler-Verbandes.

meinschaft wandelte sich bald, sämtliche Mitglieder der Siedlung wurden zu gehaltsbeziehenden Angestellten, seit 1928 sogar mit einer Einkommensabstufung nach Leistung. Schließlich wurden von 1924 bis 1927, ebenfalls aus Rentabilitätsgründen, die verschiedenen Zweige der Siedlung nacheinander aufgegeben: 1924 die Samenhandlung, 1925 das Kinderheim, 1927 der Verlag, dann die Handelsgärtnerei. Schließlich mußte 1931 nach einer Mißernte auch die Landwirtschaft verpachtet werden.

Seit 1927 war die 1924 von Blum ins Leben gerufene Arbeiter-Heimvolkshochschule der Hauptzweig der Siedlung. Blum wollte zunächst eine »produktive Volkshochschule«, in der – wie etwa auch in Schwarzerden – die meist arbeitslosen proletarischen Kursgänger (Kursdauer drei Monate) ihr Schulgeld durch ihrer Hände Arbeit sich auf der Siedlung selbst verdienen sollten. Dieses Ziel konnte nicht verwirklicht werden, schon weil die städtischen Proletarier in der Landarbeit keine Erfahrung besaßen. Seit 1925 wurde die Schule durch öffentliche Zuschüsse und private Spenden finanziert; zur Bewahrung der Unabhängigkeit lehnte Blum die Unterstützung durch Parteien, Gewerkschaften oder Kirchen ab. Nachdem die Schule von 1924 bis 1927 hart um ihre Existenz hatte kämpfen müssen, schien ab 1928 ihre Zukunft durch einen Fördererkreis gesichert.

Wenn Blum auch von Arnolds Siedlungskommunismus abgegangen war (und dafür in der hier zum ersten Male in Auszügen veröffentlichten Schrift Arnolds über den Habertshof harte Kritik einstecken mußte) und mancherlei Zugeständnisse an die kapitalistische Umwelt gemacht hatte, hielt er dennoch am Ziel fest, durch seine pädagogische Tätigkeit den Boden für eine kommende sozialistische Volksgemeinschaft zu bereiten. Er und seine Schule nahmen, bei Bindung an den evangelischen Glauben, Partei für die sozialistische Arbeiterbewegung. Die soziale Bildung orientierte sich am realen Leben der proletarischen Jugendlichen, wollte aber den Kapitalismus zunächst im Innern des Menschen selbst überwinden (»Arbeiterbildung als existentielle Bildung«). Verständigungsschwierigkeiten zwischen den proletarischen Schülern und der akademisierten Neuwerk-Bewegung blieben ebensowenig aus wie Konflikte zwischen Schule und Siedlung; ähnliche Differenzen zwischen dem Bildungs- und Produktionsbereich gab es auch auf dem Vogelhof.

Die Weltwirtschaftskrise verschlechterte die finanzielle Lage der Schule. Ende 1931 verließ Blum die Siedlung, um sie wirtschaftlich zu entlasten. Sein Vertreter intensivierte die Zusammenarbeit mit staatlichen Stellen durch die Abhaltung freiwilliger Arbeitslager; die »Freizeit für Erwerbslose« im November/Dezember 1931 war einer der ersten Versuche dieser Art in Hessen überhaupt. Bald änderte sich der bisher demokratische Charakter der Schule, indem dort seit September 1932 Führungskader für den Arbeitsdienst ausgebildet wurden.

1933 fand in Schlüchtern das letzte Pfingsttreffen der zusammengeschmolzenen Neuwerk-Bewegung statt. Dabei wurde von ihrem Wortführer Schafft die Hoffnung auf eine gute Zusammenarbeit mit dem nationalsozialistischen Staat im Dienste des Volkes ausgesprochen. Im gleichen Jahr besetzte die Hitlerjugend das Heim. Dann wurde der Hof zwangsenteignet. Nachdem das Schulgebäude unter wechselnden Funktionen das Dritte Reich überdauert hatte, wurde es schließlich 1963 bei einer Katastrophenschutzübung absichtlich abgebrannt. In einem »Habertshöfer Kreis« ehemaliger Schüler und Freunde lebt bis heute der »Habertshöfer Geist« einer Lebensgestaltung aus christlichen und sozialistischen Idealen in der Erinnerung weiter.

115. Edle Wilde (1919–1922)

a. Man lebte in den äußeren Formen auf das Allereinfachste; wurde doch das Ideal der Primitivität spürbar unterstützt durch den Zwang zur Sparsamkeit. Die Siedler des Habertshofes gingen vor Jahren schon ohne Strümpfe nach Schlüchtern, bevor die Mode dasselbe in Frankfurt und London gestattete. Bei der Feldarbeit trugen die Burschen nur die kurze, zu den Knieen reichende Hose und ließen sich die Leiber von der Sonne braun brennen. Kein Wunder, daß man in der Gegend die Siedler mit Staunen und etwas Mißtrauen betrachtete. Es konnte geschehen, daß der Religionslehrer im Städtchen Schlüchtern bei der Missionsstunde auf die Frage, wo es Wilde gäbe, zur Antwort erhielt: auf dem Habertshof, Herr Lehrer!

b. Unser soziales Werk ist im Entstehen begriffen! Kindern, die weder eine Heimat noch Eltern haben, eine Heimat zu geben. Nicht im Sinne bestehender Anstalten, sondern so, daß ein Kreis von Kindern seine »Mutter« erhält. Als »Mütter« sollen

Familie Maria und Max Zink

auch Mädchen ihre Lebensaufgabe finden, die ihre eigene Mutterschaft aus irgend einem Grunde versäumt haben und doch geborene Mütter sind. Die ersten beiden Kinder sollen im August [1920] aufgenommen werden. Wir wollen all unsere Kraft und Liebe für diese Menschlein einsetzen und den Ertrag der Siedlung. Unsere Gedanken – die vielen, die in der sozialen Arbeit stehen, so neu sind – werden überall mit Begeisterung aufgenommen. Dr. [Ferdinand] Avenarius hat uns sofort 300 Mark gesandt und den Aufruf im ›Kunstwart‹ veröffentlicht. Ein Baptist [...] hat mir sofort 1000 Mark gestiftet, als ich ihm erzählte. Wir haben jetzt 2000 Mark. Ständig kommen mit der Post Gaben. Helft uns auch ein wenig durch Werbung für eine so wichtige Sache!

c. [...] Aber seit jenen Tagen ist es über mich gekommen, daß ich meinen Weg sehe, ein Weg, der bedingungslos derjenige Christi ist – ein Weg des Kreuzes, des Glaubens und der Liebe.

Aber! Ihr kennt den Deutschen und wißt, daß er über dem Grübeln und Suchen das Nächstliegende vergißt, Aufgaben sucht und den Wald vor lauter Bäumen nicht sieht. So gings uns auch auf dem Habertshof. Heute sind wir uns in der Auswirkung unsres religiösen Seins klar, heute, wo wir manches von der Eitelkeit abgelegt haben, etwas »ganz Besonderes« schaffen zu wollen. Und gerade diese Eitelkeit hatte es uns ja unmöglich gemacht, wirklich etwas für die Welt Außergewöhnliches zu tun. Wir wissen, daß es unsre Aufgabe ist, direkt und ohne Umweg über das geschriebene und gesprochene Wort den Menschen zu helfen. Nicht erst das Zeugnis durch das Wort geben und dann krampfhaft versuchen, darnach zu leben – sondern: leben und ganz aufgehen im Dienste für Gott und die Menschen; dann wird die Welt unser Zeugnis suchen; sie wird wissen wollen, woher wir die Kraft nehmen; dann wird unser Zeugnis auch nicht als eine Forderung aufgefaßt, die Opposition weckt, sondern als Evangelium, das Menschen ohne unsre Absicht überwältigt.

Stille sein und für das Reich Gottes arbeiten; demütig sein und mit Gottes Kraft wirken, die dem Demütigen geschenkt ist; arm sein und alles Irdische in sich und um sich überwinden, um dem Bruder und der Schwester viel schenken zu können. – Wir müssen Gott danken für die Kraft, daß wir trotz unsrer großen äußeren Armut, die uns in schwachen, gottfernen Stunden auf die Erde drückt und trotz unsrer Armut an Liebe – daß wir trotz dieser Armseligkeit so manchem Menschen eine Hilfe sein dürfen – eine Hilfe für die Seele und für den Leib.

Demütig sein, auf daß Gottes Kraft und Herrlichkeit ungebunden und frei in uns wehen und durch uns wirken kann.

116. »Wille zur Gemeinschaft« (1919–1922)

Die Habertshöfer waren in jenen ersten Jahren von einem starken Willen zur Gemeinschaft erfüllt. Der Gemeinschaftswille bildete neben dem auf Intensivbau und Schlichtheit der Lebensführung hindrängenden Siedlungsplan den zweiten Leitgedanken des Habertshofes. Entsprechend der in der Jugendbewegung damals weit verbreiteten Sitte wurde sogar jeder fremde Gast mit dem vertraulichen Du empfangen. Das Du unter den Mitarbeitern war ganz selbstverständlich und hat sich auch bis auf diesen Tag durchweg erhalten. Nach den Erzählungen der ersten Siedler wurden ursprünglich auch alle Arbeiten erst gemeinsam beraten. Der Landwirt erzählte, wie bei seinem Zuzug 14 Tag nach Erwerb des Habertshofes die Siedler bei der Morgensuppe lange berieten, welchen Acker man an diesem Tage unter den Pflug nehmen wollte. 1922 hatte sich schon der Grundsatz herausgebildet, daß jedem Haushalt und jedem Betrieb (Landwirtschaft, Gärtnerei, Kinderheim) je ein Mensch verantwortlich vorstand, der die einzelnen Maßnahmen von sich aus anordnete. Aber alle geschäftlichen Maßnahmen, die die ganze Siedlungsgemeinde betrafen, wurden auch noch 1922 in gemeinsamen Sitzungen jeden Samstag Abend besprochen. Die Aufnahme neuer Kredite, Ausgaben für neue Anschaffungen an Mobiliar oder landwirtschaftliche Maschinen, Gebäudeverbesserung, die Aufnahme neuer Mitarbeiter wurde im Gesamtkreis beschlossen [...]

[...] Als sich in den ersten Jahren eine neue Ehe schloß und die Beiden ihren eigenen Hausstand forderten, erhoben die Anhänger eines absolut genommenen Kommunismus dagegen Einspruch und erklärten, die Gemeinschaft litte Schaden, wenn die Vermählten nicht an der gemeinsamen Mahlzeit teilnähmen. Der jungverheiratete Landwirt hat dann seinen Willen doch durchgesetzt und solange es nötig war, sein Brennholz abends nach getaner Arbeit aus dem Wald geholt. Als Weihnachten 1922 die Siedler im unteren Häuschen nach der gemeinsamen Feier am Weihnachtsbaum auf dem Hof oben unter sich noch zusammensaßen und an einem eigenen kleinen Bäumchen Lichter ansteckten, wurde auch das von anderen als Versündigung am Geiste der Gemeinschaft erachtet.

Einen Gehalt erhielt keiner der Mitarbeiter. Der Gründer war bei Eröffnung der Genossenschaft zum Geschäftsführer gewählt worden und an ihn wandte man sich im Bedarfsfall, um ein Paar Schuhe oder was sonst nötig war zu erhalten. Er übersah die Kassenlage und bewilligte oder verweigerte je nachdem die geforderte Anschaffung.

Gemeinsam war die Kasse. Die Einnahmen waren gering und es gab verhältnismäßig wenig Meinungsverschiedenheit über deren Verwendung. In alten Protokollen läßt sich noch nachlesen, daß etwa heftige Debatten entstanden, als sich zeigte, daß irgend einer der Siedler Eier im Dorfe für sich gekauft hatte. Woher hatte er das Geld? Man erwartete doch, daß auch Spenden, die einer privat von seinen Angehörigen erhalten hatte, in die allgemeine Kasse gegeben wurden.

So war am Anfang ein weitestgehender Kommunismus versucht [...]

117. »Gütergemeinschaft« (1922)

»Unsere Gütergemeinschaft«, schrieb einer [Max Zink] 1922, »stammt nicht aus Willkür [...] sie ist erwachsen aus der Not der Zeit heraus [...] erwachsen in dem Sinne, daß gegenüber einer Zivilisation, in der Arbeitgeber und Arbeitnehmer nur durch finanzielle Interessen mit einander verbunden sind, in der zwischen Hausfrau und Dienstboten das Geld maßgebend verknüpfendes Band ist, daß gegenüber einer Zivilisation, welche ungeheures Leid über die Welt gebracht hat, weil sie auf dem Profit des Einzelnen und seinem Erwerbskampf aufbaut, eine Sehnsucht nach gemeinsamem Leben in uns aufgebrochen ist. Eine Sehnsucht, die nicht Sehnsucht allein ist, sondern zur schaffenden Tat drängt, nicht nur Idee ist, sondern Realität will [...] In dem Maße, als sich freie Formen von Gemeinwirtschaft innerhalb des kapitalistischen Systems bilden, werden volksverbindende Kräfte gegenüber den zersetzenden Gewalten des Profitsystems gestärkt und sind in irgendwelcher, uns heute noch nicht enthüllten Form Volksgemeinschaft fördernde Auswirkungen zu erhoffen.«

118. »Klein-Kommunismus« (1919–1922)

Die Käufer [des Habertshofes] und Anfänger waren Gärtner. Man kann durchaus nicht behaupten, daß sie zum Freideutschtum, wohl aber daß sie zur Jugendbewegung im Sinne der Lebensreform und der anzustrebenden Volksgemeinschaft gehörten. Die unnatürliche Zivilisation der Großstadt, das Geldleben und das Ichleben der vereinzelten Großstadtleute sollte verlassen sein, um in primitiver Einfachheit und Natürlichkeit eine Stätte der Gemeinschaft aufzubauen. Ein christlicher oder auch nur allgemein religiöser Beweggrund ist nicht erkennbar, wohl aber ein starker Trieb zu einem verbesserten Körper- und Seelen-Leben, zur vegetarischen, zur tabak- und alkoholfreien Lebensweise. Hierin wohl lag es begründet, daß die energisch angestrebte intensive Gestaltung der Landwirtschaft vorzugsweise gärtnerisch betrieben werden sollte. Aber man dachte für den Habertshof nicht an eine großzügigere Gemeinschaft, sondern nur an zwei bis drei Familien, die anstatt einer vorher einzigen Bauernfamilie dort ihren Unterhalt vom Acker und Garten her finden sollten. Der großzügige Gedanke eines Gemeindelebens für möglichst viele Menschen aller Berufungen tritt nicht hervor, wohl aber der Wille zur persönlichen Lebenserneuerung, zur individuell sozialen Gesinnung im Klein-Kommunismus und zur persönlichen Verwurzelung auf frischer Scholle mit intensiver Bodenkultur. So wurde denn für den gärtnerischen Aufbau vielerlei versucht, und man nahm bei diesen wechselnden Versuchen harte Entbehrungen für einen ernstgemeinten Neu-Anfang auf sich.

119. »Harter, steiniger Grund«

Mitten im Werktag haben wir zwei, Mutter und Vater, Dir in stiller Feierstunde einen Baum gepflanzt. An der großen Buche, die vielleicht schon bald fallen muß, steht der Kirschbaum auf hartem, steinigem Grund. Wir glauben, daß Dir das Harte auch nicht erspart sein wird. Vielleicht mußt Du auf ebenso steinigem Grund Dein Leben aufbauen, wie wir, obwohl Du zur ersten Generation gehörst, die frei ihr Leben bauen kann, uneingeengt von väterlicher Willkür und mütterlicher Affenliebe und nicht abgestumpft durch die Methodik einer veralteten Schule, aber hart im Kampfe mit philisterhafter Weltauffassung, altem Geist und Kapitalismus in jeder Form. Wir letzte Generation, deren Lebenswerk Stückwerk und deren Leben voller Zugeständnisse ist, hoffen auf Euch, daß Ihr unser Ziel mit Körper, Seele und Geist erfaßt und trotz aller Hindernisse ein gut Stück Weg dahin Euch hindurcharbeitet. Deshalb steht Dein Baum auf hartem steinigem Grund, und wir werden ihn wachsen lassen ohne Schnitt und ohne Dung auf reinem Boden. So sollst Du aufwachsen ohne all das Unreine, das Geist und Blut vergiftet. Nun wachst und tragt reife Früchte.

120. Begegnung der »Schlüchterner Jugend« mit dem Habertshof (Pfingsten 1920)

Dieses Pfingsten 1920! Es war eine Hoch-Zeit der deutschen Jugend. Am Pfingstsonnabend strömten wir hinauf zum Habertshof. Es wurde ein großes Pfingstfeuer entzündet. Da war schon ein Bauernhof, und da hieß es raunend von einem zum anderen: das sind jugendbewegte Siedler. Wir sahen sie staunend und ehrfürchtig an: die haben schon den Weg gefunden zur neuen Gestalt, die sind zurückgefunden zur Urarbeit des Menschen, das Korn zu bauen, das Brot zu gewinnen. Ich sehe sie noch in ihrer freideutschen Gewandung an der Tür lehnen und dann auch zum Feuer kommen und mittun und sich mit dran freuen, als wir unsere Lieder sangen. Da haben wir zum erstenmal ›Kein schöner Land in dieser Zeit‹ gesungen, das dann das Schlüchternlied wurde.

121. Emil Blum lernt den Habertshof kennen (1921)

[...] »Die Leute hungern sich durch«, sagte der Chauffeur von den Habertshöfern. Die Straße führte vom Dorf Elm an der Eisenbahn vorbei bergan. Da lag die Siedlung etwa 200 m über dem Tal, auf dem Landrücken, der sich zwischen Rhön, Vogelsberg und Spessart hinzieht. Der Berghang stieg vom Hof noch leicht nordwärts an; nach Süden bot sich schöne Aussicht über die in der Ferne wellig dahinlaufenden blauen Berge des Vorspessarts und das sich nach Frankfurt a/M hinziehende Kinzigtal.

Auf dem Hof fanden wir das uns etwa gleichaltrige Ehepaar Max und Maria Zink mit ihren beiden kleinen Kindern und einigen Gefährten. Zink, von Beruf Gärtner, hatte den Hof nach dem Krieg erworben. Er mußte dazu Hypotheken bis zur Kaufhöhe bei der Bank und bei seinen Verwandten aufnehmen. In radikalem Bruch mit dem Alten sollte hier eine Stätte der Gemeinschaft und gesunden Lebens werden. Auf das Drängen der Mitarbeiter wurde der von Max Zink erst auf seinen persönlichen Namen gekaufte Hof auf eine von ihnen gebildete Genossenschaft übertragen. Wir besichtigten nachmittags den Hof, wenigstens im nächsten Umkreis des Bauernhauses. An Stelle des früheren Weizenackers fanden sich große Beerenanlagen; viele junge Kirsch- und Nußbäume waren gepflanzt. Etwas unterhalb des Hofes befand sich ein Häuschen ohne Unterkellerung, ohne Wasserzuleitung und ohne Wasserablauf. Die Siedler hatten es seinerzeit unter Leitung eines bei ihnen lebenden Baumeisters mit Beihilfe eines Staatskredits gebaut. Ferner hatten sie bei Gelegenheit das in der Nähe zugerichtete Fachwerk für ein kleines Jagdhaus gekauft. Mit Hilfe eines eigens dazu gegründeten Vereins »Kinderheimat Habertshof« waren die Balken zugekauft und von Handwerkern der Rohbau errichtet worden. Die Inflation hatte das zusammengebrachte Geld entwertet, und ein Kinderheim in der würzigen Luft des Habertshofes zu führen blieb vorläufig Hoffnung.

Wir wurden zum Essen und Übernachten eingeladen. Man aß aus Tonkacheln ein einfaches Mahl. Abends saßen wir beisammen und erzählten gegenseitig voneinander [...] Darnach schliefen wir auf für uns auf den Fußboden des Wohnzimmers gelegten Matratzen. Das Petroleumlicht einmal gelöscht, hörten wir es bald ringsum leise trippeln. Es waren die Habertshöfer Mäuse.

122. Familie Blum zieht auf dem Hof ein (1922)

Wir zogen im Frühjahr 1922 auf Habertshof [...]

Auf Habertshof hatten wir im acht kleine Räume umfassenden, einige Minuten unter dem Bauernhof liegenden Haus unser Schlaf- und unser Arbeitszimmer, das abends allen Hausbewohnern als Wohnstube diente [...]

Licht gab uns bei den abendlichen Zusammenkünften die Petroleumlampe, nur daß Petroleum oft selbst beim Einkauf in Läden verschiedener Dörfer kaum aufzutreiben war. Gegessen wurde in der kleinen Eingangshalle vor der Küche. Suzanne [Blum] besorgte den Haushalt. Das Wasser mußte sie 250 m entfernt am Quellbrunnen holen. Ein ordentlicher Weg fehlte noch; sie ging darum oft barfuß, um sich die große Mühe zu sparen, die dreckigen Schuhe säubern zu müssen. Ich arbeitete [schriftstellerisch].

Unsere ersten Eindrücke waren nicht gerade günstig. Das Umzugsgut war vor uns angekommen; um zu sparen, hatten wir auf einen Möbelwagen verzichtet und die Möbel und Kisten als Frachtgut versandt. Als wir nachkamen, war schon alles Eingemachte, das wir mitgebracht hatten, verzehrt. Das Fahrrad war zuschanden gefahren. Ein junger Schweizer, der eben für einige Zeit mitgearbeitet hatte, warnte mich vor der Verbindung mit dem Habertshof. Ich war aber viel zu entschlossen, hier einen Einsatz zu wagen, um auf den Warner zu hören. Ich traute meiner Entschiedenheit und meiner Geduld zugleich viel zu. Ich trug ein Bild in mir, das ich hier zu verwirklichen hoffte [die Heimvolkshochschule!].

123. Blums anfängliches Bekenntnis zum »Siedlungs-Kommunismus« (1922)

[...] Wir meinen nicht, daß jetzt die Welt oder doch wenigstens das deutsche Reich kommunistische Lebensform einrichten müsse. Das ist nicht von heute auf morgen möglich. Und doch halten wir unsere kommunistische Lebensform für wesentlich. Gerade weil in *nächster Zeit* eine Abschaffung des Privateigentums unmöglich scheint. Gerade weil der rein politisch-wirtschaftliche Weg zur Gemeinwirtschaft versagt. Gemeinwirtschaft kann nicht mit einem Schlage durch Parlamentsbeschluß oder proletarische Diktatur hergestellt werden, sondern Gemeinwirtschaft kann nur langsam wachsen. Haben sich unter der alten Form neue Keime gebildet, so mögen Zeiten kommen, wo die alten Hüllen von den neuen Keimen gewaltsam abgestoßen werden. Eine Überwindung der alten Formen ist nur möglich, wo die neue Lebensform längst vorbereitet ist. Wo der Wille zur Gemeinschaft unter den Menschen stark ist, wo hier und dort Versuche Erfahrungen gegeben haben, wo in irgendwelchen Ansätzen der neuen Lebensform Menschen zu ihr bereits erzogen worden sind. Es müssen sich heute innerhalb dem kapitalistischen Wirtschaftssystem Keimzellen und Ansätze späterer Gemeinwirtschaft bilden. Gerade – es sei wiederholt – weil in nächster Zeit Kommunismus für große Volkskreise ausgeschlossen ist. Denn so wird erst langsam der Boden für sozialistische Kultur geschaffen. Ob diese Kultur dann gerade die Gestalt haben wird, wie sie sich irgendwelche Fachsozialisten wissenschaftlich den Sozialismus ausgedacht haben, das ist eine müßige Frage. Wesentlich ist da nur der Grundsatz: *In dem Maße als sich freie Formen von Gemeinwirtschaft innerhalb des kapitalistischen Wirtschaftssystems bilden, werden volksverbindende Kräfte gegenüber den zersetzenden Gewalten des Profitsystems gestärkt und sind in irgendwelcher uns heute noch nicht enthüllten Form Volksgemeinschaft fördernde Auswirkungen zu erhoffen.*

Solche Ansätze und Keimzellen haben sich heute hier und dort schon gebildet. Es sei in erster Linie an das in einzelnen Ländern kräftig ausgebildete Genossenschaftswesen erinnert. Dann auch an Werkgemeinschaften, wie sie in größerem Maße heute im Gildensozialismus und in italienischen Arbeitervereinigungen zu bestehen scheinen; wie sie in schwachem Maße einige der deutschen »Siedlungen« hier und dort versuchen [...]

Wir sind hier auf unserm Hof verschiedene Leute: Gärtner, Landwirte und der ein oder andere Intellektuelle. Unsere Arbeit ist so geregelt oder geplant, daß wir nicht zufällig zusammen wohnen und zufällig untereinander Kommunismus halten, sondern daß wirklich unsere Arbeit ineinander greift. Nun, statt daß unser Land, unsere Häuser und Arbeitswerkzeuge Gemeineigentum einer Genossenschaft wären und von einem Vorstand verwaltet würden, ging es freilich auch anders. Das Land könnte z. B. dem führenden Landwirt gehören, der ein Stück Land an die Gärtnerei verpachtete, von der dann wiederum die geplante kleine Schule ihr Gemüse gegen Barbezahlung bezöge. Die Schule ließe ihre Leute für die körperliche Arbeit auf dem Felde in angemessenem bescheidenem Stundenlohn arbeiten. In den Wohnungen arbeiteten Dienstboten oder Mägde gegen gerechten Gehalt. Oder die geplante Schule wäre Eigentümer von Grund und Boden und stellte sich einen Landwirt und Gärtner mitsamt dem und jenem Gesellen an. Es ginge auch so, gewiß. Doch wenn wir es uns ausmalen, will es uns beinahe komisch dünken. Wollten wir untereinander so privatwirtschaftlich haushalten, so würde manches viel komplizierter hier oben. (Damit leugne ich nicht, daß auch die kommunistische Lebensweise ihre Schwierigkeiten bietet, die wir durchaus nicht in Abrede stellen. Doch liegen die meisten der Schwierigkeiten, die sich in unserm Zusammenleben zeigen, wohl eigentlich weniger in der Tatsache der Gütergemeinschaft, als in der Tatsache der Wohn- und Arbeitsgemeinschaft überhaupt, pflegen sie doch meines Wissens unter ähnlichen Verhältnissen – ich denke da an Landerziehungsheime – auch ohne Kommunismus einzutreten.) Mag der Kommunismus Gefahren für den Habertshof in sich bergen – hätten wir untereinander Lohnbindungen, es böte auch seine Schwierigkeiten. Nur sehen wir die heute nicht mehr, weil wir uns an viel unschöne Begleiterscheinungen der Privatwirtschaft gewöhnt haben. (Arbeit um Lohnes willen zerstört leicht die echte Arbeitsfreudigkeit, das Lohnverhältnis zwischen Arbeitgeber und Arbeitnehmer entwürdigt meist die menschlichen Beziehungen.)

Im übrigen stelle man sich unsern Kommunismus nicht übertrieben streng vor. So gut wie in einer Familie jedes Glied seine eigene Wäsche und eigenen Kleider besitzt, eigene Bücher und vielleicht gar ein eigenes kleines Sparheft hat, so ist auch bei uns die Gütergemeinschaft nicht bis zum Äußersten durchgeführt. Jeder bleibt meist im Besitze der Sachen, die er mitgebracht hat.

Wir haben jeder seine eigenen Bücher und seine eigenen Kleider behalten. Verheiratete haben ihre eigenen Möbel; und sollten sich hier oben Glieder der Siedlung vermählen und haben keinerlei Mittel für ihre Aussteuer, so wären wir bemüht, ihnen einen bescheidenen Hausrat entsprechend heutiger Notzeit nach ihrem Geschmack zu verschaffen. Hat ausnahmsweise einer irgendwie Geld, so verlangen wir nicht, daß er es der Genossenschaft stifte; gültige Regel ist nur, daß jemand, der bei uns zu bleiben gedenkt, der Gemeinschaft die Nutznießung seines Vermögens lasse. – Es liegt uns daran, daß die Eigenart eines jeden von uns innerhalb der Gemeinschaft gewahrt werde, wir schaffen weder uniforme Kleider an (wie etwa christliche Anstalten aus Sparsamkeitsrücksichten tun) noch lieben wir die Massenküche. – Den Familien lassen wir – das sei hier nebenbei erwähnt – möglichste Selbständigkeit; sie sollen auch bei uns die gesellschaftlichen Zellen sein, aus denen sich die Siedlung aufbaut.

124. Rettung oder Schiffbruch? (1922)

a. Schon 1922 schien der ursprüngliche Anlauf im Abgrund zu enden. Im Unfrieden waren die Mitarbeiter auseinander gegangen, nur noch drei der alten Siedler blieben zurück. An Geld fehlte das Nötigste; nicht einmal das Saatgut konnte am Bahnhof eingelöst werden; die Gläubiger drängten. Damals brachte dem Habertshof die Verbindung mit Neuwerk, welche zur Gründung der Volkshochschule führte, die rettende Wendung.

b. So hat denn der Gemeinschafts-Versuch des Habertshofes im Jahre 1922 Schiffbruch erlitten, als er im Nebel die Lotsen an Bord nahm, die sein Schiff im Hafen der Kirche bergen sollten. Das Schiff liegt nun im Dock der alten Kirche. Es schwimmt nicht mehr auf den Strömungen der großen Wasser. Es ist auf Holz festgeschraubt. Seine alte Mannschaft hat es bis auf den letzten Mann verloren. Und die große Reparatur im Kirchen-Dock hat die Seele vertrieben. Was jetzt neu gebaut wird, ist ein völlig anderes Schiff geworden. Der Habertshof ist nicht mehr.

In allmählichem Abbau ist die Gütergemeinschaft so völlig aufgegeben worden, daß heute der immer noch Habertshof genannte dortige Betrieb nichts anderes ist »als eine mit einem landwirtschaftlichen Betrieb verbundene Heim-Volkshochschule, deren Träger eine Genossenschaft ist« [Emil Blum]. Die scheinbare Rettung, welche im Jahre 1922 Max Zink, seine Frau und seine Freundin, nachher auch die wichtigeren Herrmanns [die Familie Erich Herrmann] durch das evangelische kirchliche Neuwerk erfuhren, war in Wirklichkeit das Ende alles dessen, was dem Habertshof als Aufgabe gegeben worden war. Es konnte keine Rettung sein, weil die Helfer und Ersatzleute die Not und Notwendigkeit des anfänglichen Aufbruchs gar nicht begriffen hatten.

125. »Der Abweg von 1922«

Immerhin bestand man bis zu dem erschreckenden Umschwung und Abweg von 1922 bei dem stets erneuten Versuch, alles gemeinsam zu beraten und zu beschließen. Von 1922 an starb jedoch diese stets erneute Regung des aufkeimenden Gemeinschaftsgeistes ab. Vor allem ist es zu verwundern, daß von 1922 an anstelle der gemeinsamen Beschlüsse ein jeder Betrieb einen allein entscheidenden Vorgesetzten hatte, der alles von sich aus anordnete, also nicht von einer Gemeinschaftsstunde irgendwelcher Art inspiriert wurde. Wenn noch bis in das verhängnisvolle Jahr 1922 gemeinsame Sonnabendsbeschlüsse der Siedlung stattfanden, so gab es [ab] 1922 anstelle der Siedlungsgemeinschafts-Stunde bald nur noch einen Betriebsrat, der die Leiter der Abteilungen zu ihren Entschließungen vereinigte. Nun wurde es wie überall: Die Vorgesetzten entschieden. Die Masse – ging mit oder – ging weg. Aber auch die Vorgesetzten berieten sich immer seltener und seltener. Das ganze Jahr 1925 hatte nur fünfzehn solcher Betriebssitzungen; das Jahr 1929 gar nur noch drei Vorstandssitzungen, nachdem auch der Betriebsrat fort war. Aus dem allen geht klar hervor, daß der Habertshof – jedenfalls von 1922 an – keine Gemeinschaft einstimmiger Beschlußfassung oder eine von der Gesamtheit getragene Betriebsführung war. Der jetzige Leiter Emil Blum, der 1921/1922 hinzukam, bewies kein Verständnis für Gemeinschafts-Einheit.

126. Leben in Armut

Trotz des für den Bau zur Verfügung gestellten Kapitals lebten wir in Armut. Fuhr einer von uns einmal nach dem nahen Offenbach oder nach Frankfurt a/M., so reiste er IV. Klasse. Das gab es dazumal noch. Im Innern dieser Wagen lief eine Bank im Viereck der Wand entlang. Wer noch Platz gefunden hatte, saß darauf, die andern standen zwischen den Reisekörben oder saßen auf ihren Koffern. Meist fuhr ein Kriegsversehrter mit, ging von Abteil zu Abteil, spielte auf einer Mundharfe oder Handharmonika und sammelte bei den Mitreisenden eine Gabe. Als ich einst nach Leipzig reisen mußte, übernachtete ich dort in der Herberge für wandernde Handwerksburschen, ließ mir eine Decke geben und legte mich möglichst nahe beim runden Ofen neben die Gesellen.

Die Lebensmittel teilte uns Maria Zink zu. Wir erhielten für jede Person täglich 15 Gramm Fett und Öl. Wir lernten Brennnesseln als ein recht gutes Gemüse und Runkelrüben mit Kartoffeln als Delikatesse schätzen. In den ersten Monaten meines Aufenthaltes auf Habertshof habe ich manchmal heimlich rohe Haferflocken meines leise nagenden Hungers wegen gemaust. Gelegentlich entstanden Reibereien. In welchem Umfang waren die Landwirte als Schwerarbeiter bei der Zuteilung der Lebensmittel uns gegenüber zu bevorzugen? Solche Auseinandersetzungen waren bei den vorliegenden Umständen nicht verwunderlich; wir litten alle an Unterernährung. Maria und Max Zink sind beide früh an Tuberkulose gestorben. Die Entbehrungen der Kriegszeit und die Entbehrungen auf Habertshof waren zu rasch aufeinandergefolgt.

Suzanne [Blum] besorgte nicht allein den Haushalt. Gelegentlich hütete sie für kurze Zeit die Kühe, wenn Otto Salomon, von ihnen weg ins Haus gerufen, einem Bauern aus Elm Samen verkaufte. Langsam verlor sie die Angst vor den großen Tieren. Sie überarbeitete sich bei ihrer Unterernährung. Bei Heu-, Korn- und Kartoffelernte bat Erich Herrmann jeweilen: »Alle Mann an Deck«. Ich pflegte mich fernzuhalten; dazu war ich nicht auf Habertshof gekommen. Suzanne aber beteiligte sich immer hingebend. Als eines Tages wieder alle zur Kartoffelernte aufgeboten waren, arbeitete sie den ganzen Tag, ging nur eine halbe Stunde vor Feierabend weg, um das Essen für uns zu kochen. In der Küche fiel sie aus Schwäche um und vermochte aus eigener Kraft nicht aufzustehen. Hier wurde sie gefunden.

127. Die Heimvolkshochschule

a. Das Kind und sein Spielzeug
Trotz aller hoher Kaufkraft reichte aber das von uns noch zur Verfügung stehende Kapital in keiner Weise [zum Schulbau]. Der Vorsitzende unseres Aufsichtsrates fragte mich: »Besteht überhaupt ein Bedürfnis nach solch einer Schule?« Was hätte

Heimvolkshochschule Habertshof

ich antworten sollen? Es lebte natürlich kein einziger Mensch in ganz Deutschland, der ein Bedürfnis empfand, bei uns einen Kurs zu besuchen. Die Frage hätte lauten müssen: Ist die nach dem Krieg einsetzende Bewegung zu intensiver Volksbildung sachlich begründet? Müssen wir Christen neben den hergebrachten Formen kirchlicher Verkündigung neue Wege suchen, um das Evangelium zu bezeugen? Verlangt der Glaube an den das gesamte Leben erneuernden Willen Gottes die Behandlung der kulturellen, sozialen, politischen Probleme aus einer kritischen evangelischen Grundhaltung heraus? Haben wir der erwachsenen Jugend etwas zu sagen und sind wir dazu fähig? All das vermochte ich mit einer kurzen Antwort nicht deutlich zu machen. Ich war ärgerlich darüber, daß jetzt so gefragt wurde, nachdem Ostern der Schulbau grundsätzlich vereinbart worden war. So erwiderte ich: »Das Kind ist auf Habertshof gekommen und will jetzt sein Spielzeug haben.«

b. Eine »harmlose Unternehmung«
Für den heutigen Habertshof und offenbar für das heutige Neuwerk hat dieser gigantische, zähe und düstere Kampf um das Leben in der Wahrheit, wie ihn die ersten Habertshöfer führten, [...] »nur noch die Bedeutung der Vorgeschichte der Heimvolkshochschule« [Emil Blum], nur noch die Bedeutung also einer Vorgeschichte für eine der sechzig deutschen »Volkshochschulen«, die den alten Kirchen, *oder* der alten kapitalistischen Gesellschaft, *oder* den alten sozialistischen Parteien *oder* der kühlen Neutralität des wissenschaftlichen neunzehnten Jahrhunderts dienen. Innerhalb dieser Schulen nimmt der Habertshof zweifellos einen relativ guten Platz nüchterner und vorsichtiger, versöhnlicher und mildernder Unterweisung ein. Aber er ist heute nun nicht mehr und nicht weniger als eines dieser sechzig harmlosen Unternehmungen, die in bewußter Ergebenheit der heutigen Zeit und ihrer ein klein wenig zur »Sozialisierung« neigenden Gesellschaft dienen.

128. Spannungen zwischen Schule und Siedlung

Die Eröffnung der Schule [Sommer 1924] brachte einige kleine Spannungen in die Siedlung, weil die Landwirte die Schule als einen Fremdkörper in ihrem alten Bild des Habertshofes empfanden. Sommers gingen sie schon um fünf Uhr zur Arbeit. Die Schüler aber begannen den Tag um sechs Uhr mit Gymnastik. Spät abends kehrten die Landwirte müde von der Arbeit heim und sahen die Schüler Faustball spielen. Wo blieb da die alte Solidarität der Habertshöfer? In der Schule erlaubte man sich Ausgaben, wie sie sich die Landwirtschaft nicht leisten konnte. Heimlich schraubte Erich Herrmann in den als Schreinerei und als Dusche dienenden Kellerräumen des Schulhauses die elektrischen Birnen aus und ersetzte sie durch die allerschwächsten, die im Handel zu finden waren. Ich hatte Mühe, ihm klar zu machen, daß in der Schule andere Maßstäbe gelten mußten, als in einem Bauernhof.

129. Leistungsprinzip oder Bedarfsorientierung?

a. Es erwies sich in diesen Jahren [1919–1922], daß die Einschränkungen, welche sich die Mitarbeiter bei ihrem Verzicht auf Lohn auferlegten, nicht Ersparnissen des Habertshofes zugute kamen. Der Mangel an Lohn wirkte sich viel mehr in der Richtung aus, daß die Betriebe sich nicht dem Zwange rationell gewonnener Rentabilität ausgesetzt sahen und dadurch entsprechend nachlässiger wirtschafteten [...]

In den ersten Jahren suchten die Siedler eine Gemeinde zu bilden, in welcher jeder Einzelne alle seine Kräfte dem gemeinsamen Werke widmete, ohne bei besserer Leistung gegenüber seinen Kameraden einen größeren Anteil am Ertrag des Unternehmens zu fordern. Nur der Bedarf war als Maßstab für Zuwendungen an die Mitarbeiter anerkannt. Der Zwang der Tatsachen hat später dazu geführt, unwirtschaftliche Betriebe zu schließen. Immer stärker zeigte sich die Notwendigkeit, jeden einzelnen Mitarbeiter auf seine Leistungsfähigkeit hin zu prüfen und im Laufe der Jahre stellte sich die Notwendigkeit heraus, auch die Leistungsfähigeren besser für ihre Leistungen zu entgelten, um sie an ihrer Stelle zu halten. Und es erschien in späteren Jahren nicht einmal mehr als ungerecht, daß sich neben das Bedarfsprinzip immer stärker das Leistungsprinzip schob, das im Konflikt beider Prinzipien sich zwangsläufig stets in erster Instanz durchsetzte.

b. [...] so sieht man aus dem allen deutlich und immer deutlicher, daß für Emil Blum die wirtschaftliche Betrachtung der Gesichtspunkt ist, an dem sich für ihn das Gemeinschaftsschicksal entscheidet. So stellt sich denn unter seiner Führung auch die Handhabung des gemeinsamen Lebens gänzlich auf die rein wirtschaftliche Bewertung um [...] Das Bedarfsprinzip wurde durch das Leistungsprinzip verdrängt. Es wird also die alte Klassifizierung der Menschen durch Geld eingeführt, gegen die sich der Habertshof erhoben hatte [...]

Man glaubt heute sogar auf dem Habertshof, daß ohne Lohn, ohne Profit oder Eigennutzen entsprechend nachlässiger gewirtschaftet wird. Warum glaubt man nicht mehr an den stärkeren Trieb der aus dem Glauben quellenden Liebesenergie oder wenigstens an die Naturkraft der gegenseitigen Hilfe? War man nicht berufen, diesen Glauben auf dem Habertshof zu vertreten und gegen alle seine Gefährdungen durchzusetzen? Sicherlich hat man diesen Abfall nicht planmäßig beabsichtigt. Man stand vielmehr unter einem dem Glauben durchaus fremden und feindlichen »Zwang der Tatsachen«, nach dem man »unwirtschaftliche Betriebe« – auch die Kinderhilfe! – schließen mußte, und die leistungsfähigeren Arbeitskräfte besser, das heißt mit mehr Geld!, »entgelten« mußte, um sie an ihrer Stelle halten zu können. Es »erschien nicht einmal mehr als ungerecht«, daß sich dies »Leistungsprinzip« höherer Bezahlung »zwangsläufig *stets* in *erster Instanz durchsetzte«!* [...] Für uns heißt das deutlich: Der Mammon und Eigennutz, der Profitantrieb besserer Leistung und besserer Entlohnung, eben also der Mammon, erschien nicht mehr als ungerecht!

130. »Abbau der kommunistischen Form«

Mit dem Anwachsen der Betriebszahl ließ sich die alte ordnungslose Form der Gütergemeinschaft nicht aufrecht erhalten. Schon 1922 entstand bei einigen der verantwortlichen Siedler Unruhe, weil sie unter dem Eindruck standen, daß die zum Bau des Schulheimes bestimmten Kredite in stärkerem Maße anderen Zwecken zugeführt wurden, als vorgesehen war. Sie forderten getrennte Verwaltung der einzelnen Betriebe. Der Leiter der einzelnen Abteilung sollte durch die Gliederung der Verwaltung eine Gewähr erhalten, daß über die seinem Betrieb zustehenden Mittel nicht durch andere Betriebe verfügt wurde. Dieses Verlangen stieß beim Geschäftsführer der Siedlung [Max Zink] auf heftigen Widerstand, er erklärte, damit gebe der Habertshof seine Grundlage preis. Schließlich wurde in das alte System dadurch eine Bresche geschlagen, daß der Leiter des Schulbaues [Emil Blum] sich weigerte, die von ihm aufgetriebenen Darlehen in die allgemeine Geschäftskasse zu geben und seinen kleinen Haushalt aus ihm damals gerade zur Verfügung stehenden Privatmitteln bestritt. Die Frage führte zuletzt zu einem offenen Konflikt. Anlaß zum Ausbruch gab der Anspruch des Geschäftsführers, er als Gründer des Habertshofes müsse bei seinen Bestrebungen, einen Siedlungsverband zu gründen, absolute Führungsvollmacht beanspruchen. Die Berechtigung dazu wurde von den andern angefochten, der Eintritt in den eben gegründeten Siedlungsverband wurde verweigert, weil dem Vorstand dieses Verbandes ein unbeschränktes Umlagerecht auf die dem Verband angeschlossenen Siedlungen zustehen sollte. Mit Beilegung des Konflikts wurde die Gliederung der Betriebe auf Habertshof im ersten Goldmarkjahr 1924 eingeführt [...]

Die Vermehrung der Betriebe hatte zur Gliederung der Verwaltung und zum ersten Abbau des umgestalteten Kommunismus geführt. Die wirtschaftlichen Schwierigkeiten, die nachher zum Abbau an Betrieben geführt haben, erzwangen in verstärktem Maße den weiteren Abbau der kommunistischen Form.

Die erste Änderung mag darin bestanden haben, daß beim Zuzug des Leiters der Volkshochschule dieser sein kleines Vermögen dem Habertshof nicht als Schenkung, sondern nur zur Nutznießung zur Verfügung stellte. Diese Regelung sollte der Möglichkeit eines späteren Auseinandergehens Rechnung tragen. Für die Dauer der Zugehörigkeit zur Siedlung war so der persönliche Verzicht auf private Vermögenseinkünfte vollzogen, bei der Scheidung sollte sich das Kapital wieder herausziehen lassen. Ursprünglich war auf Habertshof der Gedanke gewesen, daß jeder alles, was er besitzt, restlos der Siedlungsgemeinde zu Gebrauch und Verbrauch gibt. Eine Möglichkeit späteren Auseinandergehens wurde wenig ins Auge gefaßt. Sollte einer doch in späteren Jahren aus dem Kreise ausscheiden und so seine Mitgift verlieren, so konnte das als berechtigte Strafe für seine Untreue erachtet werden. Auch in anderen Siedlungsunternehmen der Jugendbewegung herrschte eine solche Ideologie. Dabei mag der Gedanke des Besitzlosen mitgespielt haben, daß das Privileg an Eigentum eigentlich überhaupt unstatthaft ist. – Heute ist der Anspruch gefallen, daß Mitarbeiter die Nutznießung eigenen privaten Kapitals unbedingt gerade dem Habertshof zur Verfügung stellen müssen. Soweit es geschieht, trägt es den Charakter völliger Freiwilligkeit.

131. »Sprengung des Kommunismus«

[...] man wird von neuen erkennen [...] daß Gott es ist, vor dem es kein Privileg des Eigentums gibt, daß Eigentum deshalb *in Seiner Gemeinde* unstatthaft und unmöglich ist. Diese Christusgegnerschaft und Gemeindegegnerschaft gegen das Eigentum ist also keineswegs der Gedanke der Besitzlosen. Der Gedanke des besitzlosen Jesus ist es! Der Gedanke Gottes in Christus ist es [...] Im Jahre 1922 aber kam es auf dem Habertshof zu jener unheilvollen Sprengung des Kommunismus, zu der sich Emil Blum [...] so kühl bekennt: Während der Habertshof unbedingt hätte verlangen müssen, daß jeder verantwortlich Eintretende sein Vermögen der Kommune bedingungslos hingeben muß, wurde damals ein unverzinstes Darlehen zur Nutznießung durch den Habertshof für so lange zugelassen, als der Eigentümer dort bleiben würde. Es wurde sogar die Bedingung der bestimmten Verwendung für den Beruf des Eigentümers zugelassen, wenigstens in der Hauptsache für seine Schule. Der neu Eintretende blieb also nicht nur Eigentümer, sondern in der Hauptsache auch Besitzer seines Kapitals, »um es bei einer Scheidung (bei späterem Auseinandergehen) wieder herausziehen zu können« [...] So war mit dem Eintritt dieses kapitalistischen Eigentümers in der Führung der Kommunismus des Habertshofes erledigt [...]

Ein Hauptfehler war bei diesem Abweg die Überordnung des wirtschaftlichen Moments über das Glaubensmoment der Liebe und Gemeinschaft [...]

Zunächst wurde die Gütergemeinschaft dadurch weiter und weiter abgebaut, daß 1.) *die einzelnen Abteilungen* selbständiger und unabhängiger der Gemeinschaft gegenüber gestellt wurden; – einer der größten Fehler und einer der verhängnisvollsten Abwege, in dem eine Lebensgemeinschaft verfallen, zum sicheren Verfall verfallen kann! Der Schul-Leiter sprengte 2.) die zentrale Gemeinschaftskasse, indem er ihr sein *Kapital nicht auslieferte,* sondern es vielmehr für sein Schulheim reservierte, und indem auch seine *Familie* 3.) *aus eigener Kasse* lebte! Das war eine Todsünde nach der anderen. Sonderung, die zum Tode der kommunistisch gewesenen Gemeinschaft führen mußte [...] Keine Lebensgemeinschaft kann eine ruhig geduldete Sprengung der Zentralkasse und der Gemeinschaftsmahlzeit überleben. Sie stirbt daran.

132. Von der Dezentralisierung zur Zentralisierung

Indessen machte der Gründer und Geschäftsführer des Habertshofes [Max Zink] von 1922 bis 1924 in seiner Führung des Neuwerk-Verlages [...] 15000 Goldmark neue Schulden [...] Er tat dies, ohne daß die Gesamtgemeinschaft darüber etwas Klares erfuhr – wiederum eine allerschwerste Verfallserscheinung. Wenn eine Lebensgemeinschaft längere Zeit über ihre wirtschaftliche Lage im Unklaren gelassen wird, so lockert sich der Zusammenhang praktischen Vertrauens. Hier fehlte aber die notwendige pünktliche Buchführung, die ja nichts anderes ist als die gewissenhafte Darlegung des Tatbestandes, als eine Gemeinschaftsforderung der Klarheit und Wahrhaftigkeit zu gemeinsamer laufender Verantwortlichkeit! Der Gründer und Geschäftsführer mußte wegen persönlicher Verfehlungen Anfang 1925 den von ihm und seiner damals sterbenden Frau gegründeten Habertshof verlassen. Es war keine Gemeindezucht da, die ihm hätte helfen können. Wenn eine Lebensgemeinschaft jene straffe Zucht verliert, so ist sie verloren. Dieser neuen Katastrophe war die falsche Selbständigkeit der Abteilungsleiter vorangegangen – jener oft drohende Verfall der Gemeinschaft, vor dem man sich nur durch die einstimmig beauftragte Ober-Instanz der Bruderschaft in Treue hüten und schützen kann! Es folgte ihr nun bis 1927 das entgegengesetzte Extrem, das Schließen sämtlicher Abteilungen, auch des Verlages [...] Zu dieser Zeit geschah auch das große Unrecht an Hermanns, daß man sie gehen ließ, offenbar weil der Schulleiter [Emil Blum] als neuernannter Geschäftsleiter verlangte, über jede Personaleinstellung und jede Sachanschaffung von sich aus zu entscheiden. Also wurde zentralistisch dem neuen Geschäftsführer alles zu seiner persönlichen Entscheidung überlassen, nachdem man vorher als Schulleiter dem alten Geschäftsführer [Zink] gegenüber die zentralisierte selbständige Entscheidungsfreiheit der Abteilungsleiter gefordert und durchgesetzt hatte. Beides – extrem entgegengesetzt – geschah aus wirtschaftlichen Gründen. Die Wirtschaftlichkeit war wichtiger geworden, als die Erhaltung der alten Siedler, die aber freilich wohl auch längst keine Gemeinschaftsfreude mehr empfanden.

133. Vom Taschengeld zum Gehalt

a. Allmählich bildeten sich auf Habertshof für die Mitarbeiter feste Gehälter heraus. Diese Entwicklung, gegen welche sich spätere Verfechter derselben anfänglich sperrten, verlief mit innerer Zwangsläufigkeit etappenweise.

Der erste Schritt bestand in der Unterscheidung zwischen dem Mitarbeiterstamm und neu hinzugetretenen Mitarbeitern. Es hat sich gezeigt, daß mancher Neuling mit den schönsten Erwartungen, ein Paradies zu finden, auf Habertshof gekommen war, statt dessen aber ein Fegefeuer fand und nach einigen

Monaten enttäuscht, wenn nicht grollend und bitter der Siedlung den Rücken kehrte. Die Weggehenden ersparten den Zurückbleibenden nicht immer den Vorwurf, man hätte sie auf Habertshof tüchtig ausgebeutet, weil sie dort keinen Lohn erhalten hätten. Dabei hatten die Zurückbleibenden oft den Eindruck, die Scheidenden hätten in der Zeit ihres Aufenthaltes gerade genug an Schuhsohlen und Kleidungsstücken erhalten und hätten sich ebenso gut gestellt, wie wenn sie sich bei einem Landwirt verdingt hätten. Um der Sache künftig ein Ende zu machen wurde 1925 die Zahlung einer Entschädigung von 20 Mark für Helfer und Helferinnen monatlich für die Dauer eines dem Eintritt in die Genossenschaft vorangehenden Probejahres beschlossen. Es war also gewissermaßen ein Noviziat geschaffen. Die Novizen standen in distanzierterem Verhältnis zum Werk als der Stamm. Man erwartete, daß sie nach Ablauf des Probejahres nicht mehr blind, sondern wissend den Anschluß an den Stamm vollziehen würden, sodaß bei späterem Ausscheiden die Bitterkeit, sich getäuscht zu haben, eher erspart blieb. Später wurde das einheitliche Schema von 20 Mark durchbrochen und je nach der Stellung der neuen Mitarbeiter das Gehalt gestaffelt.

Der nächste Schritt bestand in der Festsetzung auch der Ansprüche, welche die langjährigen Siedler an die Kasse stellen konnten. Die Absicht eines festen Taschengeldes war schon sehr alt und in den ersten Jahren nur wegen Mangel an Mitteln nicht zur Ausführung gekommen. Der Gedanke eines festen Etats für den Verbrauch des einzelnen Mitarbeiters wurde vom Aufsichtsrat neu aufgeworfen, als es sich zeigte, daß die einzelnen Haushaltungen auf verschiedenem Fuße lebten. Durch Festsetzung einer bestimmten Summe sollte der Ausgleich geschaffen werden, daß Siedler, die sich bessere Küche gestatten, dafür weniger Anschaffungen sich leisteten. Individuelle Bewegungsfreiheit sollte so mit Billigkeit vereint werden. Die dauernde Geldknappheit ließ es zunächst bei der Idee bewenden. Durchgeführt wurde die neue Regelung erst 1927. Den Anlaß dazu hatten die Erfahrungen beim Wegzuge alter Mitarbeiter gegeben. Es kam wiederholt vor, daß langjährige Mitarbeiter bei ihrem Weggang eine größere Entschädigung verlangten, weil sie Jahre hindurch ihre Arbeitskraft dem Habertshof gewidmet, ihre Kleider, Wäsche und vielleicht gar Möbel verbraucht hatten, ohne nennenswertes Entgelt für ihre Leistungen zu beziehen. In der Vorstellung, daß die Zurückbleibenden in den kommenden Jahren die Früchte der Leistungen der Scheidenden ernten würden, verlangten diese eine Abfindung. Die Forderung schien zunächst gerecht und der Habertshof hat in einer Reihe von Fällen solche Abfindungen gewährt. Aber bei Lichte besehen, ging er damit über seine Leistungsfähigkeit hinaus und wirtschaftlich betrachtet waren die Forderungen auf Abfindungen unberechtigt, denn in Wirklichkeit hatte sich in diesen Jahren die Siedlerschaft keine Vermögensverbesserung erarbeitet, vielmehr schrumpfte das Reinvermögen bei den dauernden Verlusten fast sämtlicher Betriebe stetig zusammen. Jede gewährte Abfindung bedeutete das Offenbarwerden eines neuen Verlustes, der in den vorhergehenden Jahren dadurch verschleiert war, daß bei den früheren Bilanzen keine solche Forderung der Mitarbeiter an die Kasse in den Büchern stand. Gerade an diesem Punkte zeigte sich, in welch starkem Maße der ursprüngliche Verzicht der Mitarbeiter auf entsprechende Entlohnung nicht Ersparnissen des Werkes zugute gekommen war, sondern die Siedlung nur dem Zwange zur wirklichen Rentabilität enthob. In jeder gewährten Abfindung rächte sich das. So wurde denn 1927 festgesetzt, jedes Siedlungsglied dürfe neben freier Wohnung mit Heizung, Licht und Wäsche jährlich 1000 Mark brauchen, dabei sollten die Verpflegungskosten von dieser Summe abgezogen werden. Soweit einer von diesem Recht nicht vollen Gebrauch machte, war ihm die unverbrauchte Summe am Ende des Jahres gutzuschreiben und einzig aus solchen Gutschriften ergab sich bei späterem Ausscheiden ein Recht auf Auszahlung. Dadurch war der Habertshof gezwungen, nun tatsächlich die entsprechenden Summen herauszuarbeiten; geschah das nicht, so trat mit Jahreswende der Verlust sichtbar in den Büchern auf und es war nicht mehr möglich, sich über die Lage hinwegzutäuschen. Andererseits war der Habertshof vor überraschenden Forderungen geschützt.

In der uniformen Festsetzung auf jährlich je tausend Mark für jedes Siedlungsglied, mochte es sich um Helferinnen im Haushalt, Gärtner, Buchhalter oder Lehrer handeln, gelangte der alte Wille zum Ausdruck, auf Habertshof keine Klassenunterschiede gelten zu lassen; aber in dieser Starrheit war der frühere Grundsatz, sich dem Bedarf des Einzelnen anzupassen, preisgegeben.

Übrigens hielt sich diese Uniformität nur ein einziges Jahr. Bereits 1928 wurden die Gehälter je nach Arbeit und Stellung abgestuft. Dahin trieben drei Gründe, die im Laufe der Erfahrung immer stärker in das Bewußtsein der Siedler traten. Einmal sind die Bedürfnisse je nach Beruf verschieden; sicher bedarf – um Extreme zu nennen – der Schulleiter und Geschäftsführer mehr Auslagen für seine Ausbildung, Aufwand und Urlaub als ein Gehilfe in der Landwirtschaft. Sodann liegt es im Interesse der Wirtschaftlichkeit, bessere Leistungen durch Beteiligung am erzielten Mehrgewinn zu belohnen. Wenn sich herausstellt, daß einer in der Lage ist, die Arbeit zu übernehmen, die vorher ihrer zwei geleistet hatten, so ist es gerecht, daß er durch erhöhten Gehalt an der durch seine Leistung erzielten Ersparnis beteiligt wird. Zuletzt wirken die Marktverhältnisse der Umwelt auf die Siedlung ein. Tüchtige Volkshochschullehrer sind beispielsweise selten, und eine Schule, welche ihre Lehrkräfte nicht besser besolden will, als es ihr für die Helferinnen im Haushalt möglich ist, wird auf qualifizierte Lehrer verzichten müssen.

b. In unreifen Momenten des Anfangs hat auch Sannerz an »Taschengeld« gedacht. Heute wissen wir, daß jedes Einzelgeld den Tod des Bruderschaftskommunismus mit sich bringt. Auf dem Habertshof war dieser Schritt der Übergang zur Klassen-Schichtung nach dem Vorrecht der Arbeit und der Stellung, ausgedrückt in kaltem Geld.

134. Kein »zureichender Grund« für den Kommunismus

Der tiefste Grund des Abbaues der kommunistischen Form liegt darin, daß unter normalen europäischen Verhältnissen der Mitarbeiterstab eines Werkes im Laufe der Jahre wechselt. Der Habertshof kann nur ganz wenig Familien tragen. Da ist ein Fluktuieren der Hilfskräfte, die nicht daran denken können, auf Habertshof eine dauernde Existenz zu finden, selbstverständlich. Und selbst für die leitenden Stellen, bei denen zu wünschen ist, daß sie lange in einer Hand liegen, ist mit der Wahrscheinlichkeit zu rechnen, daß deren Inhaber eines Tages vom Leben durch neue Aufgaben weggerufen werden. Es fehlt der zureichende Grund, der die 10–20 Menschen eines solchen Werkes für ihr Leben zusammenbindet. Es sei denn, daß die kommunistische Lebensform zum Selbstzweck erhoben wird und als solche die leitende Idee des Ganzen bildet. Etwas anderes wäre es, wenn eine Kolonie an einer einsamen Oase in der

Wüste zusammen lebte; unter diesen Umständen wären die Glieder der Siedlung nicht nur durch ihre Idee, sondern durch die Objektivität ihrer Lage dauernd aufeinander angewiesen. Oder wenn Menschen unter dem Druck der Verfolgung auswandern und in ferner Fremde durch ihren besonderen Glauben schicksalhaft untereinander zusammengeschweißt sind. Die Siedler des Habertshofes haben sich aber nie als Sekte irgend welcher Art gefühlt. Als normale Menschen im dicht besiedelten Deutschland lebend, lernten die Glieder der Siedlung Habertshof eine Ordnung ihres Zusammenlebens anzunehmen, die der Möglichkeit des Wechsels Rechnung trägt. Ohne starres, an Vergötzung streifendes Festhalten an einer einmal gewählten Lebensform, bleibt trotz der Wandlung im Aufbau in Geltung, was die Siedler auf Habertshof anfänglich zur Gütergemeinschaft geführt hat, das ist: sich mit Arbeitskraft und Besitz verpflichtet zu wissen für den Menschen.

Die Entwicklung von formlosem Enthusiasmus zu einer klaren Rechtsordnung führte durch die innere Logik der Zusammenhänge dazu, daß sich die ursprüngliche Gütergemeinschaft dahin wandelte, daß heute sämtliche Mitarbeiter zu fest Angestellten geworden sind. Erhalten hat sich das Eigentum der Genossenschaft an Boden, Häusern, totem und lebendigem Inventar [...]

Ein Freund bemerkte, der Habertshof hätte in seinen ersten zehn Jahren die Entwicklung von Adam bis zur Gegenwart mit raschen Schritten durchgemacht.

Quäker-Siedlung

Neu-Sonnefelder Jugend

Die Quäkersiedlung Neu-Sonnefeld wurzelt im Pazifismus, der in den Jahren nach dem Ersten Weltkrieg besonders in der christlichen und proletarischen Jugendbewegung Unterstützung fand[20]. Die Anfänge einer »christlichen Internationale« liegen 1914 bei den Quäkern in England, die eine breite Sammlungsbewegung gegen die »Internationale des Hasses und des Krieges« zu organisieren suchten. Ein besonders radikaler Wortführer war Cornelius (Kees) Boeke mit seiner Frau Beatrice, Erbin der Cadbury-Schokoladefabriken. 1918 wurde Boeke wegen seines pazifistischen Engagements nach Holland abgeschoben, wo er sich in Bilthoven niederließ. Die Bilthovener Gemeinschaft – auch Friedrich Wolff vom Barkenhoff berichtet über einen Besuch dort – wurde 1919/20 zum europäischen Zentrum des Pazifismus (»Internationaler Versöhnungsbund«) und unterstützte die Gewaltlosigkeit um jeden Preis (»Amor Vincit Omnia«). Das schwurähnliche Lied von Boeke
    Nie, nie, wollen wir Waffen tragen,
    Nie, nie tun wir wieder mit!
    Laßt die großen Herren andre Menschen fragen,
    Wir tun einfach nicht mehr mit!
wurde zum Kampfruf der gesamten antimilitaristischen Jugend in den ersten Jahren der Weimarer Republik. 1921 allerdings brach die »Christliche Internationale« auseinander, da Boeke von vielen als Schwärmer abgetan wurde; das Zentrum der Bewegung, die sich jetzt organisatorisch festigte und abschloß, wurde nach London verlegt[21].

Entschiedenste Unterstützung fand Boekes radikaler Pazifismus bei Eberhard Arnold, der ihn auch in Bilthoven aufsuchte, und der frühen Neuwerk-Jugend. Arnold hatte aus seiner eige-

---

[20] Vgl. etwa die Gründung des »Ersten Internationalen Antikriegs-Museums« in Berlin durch den aus der anarchistischen Jugendbewegung kommenden Ernst Friedrich.
[21] Später gab es vor allem Verbindungen der deutschen Quäker zur »Deutschen Liga für Völkerbund« (über Elisabeth Rotten und Heinrich Becker).

nen Theologie die Konsequenz gezogen, daß es nicht angehe, die Versöhnung allein zu predigen; sie müsse vielmehr von den Christen gelebt und zur beispielhaften Tat werden in der Form von Lebensgemeinschaften, welche die Klassenschranken innerhalb des Volkes wie die Schranken zwischen den Völkern überwinden. Arnold hatte das anbrechende Gottesreich, das Reich der Liebe unter den Menschen vor Augen.

Einflüsse von Boeke und Arnold (dem sich seit 1920 Quäker angeschlossen hatten) und ihrer christlichen Erziehungs-, Arbeits- und Lebensgemeinschaft waren es dann, welche im Herbst 1923 zur Gründung der Quäkersiedlung »Neu-Sonnefelder Jugend« bei Coburg führten. Sie stand dadurch in direkter Nachfolge des »Bruderhofes« von Arnold, daß sie wie dieser eine Imitatio im Sinne der Apostelgeschichte 2,42 und 4,32 anstrebte; zudem hatte die Frau des Gründers der Neu-Sonnefelder Jugend, Wally Klassen, einige Zeit bei Arnold als Haustochter verbracht; Hans Klassen selbst war mit Arnold in Berührung gekommen und entscheidend von ihm beeindruckt worden. Klassen war ein Mennonit aus Rußland, der vor dem Ersten Weltkrieg nach Deutschland gekommen war, um hier Technik zu studieren. Der Krieg und seine russische Staatsbürgerschaft verhinderten einen Abschluß, und Klassen bezog eine baptistische Bibelschule in Berlin, wo ihm dank seiner pietistisch bestimmten Jugend der Anschluß leicht fiel. Nach dem Abschluß übernahm er den Predigtdienst in einer Baptistengemeinde in Sachsen, bald darauf muß die Begegnung mit Arnold und in dessen Nachfolge auch der Entschluß zu eigener Siedlungsgründung erfolgt sein.

Die Voraussetzungen dafür waren günstig, denn Wally Klassen erbte die Breitewitzer Waldmühle bei Gräfenhainichen, zu der ein kleines Areal Ackerland gehörte, auf dem Gemüseanbau betrieben werden konnte. Die ersten Kommunarden waren baptistische Jugendliche aus dem Dorfe Sonnefeld bei Coburg. Die Siedler konnten von ihrer Handwerksarbeit (Korbflechterei) und Gärtnerei ohne größere materielle Sorgen leben. Ein unregelmäßig erscheinendes hektographiertes Blättchen ›Neu-Sonnefelder Jugend‹ informierte vom Geschehen auf der Mühle und brachte Auszüge aus Texten der verehrten pazifistischen und religiös-sozialistischen Autoren.

1925 verkauften die Klassens die Mühle; darauf wurde ihnen von einem Anhänger ein größeres ererbtes Grundstück in Sonnefeld in Thüringen zur Verfügung gestellt: »Neu-Sonnefeld«

war nach »Alt-Sonnefeld« zurückgekehrt. Dort errichtete man 1925 ein neues massives Haus mit der Giebelinschrift »75 vor 2000«. Die Gemeinschaft nahm einen Gartenbaubetrieb auf, Körbe und Obst wurden auf dem Bamberger Markt verkauft und gewährten wie früher materielle Sicherheit. Daneben wurde wie in Sannerz und auf dem Habertshof ein Heim für Kinder aus zerrütteten Familienverhältnissen geführt; im Sommer nahm man dazu auch zusätzlich erholungssuchende Kinder auf, die in kleinen Holzbaracken am Dorfrand untergebracht wurden. Die Kinder im Heim wurden ihnen von den Wohlfahrtsämtern großer Städte wie Berlin und Halle auf längere Zeit zur Pflege übergeben. Außerdem führte man einen kleinen Verlag mit bewußt quäkerischer Einstellung.

Es scheint, daß zunächst die Siedler nicht Mitglieder der »Gesellschaft der Freunde« waren, obwohl es ihnen mit ihrem Quäkertum ganz ernst war. Dann traten aber doch einige Siedler der 1925 gegründeten »Jahresversammlung der Gesellschaft der Freunde (Quäker) in Deutschland« bei. Ihr erstes Treffen fand dann, wohl ein Beweis für die Bedeutung von Neu-Sonnefeld im deutschen Quäkertum, von Karfreitag bis Ostermontag 1926 im Kinderlandheim der Sonnefelder Siedlung statt. Es wurden nicht nur Berichte über die Lage in der deutschen Quäkerbewegung gegeben und theoretische Fragen diskutiert (besonders die Stellung zu Jesus), sondern es fand auch eine öffentliche Versammlung statt, in welcher u. a. auch zwei angelsächsische Freunde kurz über das Wesen des Quäkertums sprachen, ehe ein von Wally Klassen verfaßtes Spiel ›Menschheits- und Völkerfrühling‹ in den Friedensgedanken der Freunde einführte. Die anschließende Aussprache wurde vor allem benützt, um bei der Dorfbevölkerung und dem Ortspfarrer bestehende Vorurteile gegen die Siedler abzubauen (nur durch die Verwandtschaft der Kommunarden im Ort waren bisher Aggressionen gegen die freikirchlichen und jugendbewegt lebenden Siedler vermieden worden).

Wie Sannerz kannte die Siedlung zunächst keinen Privatbesitz, keine Entlohnung, kein Taschengeld, sondern wirtschaftete »kommunistisch« aus *einer* Kasse. Wie die ersten Christen wollte auch die »Neu-Sonnefelder Jugend« in völliger Gütergemeinschaft leben. Die Lebensweise selbst war vegetarisch (Naturalentlohnung aus der eigenen Gärtnerei). Wie die meisten anderen ländlichen Siedlungen änderte aber auch diese ihren Charakter im Sinne eines allmählichen Abgehens vom Ideal des

Gemeinschaftslebens und Gemeinbesitzes. Im Sommer 1928 schied der Initiator Klassen selbst aus[22]; ab da wurde im Namen der Siedlung die Unterbezeichnung »Quäkersiedlung e. V.« gestrichen. Nach Klassens Weggang wurde das Zusammenleben in der bisherigen Form aufgegeben und die Siedler und die von ihnen betreuten Kinder teilten sich in familienähnliche Gemeinschaften auf. Das Fehlen der integrierenden Persönlichkeit machte sich im folgenden durch mehrere Krisen und Abspaltungen bemerkbar, die hervorgerufen waren durch rivalisierende Führungsansprüche und Meinungsverschiedenheiten über Fragen des sexuellen und sonstigen Zusammenlebens. Dabei mußte sogar der alte Hof aufgegeben werden; auch nach der erfolgreichen Weiterführung der Arbeit auf einem anderen Grundstück setzte der Zerfall der Gemeinschaft erneut ein. Die »Deutsche Jahresversammlung« versagte den Neu-Sonnefeldern in dieser Lage die finanzielle Unterstützung; denn es heißt in einem Bericht einer Sitzung des Arbeitsausschusses der »Jahresversammlung« vom April 1932: »Die Deutsche Jahresversammlung hat in der Vergangenheit das Sonnefeld-Unternehmen nie als ihren Auftrag angesehen und ihm auch nie Protektion geliehen. Wir können auch jetzt nicht die Verantwortung, weder in materieller noch in moralischer Hinsicht, für die Sanierung der dortigen Verhältnisse übernehmen. Das persönliche Schicksal der betroffenen Freunde erweckt unsere beständige Aufmerksamkeit. Darum begrüßen wir es, daß einige Mitglieder der Deutschen Jahresversammlung diesen Freunden zur Seite stehen.«

1934 wurde dann durch die Nationalsozialisten den Siedlern die Kindererziehung verboten; die Siedlung selbst arbeitete aber bis zum Ende des Zweiten Weltkriegs weiter, wenn auch inzwischen privates Eigentum an persönlichen Dingen zugelassen und ein Taschengeld bezahlt wurde. Nachdem viele Siedler eine eigene Familie gegründet hatten, wurden auch die Mahlzeiten

---

[22] Vermutlich gründete er darauf in Heppenheim an der Bergstraße ein Erholungsheim. Die »Jahresversammlung« der deutschen Quäker berichtete 1930, daß dorthin aus Neu-Sonnefeld eine Gruppe übergesiedelt sei, die sich ohne vorige Autorisierung durch die »Jahresversammlung« einfach »Neu-Sonnefelder Jugend (Quäkersiedlung)« nenne. – Über die Gründe der Trennung Klassens von der Coburger Siedlung schreibt Johannes Harder: »Differenzen zwischen Klassen und den Kommunarden sind wohl bereits nach der Umsiedlung [von der Mühle] aufgetreten; Klassen wurden in seinem Verhalten zur Gemeinschaft Unzulänglichkeiten als Leiter und auch persönliche Ungereimtheiten vorgehalten – er wurde aus der Siedlung verwiesen [...]«

nicht mehr wie früher gemeinsam eingenommen und die Gemeinschaft eigentlich nur noch in der Gärtnerei-Kooperative sichtbar, in die auch ein Teil des gemeinsamen Gewinns reinvestiert wurde. Nach 1945 teilten dann in Konsequenz der vorausgegangenen Entwicklung die Siedler den Besitz unter sich auf. Von Blankenburg bis zum Vogelhof hatte sich diese Reprivatisierung als eine Lösung nach dem Scheitern des Gemeinschaftsexperiments angeboten.

135. Vom Leben in der Breitewitzer Waldmühle

Die Mühle lieferte nicht viel mehr als eine romantische Atmosphäre, an der es auch sonst nicht fehlte. Zur vegetarischen Küche gehörten die Feierabende im Stil der Jugendbewegung, bei denen viel Volksliedgut gesungen wurde, im Wechsel mit pietistischen und erwecklichen Gesängen (die allen vom Baptismus her bekannt waren), und es durfte natürlich, da sie alle ihren [religiösen] Gemeinden entwachsen waren, auch der Volkstanz nicht fehlen. Zu den abendlichen Besinnungsstunden gehörte die Lektüre von Texten über oder von Gandhi, dem damals noch kaum allgemein bekannten Christoph Blumhardt dem Jüngeren (Bad Boll) und Walter Rauschenbusch (baptistischer Pastor in den USA, der betont religiös-sozial predigte und dichtete). Nicht zu vergessen ist die Liebe Hans Klassens zu Leo Tolstoi, dem er als Schüler in Rußland einmal begegnet war und den er unkritisch sah, da er lediglich seine sozialethischen Schriften kannte und interpretierte.

Der Kreis wuchs nur wenig; hin und wieder tauchten einige stadt- und gesellschaftsmüde Jugendliche auf, die ein »alternatives Leben« suchten. Darunter – so entsinne ich mich – ein Student, der seine Studien abbrechen mußte und als eine Art »Narr in Christo« in der Mühle ein eigenes Leben führte: er aß kaum, schlief – auch im Winter – draußen, war praktisch wenig beweglich – aber er sammelte durch den Tag die Kinder, um ihnen Tolstois ›Volkserzählungen‹ vorzulesen. (Die kleine Schar hatte auch einige Vernachlässigte oder Elternlose, die aus den Großstadtslums herausgeholt worden waren.)

136. »Tiefreligiöse Grundlage«

Wir [wurden] in der kleinen ländlichen Siedlung Sonnefeld, etwas außerhalb Koburgs gelegen, erwartet. Hier waren wir Gäste einer Gruppe, die sich von den Mennoniten und Baptisten getrennt hatte, um unter einfachsten Lebensverhältnissen in größerer religiöser Freiheit zu leben. Als wir von der kleinen Bahnstation aus durch die schmutzige Dorfstraße stapften, sahen wir bald das weißgetünchte Siedlungshaus mit seinen farbigen Verzierungen in Orange und Blau vor uns und begrüßten kurz darauf die Familie. Das Ehepaar mit seinen beiden Kindern nahm Kinder in Pflege, die ihnen von den Wohlfahrtsämtern großer Städte wie Berlin und Halle zugewiesen wurden; im Sommer nahmen sie Ferienkinder auf, die in kleinen Holzbaracken am Dorfrande untergebracht wurden. Die Eltern eines der Gruppenmitglieder hatten ihnen ein Haus geschenkt; sie selbst hatten noch einen Seitenflügel mit einem großen Raum angebaut, in dem wir Singspiele anhörten und später die Abendversammlung hielten. Nach meiner Ansprache brachten die ländlichen Teilnehmer in mannigfacher Weise ihre religiösen und pazifistischen Überzeugungen zum Ausdruck. Auch unserer Wirtin hörten wir mit großem Interesse zu, als sie uns schilderte, daß ihr Verbleiben in der Baptistengemeinde nicht länger möglich gewesen sei; sie strebten nach innerer Freiheit, sie wollten selbständig denken und wachsen und ein einfaches Leben führen. Die Verhältnisse waren freilich primitiv: wir schliefen gerade über dem Kuhstall und waren dankbar für das bißchen Wärme, das durch den Bretterboden drang, denn draußen lag tiefer Schnee und drinnen war es kalt. Am Morgen war unser Waschwasser fast zu Eis gefroren.

Um ihrer Gesinnung willen hatten diese Menschen Schwierigkeiten und selbst Verfolgung auf sich nehmen müssen. Als sie den Anbau vornahmen, teilte der Pfarrer der Regierung in München mit, daß sie ein Sanatorium errichten und aus dem Dorf einen Kurort machen wollten, – daraufhin erschien die Polizei und verbot das Weiterbauen. Sechs Wochen lang erreichten sie nichts, bis einer von ihnen nach München fuhr, den Minister persönlich aufsuchte, alles klarstellte und sagte, daß sie »im Quäkergeiste« lebten. Sofort erhielten sie die telefonische Zusage. Keiner von ihnen war tatsächlich Mitglied der Gesellschaft der Freunde, aber es war ihnen mit dem Quäkertum ganz ernst. Jeden Dienstag und Donnerstag kamen sie von sechs bis sieben Uhr morgens in einer kleinen Stube zur Andacht zusammen. Der Pfarrer war ihnen nicht hold, was ganz verständlich war, denn dreißig bis vierzig Menschen füllten zweimal wöchentlich ihre Stube, während in seine sehr große Kirche außer zwei alten Frauen nur zehn Kommunikanten kamen.

Leiter der Gruppe war Hans Klaßen, ein russischer Mennonit, der bei Kriegsausbruch in Deutschland gewesen und als feindlicher Ausländer interniert worden war. Er hielt unentwegt an seiner Friedensgesinnung fest und wurde auch einmal zum Tode verurteilt, bis er durch das Dazwischentreten eines Offiziers wieder frei kam. Im Internierungslager weigerte er sich, als Aufseher den Gummiknüppel zu gebrauchen. Trotzdem ihm alle sagten, daß er ohnedem unmöglich auskäme, wurde er doch sehr gut mit seinen Leuten fertig.

In der Siedlung wurden verschiedene handwerkliche Beschäftigungen ausgeübt. Die Stuben prangten im modernsten Stil in strahlenden Farben, blau, grün und gelb; das Leben selbst war von Grund aus einfach. Wir aßen alle zusammen mit den Kindern aus den großen Gemüseschüsseln, die auf dem Tisch standen. Die tiefreligiöse Grundlage aller Arbeit war durchweg zu spüren, wenn sie sich auch nicht viel in Worten äußerte. Es war ein Erlebnis, dieser Gruppe von Enthusiasten zu begegnen, aber ich hatte meine Zweifel, ob sie auf die Dauer alle Härten ihres Lebens meistern würden. Wie bei vielen aus der Begeisterung geborenen Unternehmungen in ungewöhnlichen Zeiten war etwas dabei, das die alten Freunde ein »Versickern der Kraft« nannten. Das Schicksal dieser Gruppe gehört nicht eigentlich zur Geschichte des deutschen Quäkertums [...]

137. »Friede, Liebe, Versöhnung und Güte«: Ein Brief von Hans Klassen (1928)

Verlag
Neu-Sonnefelder Jugend

Zeitschriften:
›Monatsblatt des Versöhnungsbundes‹
+
›Neu-Sonnefelder Jugend‹
+

Versand
von Gandhi-, Tolstoi-, Blumhardt-, religiös-sozialer und Quäker-Literatur; feinsinniger Märchen, Legenden, Volkserzählungen, Novellen

›Internationale Bewegung für christlichen Kommunismus‹ von Friede, Liebe, Versöhnung und Güte für Kinder und Jugendliche.

+

Kommissionslager für die Schweiz:
R. Müller & Co., Reformhaus »Wohlfahrt«, Zürich, Oetenbachgasse 26

Sonnefeld bei Coburg, den 12. 4. 1928
(Quäker-Siedlung E. V.)
Anni Geiger-Gog
und Gregor Gog
Sonnenberg, Degerloch b. Stuttgart

L. Freunde, schon lange war es unser Wunsch in unser[er] Lebensgemeinschaft mit Euch in Verbindung zu kommen. Nun freut es uns sehr, daß Ihr uns geschrieben habt. Wir wünschten, Ihr hättet uns etwas anderes zum Verlegen geschickt, da wir in unserer ganzen Verlagsarbeit ein anderes Ziel verfolgen, und zwar suchen wir feine, tief innerlich eingestellte Märchen, Erzählungen, die von der Harmonie zwischen Tier und Mensch, überhaupt von der Versöhnung und dem Ausgleich der gesamten Kreatur reden, von Güte, Liebe – Frieden usw., wie es das Büchlein ›Um Mitternacht‹ auch tut. – Grade sind wir dabei ein Märchenbuch herauszugeben für Kinder und Große, u. haben nun endlich auch nach langem Kampfe das Recht zum Abdruck einiger Märchen von Kyber bekommen, wie ›Ein Tagwerk vor Sonnenaufgang‹ und ›Das Land der Verheißung‹, worüber wir sehr froh sind. Zu gerne hätten wir etwas von Anni Geiger in dieses Märchenbuch (der Titel ist noch nicht fest) gebracht. Könntest Du uns etwas empfehlen, was so in dieser Linie liegt? Dürften wir vielleicht auch ›Sonja‹ abdrucken?

Seht mal, Gedichte, so schön sie sind, so entsprechen sie nicht der Anforderung unserer Einstellung. Ich glaube immer, die »Zeit der Gedichte« ist vorbei u. wir können uns auch so schwer dafür entscheiden, so oft man an unsern Verlag im letzten Jahr damit herantrat. – Also bitte versteht uns recht, wenn wir Euch das ›Magnificat‹ zugleich zurückschicken. –

Was die Karte von Nik[olaus] Schaiermann anlangt, so wollen wir versuchen einen Gärtner den Duchoborzen zu verschaffen. – Wir sind so froh, daß wir dadurch wieder auf die uns geistesverwandte Gemeinschaft der Duchoborzen stoßen. – Wir geben in diesen Tagen ein Büchlein heraus ›Märtyrer der neuen Ordnung‹ (Die Leidensgeschichte der Duchoborzen im Kaukasus) v. L. N. Tolstoy, u. da hätten wir zu gerne etwas über das gegenwärtige Leben der Duchoborzen in Kanada. Wüßtet Ihr etwas? Kennt Ihr irgendwelche Schriften über sie? – Vielleicht Schaiermann? bitte teilt es uns sofort mit! –

Gerne möchten wir mit Euch in Art-Gemeinschaft kommen u. würden uns freuen, wenn wir es *jetzt* könnten.

Euch herzlich grüßend

Hans Klassen i. A. des Verlages Neu-Sonnefelder Jugend

Menschen guten Willens, und besonders die Jugend, die an der Schaffung einer besseren, friedvollen Zukunft mitarbeiten wollen, suchen Sammlung und Wegweisung in aufbauender, fortschrittlicher Literatur, die zur Neuordnung und Versöhnung der Menschheit bewußt beiträgt.

Unser Verlag hat sich zur Aufgabe gemacht, nur solche Bücher zu verbreiten und herauszugeben, die das Herz der Jugendlichen und Kinder mit einer neuen reineren Gesinnung erfüllen. Auf allen Lebensgebieten, sei es auf religiösen oder erzieherischen, auf politischen oder wirtschaftlichen, in Dingen der Lebensreform, Körperkultur oder Vegetarismus, der Jugend-, Siedlungs- und Friedensbewegung oder des Tierschutzes; – in allen soll das Ziel, die Neugeburt der Menschheitsgemeinschaft, festgehalten und betont werden.

Der Wille zum Frieden und zur Güte, zur selbstlosen Mitarbeit am Reiche Gottes auf Erden muß durchbrechen.

Münchner Werkschar und Aschaffenburger Kreis

Mit dem Ersten Weltkrieg hatte auch die bürgerliche Jugend ihre Unschuld verloren. Es galt erwachsen zu werden. Der Wandervogelführer und spätere Priester der Christengemeinschaft Willi Kelber berichtete 1924 über diese »Jugend an der Schwelle«, im Frühjahr 1919 habe ihn der einst jugendbewegte Alfred Kurella besucht und erklärt: »Die Zeit, in der die Tagungen, Feste, Fahrten der Jugendbewegung schön gewesen sind, ist vorbei. Man kann das jetzt nicht mehr machen. Jetzt wird das alles hohl, schicksallos und lärmend.« Kurella habe sich deshalb aus der Jugendbewegung zurückgezogen und sein Leben dem Bolschewismus geopfert – nicht daß er den Kommunismus als etwas Schönes und Gutes oder etwas Heilbringendes betrachtet habe, sondern er war für ihn »ein unabwendbares und der Menschheit nötiges Weltgerichts-Schicksal, dessen Partei er glaubte ergreifen zu müssen«. Dem stellt Kelber die »Kehre« von Friedel Witte an die Seite, die sich aus dem jugendbewegten Kreis ihrer Freunde herauslöste, sich in ein dürftiges Häuschen in einem kleinen Dorf zur Meditation zurückzog, bis sie schließlich in ein Kloster eintrat. Die »Wandermüdigkeit« ergriff viele ältere Wandervögel, sie suchten nach einem neuen Zukunftsreich – Wynekens Jugendreich –, und manche fanden es schließlich in der eigenen Seele. Willi Kelber etwa und Eduard Lenz, die beiden Erlanger Wandervögel, gehörten innerhalb des Wandervogels zu den »Revolutionären« (mal die »Geistigen«, mal die »Roten« genannt). Kelber forderte auf dem Bundestag des Wandervogels in Coburg (August 1919) für den Wandervogel ein neues »adeliges Menschentum«; der Bund müsse »Orden, heiliges Reich der Menschheit von morgen, Quelle eines neuen deutschen Volkes« und »Stoßtrupp ... im Kampfe Deutschlands um die Götter« werden. Er führte die radikalen Wandervögel der linksbürgerlichen »Entschiedenen Jugend« zu. Doch die Schritte in die revolutionäre Geist-Politik endeten mit Enttäuschung. So brachte Kelber und Lenz schließlich ihr »Weg zum Geist« zur Anthroposophie[23] – 1922 waren sie Mitbegründer und Priester der »Urgemeinde der Christengemeinschaft« in Dornach: »Hier ist sowohl für W[illi Kelber] wie für mich die endgültige Entscheidung gefallen, die unser Leben weiterhin bestimmt. Es realisiert sich bereits das, was ich Dir sagte von uns Erlangern«, schrieb Lenz damals. Kelber sah die Anthroposophie nun als den »Quell eines zukünftigen Ordenswesens der Jugend, eines Ordens vom heiligen Michael«. Damit spielt er offenbar auf Rudolf Steiners »Pädagogischen Jugendkurs« an, den dieser zu Michaeli 1922 in Stuttgart für Menschen aus der Jugendbewegung hielt, und welcher den Beginn einer Öffnung der Anthroposophie gegenüber der Jugendbewegung markierte[24].

Nicht nur Erlanger Wandervögel gingen den Weg zu Rudolf Steiner. Alfred Heidenreich schrieb 1922 in seiner Schrift ›Jugendbewegung und Anthroposophie‹ über die Gemeinsamkeiten der beiden Bewegungen: die Anthroposophie biete eine vertiefte Antwort auf die Suche der Jugend nach einer vergeistigten Natur- und mystischen Welterfahrung und nach einer Lösung der sozialen Probleme. »Diejenigen jungen Menschen«, heißt es abschließend, »die in ihrem Jugendbewegungserlebnis die Berufung zur Anthroposophie sehen, haben sich zusammengeschlossen zur ›Freien Anthroposophischen Jugend‹.«[25] Als ei-

[23] Kelber stieß zum erstenmal auf die religiöse Erneuerungsarbeit der Anthroposophen bei einer von Friedrich Rittelmeyer geleiteten Tagung über »Christentum und Anthroposophie« zu Ostern 1922 in Nürnberg; Kelber und Lenz nahmen dann bei der zur Vorbereitung der Begründung der Christengemeinschaft in Breitbrunn am Ammersee 1922 einberufenen Tagung teil; den »Stall«, in dem getagt wurde, hatte Margarete Morgenstern, die Witwe des Dichters Christian Morgenstern, besorgt.
[24] Vgl. Rudolf Steiner, Geistige Wirkenskräfte im Zusammenleben von alter und junger Generation. 13 Vorträge im pädagogischen Jugendkurs Stuttgart 1922. Dornach 1953. Steiner hielt ferner drei Jugendansprachen in Breslau, Koberwitz und Arnheim zur Deutung der Jugendbewegung; außerdem legte er in den ›Vier Sendschreiben‹ die Notwendigkeit dar, von der »Freien Hochschule« am Goetheanum aus im Zusammenwirken mit ehemaligen Jugendbewegten eine »Jugendweisheit« zu erarbeiten. Vgl. R. Steiner, Die Erkenntnisaufgabe der Jugend. Ansprachen und Fragebeantwortungen aus den Jahren 1920–24. Dornach 1957. Von Interesse ist auch die Antwort von Eduard Lenz an die Jugendsektion des Goetheanums auf eine Frage Steiners »Was will ich als junger Mensch?« in: Eduard Lenz, Aufbruch zu religiöser Erneuerung. Stuttgart 1959, S. 45–53.
[25] Kurt von Wistinghausen, deren erster Sekretär (1922), schrieb dem Herausgeber: »Die damalige Vereinigung der Freien anthroposophischen Jugend war zunächst nur ein loser Austausch von Informationen und Rundbriefen. Es haben auch einige Zusammenkünfte stattgefunden. Doch war diese Form des Zusammenschlusses überholt, als die sozial tätigen Gruppen sich bildeten. Zuletzt hatte

gentlicher Sammelpunkt der anthroposophischen Jugend erwies sich aber vor allem der von 1924 bis 1930 – teilweise mit dem Untertitel ›Eine Zeitschrift der jungen Erwachsenen, welche aus der Anthroposophie leben‹ – erschienene ›Der Pfad‹. Dort führte Erich Trummler über die Tätigkeitsbereiche der ehemaligen Jugendbewegten in einem Aufsatz: ›Die Geschichte der Jugendbewegung und das Wirken Rudolf Steiners‹ aus: »Sie wirken in den Freien Waldorfschulen, in heilpädagogischen Instituten, als Ärzte und Pfleger, an künstlerischen Schulungsstätten, im Seminar einer neuen theologischen Forschung, in naturwissenschaftlichen Laboratorien und landwirtschaftlichen Versuchsstätten. Arbeiter einer neuen sozialen Welt auf neuerrungenem Grund.«

Der »neuerrungene Grund« – manchmal war er ganz wörtlich zu verstehen: Die Frauen-Gymnastikschule und Siedlung Loheland war stark von der Anthroposophie beeinflußt; aber auch aus anderen Siedlungskommunen fanden einzelne Jugendbewegte (wie Walter Hundt vom Barkenhoff und Joseph Eggerer aus Blankenburg) gerade über die biologisch-dynamische Anbauweise zur Anthroposophie. Am sinnfälligsten ist aber der Weg einiger Angehöriger der Münchner Werkschar und der Aschaffenburger Wandervögel über die Landsuche zur Anthroposophie.

Die Werkschar hatte sich 1916 in München gefunden; die wichtigsten Mitglieder waren die Studenten Erich Trummler, Walter Krüger, Ludwig Gurlitt und Eugen Roth. In die Öffentlichkeit gerieten ihre Aktivitäten erst mit der Novemberrevolution. Scheinbar politisch (Roth etwa war damals Mitglied der Unabhängigen Sozialdemokraten), zielten doch ihre Bestrebungen vorrangig auf eine Geist- und Kulturrevolution, besonders in Schule und Hochschule. Verbindungen liefen zur »Gruppe sozialistischer Akademiker Münchens«, Träger der studentischen Hochschulrevolution während der Münchner Rätezeit (Freundschaft zwischen Eugen Roth und Max Zillibiller, beide aus der bayerischen Eliteschule Kloster Ettal) und zur Münchner »Gesellschaft für neue Erziehung«. Die Werkschar war ein spiritualistischer, nicht politisch-aktivistischer Freundschaftsbund um das belebende Zentrum Trummler; gefeiert wurde der Bund in verkleideter Form von Eugen Roth in seiner Dissertation ›Das Gemeinschaftserlebnis des Göttinger Dichterkreises‹

Erwin Horstmann von mir die Unterlagen erhalten, hat aber auch nicht mehr sehr viel dafür zu tun brauchen.«

(1922), die Parallele zu Trummler war darin Johann Friedrich Hahn. Ihr Organ war das nur in zwei Heften erschienene ›Werkschiff‹, mit religiös-esoterischen Gedichten von Roth und ebensolchen Texten von Trummler. Trummler dachte schon damals an eine Siedlung, deren Bild wohl zwischen einer »kommunistischen« Niederlassung und einem Kloster schwankte; aus diesem Grunde nahm er über das Werkschar-Mitglied Richard Reichelt Verbindungen zu Johannes Müller in Elmau auf, wo Reichelt Hauslehrer war. So fand dort nach dem Scheitern der Räterepublik in München eine ergebnislose Tagung mit der Deutschen Akademischen Freischar statt. Trummler hoffte auch auf eine Landschenkung am Staffelsee – als Brücke zwischen Elmau und München – aber der Plan zerschlug sich.

Dagegen kam es dann 1919 über Franz Nahm zur Verbindung zwischen Trummler und den Aschaffenburger Wandervögeln. Deren kleine Gruppe hatte sich seit dem Weltkrieg zu gemeinsamer Lektüre und zum Musizieren zusammengefunden und war den Weg der Opposition innerhalb des Wandervogels mit den Erlangern zusammen gegangen. Auf ihr inneres Suchen fanden sie durch die Begegnung mit Trummler und seinem Kreis eine Antwort: »Sie haben genau das, was wir ahnen und suchen. Sie leben schon den neuen Menschen. Absolut unbürgerlich. Hochkünstlerisch. Wie aus Tempeln vergangener Zeit in unsere Tage hereintretend.« So mieteten im Mai 1920 die Aschaffenburger ein Gartenhaus, wo Trummler wohnte und ihnen in einem Arbeitskurs »den magischen Lebensbogen vom Zeitalter Goethes« erschloß. Aus dem Tiefpunkt der Gegenwart sollte Orientierung an dem Höhepunkt deutschen Menschseins gewonnen und Hoffnung auf eine neue geistige und völkische Regeneration geschöpft werden. Die Umsetzung in die Wirklichkeit war wohl vor allem wieder über die Siedlung gedacht.

Zu ihrer Vorbereitung vereinigte sich die Münchner Werkschar zu Pfingsten 1920 in Aschaffenburg mit ähnlich gesinnten Gruppen (so waren dort Vertreter aus Blankenburg, Loheland und Frankenfeld) zu einem Treffen, aus dem heraus der Entschluß zur Landsuche gefaßt wurde. Diese fand dann im Hochsommer und Herbst 1920 statt – und zwar, unter dem prophetischen Eindruck von Hölderlins späten Hymnen, zwischen Rhein und Donau[26]. Doch die hohen Erwartungen wurden

[26] Vgl. Erich Trummler, Der kranke Hölderlin. Urkunden und Dichtungen aus der Zeit seiner Umnachtung. München 1921.

auch diesmal wieder enttäuscht; zukunftsweisender als zunächst erkannt erwies sich dagegen eine auf dieser Wanderung erfolgte Begegnung mit Steiner in Stuttgart. Denn nachdem die Materialisierung des Geist-Reiches erst in der Jugendbewegung, dann in der Ordens-Siedlung fehlgeschlagen war, führte der Weg mehrerer Mitglieder der Werkschar und des Aschaffenburger Kreises zur Anthroposophie (Trummler, Krüger und Hellmuth Gurlitt von der Werkschar, Hans Kuhn u. a. von den Aschaffenburgern). Nicht alle Aschaffenburger, nicht alle Werkschärler mochten sich ihnen anschließen; aber für diejenigen, deren jugendbewegtes Suchen bei Steiner geendet hatte, mochte es nachträglich so scheinen, als sei auch die Landsuche nur symbolisch zu verstehen gewesen. In diesem Sinne deutet sie Hans Kuhn: »Bei der Landsuche, um die es aufs Ganze der Weltverhältnisse gesehen damals in Wirklichkeit ging, handelte es sich in erster Linie gar nicht um Land. Das Land sollte nur die Basis zur Entfaltung neuer menschenwürdiger Lebensmöglichkeiten abgeben. Nach neuen Lebensinhalten und Lebensmöglichkeiten stand unser Sinn. Es handelte sich also um mehr, als um ein bäuerliches Anwesen, um mehr als nur die Gründung eines Klosters. Bildlich gesprochen handelte es sich um das Erreichen eines neuen Kontinents.« Der wahre Steuermann, so deutete es Kuhn, zu diesem »Boden, der nicht nur im Sichtbaren, sondern gleichzeitig auch im unsichtbar Geistigen gründet«, sei Steiner gewesen.

Freilich bleibt für den Historiker eine Frage bestehen: Es ist seltsam, daß weder von den zur Anthroposophie stoßenden spiritualistischen Jugendbewegten nennenswerte Rückstrahlungen auf die bündische Jugendbewegung ausgegangen sind, noch sie auch innerhalb der »Freien anthroposophischen Gesellschaft« wirklich verändernde Impulse ausstrahlen konnten, sondern sich ganz Rudolf Steiners Lehre und den von ihm geprägten Formen unterwarfen[26a]. Ein »Fest der Jugend«, ein »Dionysosfest«, wie Eduard Lenz es erträumt hatte (»Was will ich als junger Mensch?«), hatte in dieser Bewegung doch keinen Raum.

[26a] Es bedarf weiterer Untersuchungen, um die Bedeutung der Jugendbewegung für die anthroposophische Praxis beurteilen zu können. Dabei müßte nicht nur an die jugendbewegten Lehrkräfte in den Waldorfschulen gedacht werden, sondern vor allem auch an die Arbeit der »Jugendsektion« in der Anthroposophischen Gesellschaft. So heißt es etwa in einem Bericht von der Zusammenkunft eines Kreises engerer Mitarbeiter der Jugendsektion in Dornach vom 17.–22. März 1926 (veröffentlicht als eine Nr. des maschinenschriftlich vervielfäl-

138. Studenten!

Wollt Ihr älter sein als die Alten? Soldaten und Arbeiter haben Euch befreit und Ihr bleibt unbewegt. Sie haben Euch befreit von einem toten Staat, der den Leib forderte und die Seele knechtete.

Und was tut Ihr?

Ernten wollt Ihr, wo Ihr nicht gesät habt. Nutzen fordert Ihr von dem Umsturz, zu dem Ihr Euch nicht bekannt habt. Losgesagt habt Ihr Euch von den Schaffenden des neuen Tages. So sagen wir uns los von Euch!

Wir stehen im Anbruch der großen Stunde. *Wo blieben die Aufgerufenen?* Im Lärm der Aufgestörten fanden wir sie nicht. Wir wissen, daß wir sie am Werke erkennen werden!

Unser Werk ist Dienst am neuen Menschen. Wir erwarten ihn. Über uns hinausgreifend nehmen wir von ihm das Gesetz.

Menschsein muß Maß sein!

Der Mensch, an den wir glauben, wird geboren aus dem *ewigen Geiste der Jugend*. Wer gerettet ist aus dem Sturz der Zeit, wer die Kerker der Qual zum Raum der Verschwörung wandelte, wer sterngläubig den Weg aus tiefem Irrsal fand, der ist Geist vom ewigen Geiste der Jugend!

Ihr Geretteten, Ihr Verschworenen, Ihr wenigen Gläubigen: *sammelt Euch zur Werkschar!* Schafft neuer Jugend neue Statt!

Die alte Hochschule faßt den Geist der Jugend nicht mehr.

---

tigten und an 15 Mitglieder des ehemaligen Aschaffenburger Kreises und der Münchner Werkschar versandten ›Aschaffenburger Rundbriefes‹): »Seit dem Stranden der Dreigliederungsarbeit ist dieser vom Ganzen des anthroposophischen Impulses unlösbare Teil des Vermächtnisses Rudolf Steiners innerhalb der [Anthroposophischen] Gesellschaft vernachlässigt worden. Im Dienste der nachfolgenden Jugend muß es uns aber um ein Aufsuchen des Geistes im Allerkonkretesten gehen (Wirtschaftsfragen und Berufsfragen unter den großen sozialen Gesichtspunkten). Unser Bestreben muß es sein, den von Rudolf Steiner gegebenen Sozialen Impuls heute aus der Unmittelbarkeit des Jugendstrebens heraus aufzugreifen.« Weiter wurde ausgeführt, während die »Christengemeinschaft« eine »kultische Gemeinschaft« sei, verstehe sich die »Anthroposophische Jugend« als eine pädagogische Bewegung. Ganz in diesem Sinne wurde u. a. auf der genannten Tagung über die Errichtung eines besonderen anthroposophischen Schultyps (»Jugendschule«) für 18–20jährige, von der Schaffung eines Heimes für die proletarische Jugend und einer Frauenschule auf anthroposophischer Grundlage gesprochen. – Einen lebhaften Einblick in die Schwierigkeiten, den jugendbewegten Impuls innerhalb der Anthroposophischen Gesellschaft durchzusetzen, bieten die Erinnerungen von Ernst Lehrs, Gelebte Erwartung. Wie ich zu Rudolf Steiner und dank ihm eine Strecke Weges zu mir selber fand. Stuttgart 1979.

Wir stellen Fragen, auf die sie keine Antwort weiß. Wir sind auf Wahrheit gerichtet, von der ihre Lehrer schweigen. Ausfluß erstorbener Welten wird für lebendiges Wasser gereicht. Über die Kühnheit des freien Denkens ist die Sperre eines entgeisteten Begriffes von Wissenschaft verhängt.

Wir junge Werkschar wollen die neue Hochschule als *wahre Gemeinschaft der Lehrer und Lernenden.* Sie wird nicht kommen, wenn wir nicht für den Umbau des gesamten Erziehungswesens wirken. Wir kämpfen *gegen die Mittelschule.* Wir fordern die *Einheitsschule,* die jedem Berufenen den Weg zur neuen Hochschule öffnet!

Die neue Hochschule wird scheiden zwischen denen, die Fach und Beruf erstreben, und denen, die Schaffende der Wissenschaft sein wollen!

Der Staat des alten Menschen ist zerschlagen. *Die Schule,* die Lebensform der Jugend, *ist noch in der Gewalt des alten Menschen!*

Entreißt sie ihm!

Die Erhebung der Jugend, der Umsturz der Erziehung sei das Werk, mit dem wir aufgreifen und fortführen, was unsere Volksbrüder begonnen haben.

gez. *Erich Trummler. Eugen Roth. Robert Wolfgang Wallach.*
Richard Reichelt.

Anschrift: *Die Werkschar, Königinstraße 65/0, München.*

Die Unterredungen der Werkschar finden im geschlossenen Kreis statt.

Vorträge ohne Aussprache sind vorgesehen.

139. Die Siedlung

Die Zeit wird sich nie erfüllen, wenn wir nicht unsere Erwartung handeln. Wir wollen ein Irdisches umformen nach unserem Willen und im Geiste des Kommenden. Denn seinen Wegbereitern ist nicht allein das kündende Wort gegeben, sondern auch das zwingende Werk. Das kann nur getan werden, wenn wir nicht länger mehr Versprengte bleiben in einer uns ungemäßen Gesellschaft. Auf freiem, unberührtem Grunde müssen wir uns sammeln, noch vor der Zeit der Erfüllung, auf daß die Tage der Reise den Baum schon fänden, aufgewachsen aus unserm Kern. Gemeinsam wollen wir uns siedeln und eine neue Ordnung über uns errichten, die das Maß des künftigen Menschen in sich trägt.

Kern der Siedlung ist die Gemeinschaft: ein Bund von Männern, die sich zu gemeinsamer Lebensführung und Menschheitsarbeit zusammengeschlossen haben.

Unsere Arbeit ist gemeinsamer Dienst am kommenden Menschen. Das heißt: am Ewigen Menschen, an den wir glauben. Vom All des Weltbaus lesen wir das Gesetz ab. Und in der Seele des Menschen finden wir die Freiheit. Das Gesetz des Menschen ist, daß er gestellt ist in die zerreißende Spannung zwischen Allgottheit und den Göttern der Erde. Die Menschenfreiheit ist das Versöhnend-Dritte: die Seelenkunst aus Beiden, aus der Versenkung in den Geheimniskern der Seele und aus der Heiligung alles Erdentums den Ewigen Menschen zu verwirklichen. Unser Maß ist es, uns bereit zu machen für diese Seelenkunst in der Erwartung Dessen, der sie erfüllend lebt.

Wir, die wir uns entschieden haben zu solchem Dienste, müssen uns einer Welt entreißen, die uns abzieht von unserer Bestimmung. Wir müssen uns auf eigenem Boden die Form eines erdverbundenen, einheitlichen Lebens schaffen.

Also erstreben wir als Gemeinschaft ein Stück Land als freies Besitztum, dessen Anbau uns die neue Lebenshaltung ermöglichen soll.

Mittelpunkt der Siedlung ist unser Werkhaus. Es enthält den gemeinsamen Feierraum sowie die einzelnen Wohn- und Arbeitsräume der Werkleute. Für erwählte Freunde der Gemeinschaft sind Galerie bereitet.

Die Siedlung um das Werkhaus entsteht:

Einmal durch das Gästehaus der Gemeinschaft.

Wir werden nur Gäste laden oder auf ihren Wunsch hin aufnehmen, von denen wir eine bestimmte Teilnahme an den Arbeiten der Gemeinschaft erwarten.

Zum zweiten, durch Sondersiedlung

solcher Werkleute, die eine Ehe schließen oder ein Handwerk ergreifen wollen.

Zum dritten, durch Gründung einer Schule,

in der wir im Geiste unserer Gemeinschaft Menschen bilden wollen. Damit soll eine neue Art der Lehrstätte geschaffen werden, die nicht von der Lehrkraft eines Einzelnen oder eigens berufener Lehrer abhängig ist, sondern von einer geistigen Gemeinschaft getragen wird und je nach den Bedürfnissen ihrer Siedlung sich erweitern soll.

Unsere Schule wird in keinen Wettbewerb mit bestehenden Neuschulen treten, da es uns nicht um die Neuerung eines Alten geht, sondern um einen Bau auf neuem Grunde.

Wir werden keine Fächer lehren im alten Sinn. Unser Lehrplan wird die innere Entwicklung des Menschen stufenweise darstellen:

Bei der Erziehung des Kindes steht uns Schauen über Wissen. Aus der Anschauung der Natur soll ihm das Weltbild entstehen.

Bei der Erziehung der reifenden Jugend kommt zu der Anschauung des göttlich gebundenen Schaffens der Natur die Anschauung des freien Werkschaffens des Menschen. Das bedeutet Erziehung zur Kunst, die Künste stufenweise aus der Musik über das Bildnerische wachsend zum Wort.

Den jungen Menschen endlich, als Schauenden, geleiten wir in seine Reife den Weg der Erkenntnis. Der Erkennende ist uns der Handelnde. Er handelt aus jener Seelenkunst, die wir lehren.

Unserer Schule werden Werkstätten eingegliedert sein. Leibeskunst im Sinne des neuen Tanzes wird geübt werden.

Zur Besprechung und Entscheidung der Siedlungsfragen berufen wir aus dem Kreise der Freunde und Stifter einen Gemeinschaftsrat.

Es wird eine Stiftung errichtet, welche die Gründung und den Aufbau der Siedlung sichert. Alle Arbeiten der Gemeinschaft haben die Hilfe dieser Stiftung. Die Werkleute erwerben und verbrauchen das Ihrige gemeinsam im Geiste der Liebe, als brüderliche Gäste der Erde.

140. Landsuche zwischen Rhein und Donau

Mitten in den Jahren des Weltkrieges hatte sich ein Kreis junger Menschen gefunden, um voreinander ein Bekenntnis abzulegen: sie waren der Schulweisheit überdrüssig geworden und wollten einen Vorstoß wagen in ein neues Leben mit dem Geiste. Nicht zerstören wollten sie, was doch fallen mußte, sondern durchbrechen zu einer Aufgabe, mit der lebendigem Geiste zu dienen wäre. Sie waren ohne Lehrer. Keiner von denen, die sich Lehrer nannten, hatte ihren Fragen stand gehalten. Sie mußten sich selber helfen. Die Dichter ihres Volkes wurden ihre ersterkorenen Führer. Sie befragten die Genien jener Zeit, die ihnen voller Ahnungen und Vorverkündigungen zu sein schien, die Genien der Klassik und Romantik. Manches von dem, was jener doppelt gesäte Zeitenboden hat aufgehen lassen, erging wie ein Aufruf an sie. Manche Schriften lernten sie lesen wie heilige Schriften. Goethes Märchen von der grünen Schlange, des Novalis geheimnisvolles Fragmente-Labyrinth. Ja, die Freunde wurden untereinander einig: daß man die Stimmen solcher Dichter schlecht anhöre, wenn man ihnen nicht gehorche. Goethes mahnendes Bild der »pädagogischen Provinz« schien ihnen den rechten Weg zu weisen auf eine Verwirklichung hin, die solches geistige Erhorchen und Gehorchen fordert.

Jahre vergingen, immer klarer schien ihnen ihre Aufgabe gestellt: eine Schule wollten sie bauen, von innen und von außen. Aber wo sollte die stehen? Lage, Plan und Bau sollte sie gemahnen an das innerste ihres Strebens und ihres Werkes. Da befragten sie den Dichter, dessen Stimme ihnen damals am innigsten nahe war: Hölderlin. Sie lasen seine letzten prophetisch-mächtigen Hymnen, lasen die Hymne ›Der Rhein‹ und die ›Am Quell der Donau‹ gesungene. Da ging ihnen auf: zwischen jungem Rhein und junger Donau, mitten auf der Schwelle zwischen Osten und Westen wollten sie ein Stück Land finden. Auf ihm sollte die Schule stehn. Im August eines gesegneten Sommers gingen sie auf Wanderung, um den Ort und die Stelle zu suchen, Wünschelrutengänger gar sonderbarer Art. In der schwäbischen Hauptstadt trafen sich alle, die das seltene Abenteuer dieser Wanderung bestehen wollten. Da, an einem heißen Hochsommerabend, in einem Saale der Stadt, in den es sie halb widerstrebend geführt hatte, sahen sie einen Mann vor eine dichtgedrängte Menge treten mit kühnen, dunkel leuchtenden Augen. Er stellte die Frage: Wer das Recht habe über den Untergang des Abendlandes zu reden. Und gab eine Antwort: Nur der, welcher den neuen Weg des Geistes beschreite und selbst nicht mehr im Untergang stehe. Es war Rudolf Steiner, der so sprach.

Am folgenden Tage brachen die jungen Wanderer auf. Waren sie noch immer Lehrlinge ohne Lehrer? Noch durchschauten sie nicht, wie es das Schicksal mit ihnen wollte. Ihre Wanderung war jugendlich, voll maßloser Erwartung. Den jungen Neckar aufwärts ging es, in die Wälder des Schwarzwaldes wurden sie abgelenkt. Durch den Freiburger Dom, das ehrwürdige Bauhüttenwerk zogen sie, an den Kaiserstuhl, an die grünen Fluten des Rheins. Weiter ging es, das Stromtal aufwärts, an Basels verschlossener Grenze dicht vorüber (jenseits stand ein Bau [das Goetheanum], das wußten sie, aber war dort Jugend damals, gleichstrebende, von einem Schicksal angerufene?). Weiter an den Südhängen des Schwarzwalds mit der Schau über das Schweizerland und hin an die Alpen, denen der Rhein entspringt. Endlich, eines Abends, stiegen sie in den heißen Kessel des Hegau hinab, von ferne erglänzte der schwäbische See. Hier, an einem stillen, waldigen Talweg zuckte die Wünschelrute dem Erdreich zu. Sie hatten die Stelle gefunden: zwischen Rhein und Donau. Hier war gut zu bauen! Wenige Monate später erfuhren sie, wie durch einen Zufall, daß die Talwiese, an deren Rain sie gesessen, schon einem entfernteren Freunde gehörte, der sich da anbauen wollte. Dieser Freund war ein Quäker. Er lud sie ein, doch zu kommen, wenn er mit dem Hausbau beginnen sollte in dem stillen Hegautal. Junge englische Freunde sollten sich da mit deutscher Jugend treffen, und neue Freundschaft gründen helfen. So suchten denn im folgenden Sommer die Freunde wieder das mit so gutem Grunde gefundene Waldtal auf, aus England kam eine kleine Schar, und wie zu einer Feier noch ungenannter Mächte und als eine sinnbildliche Arbeit gruben sie dem das Erdreich aus, der das Haus bauen wollte. Ja, alle fühlten das gute Sinnbild so herzlich, daß der junge Bauherr sich gar bald handfeste Arbeiter dingen mußte, um sein Haus noch vor dem Winter unter Dach und Fach zu bringen. Und die Freunde zwischen Westen und Osten? Die hatten nun eingesehen, für ihr Bauen war die Zeit noch nicht gekommen. Etwas in ihnen begann aufzuleben, wurde dichter und kräftiger, das hielt sie davon ab. Das Bauen, das sie meinten, wollte erst seine Lehrlinge und Gesellen anlernen.

War jener, vor dessen Auge es sie damals, zu Beginn ihrer Schicksalswanderung, geführt hatte, der Lehrer? Die Freunde wurden nun zerstreut in die verschiedensten Gegenden des Landes, ja bis in »fremde« Länder. Jeder von ihnen ging nun aus, den Lehrer zu suchen, schon ahnten sie, daß sie ihn zu finden begannen: Den einzigen, der eindeutige Antwort hatte auf alle ihre innersten Fragen. Wieder vergingen Jahre. Als sich die Freunde zum erstenmal wiedersahen in dem Lande, das mitten zwischen Osten und Westen liegt, hatten sie alle den Lehrer gefunden, der sie das wahre Bauen lehrte. Ein jeder hatte ihn auf seinem eigenen Wege gefunden, den Lehrer der Menschenerkenntnis aus heiligem Geiste. Seine Schicksalsgestalt, seit langem mitten auf der Schwelle verharrend, wo heute

Osten und Westen ineinander wellen, war nun in ihr Leben getreten. Ihre Wanderung, unter einem wahren Zeichen begonnen, mußte sie am Ende auf seinen Baugrund führen.

141. »Brüderliche Gemeinschaft«

[...] Ich begann mit heimlichem Schrecken Erics [= Erich Trummler] Wort zu verstehen: Wir Aschaffenburger seien in der Hauptsache diejenigen, die das Werkschiff eigentlich suche.

Der Kreis derer, die zu dem Neuen entschlossen waren, war also unendlich viel kleiner, als es uns notwendig erschien.

In den folgenden Wochen gewann ein Plan, der schon in den vergangenen Monaten unter uns aufgetaucht war, greifbare Gestalt. Wenn er auch phantastisch und weltfremd erscheinen mag, so war er von uns doch brennend empfunden und immer wieder nach seinen Möglichkeiten durchdacht worden. Wären wir ihm aus dem Wege gegangen, so wäre uns das als Verrat unseres eigenen Besten erschienen. Nein, wir wollten vor der Durchführung unserer Ideale nicht kapitulieren. Wir hatten sie als Himmelbotschaft erlebt, die ebenso nach ihren Trägern verlangt, wie das vor zweitausend Jahren die Apostel als Verkünder des Evangeliums taten. Und wie es in allen Jahrhunderten jene Mutigen dargelebt haben, die für neu aufgehende Wahrheiten Kraft und Leben einsetzten. Wir empfanden uns als Glieder einer Kette, die von Menschengeistern gebildet wurde und nicht nur aus der Tradition und dem Alten, sondern gleichzeitig und noch mehr aus dem, was ihnen der lebendige Geist in das Herz spricht, leben und wirken.

Ein Mehrfaches schien uns vonnöten. Einmal mußten wir den Geist, der uns trug, stärker entfalten; d. h. wir mußten unsere Bildungsbasis erweitern und unsere Stoßkraft verstärken. Wir erkannten uns angesichts des Neuen noch durchaus als Lernende und wollten das auch weiterhin bleiben. Da wir wirtschaftlich aber fast alle auf uns selbst angewiesen waren, mußten wir für unseren Lebensunterhalt sorgen. Und drittens glaubten wir das Neue in brüderlicher Gemeinschaft vollbringen zu sollen.

Was wunders also, wenn uns der Gedanke zu einer Art moderner Klostergründung auf landwirtschaftlicher Grundlage bewegte? Da konnten wir uns durch eigene Körperarbeit am ehesten ernähren und geistig völlig unabhängig und frei bleiben. Da konnten wir weiterhin das uns Erstrebenswerte in Ruhe entfalten. Und da konnten wir aus brüderlichem Geiste das Leben unserer Gemeinschaft in bezug auf Kunst, Wissenschaft und Alltagserfordernisse ganz nach eigenem Gutdünken gestalten. Und wenn an den einzelnen die innere Stimme erging oder von der Außenwelt ein Ruf zu ihm kam, würde er als Missionar oder als Künstler einer abendländischen Geistigkeit, Weltfrommheit und Lebensbejahung in die Welt ziehen.

Unser nächster Schritt galt also dem Finden des landwirtschaftlichen Grundstückes. Wir dachten an einen Bauernhof mittlerer Größe. Nicht irgendwo sollte er sein, sondern in Schwaben, im südlichen Schwarzwald, vielleicht im Quellengebiet der Donau, im Hegau. Nach den seherischen Weisungen Hölderlins galten uns diese Gaue als Deutschlands »heiliges Land«.

> Denn nah dem Herde des Hauses
> wohnst du, und hörst, wie drinnen
> aus silbernen Opferschalen
> der Quell rauscht, ausgeschüttet
> von reinen Händen ...

In Suevien hatte der zündende Geist aus der Natur zum Dichter gesprochen. In Schwaben hatte sich dessen Wandlung aus dem Fernweh nach der Antike zum Bekenntnis des abendländisch Eigenen ereignet. Hier wurde nach langen Irrfahrten die geschichtliche Wendung zum reif gewordenen Volke der Mitte besungen.

> Denn voll Erwartung liegt
> das Land als in heißen Tagen,
> herabgesenkt, umschattet heut
> ihr Sehnenden! uns ahnungsvoll ein Himmel.
> Voll ist er von Verheißungen und scheint
> mir drohend auch, doch will ich bei ihm bleiben ...

Im Hochsommer 1920 brachen wir von Aschaffenburg zur Landsuche auf. Zunächst nur zu dritt: Eric [Trummler], Vult [Simon] und ich [Hans Kuhn]. Nach einer Bahnfahrt durch den Odenwald begannen wir von Eberbach aus unsere Fußwanderung neckaraufwärts über Wimpfen, Lauffen, Maulbronn. Stuttgart war zur ersten mehrtägigen Rast ausersehen. Einige unserer Bekannten wohnten dort, und einige der Freunde wollten sich zu uns gesellen.

Bei einem wohlhabenden früheren Wandervogel, der eine Familie gegründet hatte und zu dessen Anwesen ein beträchtlicher

Garten mit Obstanlagen und Nebengebäuden aus bäuerlicher Zeit gehörte, bezogen wir Quartier. Das junge Paar hatte sich zur Aufgabe gemacht, kultureller Mittelpunkt innerhalb des Kreises ehemaliger Jugendbewegter zu sein. So kamen in dem modernen, geschmackvoll eingerichteten Hause viele junge Menschen zusammen. Man fühlte sich unter Gleichgesinnten und führte immer wieder Gespräche über kulturelle und weltanschauliche Fragen.

An einem Abend kam man auf Rudolf Steiner zu sprechen, der in jener Zeit im öffentlichen Leben Stuttgarts eine bedeutsame Rolle spielte. Als unter den Gästen anerkennende Stimmen für ihn laut wurden, nahm das Gespräch dramatische Form an. Die offensichtliche Antipathie der Dame des Hauses gegen Steiner fiel auf. Sein Name war mir schon bekannt. Während meiner politischen Orientierung in Würzburg hatte ich in Vorträgen über die Dreigliederung des sozialen Organismus erstmals von dem Manne gehört. Die Ideen, die er vertrat und die neben dem ewig Gestrigen und Alten der anderen grundsätzlich Neues enthielten, hatten mich aufhorchen lassen. Die Gliederung des sozialen Organismus in drei selbständige und gleichzeitig einander durchdringende Systeme von Geistesleben, Rechtsleben und Wirtschaft schien uns die erdnahe Realisierung dessen zu sein, was Goethe mit dem Wirken des goldenen, silbernen und ehernen Königs in seinem Märchen vorgeschwebt haben mag. Als sich nun während der Debatte herausstellte, daß der umstrittene Herr am nächsten Abend in der Landhausstraße vortragen werde und man sich über sein »theoretisches Gerede« aus eigener Anschauung ein Urteil bilden könne, wurde der naheliegende Vorschlag gemacht, sich den Vortrag anzuhören.

Innerlich war ich ob der unerwarteten Begegnung voller Spannung, denn es war zwischen dem Redner jener Würzburger Vorträge und mir zur persönlichen Fühlungnahme gekommen. Er hatte mir von Rudolf Steiner erzählt. Außerdem war ich gemeinsam mit einem Freund eine zeitlang morgens vor Sonnenaufgang, wenn die Stadt schlief und die Nebel über den Wassern des Mainstromes tanzten, zu diesem Anthroposophen gegangen. Dort hatten wir miteinander aus der Geheimwissenschaft das Kapitel über das Wesen des Menschen studiert. Diese Ausführungen hatten mir unmittelbar eingeleuchtet [...] Dadurch war damals bei mir der Eindruck entstanden, Steiner vermöge, anders als andere Zeitgenossen, aus dem lebendigen Wesen der Dinge zu sprechen.

[Es folgt eine poetisch überhöhte Beschreibung der ersten Begegnung mit Steiner]

Einige Tage später nahmen wir unsere Wanderung wegen der Landsuche im erweiterten Kreis wiederum auf. Walther [Krüger], Hellmuth [Gurlitt] und Ammern [= Adolf Ammerschlaeger] waren inzwischen zu uns gestoßen. Und Helle! [= Helene Dmuchowski von der Siedlung Blankenburg] Mit königinnenhaftem Schritt, silbernem Lachen, kristallklaren Blicken aus hellblauen Augen und goldblondem Haar.

Zunächst fuhren wir nach Tübingen. Dort besuchten wir den Hölderlinturm. Die Trauerweiden davor wiegten in sanfter Wehmut ihr luftiges Geäst über dem graugrünen Wasser des Neckar. An der bescheidenen Ruhestätte unseres Dichters mit dem einsamen Eschenbaum über dem Grab aber weilten wir lang.

Dann zogen wir neckaraufwärts, unter der Wurmlinger Kapelle vorüber, über Rottweil und Villingen, dem Gebiete der Donauquellen vorbei, nach Neustadt im Schwarzwald und Freiburg im Breisgau. Schließlich landeten wir, über unseren Mißerfolg reichlich ernüchtert, da sich nirgendwo das Passende gefunden hatte, im gastlichen Hause Karl Wolfskehls in Kirchlinsbergen am Kaiserstuhl. Dort mußte ich mich von den Freunden trennen. Meine Ferien gingen zu Ende. Der Schuldienst rief mich zurück.

Als die Freunde weiterwanderten, hatten sie an den Südhängen des Schwarzwaldes oberhalb Murg inmitten eines märchenstillen Angers mit einem herrlichen Blick auf den Rhein und die Schweizer Juraberge zuletzt doch ein geeignetes Anwesen gefunden. Es war nicht groß und stand zum Verkauf. Es wurden auch längere Verhandlungen wegen seiner Erwerbung geführt. Aber schließlich zerschlug sich die Sache. Die Geldgeber, mit deren großzügiger Unterstützung Eric gerechnet hatte, fanden anscheinend ein Haar in der Suppe. Jedenfalls wollten sie, als sie plötzlich sahen, daß es mit der Sache ernst würde, nichts mehr von ihr wissen und zogen sich ins Unnahbare zurück.

Langsam kämpfte sich in den folgenden Monaten in uns die bittere Erkenntnis durch, daß jenes Zurückziehen der Herren unserer Landsuche den Todesstoß gab. Krisenhafte Jahre mit schmerzlichen Ernüchterungen waren die Folge. Unsere heilig gehaltenen Erwartungen, aus eigener Bestimmung und Verantwortung und mit innerer Wahrhaftigkeit unser Leben nicht als einzelne, sondern in brüderlicher Gemeinsamkeit zu gestalten, schienen zerstört. Unerbittlich und herb sah sich jeder von uns inmitten einer turbulenten Welt auf sich selbst und sein eigenes Streben verwiesen. Von den meisten wurde auch diese Zeit ohne inneren Bruch überstanden.

Begegnungen mit neuen Menschenkreisen, die ähnlich wie wir erlebt und gesucht hatten, folgten. Bald durften wir spüren, daß die großen adventlichen Erwartungen, die mit dem Wandervogel angefangen hatten und während unserer Aschaffenburger Zeit ihre stärkste Entfaltung erreichten, keineswegs illusionäre Einbildungen gewesen sind. Auch die Landsuche nicht. Es bedurfte nur weltoffener Herzen und eines klaren, vorurteilsfreien Blicks für das, was das Schicksal präsentierte. Dann konnte man erkennen, *wie* unser zwar jugendlich einfältiges, keineswegs aber unbegründetes Wollen im Lichte des Zeitgeistes gemeint war. Und wie es, unter diesem Lichte betrachtet, sich eindrucksvoller und folgenreicher erfüllte, als wir es anfangs für möglich gehalten.

Jüdisches Siedeln

Kibbuz Cheruth

Der Kibbuz »Cheruth« (»Freiheit«) ist nur im Zusammenhang der Geschichte des zionistischen Siedelns verständlich. Während die seit dem Ersten Weltkrieg in Deutschland entstandenen jugendbewegten Siedlungen bis auf wenige Ausnahmen eine nur kurze Lebensdauer besaßen, gilt dies nicht für die parallelen Bemühungen der deutsch-jüdischen Jugendbewegung. Aus ihr und aus der osteuropäisch-jüdischen Bewegung erwuchsen die Kibbuzim, heute noch blühende Dörfer, die als typische israelische Schöpfung in Palästina gelten, und die ein Hauch des auf die Erde gebrachten Himmels umschwebte, als Martin Buber ihnen in seinen ›Pfaden in Utopia‹ vorsichtig »ein vorbildliches Nicht-scheitern« attestierte. Häufig wird dabei vergessen, daß Ansätze zu dieser kommunalen Siedlungsform nicht zuletzt auch in Deutschland bestanden.

Die Ursprünge der Kibbuzbewegung liegen allerdings, mit Ausnahme der religiösen Kibbuzim (die aber keine eigene Siedlung, sondern nur eine recht langlebige Ausbildungsstätte in Rodges bei Fulda hervorbrachten), nicht in Deutschland, sondern im Ostjudentum. Von dort drangen während des Ersten Weltkriegs Nachrichten von einer Bewegung junger Juden, dem »Hechaluz«, nach Westen, die als Pioniere, als »Chaluzim«, bei der ersten sich bietenden Gelegenheit nach Palästina aufzubrechen gedachten, um dort neue genossenschaftliche Siedlungen nach Art der 1910 während der zweiten Alija (zweite »Einwanderung« 1904–1914) als kommunitäre Modellsiedlung südlich des Sees Genesareth entstandene Kvuza Degania zu gründen. Schon 1917 überlegten sich verwundet oder krank aus der Armee entlassene deutsch-jüdische Jugendbewegte, ob nicht auch in Deutschland die Bildung eines Landesverbandes des Hechaluz möglich sei.

Den weiteren Anstoß zu kolonisatorischer Betätigung in Palästina gab die Erklärung des britischen Außenministers vom 2. November 1917, die »Balfour-Deklaration«. In ihr stellte sich die englische Regierung hinter das Ziel des politischen Zionismus und versprach, zur Schaffung einer »nationalen Heimstätte in Palästina« einschließlich des Rechts zur Einwanderung das ihre im Rahmen des britischen Protektorats über Palästina beizutragen. Jetzt begann die dritte Alija (1919–1923), vornehmlich getragen von den zionistischen Sozialisten der osteuropäischen Chaluzbewegung, die zu harter Pionierarbeit und zum Leben in landwirtschaftlichen Kommunen entschlossen waren.

Seit der Balfour-Deklaration machte man sich auch innerhalb der ersten deutschen zionistischen Jugendbewegungs-Organisation, dem »Blau-Weiß«, Gedanken über eine Umsiedlung nach Palästina. Anfang 1918 entstand das Palästina-Ressort des Blau-Weiß, das auch mit den Vorbereitungen zur landwirtschaftlichen Ausbildung für die kommenden Kolonisten beauftragt war. Damit wird auch ein spezifisches Kennzeichen der jüdischen Siedlungsbewegung sichtbar: Ihr Ziel war nicht, wie bei den anderen jugendbewegten Gruppen, die Niederlassung in Deutschland selbst, sondern nur die Vorbereitung (»Hachschara«) der Ansiedlung in Palästina. Dieses Konzept konnte nicht zu einer eigentlichen Siedlung in Deutschland selbst führen, da eine solche verfestigte Form des Zusammenlebens dem bloß vorbereitenden Charakter der Unternehmungen in Deutschland widersprochen hätte. Denn hier sollte ja nur die für Palästina erwünschte Lebensform erlernt, insbesondere sollten Kenntnisse in Landwirtschaft, Tierzucht und Gartenbau an eine die körperliche Arbeit ungewohnte städtische Intellektuellen-Jugend vermittelt und jüdischer Geist (möglichst auch die hebräische Sprache) erlernt werden.

Dieses Ziel löste der Blau-Weiß dadurch, daß die siedlungswilligen Pioniere in Deutschland auf jüdische Gartenbauschulen, fremde Großgüter und Hachschara-Farmen (Lehrgüter) gingen, um sich dort in der praktischen Arbeit ausbilden zu lassen. Schließlich schuf der Blau-Weiß einen »Bund zionistischer Praktikanten«, der bis zur Gründung des deutschen Landesverbandes des Hechaluz 1922 dessen Aufgaben erfüllte. Freilich scheiterte dann der mehr bürgerliche Blau-Weiß, der von den Notabeln der Zionistischen Vereinigung favorisiert wurde, in Palästina selbst an der ostjüdischen Arbeiterbewegung (»Histadruth«). Die zahlenmäßig kleine Alija aus dem Blau-Weiß konnte so ihre Einordnung in Palästina nicht in der erwarteten Weise verwirklichen – statt sich auf dem Wege über eigene »Mustersiedlungen« in die Landarbeiterschaft zu integrieren, zogen sie vom Land wieder in die Stadt oder verließen gar Palästina wieder.

Weitere Impulse zur Siedlung in Palästina kamen dann aus dem stark ostjüdischen und im Gegensatz zum Blau-Weiß sozialistisch orientierten »Jungjüdischen Wanderbund«. In ihm gab es zunächst nur einen dem Praktikanten-Bund des Blau-Weiß vergleichbaren Chaluz-Flügel, den »Brith Haolim im Jungjüdischen Wanderbund«. Bald ging aber der ganze Wanderbund den chaluzisch-zionistischen Weg, d. h. er erzog seine Mitglieder zum Kibbuz, da diese Form der Ansiedlung als einzige die Gewähr bot, auch nach der Auswanderung (vierte Alija 1923–1932, unterbrochen durch die englische Alija-Sperre) beieinander bleiben und gleichzeitig in der Arbeiterschaft aufgehen zu können. Die kibbuzitische Vorbereitung (»Hachschara kibbuzit«) führte schließlich dazu, daß im Jahre 1925 der »Brith Haolim« ein Zentrum landwirtschaftlicher Hachschara in der Gegend um Hameln schuf. Etwa 15 Chaverim und Chawerot (Genossen und Kameradinnen) in Hameln und den umliegenden Dörfern schlossen sich im Sommer 1926 zum »Kibbuz Cheruth« zusammen – in Anlehnung an Martin Buber[27], aber auch aus Trotz gegen einen zionistischen Lehrer, der zur Tat aufforderte, aber in seinem Wohnort Heppenheim an der Bergstraße verharrte, statt selbst auszuwandern. Dieser erste Kibbuz in Deutschland war freilich keine geschlossene Ansiedlung, seine Mitglieder blieben vielmehr bei den verschiedenen Bauern in den Dörfern um Hameln verstreut, hatten aber nicht nur ein reges Gemeinschaftsleben, sondern machten vor allem Ernst mit dem für einen Kibbuz charakteristischen Prinzip einer gemeinsamen Kasse. So wollten sie einen Ausgleich zwischen den unterschiedlich verdienenden Chaverim schaffen. Und sie beabsichtigten auch, als geschlossene Gruppe nach Palästina auszuwandern.

Zunächst schien die Zukunft von Cheruth nicht rosig. Waren im Zentrum Hameln im Dezember 1925 noch 90 männliche und weibliche Pioniere gewesen, so war – wie oben erwähnt – die Zahl bei Gründung von Cheruth auf 15 geschmolzen. Die Prophezeiungen von einer möglicherweise zehnjährigen Alijasperre, die scheinbar unbegrenzten Assimilationsmöglichkeiten der Juden in dem Weimarer Leben und die Nachrichten von einer Wirtschaftskrise in Palästina ließen ihre Folgen spüren:

---

[27] Martin Buber, Cheruth. Eine Rede über Jugend und Religion. Wien 1919.

Die Mitgliederzahl des Jungjüdischen Wanderbundes sank von 1925 mit etwa 1500–2000 bis 1928 auf etwa 900 bis 1000 Mitglieder. Die Zweifel im Wanderbund nahmen zu, ob die westjüdische Jugend überhaupt geeignet sei, am chaluzischen Aufbauwerk mitzuwirken. Der deutsche Hechaluz selbst umfaßte durchschnittlich nicht mehr als 400 Chaverim (zum größten Teil Leute vom Brith Haolim). Nicht nur das Hamelner Zentrum wurde kleiner, auch andere Hachschara-Zentren schrumpften oder gingen ganz ein. Die vielen Wanderbündlern unverständliche Gründung eines besonderen Kibbuz in Deutschland – schließlich gab es auch an anderen Orten Hachschara-Gruppen ohne einen solchen Zusammenschluß – wird so verständlich als Schritt der Festigung in einer Zeit, als die dortigen Pioniere keinen Nachwuchs mehr kommen sahen und nur noch vom Glauben beflügelt wurden, durch ihre besondere Tat und Ausdauer doch noch den übrigen Bund beeinflussen, ihm ein erzieherisch wirksames Beispiel geben zu können. »In Wirklichkeit aber«, so sagt eine spätere Quelle, »mußte es ihnen manchmal scheinen, als ob sie die Letzten wären.« Es war schließlich die Zeit, als ehemalige Ausgewanderte bereits wieder enttäuscht aus Palästina zurückkehrten, zum Teil deutsche Chaverim, welche dann in der Heimat die Unmöglichkeit einer Verwurzelung des deutschen Oleh (Einwanderer) in Palästina zu begründen suchten. Die zionistische Bewegung in Deutschland war damals in der Meinung, der deutsche Oleh hätte keine Zukunft bei der Arbeit des palästinensischen Aufbauwerks, geneigt, das Hachschara-Werk zu liquidieren, und das offizielle zionistische Organ in Deutschland schlug angesichts der Krise und Arbeitslosigkeit in Palästina vor, jetzt die Auswanderung aus Erez Israel (Land Israel) zu organisieren. Die vom Kibbuz Cheruth aber sagten: »Wir werden zur Alija kommen, trotz der Alijasperre der [englischen] Regierung, trotz der Verzweiflungs- und Liquidationsstimmung der Zurückkehrenden.« So wird es verständlich, wenn es in Erinnerungen heißt: »Als Cheruth kam, hatten die wenigen Chaverim des Kibbuz aus Deutschland [in Palästina] das Gefühl der Befreiung von einer Schande, der Schande, die in der Ansicht enthalten war, der deutsche Oleh hätte keine Zukunft im Leben des Kibbuz.«

Die anfängliche Konsolidierung von Cheruth zog sich bis in die ersten Monate des Jahres 1927 hin. Und der Kibbuz Cheruth wuchs nun zum Lieblingskind des deutschen Hechaluz heran, der ab 1927 auch die Hachschara-Aufgaben des Blau-

Weiß und des Jungjüdischen Wanderbunds übernahm. Bis 1928, als ein zweiter Kibbuz in Scharzfeld im Harz entstand, war die Hameler Gruppe auf fünfzig Chaluzim angewachsen. Sie wurde neben der Farm Rodges (ab 1930 Geringshof im Kreis Fulda) das einzige wirkliche Hachschara-Zentrum in Deutschland. Cheruth vereinigte sich zu Tagungen mit den Chaverim in Wolfenbüttel (Gärtner-Gruppe), mit einer anderen Kvuza (Gruppe) namens »Chulja« in Fischersdorf, mit dem »Pionier-Haus« (»Beit Chaluz«) in Leipzig und einer Handwerker-Kvuza in Berlin, ehe dann Ende 1928 die ersten Chaverim des Kibbuz Cheruth zur Alija gingen. Sie schlossen sich in Palästina zuerst der Pluga (Gruppe, Abteilung) Rechowoth des Kibbuz Hameuchad an, dann beteiligten sie sich ab 1930 am Aufbau von Givat Brenner. Entscheidend war dabei, daß die Siedler nicht nur als geschlossene Gruppe auswanderten, sondern daß sie auf dem Weg von der Hachschara bis zur endgültigen Einordnung in Givat Brenner die Verbindung mit den Daheimgebliebenen nicht verloren, sondern das Bewußtsein hatten, nur Vortrupp zu sein. Während vorausgegangene Auswanderergruppen die meisten ihrer Mitglieder wieder verloren, nur wenige sich in den palästinischen Kibbuz einfügten und die Krisen dort überdauerten, blieb Cheruth fast geschlossen nach der Auswanderung beieinander und ermöglichte so, weitere spätere Auswanderergruppen aus Deutschland in die Kibbuzim zu integrieren.

Wenn auch laufend neue Pioniere ihren Spuren folgten, so ist nicht zu übersehen, daß die deutsche Hechaluz-Bewegung in der Weimarer Zeit mit ihren wenigen hundert Mitgliedern und einer noch geringeren Zahl von Hachschara-Willigen unerheblich blieb neben den viele tausend Mitglieder umfassenden Hechaluz-Organisationen in Osteuropa. Da die Hechaluz-Dachorganisation auch eine Bevorzugung deutscher Chaluzim gegenüber ostjüdischen – trotz der besseren finanziellen Möglichkeiten des deutschen Zionismus – bei der quotenmäßig geregelten Auswanderung nach Palästina ablehnte, hielt sich die Zahl der deutsch-jüdischen Auswanderer insgesamt in Grenzen. Erst nach der nationalsozialistischen Machtergreifung wurde der deutsche Hechaluz, in dessen Hand die Organisation der Hachschara und Alija der zionistischen Bünde lag, zur Massenbewegung. Da es in Deutschland seit Beginn der dreißiger Jahre mit dem Steigen der Arbeitslosigkeit und dem anwachsenden Antisemitismus auf dem Lande immer schwieriger wurde, Praktikanten auf Einzelstellen bei Bauern zu vermitteln, wuchs die Bedeutung von eigenen Hachschara-Farmen und die Vermittlung von Ausbildungsplätzen im Ausland. 1935 zählte der deutsche Hechaluz etwa 8000 Mitglieder, von denen etwa die Hälfte auf Hachschara war, davon ein Drittel im Ausland, ein Drittel in etwa 40 bis 45 Kibbuzim in Deutschland und ein Drittel auf Einzelstellen, die – wenn möglich – in Zentren zusammengefaßt waren. Von den etwa 7000 Chaluzim, die von 1933 bis 1935 durch den deutschen Hechaluz nach Palästina geschickt wurden, gingen etwa zwei Drittel in die dortigen Kibbuzim. So nahmen gerade in diesen Jahren der fünften Alija die Kibbuzim – nicht zuletzt dank der forcierten Auswanderung von Deutschland – einen nie zuvor erlebten Aufschwung[28]. »Wie hätten wir die neue Massenalija aufnehmen können, die nach 1933 zu uns kam,« heißt es in einer Würdigung, »wenn wir nicht [durch den Kibbuz Cheruth] jene Grundlagen geschaffen hätten, die die Möglichkeiten gaben, die deutsche Alija zur größten Alija im Kibbuz zu machen?«

142. Kampf der Intellektualisierung

[...] Hier aber drängt sich die Frage auf: Gibt es nicht eine Seite menschlichen Wesens, die bei uns *allen* verkümmert ist? Gibt es nicht eine Krankheit, an der das *ganze* jüdische Volk krankt? Gibt es nicht also eine Richtung der Erziehung, die für *alle* Chaverim [Genossen] gilt, und *nicht* nach den individuellen Bedürfnissen des einzelnen Menschen abgewogen werden muß? Gibt es nicht vor allem eine Disharmonie unseres Wesens, eine Überbetonung einer Seite, eine Verkümmerung der anderen Seite [...]?

Die Unmittelbarkeit des *Erlebens* ist uns verloren gegangen. Das starke, nicht fragende, nicht denkende, unbewußte, unmittelbare Leben haben wir verlernt. Wir mußten es verlernen, wir mußten erkranken, weil uns die Grundlage zu einem solchen Leben fehlte. Weil uns die Verbundenheit mit der Natur, mit

---

[28] Die letzten Kibbuzim bestanden in Deutschland bis zum Jahre 1943, inzwischen allerdings von den Nationalsozialisten in Zwangsarbeitslager umgewandelt; dann wurden auch diese Lehrgüter geschlossen und die übriggebliebenen Mitglieder der jüdischen Jugendbewegung in Deutschland in die Vernichtungslager abtransportiert.

der Erde, mit der Arbeit, mit dem rhythmischen Wechsel der Jahreszeiten fehlt. Und weil wir nicht mit der Natur, mit der Erde, mit den Elementen um unser Leben *kämpfen* müssen [...]

143. »Erneuerung des Lebens«

Wir haben uns nun zu fragen, in welchem Sinne Chaluziuth [Pioniertum] dem Streben der Jugend nach Erneuerung des Lebens gerecht werden kann.

1. Mit dem Übergang zum produktiven Beruf schwindet für den Jugendlichen das deprimierende Bewußtsein, nun in das Getriebe des bürgerlichen Lebens einzurücken, das man bis dahin aufs tiefste verneinte, und das mehr und mehr von dem Menschen Besitz ergreift, der sich in einen der typisch jüdischen Handels- und Akademikerberufe einordnet.

2. Die Erneuerung des Volkes, das Vertauschen der Vermittler- und Intellektuellen-Berufe mit einfacher körperlicher Arbeit, wird über die theoretische Bejahung hinaus am eigenen Körper miterlebt. Aus Gordons »Schmerzen der Volkswerdung« wird statt einer Formulierung ein Prozeß, dessen Schwierigkeit, Schönheit und auch Tragik das Leben des jugendlichen Chaluz prägt.

3. Die Forderungen der Jugend, wie Kameradschaftlichkeit, Eigenarbeit, gegenseitige Hilfe, Gemeinschaftlichkeit der Lebensführung, sinnvolle Unterwerfung unter ein großes Ganzes, finden ihren tiefsten Ausdruck in der Lebensgemeinschaft des Chaluz, in dem Gemeinschaftsleben des palästinensischen Arbeiters, – im Kibbuz.

4. Mit der Verwirklichung von Hachscharah [Vorbereitung] und Alijah [Auswanderung] ist das Bewußtsein verbunden, daß man mit der Eingliederung in die arbeitenden Schichten Palästinas den geradesten Weg zur jüdischen Volksgemeinschaft geht. Keine Insel »positiven« Judentums, keine noch so echte Gemeinschaft in der Golah [jüdische Diaspora außerhalb Palästinas] hat grundsätzliche Bedeutung für die Renaissance des jüdischen Volkes. Umschichtung, Selbstarbeit, hebräische Sprache und hebräische Kultur in Erez Israel [Land Israel] sind *die* Wege, und hier darf und muß die Jugend Wegbereiter sein.

5. Es muß betont werden, daß die bewußt chaluzische Jugend aus Deutschland in Palästina die Möglichkeit und die Pflicht hat, von sich aus mitgestaltend und mitschaffend auf das gesell-

schaftliche und kulturelle Leben des Jischuw [jüdische Bevölkerung in Israel vor der Staatsgründung] einzuwirken.

So münden Grundforderungen der Jugend in den Aufbau des arbeitenden Palästinas ein, so vereinigen sich die Tendenzen der zionistischen Verwirklichung im Lande mit den Zielsetzungen der Jugend.

144. »Innere Revolution«

Für den Weg der jüdischen Jugend in Deutschland zur Chaluziuth [Pioniertum] ist es nicht unwesentlich, die Frage zu untersuchen, ob für den jungen Menschen ökonomische Entwurzelung, beziehungsweise eine Situation, die einer solchen Entwurzelung ähnlich ist, eine besondere Prädestination für die Chaluziuth sein kann. Die Frage muß in ihrer Einfachheit verneint werden. Wenn auch der Übergang zu schwerer körperlicher Arbeit Jugendlichen aus sozial schlecht gestellten Kreisen relativ leichter gelingen wird als solchen aus Kreisen des gutsituierten jüdischen Bürgertums, so muß doch klar sein, daß die innere Revolution, die der Chaluzwerdung vorausgeht, so tiefgreifender Natur ist, daß sie prinzipiell für alle jungen Menschen, aus welchen Kreisen sie auch immer kommen, gleich ist. Wie es nicht zweifelhaft sein kann, daß unser Zionismus als ein breit fundierter Volkszionismus aufgebaut sein muß – nicht als die Bewegung pogromierter Ostjuden und nicht als die westjüdischer Menschen, die jüdisch-kulturell entwurzelt sind – so sicher ist es auch, daß ökonomische Not bei weitem nicht ausreicht, um Chaluziuth oder Bereitschaft zu ihr zu begründen. Was heute und auf viele Jahre hinaus Palästina braucht, sind nicht Arbeiter schlechthin, sondern Menschen, die sich durch einen Willensakt mit den arbeitenden Kräften des palästinensischen Aufbaus verbunden haben. Eine nur ökonomische Betrachtungsweise der Chaluziuth müßte zu ihrem Bankrott führen. Unangebracht wäre es, zu erwägen, ob es denn verlohnt die doch zahlenmäßig so geringe deutsche Alija aufrecht zu erhalten, ja, zu ihr zu erziehen; allein wichtig ist die Tatsache, daß ohne Chaluziuth die Existenz einer zionistischen Jugend ihren Sinn verloren hat.

145. »Verrücktheit und Kindertat«

Siebenundzwanzigjährig starb Seew [Orbach], während noch sein ganzes Lebenswerk vor ihm lag.

Wir haben keinen anderen Trost außer dem Wissen von jenem Zusammenhang mit dem Ewigen, das mit dem menschlichen Leben anders verfährt, als wir mit unserem Verstand begreifen können. Mit fünfzehn Jahren ging Seew zur Hachschara [Vorbereitung]: als Schafhirt bei deutschen Bauern. Wie er und seine Chawerim [Genossen] aus dem Kibbuz Cheruth in jenen Tagen in Deutschland zur Hachschara gingen, ist eine der wunderbarsten Erscheinungen in der Geschichte der Schiwath Zion [Rückkehr nach Zion].

Es waren die Jahre des letzten und glanzvollsten Aufblühens der deutsch-jüdischen Emanzipation.

Alle Tore der Wirtschaft, der Gesellschaft und des Staates lagen offen vor der jüdischen Jugend, die begierig war nach Tat und Lebensausdruck. Wie das letzte Aufflackern eines Lichts vor seinem Verlöschen brach die jüdische Energie in alle Gebiete des deutschen Schaffens ein.

Die gewaltige Anziehungskraft, die in dem Zauber der Vermischung mit einem großen und fremden Volk liegt, wirkte sich nicht nur in den assimilatorischen Schichten, sondern auch im Innersten der organisierten zionistischen Jugend aus.

Der Glanz dieser Möglichkeiten erschütterte so sehr die nationale Beziehung der zionistischen Jugend, daß die ersten Nachrichten über die Krise in Palästina im Anfang des Jahres 1926 genügten, um in wenigen Wochen die stolze und gewaltige zionistische Jugendbewegung, den »Blau-Weiß«, zu sprengen und zu zerstreuen ... In dieser Atmosphäre ging Seew mit seinen Chawerim vom Kibbuz zur Hachschara in Dörfer, die weit entfernt lagen von jedem kulturellen Zentrum oder von einer jüdischen Siedlung.

Es waren die Tage der Alijasperre. Keine konkrete Aussicht auf Alija zeigte sich am Horizont. Kein Mensch wußte, wie lange die Hachscharazeit dauern würde. Die Führer des deutschen Zionismus bezeichneten die chaluzische Bewegung und das Gehen zur Hachschara unter jenen Bedingungen für eine Verrücktheit und für Kindertat.

146. Kibbuz Cheruth: eine Insel der Seligen

Der Anfang war höchst ärmlich. Es gab kaum etwas, womit man hätte werben können. Die Gründung war auf den 1. November 1926 festgesetzt, und es blieben nur zehn Chawerim [Genossen], die den Anfang des Kibbuz bildeten. Diese kleine Zahl war nicht nur hinsichtlich des moralischen Gewichts, sondern auch im wirtschaftlichen Sinne völlig unzureichend. Der Arbeitslohn im Winter war viel niedriger als im Sommer, und diese kleine Schar konnte den Unterhalt eines Tarbutniks [Kulturfunktionär] nur mit äußerster Anstrengung tragen. Der Winter 1926/27 war eine fortgesetzte Kette der Sorgen und Auseinandersetzungen. Trotzdem gelang es dem Kibbuz dank dem Verzicht auf das Allernotwendigste, intensiver Arbeit und rücksichtsloser Anforderungen an den Einzelnen eine feste Gruppe zu schaffen. Im Frühling scharten sich um den Kibbuz etwa zwanzig Menschen. Niemand verließ seinen Arbeitsplatz. Es gelang dem Kibbuz, eine Art eigener Tradition zu schaffen. Die Zusammenkünfte am Schabbat und Sonntag in Emmertal, die erste feierliche Pegischa [Treffen] zu Chanukka [Lichterfest] im kleinen dunklen Gastzimmer des Wirtshauses in Ohr, der Kiddusch [Einweihung von Schabbat und Festtagen] und die wichtige Ssicha [Diskussion] über Weg und Wesen des Kibbuz – sie alle stellten bereits den Anfang für die späteren Pegischot [Treffen] und Feiern dar.

Da bereits ein Anfang gemacht worden war, konnten die neuen Chawerim in die Arbeit eintreten und mit ihren frischen Kräften ihr einen Antrieb geben. Die neue Kwuza [Gruppe] kam größtenteils aus Berlin. Der Ruf des Kibbuz hatte sich inzwischen so sehr gebessert, daß die besten Chawerim aus allen Teilen des Bundes es als Ehre ansahen, in Hameln auf Hachschara zu sein [...]

So lebte diese kleine Schar wie auf einer seligen Insel, genauer, auf einer Insel von Aktiven mitten im erstarrten Meer des Zionismus in Deutschland, dessen Schekelzahler sich in diesem Jahr ganz besonders verringerten. Es schien so, als ob ein geheimnisvoller Zaun um diese Menschen gezogen war, der sie von der Umgebung trennte und innerhalb dessen sie ihr eigenes Leben geführt haben. Es herrschte ein Erez Israel-Geist; im Kleinen hatte ihr Leben die Gestalt Erez Israels mit all den Schwierigkeiten und all der Anstrengung, die das Leben im Lande verlangt, mit dem auf die Spitze getriebenen Idealismus und dem eigentümlichen Geist der Kameradschaftlichkeit. Es herrschte hier ein intensives Leben und es wurden Kräfte freigelegt und aufgespeichert zum Bau einer Gemeinschaft; hier wurde von jedem Einzelnen ein Maximum körperlicher und gesellschaftlicher Arbeit verlangt. Die unaufhörliche Konzentration der Kräfte nach innen schuf allmählich ein Kraftzentrum, das die Menschen über die gesamte zionistische Umgebung hinaushob und sie die schwierigen Bedingungen überwinden ließ: Das Wohnen in den Pferdeställen und Dachstübchen, das kärgliche Essen – all die Schwierigkeiten, die mit dem Eindringen in die körperliche Arbeit verbunden waren. Jeder, der sich daran erinnert, wie man an den Abenden nach einem schweren Arbeitstag ein oder zwei Stunden zu laufen pflegte, um zum Hebräisch-Unterricht zu gelangen, wie man an schwersten Arbeitsstellen durchhalten mußte, wie jeder Pfennig vom Lohn in Rechnung gestellt wurde, wie jedes Geschenk, das vom Elternhause und von Verwandten kam, freudig in die gemeinsame Kupa (Kasse) gegeben wurde, wird kaum verstehen können, wie all das zustandegebracht wurde und woher diese Menschen die Kräfte geschöpft haben.

Und all die Menschen kamen doch unvorbereitet. Sie haben etwas von der Bundeserziehung mitgebracht, eine unklare Erkenntnis über den Kibbuz, aber auch einen sehr guten Willen. Und nun stürzte auf sie ein Strom von Ssichot [Diskussionen], Unterrichtsstunden, Pegischot [Treffen] ein, so daß sie außerhalb der Arbeit wiederum nicht einen Augenblick Ruhe und Freiheit hatten. Die Woche von Mosche war aufs Genaueste eingeteilt: am Tage bereitete er sich vor und abends hatte er in einem der Dörfer zu sein. Jeden Abend mußte er anderswo sein. Außerdem hatte er sich um die Arbeitsstellen zu kümmern, über die jeweils am Sonntag auf der allgemeinen Pegischa gesprochen wurde. Diese allgemeine Pegischa war erzieherisch das Wichtigste. In den einzelnen Dörfern war die Kultur- und Erziehungsarbeit je nach der Zusammensetzung der Leute verschieden. Aber auf der Pegischa, alle Sonntag einmal in zwei Wochen, herrschte ein Geist allgemeiner Verantwortlichkeit und ungewöhnlicher Disziplin. In den stickigen Gaststätten in Aerzen, Linde und Holzhausen verbrachte man den ganzen Sonntag in Ssichot, außer den Stunden der Mittagspause, die dem Spiel und Sport gewidmet waren, manchmal auch in der Hirtenbude in Pyrmont. Erst später, als die Jugendburg bei Hameln uns zur Verfügung gestellt wurde, wurden die Chawerim von den Gastwirten unabhängig, die unzufrieden waren, da man keinen Alkohol verzehrte. Nun gab es einen bequemen Platz für die Pegischot. Die Mahlzeit bestand aus den Stullen, die von zu Hause mitgebracht wurden, zusammen mit der Marmelade, die gekauft werden mußte, da diese von den Bauern nicht gegeben wurde. Auch die Form stand fest, die Brote wurden vorher geschnitten und vorbereitet und an jeden verteilt. Erst auf die Losung »Leteawon« [Guten Appetit] wurde mit dem Essen begonnen. Die Vorträge von Mosche über die Tagesprobleme, die Kurse von Ernst Katzenstein über die Grundlagen der Soziologie waren nur das schmückende Beiwerk, der Hauptinhalt der Ssicha bestand aus der gemeinsamen Errechnung des Arbeitslohnes, Beratungen über die Eroberung von Arbeitsplätzen und der Behandlung von einzelnen aktuellen Vorfällen. Es wurde über jeden einzelnen Chawer und über seine Beziehungen offen gesprochen, Fehler der Chawerim dienten nicht als Beschuldigung der Einzelnen, sondern waren Gegenstand einer grundsätzlichen Aussprache, die an Hand von Beispielen, die aus der Wirklichkeit geschöpft waren, lehren sollte, was der Chewra [Gesellschaft] schädlich ist und was ihre Entwicklung fördert. Rückhaltlos wurde Rechenschaft über jeden Lohnpfennig verlangt. Das war der schwerste Prüfstein für jeden in seiner Beziehung zum Kibbuz, denn es ist kaum vorstellbar, was nicht alles offen und scharf jedem gesagt wurde. Aber die Chawerim nahmen auch diese Last auf sich, obwohl sie sich sehr schwer daran gewöhnen konnten, und zwar taten sie es aus dem Bewußtsein, daß nur auf diesem Weg das Gefühl der Verantwortlichkeit gestärkt werden kann, wenn nämlich von Fall zu Fall die Beziehung des Einzelnen zur Gemeinschaft geprüft wird dadurch, daß er vor das Gericht der Öffentlichkeit gestellt wird.

Es war ein schwerer Weg: der Weg von der Rosch Haschana [jüdisches Neujahr]-Pegischa 1927 bei Pyrmont, der Weihnachts-Pegischa in der Jugendherberge in Lippe, der Pessach [Fest zur Erinnerung an Auszug aus Ägypten, entspr. christlichen Ostern]-Pegischa in Griessem, der Schwuot[entspricht christlichem Pfingsten]-Pegischa in Dölme an der Weser (nach der unsere liebe kleine Chawera Lucie Fisser krank wurde, um nicht wieder zu gesunden) und bis zu den feierlichen Pegischot in der Jugendburg. Jede Pegischa war in Hameln ein Meilenstein in der Entwicklung des Kibbuz. Dieser Weg führte über eine Reihe von Vereinigungen: mit der Kwuzat Chulia, mit dem

Beth-Chaluz in Leipzig, mit der Handwerker-Kwuza in Berlin bis zur Alija der ersten Gruppe des Kibbuz im Januar 1929.

147. Kaltes Gasthaus – Heiße Debatte

Pessach 1927 im Kibbuz Cheruth. Es ist nun genau drei Jahre her, drei schwere, bis an den Rand gefüllte Jahre. Drei Jahre seit dem ersten Seder [Festmahl am Vorabend des Pessachfestes] des Kibbuz Cheruth in Griessem. Es ist nicht gut, nach so kurzer Zeitspanne in Erinnerungen zu schwelgen. Dies soll nur ein kurzer Rückblick sein, weil wir gerade wieder zu Pessach zusammen sind – nicht alle, aber die meisten.

Pessach 1927 in Griessem war ein entscheidender Einschnitt im Leben jedes Einzelnen von uns, denn der Kibbuz war für uns eine persönliche Entscheidung.

Was geschah damals? Im Spiegelbild des nüchternen Tages: dreißig bis vierzig junge Menschen diskutierten zwei Tage und Nächte, stritten sich, sangen und tanzten, schlossen persönliche Bindungen, verkrachten sich – und standen am übernächsten Tag wieder jeder an seinem Arbeitsplatz, am Pflug, hinter der Drillmaschine, mit dem Spaten in der Hand oder in Meiers Küche. Nichts Erschütterndes! Und worum ging es uns damals?

Vom neugeschaffenen Kibbuz Cheruth im Sommer 1926 waren Anfang des Jahres 1927 nur 14–15 Chawerim übrig geblieben. Ein Grüppchen Besessener. Ein schwerer, trüber Winter und doch der entscheidende des Kibbuz. Von schweren Geburtswehen begleitet, wurde im Winter 1926/27 der Kibbuz Cheruth geboren. Alle Hoffnungen waren auf den Frühling gesetzt. Und zu Pessach 1927 in Griessem, im kalten Gasthaus, am Bergabhang, überwand der junge Kibbuz, der gerade das Laufen gelernt hatte, seine erste schwere Kinderkrankheit. Jetzt weiß ich, daß wir damals nicht das Gefühl hatten, Wegbereiter des deutschen Chaluz zu sein. Man stritt und rang, war ausgelassen froh, der Himmel war blau und der Frühling zum Sichverlieben. Und doch war die heiße Debatte in der kalten, dunklen Scheune in der Griessemschen Gastwirtschaft unser erster Schritt auf dem Weg. Damals schufen wir für den Bund die Brücke ins Land, eine schwankende Brücke noch, aber doch schon den Weg anzeigend, den Zufall und Gesetzmäßigkeit, Wunsch und Erkenntnis uns gehen hießen.

148. Persönlichkeit und Gemeinschaft

Persönliches Leben und Idee? Siehst Du, das ist eine Frage, auf die ich keine klare oder befriedigende Antwort weiß. Da ist alles im Fluß, jeder Tag stellt die Frage anders, und eine endgültige Antwort wird, solange ich in der Gemeinschaft lebe, kaum gegeben werden können. Ich, wir alle, sind ja keineswegs Asketen und Märtyrer, sondern glauben auch, für unser persönliches Leben eine befriedigende, ja die einzige befriedigende Lösung in der Gemeinschaft zu finden. Nur darf man sich natürlich nicht vorstellen, daß man mit dem ersten Schritt in die Gemeinschaft die Patentlösung für sein persönliches Leben gefunden hat, sondern die einzige wahre vorhandene Antwort ist: Nichts fällt Dir zu, was Du besitzen willst, mußt Du erkämpfen.

149. Hachschara – aus einem Tagebuch

Aerzen, 24. Mai 1928

Ich muß tief in die Welt eindringen, darf nicht mehr an der Oberfläche der Gedanken bleiben, sonst frißt mich der große traurige Pessimismus auf. Das sagt ein Stadtmensch. Der Bauer kennt die natürliche Ordnung.

Ich arbeite in der Landwirtschaft. Das war ein tiefer Einschnitt in meinem Leben. Die Idee hat mich dazu gebracht, hat mir diesen Willen eingegeben.

Ich habe den natürlichen Lauf meines Lebens unterbrochen. Ich spüre den Riß. Ich spüre Leere. Es fehlt mir etwas: die Kontinuität meines Lebensgefühles. Ich muß mich erst in diesem vollkommen anderen Leben zurecht finden, ich muß ein Bewußtsein bekommen von ihm. Alle Fragen, die mich bisher beschäftigt haben, müssen nun von der höheren Stufe der Verwirklichung aus noch einmal geprüft werden.

27. Mai

Es ist schwer, in das Leben des Kibbuz Cheruth einzudringen. Die Menschen lassen mich draußen stehen, ziehen mich nicht hinein, ich muß ganz alleine von mir aus hineinwachsen. Das wird lange Zeit dauern. Ich stehe noch so ganz an der Peripherie, bemühe mich aber nicht um engere Beziehungen, weil ich fürchte, daß man mein Bemühen als Aufdrängen verstehen wird. Das ist eitel.

In L. hat mich jeder beachtet, hier sieht mich keiner an. Ich räche mich, indem ich mich ganz und gar abschließe. Auf der Pfingstfahrt habe ich fast unaufhörlich geschwiegen und nur ganz selten mitgesungen.

Im Kibbuz herrscht immer noch der Kobold Kleinlichkeit genau wie überall. Man streitet noch darüber, ob irgendwelche 20 Pfennige vom Taschengeld oder von der Gemeinschaftskasse bestritten werden sollen. Man weiß, glaube ich, noch immer nicht, was es bedeutet, im Angesicht der Idee zu leben.

Hier werde ich das Schweigen lernen.

Das ganze wahre Verhältnis zur Arbeit können wir hier in der Golah noch nicht bekommen. Wenn ich von der Arbeit müde bin, wenn ich keine Lust mehr habe zu schaffen, dann sage ich: »fremde Erde« – und entschuldige meine Faulheit.

G. soll auf der letzten Pegischah [Treffen] gesagt haben: »Und wenn Ihr noch 10 Jahre auf Alijah warten müßt, dann müßt ihr dennoch durchhalten!« Oh, man kann es schon, wenn man genügend physische Kräfte dazu hat! Aber was werden die seelischen Folgen dieser Hachscharahzeit sein?

Hier im Kibbuz werde ich mich viel weniger als in der Stadt mit gesellschaftlichen Problemen beschäftigen. In der Stadt *studiert* man, wie der Mensch ein gerechteres gesellschaftliches Leben leben kann; hier haben wir es verwirklicht. In der Stadt sieht man einen viel kleineren Teil der Welt. Dort kommt man nur mit dem Menschlichen in unmittelbare Berührung, spürt nichts von Wald und Feld, vom Boden und den Tieren. Hier auf dem Lande tritt das Menschliche hinter der Gesamtnatur zurück, es ist ein Teil von ihr, es ist bescheidener. Nur in der Stadt fühlt sich der Mensch als die Krone der Schöpfung, redet so viel von sich selbst und betäubt alle anderen Klänge.

4. Juni

Jetzt kenne ich ein kleines Stückchen von der Melodie der Arbeit. Heute war die Arbeit sehr, sehr schwer. Die Knochen krachten, der Rücken schmerzte, das Herz schlug heftig, der Atem ging nicht voll und tief, der Brustkorb war wie eingeschnürt. Da spürte ich zum ersten Male tiefe Verantwortung für mein Volk.

Die Erde fordert große Hingabe von uns. Wie gut ist Erdarbeit für die unruhige, zapplige, jüdische Seele! Bei der schweren Arbeit, wenn der Körper schon allzusehr schmerzt, dann fühlt man mit seinem ganzen Wesen, daß man einer großen Bewegung angehört.

Ob ein Ereignis den Namen *Wunder* trägt oder nicht, hängt

niemals von dem Ereignis selbst ab, sondern von dem Menschen, den das Ereignis berührt. Dem einen ist alles selbstverständlich, dem anderen alles wunderbar. Das Wunder ist da, wenn über den Menschen ein großes Erstaunen kommt. Der verbundene Mensch erstaunt vor einem Grashalm, vor einem Tiere, vor einem Berge, vor dem Mond, der Sonne und den Sternen. Der unverbundene Mensch ist der ewig Blasierte, der verbundene der ewig kindliche Mensch.

Bei der Arbeit, draußen auf dem Felde, singe ich Tenach [die Torah]. Ich habe keine bestimmte Melodie dafür, ich brauch sie auch garnicht. Ich singe, wie es mir vom Herzen fließt. Nur so soll man Tenach lernen: auswendig und singend.

An der Arbeit braucht man und wird man nicht verzweifeln. Bei der Arbeit ist man mit sich allein. Aber schwer ist es, die Beleidigungen: Du Bengel, Du Schwachhans, zu ertragen. Bei der kleinsten Kleinigkeit wird man so tituliert. Und schließlich ärgert man sich noch über sich selbst, daß man so ungeschickt war.

Was mir noch so ganz bei der Arbeit abgeht, ist, daß ich mich nicht gänzlich auf sie konzentrieren kann. Ich muß bei der Arbeit denken oder phantasieren: ich kann nicht nur hacken oder Hederich ziehen.

1. Dezember

Ein Intellektueller kann das tiefschürfendste Buch über den Buddhismus schreiben und ist doch ein ganz abuddhistischer Mensch: könnte das tiefste Wissen von der Seele der Primitiven haben und ist doch so ganz und gar nicht primitiv; kann die besten Gedanken über Hachscharah denken und kann doch mit seiner Seele überall sein und nur nicht auf Hachscharah. – Ich habe so Sehnsucht nach Einsamkeit. Aber nicht nach Land, sondern nach Stadteinsamkeit. Heute hasse ich die Sonne. Ich sehne mich nach meinem Dachstübchen in der Stadt zurück. Es ist mir zuweilen, als ob ich im Gefängnis wäre. Ich bin hier allein, bin unfrei, lebe nicht mein Leben, atme nicht meine Luft. Ich zähle die Monate, die Wochen, und bald werde ich auch die Tage zählen.

Wieder habe ich mir meine Hachscharah erobert. Aber das kann nicht gut so weitergehen, daß ich mich immer wieder neu zur Hachscharah entscheiden muß. Wären wir alle, die wir hier im Kibbuz sind, auf Einzelstellen, so würden viele von uns weggehen. Der Kibbuz erleichtert die Hachscharah.

150. »Das Recht der Ersten«

Die Anfänge von »Cheruth« habe ich nicht kennen gelernt ...
Als ich ins abgelegene Dorf Aerzen kam, um Iwrithlehrer [Hebräischlehrer] bei der Hachscharapluga [Vorbereitungsgruppe] zu sein und von dort aus Plugot [Gruppen] und Einzelhachschara in Hameln, Wolfenbüttel oder Holzhausen bei Pyrmont zu besuchen, war »Cheruth« zwei Jahre alt.

In meinen Augen war »Cheruth« wie ein Wunder. Das große Zionistenhaus in der Meinekestraße enthielt schon damals viele Ämter und Institutionen. Sogar eine Ecke für den Hechaluz hatte sich finden lassen. Naturgemäß oben unterm Dach ...

Der Zionismus war liebenswürdig und angesehen – aber man war ganz sicher, daß die Auslegung des Zionismus als wirkliches Gepäckpacken und Herübergehen eine Auslegung der Übertreiber wäre. Verdienst war vorhanden. Juden spielten eine große Rolle im Zeitungswesen, auf den Universitäten, auf der Bühne, in den Laboratorien, Warenhäusern und Cabarets ... Der Unterschied zwischen den Zionisten und ihren Gegnern lag nicht in der Illusion selbst, sondern nur im Ausmaße der Illusion ... »Cheruth« war ein einzigartiges Wunder, was dieses feine seismographische Gefühl anbetrifft, das den Zusammenbruch 6 Jahre im Voraus spürte ...

Abends kamen die Chawerim der Hachschara im Hause des Bauern Heinrich Meyer zusammen und lasen Buchstabe für Buchstabe mit großer Anstrengung etwas Iwrith. Die Augen waren müde nach schwerer Arbeit und grober Kost, in Erwartung der Nachtruhe auf dem Strohboden oder im Stall. Da pflegte die Hauswirtin, eine umfangreiche Witwe, deren Niesen die Luft des Zimmers erschütterte, staunend den Kopf zu schütteln und zu fragen: »Was haben sie eigentlich die ganze Quälerei nötig?« Gemeint war die schwere Arbeit, die schlechte und mangelhafte Kost, die Müdigkeit, die Last der Erlernung einer fremden und fernen Sprache. Dieses Kopfschütteln begleitete »Cheruth« ständig. Eltern, Bekannte, jeder vernünftige, normale Mensch schüttelte den Kopf. Es gab naturgemäß auch verschiedene Erklärungen: Jugendnarreteien, Kaprisen aus Wohlsein, Idealismus. Heute wissen alle, daß diese wenigen Jungen und Mädchen den großen und einzigen Spürsinn für die Wirklichkeit hatten.

[...] Drei Jahre noch vor Entstehung von »Cheruth« wurde die doppelte Parole für den jungen jüdischen Menschen in

Deutschland aufgestellt, der den Weg zu seiner Heimat suchte: »Bescheidenheit und – Moses Rath«, wobei das bekannte hebräische Lehrbuch ›Sfat Amenu‹ von M. R. gemeint war ... Diese jungen Menschen wollten *nur* Schüler sein, *nur* Fortsetzung. Dies war die Reaktion gegenüber dem Blau-Weiß, seiner Selbstbetonung und ihrem bitteren Ende im Lande, gegenüber der Kwuzath Chefziba, die der Sprache und Kultur des Jischuw [jüdische Bevölkerung in Palästina vor der Staatsgründung] sich nicht einfügte, gegenüber dem Lehrer, der zur Tat aufforderte und in Heppenheim blieb, die fremde Sprache bereichernd [Martin Buber!]. Die Übertreibung in dieser Reaktion war, wenn auch unberechtigt, so doch verständlich. In den letzten Jahren haben wir ja gesehen, wie dieser uns teure Stamm der deutschen Juden fast in seiner Gesamtheit mit tief erschütternder Bescheidenheit über »Sfat Amenu« gebeugt, das erste hebräische Stottern lernte. Mir war es beschieden, zuvor dieses erhebende Bild im Bauernhaus in Aerzen, im Wartezimmer gesehen zu haben ... Jene Chawerim haben sich das Recht der Ersten erworben.

... 1928 beim Kibbuz in Scharzfeld im Harz, als Hunderte Jungen und Mädchen vom neuen Schedule [engl.: Plan, hier: Einwanderungsquote], dem Beginn der 5. Alija hörten, da gab es Horra [jüdischer Nationaltanz], Freude, Freudentränen. Für diese Hunderte war das eine Angelegenheit des Lebens, wie es später für Zehntausende wurde. Es war erst das Jahr 1928. Und als vom Bahnhof in Berlin die erste Pluga des »Cheruth« nach Triest zur Alija abfuhr, gab es wieder Horra, Freude, Freudentränen. Dutzende Jungen und Mädchen der Jüngerenschichwa liefen hinter der Eisenbahn her, winkten, gebärdeten sich, als wollten sie mit. Auch dies war wie ein Vorbild für etwas, was sich später in großem Maßstabe wiederholen sollte ... Die Schar jener Chawerim auf der »Carnaro« war klein, aber sie waren Pioniere. Nicht nur Pioniere der ebenfalls kleinen Schar Chawerim, sondern auch Pioniere eines ganzen jüdischen Stammes ...

... Nicht nur in alledem waren jene jungen Menschen die Ersten. Sie verstanden es auch, in Deutschland Stücke Erez Israels zu schaffen und zu erhalten. Wer zu den Chawerim von »Cheruth« nach Aerzen kam fühlte die Fremdheit der Gola [jüdische Diaspora] sich lösen, empfand etwas von der Luft unseres Landes, vom Leben der Kwuza in ihren Zelten im Schomron [Samaria]. Nicht nur das hebräische Lied, nicht nur die hebräische Zeitschrift auf dem Tisch – es gab etwas Gemeinsames, Wesentlicheres.

151. Palästina – die Fremde

Vielfach sind die Opfer, die das Land von uns fordert: Die Umstellung zur harten, körperlichen Arbeit, die Hinwendung zu einer Sprache und Kultur, die, wenn auch gewollt und vielleicht geliebt, uns fremd ist und nichts birgt von den Erinnerungsschätzen der Kindheit, und schließlich – die Gewöhnung an die Natur des Landes selbst, unseres Landes, aber eines »wilden Landes«, das nicht zart mit den Menschen umgeht.

Denn dieses Land, – es ist nicht nur die Landschaft, die den, der sie niemals sah, stumm macht, es ist nicht nur der ewig blaue Himmel des Mittelmeeres, die blühenden Orangenhaine und die Farbenpracht eines unermeßlich reichen Blumenflors – es ist auch das Land der Sümpfe und des Fieberkeims.

152. »Darum brauchen wir den Kibbuz«

Die Gegner der kibbuzischen Gesellschaft versuchen immer zu beweisen, daß diese unsere Lebensform eine präkapitalistische ist, eine nur den ersten Pionieren der Einwanderung und der Ansiedlung gemäße Form. Nachdem der Boden für den Kapitalismus bereit sein wird, muß – ihrer Meinung nach – das Kollektiv verschwinden [...]

Der Weg des Kibbuz ist ein für uns *notwendiger* Weg. Würde der Kibbuz im Lande nicht bestehen, dann würden wir ihn aus uns heraus in eigener Initiative schaffen müssen. Wir können uns *unser* Erez Israel nicht vorstellen, wenn es ohne kollektivistische Dörfer nur aus Städten, Privatkolonien, individueller Arbeiterkolonisation besiedelt wäre. Wir, die Kinder des jüdischen Volkes, haben keinen anderen Weg im Leben, als zur körperlichen Arbeit überzugehen. Wir können nur in Erez Israel Arbeiter werden. Der Übergang vom Kleinbürgertum zur Arbeitergesellschaft kann aber für uns nicht identisch sein mit wirtschaftlichem und gesellschaftlichem Rückschritt. Darum brauchen wir den Kibbuz.

III. Weltwirtschaftskrise
Die Rückkehr aufs Land

›Das Land, die Rettung der Jungen Generation‹, hieß der programmatische Titel einer 1932 erschienenen bündischen Schrift[1]. Darin wird die Siedlung in engsten Zusammenhang mit der durch die Weltwirtschaftskrise ausgelösten Arbeitslosigkeit gebracht. Der Gedanke der Siedlung selbst, so sagt der Verfasser, sei nicht neu – »neu ist nur die bittere Notwendigkeit, die die Intatsetzung verlangt«. Habe man sich bisher in Deutschland darauf beschränkt, beim Siedeln an die Bauernsiedlung zu denken, d. h. dem ländlichen Siedler eine gesicherte bäuerliche Existenz zu gewähren, so gelte es jetzt, den aus der Industrie kommenden Erwerbslosen eine Lebensmöglichkeit zu verschaffen. Mit der Gründung von Stadtrandsiedlungen[2] sei damit schon ein Anfang gemacht. Sei der Staat nicht mehr in der Lage, weiter die Arbeitslosigkeit zu finanzieren, solle er wenigstens Land und Material geben, damit die Arbeitslosen sich das Lebensnotwendige selbst schaffen können. Eine kurzfristige wirtschaftliche Belebung und damit eine Wiedereingliederung der Erwerbslosen in die Fabriken sei dagegen weder durch Notverordnungen noch durch andere halbe Maßnahmen zu erreichen – ein Teil des Arbeitslosenheeres bleibe bestehen: »Die Erkenntnis dieser Tatsache ist von ausschlaggebender Bedeutung; denn aus ihr erhellt, daß die *führenden* Ziele der Siedlung – Vermehrung der landwirtschaftlichen Produktion, die Stärkung des Bauernstandes, nationale Schutzmaßnahmen in den Grenzgebieten – von untergeordneter Bedeutung geworden sind. *Heute* siedelt man, um *Menschen unterzubringen*. Es handelt sich also

---

[1] Hans von Thünen, Das Land, die Rettung der Jungen Generation. Erschienen in der Schriftenreihe ›Neue Deutsche Generation, unter Mitwirkung der Schwarz-Silber-Gemeinschaft‹, Stuttgart 1932. Der führende Kopf dieser Gruppe war Thomas Lerner in Münster (Sohn der katholischen Schriftstellerin Ilse von Stach). Lerner hatte in Münster etwa 30 Jugendliche und junge Männer um sich versammelt. Politisch ist er in der Richtung des »Tat«-Kreises anzusiedeln.
[2] Auch der schon erwähnte soziale Siedlungsbau von Nikolaus Ehlen in Velbert während der Weltwirtschaftskrise verstand sich als Stadtrandsiedlung, wobei Ehlen die »Vollsiedlung« mit 2000 qm Land (Ernährung ganz aus eigenem Grund und Boden) bevorzugte, allerdings nach eigenen Erfahrungen nur 10 Prozent der Stadtmenschen für ein solches Siedeln für geeignet hielt.

um die Existenz des ganzen Volkes, und nur das Land bietet die Möglichkeit der Lebenserhaltung und eines neuen Aufstiegs.«

Die Siedlung verlor in den dreißiger Jahren ihren agrar-romantischen Schimmer; sie schien zur bitteren sozial-politischen Notwendigkeit zu werden. So erinnert sich der sozialkritische Graphiker Carl Meffert (=Clément Moreau) im Rückblick auf Fritz Jordis »sozialistische« Künstlersiedlung Fontana Martina (1928–1933) am Lago Maggiore: »Unser Leben in Fontana Martina war sehr schön, aber wir lebten wie auf einer Insel.« Und Jödi selbst konnte sich 1931 in seinem Gedicht ›Die arbeitslosen Millionen‹ dieser neuen sozialen Wirklichkeit nicht entziehen:

In unsere Stille,
kaum gestört vom hochjagenden Seewind,
dringen die Schreie,
die ungeschrieenen Schreie
der auf die Straße gestellten
in Nichts starrenden
überflüssigen Heere der Industrie.

Staatliches Handeln war deshalb jetzt verlangt, nicht lebensreformerische oder jugendbewegte Kleingruppen-Aktion, wenn diese auch als spontane Selbsthilfe im Stile von Willy Ackermanns Siedlung ›Weißer Berg‹ weiterhin eine gewisse Berechtigung besaß.

Nicht daß der Staat früher als Adressat von Siedlungs-Appellen ausgespart worden wäre. Schon in den achtziger und neunziger Jahren des 19. Jahrhunderts waren Bodenreform-Organisationen entstanden, 1888 bereits ein »Deutscher Bund für Bodenbesitzreform« (Leitung Michael Flürscheim) und zehn Jahre später der »Bund deutscher Bodenreformer« (Vorsitzender der Lehrer Adolf Damaschke). Die sozialreformerischen Bestrebungen dieser Bünde – die sich durchaus im Rahmen eines »Dritten Weges« zwischen Kapitalismus und Sozialismus hielten, erstrebte doch etwa Damaschke bei seinem Kampf gegen die Bodenspekulation die »innere Einigung« des deutschen Volkes – wurden propagandistisch bald in den Schatten gestellt durch die Siedlungs-Utopie des Wiener Journalisten Theodor Hertzka. Sein Buch ›Freiland‹ (1890) beschwor das »sociale Zukunftsbild« einer auf »Eigennutz« beruhenden, volltechnisierten und höchst produktiven »freien Association«, eine ideale marktwirtschaftliche Ordnung, die im Herzen von Afrika realisiert werden sollte. (Das individual-anarchistisch gefärbte

Schlagwort vom »Freiland« wurde später von Silvio Gesells Freiland-Freigeld-Bewegung aufgenommen.) Als jedoch Hertzkas Unternehmen, das mit soviel schwärmerischen Hoffnungen ins Werk gesetzt worden war[3], 1894 ebenso kläglich fehlschlug wie ein wider bessere Einsicht von den deutschen Bodenreformern ins Werk gesetztes Konkurrenzunternehmen in Mexiko, traten die sozialreformerischen Gesichtspunkte wieder in den Vordergrund[4]. Wissenschaftlich untermauert wurde die Inlandssiedlung durch den Arzt Franz Oppenheimer (›Freiland in Deutschland‹, 1894), der 1896 die »Siedlungsgenossenschaft« als den »Versuch einer positiven Überwindung des Kommunismus durch Lösung des Genossenschaftsproblems und der Agrarfrage« und damit als entscheidenden Beitrag zur Lösung der »sozialen Frage« (Verbesserung der Lage des »Arbeiterstandes als Ganzes«) anpries. Angeregt durch das Edener

[3] »Ich habe manchmal den Berliner Freilandverein besucht. Mit welcher Begeisterung wurde dort gehofft und geharrt! In fast religiöser Schwärmerei leuchteten die Augen, wenn man davon sprach, wieviel Geld man schon gesammelt und welche Vorbereitungen man für den Zug nach Afrika getroffen habe [...] Mit einem gewissen Mitleid sah man auf uns arme Menschen, die wir in der alten, verrotteten Welt weiterarbeiten wollten.« Adolf Damaschke, Aus meinem Leben. Bd. 1, Leipzig, Zürich 1924, S. 289.

[4] Die »Auslandssiedlung« gewann aber seit der Weltwirtschaftskrise wieder an Bedeutung. Der Agronom und Siedlungsfachmann Johannes Schauff, Leiter der »Reichsstelle für Siedlerberatung« und seit 1932 MdR für das Zentrum, sah bald, daß neben der zögernden Umsiedlung von west- und süddeutschen Bauernsöhnen nach Osten die Auswanderung zu Siedlungszwecken eine Notwendigkeit war. Er arbeitete aus diesem Grunde eng mit der »Studiengesellschaft für die Siedlung im Auslande« (Vorsitzender war der ehemalige Reichskanzler Hans Luther) zusammen, die ihren Sitz ebenso wie die »Reichsstelle« und die »Siedlungsbank« am Leipziger Platz 17 in Berlin hatte. Auf diese Weise konnten z. B. 13 000 wolhynische Mennoniten aus Rußland ausgesiedelt werden (»Aktion Brüder in Not«). Die Flüchtlings-Ansiedlung im Ausland wurde dann für die Siedlungsberater selbst aktuell, als Hitler an die Macht kam. Schauff machte 1933 zusammen mit Erich Koch-Weser, Hans-Schlange-Schöningen (der ehemalige von Brüning eingesetzte Leiter der »Osthilfe«) und Friedrich Wilhelm Lübke (Bruder des späteren Bundeskanzlers Heinrich Lübke) in Brasilien im Norden des Staates Paranà einen neuen Siedlungsanfang (Siedlung »Rolandia«, so von dem Bremer Bürgersohn Koch-Weser nach dem Bremer Rolands-Denkmal getauft). Schauff organisierte in enger Zusammenarbeit mit der brasilianischen Kolonisationsgesellschaft in den ersten Jahren des Nationalsozialismus eine fast legale Auswanderung politisch und rassisch Verfolgter von Deutschland nach Brasilien und ließ sich dann selbst nach seiner Flucht aus Hitlers Machtbereich 1939 in seiner brasilianischen Besitzung Santa Cruz (»Heiligkreuz«) nieder. Vgl. zu diesem wenig bekannten Aspekt der Weimarer Siedlungspolitik die drei Erlebnisbücher von Karin Schauff (u. a. ›Brasilianische Gärten‹) und den Filmbericht von Rudolf und Inge Woller, Freistaat Santa Cruz. Geschichte einer Auswanderung. Gesendet im ZdF am 2. 1. 1983.

Vorbild begann er 1905 mit einer ersten Siedlungsgenossenschaft, die jedoch wie ein zweiter 1911 in Palästina unternommener Versuch bald scheiterte.

Trotzdem ist eine gewisse positive Bilanz dieser sozialreformerischen Siedlungsgedanken der wilhelminischen Zeit nicht zu übersehen, insofern sie Einfluß nahmen auf die staatliche Gesetzgebung. Während des Ersten Weltkrieges gründete Damaschke mit 28 Organisationen den »Hauptausschuß für Kriegerheimstätten«. Das Heimstättenrecht, das die Bodenreformer forderten, zielte auf »ein neues soziales Bodenrecht« (rechtlich war es eine vereinfachte Form des vom Ulmer Oberbürgermeister Heinrich von Wagner realisierten gemeindlichen Wiederkaufrechts); doch Damaschke scheiterte mit seinem Heimstättengesetzentwurf am Widerstand des »Schutzverbandes für Grundbesitz und Realcredit«. Erst mit dem Zusammenbruch des Kaiserreichs konnte die Bodenreformbewegung für ihre Bestrebungen einen wesentlichen Erfolg buchen, indem ihre Grundsätze in der Weimarer Reichsverfassung (Art. 155) niedergelegt wurden.

Auch Oppenheimer verwies später darauf, daß der Anstoß zum Reichssiedlungsgesetz vom 11. August 1919 unter anderem von ihm gekommen war. Dieses noch in der Kaiserzeit entworfene Gesetz verpflichtete die Bundesstaaten, gemeinnützige Siedlungsunternehmungen zu begründen, um zur Schaffung neuer Ansiedlungen und zur Hebung bestehender Kleinbetriebe (aber höchstens in der Größe *einer* selbständigen Akkernahrung) beizutragen. Diesen Siedlungsunternehmen wurde ein Vorkaufsrecht auf die in ihrem Bezirk gelegenen landwirtschaftlichen Grundstücke eingeräumt. Der Staat selbst sollte darüber hinaus Staatsdomänen oder zu kultivierendes Moor und Ödland bereitstellen (letzteres konnte zu diesem Zwecke auch gegen Entschädigung enteignet werden). Max Sering, neben Friedrich von Schwerin einer der geistigen Väter des Gesetzes, zog in seiner Begründung für das Gesetz die Folgen aus der Niederlage von 1918 und die damit veränderten Existenzbedingungen für die deutsche Industrie: »Das deutsche Volk muß wieder mehr zu einem Agrarland werden, zu einem höheren Grade des Selbstgenügens kommen, und seine Wohn- und Arbeitsstätten dezentralisieren.« Zweifellos dachte er nicht primär daran, Vorstadtkolonien mit Eigenheimen und Schrebergärten zu schaffen, sondern wollte die ostdeutschen Gutslandschaften mit einem Netz von bäuerlichen Familienbetrieben überziehen.

Nur so könne eine abermalige Landflucht wie im 19. Jahrhundert, eine Abwanderung der bäuerlich-ländlichen Frontgeneration und eine weitere Entvölkerung der bereits zu dünn besiedelten Räume im Osten vermieden werden. Die Bildung eines ländlichen Proletariats wollte er bei dieser Siedlungspolitik vermieden wissen; vielmehr schwebten ihm »viele kleine selbständige [Bauern-] Stellen« vor, um so schließlich die Grundbesitzverteilung – gerade im deutschen Osten – gleichmäßiger zu gestalten (Demokratisierungseffekt).

Oppenheimer war aber mit dem damit Erreichten nicht zufrieden. In einer programmatischen Rede auf dem 2. Reichssiedlertag in Leipzig verlangte er 1920 – wie schon Max Weber in seiner Dissertation von 1892 und Damaschke im Jahre 1902 – eine »innere Kolonisation [...] großen Stils.«. Diese sei »eine Lebensnotwendigkeit für Staat und Volk«, um die »Massenwanderung des Landvolkes« zum Stillstand zu bringen, wobei gefährlicher als die Auswanderung nach Übersee die »binnenländische Abwanderung in die Industriebezirke« sei. Schon beim Reichssiedlungsgesetz handelte es sich für ihn darum, »das in Streusand verwandelte Landvolk in der heimischen Scholle zu verwurzeln, jene Wanderdüne zu befestigen, die in von Tag zu Tage bedrohlicheren Maßen unsere Industriebezirke überschwemmt.« Doch die bisherige Kolonisation in der Einzelsiedlung habe zur Lösung dieser eigentlichen volkswirtschaftlichen Aufgabe nichts beigetragen. Denn sie nütze nur Bauern und Bauernsöhnen mit teilweise erheblichem eigenen Vermögen, nicht aber der Landarbeiterschaft und ihrer Erhebung zur Selbständigkeit. Ihnen helfe nicht das Reichssiedlungsgesetz, sondern nur die von Oppenheimer propagierte Produktivgenossenschaft. Gegen diese Ansiedlungsform der »Anteils- und Genossenschaftswirtschaft« habe sich jedoch in der Reichssiedlungs-Kommission ein so heftiger Widerstand von seiten der Großagrarier geregt (»Verschwindet der Landarbeiter, so ist der Großbetrieb verloren«), daß das Reichssiedlungsgesetz die genossenschaftliche Ansiedlungsform nicht einmal erwähne. Oppenheimer bekannte demgegenüber:

»Mein letztes Ziel ist, die Siedlungsgenossenschaft aufzubauen, d. h. eine aus Landwirten und städtischen Elementen gemischte Ansiedlung, deren ganzer Grund und Boden dauernd im unveräußerlichen Obereigentum ihrer Bürger steht, in der also niemand die Möglichkeit hat, die aus der Zusammensiedlung zahlreicher Menschen auf begrenztem Raume entstehenden volkswirtschaftlich-gesellschaftlichen Vorteile für sich, als Grundrente und Profit, privatwirtschaftlich auszunützen. Daß hier ein menschlich hohes Ideal besteht, ist völlig unbestritten; und daß es erreichbar ist, beweisen u. a. die englische Gartenstadt Letchworth[5] und die deutsche Obstbausiedlung Eden bei Oranienburg.«

Im Gegensatz zur kommunistischen Produktionsweise, »der sogenannten Kommune«, wollte Oppenheimer den erwirtschafteten Gewinn nicht gleich nach Köpfen oder nach dem Bedürfnis, sondern aufgrund der Leistung verteilen. 1920 begann er erneut auf eigene Faust mit einem praktischen Versuch auf einem Großgut (dem Remontage-Depotgut Bärenklau). Während das Reichssiedlungsgesetz im bäuerlichen Familienbetrieb den Eckpfeiler der ländlichen Siedlung sah, wollte Oppenheimer die Lebensfähigkeit der genossenschaftlichen Ansiedlung erweisen, indem er an den von Sering in seiner Begründung zum Reichssiedlungsgesetz erwähnten Hinweis anknüpfte, die »minderbemittelten Volksgenossen« auf dem Lande anzusiedeln. Nach seiner Meinung sollten die Gutsarbeiter des Siedlungsobjekts zu einer Genossenschaft zusammengeschlossen werden, sie als Arbeiter weiterbeschäftigt, ihnen aber ein Anteil am Reingewinn in Aussicht gestellt werden, damit sie auf diesem Wege allmählich soviel Kapital sammelten, daß sie schließlich eine eigene Landstelle erwerben konnten. Denn Oppenheimers vorrangiges Ziel bei der »inneren Kolonisation« war es, dem Landarbeiter Bodeneigentum zu geben und ihm die Möglichkeit zu eröffnen, durch zusätzlichen Landerwerb allmählich in den ländlichen Mittelstand aufzusteigen. Damit, so meinte er, werde auch ein wachsender und immer kaufkräftigerer Markt für die Industrie entstehen. Gleichzeitig könne die städtische Arbeiterschaft, von der erdrückenden Konkurrenz der massenhaft in die Städte abwandernden Landarbeiter erlöst, Lohnerhöhungen erzielen und damit ihre soziale Lage verbessern. – Das Mißlingen auch dieses praktischen Oppenheimerschen Versuchs galt vielen wiederum als Beweis, daß es auf diesem genossenschaftlichen Wege nicht möglich war, die Ansiedlung von Landarbeitern auf breiter Grundlage und auf Bauernstellen zu verwirklichen; die Zukunft gehöre damit nicht der genossenschaftlichen Ansiedlung, sondern dem bäuerlichen Familienbetrieb.

[5] Vgl. Walter L. Creese, The search for environment. The Garden-City: before and after. New Haven, London 1966.

Die zentrale wirtschaftliche Frage nach dem verlorenen Ersten Weltkrieg war es, ob der Schwerpunkt der ökonomischen Rekonstruktion auf der Industriewirtschaft oder auf einer Agrarreform und einer sie begleitenden ländlichen Siedlungspolitik zu liegen hätte. Es ist bekannt, wie die Nachkriegsjahre durch eine Umstellung der deutschen Industrie von der Schwer- zur Fertigwarenindustrie, durch Rationalisierung und Unternehmenskonzentration (»Sozialisierung durch den Industriellen selbst«) bestimmt wurden. An eine Reagrarisierung Deutschlands war nicht zu denken, nachdem es sich zeigte, daß sich die deutsche Wirtschaft überraschend schnell von dem verlorenen Krieg und der Währungskatastrophe erholte und – über eine vernünftige Regelung der Reparationsleistungen seit dem Inkrafttreten des Dawes-Abkommens – kein Mangel an ausländischem Kapital mehr herrschte. Deutschland gelang es so, ab 1925 sprunghaft das industrielle Produktionsvolumen zu erweitern und in vielen Produktionszweigen die durch den Krieg verlorene Vorrangstellung in der Welt wiederzugewinnen. Der konjunkturelle Aufschwung ließ dabei häufig die Tatsache übersehen, daß Deutschland nicht mehr wie vor dem Krieg ein Gläubiger-, sondern ein Schuldnerland war. Während die Industrie bis zur Weltwirtschaftskrise am Aufschwung teilnahm, erreichte die Landwirtschaft nie mehr ihren Wohlstand der Vorkriegszeit. Nach einer künstlichen Konjunktur während des Weltkrieges und in den ersten Nachkriegsjahren (die ausländische Konkurrenz verschwand vom Binnenmarkt; Schuldentilgung und Steuerbefreiung während der Inflation) stellte sich mit der Währungsstabilisierung eine langdauernde Krise ein. Die ernstesten Verfallserscheinungen zeigten sich dabei in den landwirtschaftlichen Großbetrieben Nord- und Ostdeutschlands, die als technisierte Monokulturbetriebe von den durch eine Weltagrarkrise verursachten Preisschwankungen am empfindlichsten getroffen wurden. Die Weltwirtschaftskrise verschärfte dann nochmals diese heimische Agrarkrise. Jetzt wäre der Zeitpunkt gewesen, insbesondere bei der ostdeutschen Landwirtschaft mit dem Reichssiedlungsgesetz ernstzumachen. Denn »Siedlung« wurde jetzt wieder, wie vorher nach dem verlorenen Krieg, die Forderung der Stunde und galt als ein Weg zur Beseitigung der Jugendarbeitslosigkeit.

Am stärksten von der Weltwirtschaftskrise war die Industrie-Jugend betroffen. Der Anteil der Jugendlichen an der Gesamtarbeitslosigkeit nahm ständig zu. Die Ursachen dafür lagen insbesondere darin, daß ein großer Teil der jugendlichen Arbeitnehmer nach Abschluß der Lehre entlassen wurde, da es für den Lehrherrn billiger war, einen neuen Lehrling einzustellen als einen Ausgelernten zu entlohnen. Dazu kam, daß bei Entlassungen die soziale Lage der Betroffenen berücksichtigt wurde; dies führte dazu, daß unverheiratete jüngere Arbeitnehmer eher entlassen wurden als ältere und Familienväter. Durch Minderung der Berufskenntnisse und die Gefahr des Abgleitens in die Asozialität verminderte sich außerdem die Möglichkeit einer beruflichen Wiedereingliederung bei Jugendlichen, je länger deren Arbeitslosigkeit dauerte.

Doch galten diese schlechten Aussichten auf dem Arbeitsmarkt nicht nur für Jugendliche aus der Mittel- und Unterschicht. Auch die beruflichen Chancen der Jungakademiker waren trostlos. An den Hochschulen herrschte eine Überfüllung, so daß eine wachsende Zahl von Absolventen keine ihrer Ausbildung adäquate Stellung finden konnte. War der akademische Stellenmarkt schon vor Ausbruch der Weltwirtschaftskrise übersättigt, so klaffte das Mißverhältnis zwischen Stellengesuchen und -angeboten im Verlauf der Weltwirtschaftskrise noch mehr auseinander.

Freilich war für weltanschauliche Gruppierungen[5a] die Krise nicht eigentlicher Ausgangspunkt für die Siedlungsidee, sondern nur die glänzende Rechtfertigung für die gefühlsbetonte

---

[5a] Neben den überbündischen Artamanen war es offenbar vor allem der ihnen gesinnungsmäßig nahestehende Bund »Adler und Falken«, der die jugendbewegte Siedlungsidee hochhielt. So heißt es von einer Tagung der »Adler und Falken« 1929 in Hildburghausen, Georg Stammler und Wilhelm Schloz hätten dort mit bewegenden Worten die bündische Jugend zur Siedlung aufgerufen. Beide, insbesondere aber der Kornwestheimer Gewerbeoberschulrat Schloz, standen in enger Verbindung mit den völkisch-religiösen Landsiedlungen in Württemberg. So erschien 1925 als 1. Heft in der von Friedrich Schölls Siegfried-Verlag, Stuttgart, auf dem Vogelhof herausgegebenen »Schriftenreihe für deutsche Wiedergeburt« die Broschüre von Schloz ›Deutsche Lebens- und Führerschulen‹. Schloz war es dann auch, der parallel zu den Artamanen und den Bestrebungen des schwäbischen freiwilligen Volksdienstes eine Art Arbeitsdienst aufbauen wollte mit dem Ziel, Jungbauern und Handwerker für die Ostsiedlung auszubilden und vorzubereiten. Zu diesem Zwecke errichtete er zu Beginn der dreißiger Jahre das Siedlungslager »Schwäbische Landgenossen« in »Birken und Teich« bei Aalen; auf der Alb, über dem Dorf Heubach, fand er eine ehemalige Schäferei mit etwa 70 ha Heideland, die von den Siedlungswilligen der »Landgenossen« bewirtschaftet und kultiviert werden sollten. Das Siedlungslager wurde dann aber 1933 durch den Arbeitsdienst geschlossen und das Grundstück an die Gemeinde Esslingen zurückgegeben.

antiurbane und antiindustrielle Agrarromantik, wie sie seit dem 19. Jahrhundert auf der Rechten und Linken (Gustav Landauer!) geherrscht hatte. Hier wäre aber zu behandeln, wie die in der Weltwirtschaftskrise besonders von der Rechten vertretene Siedlungskonzeption in die politische Praxis umgesetzt wurde. Denn nachdem auch der Staat während der Regierung Brüning die Meinung teilte, vom industriellen Sektor der Wirtschaft sei keine wesentliche Überwindung der Arbeitslosigkeit zu erwarten, konnte allein in einer großzügigen Siedlungspolitik das Heil liegen. Dabei mußte auch klarer als bisher werden, ob deren Ziel lediglich wie bisher darin liegen sollte, eine weitere Abwanderung vom Land zu verhindern, oder ob darüber hinaus eine Rücksiedlung aus den Städten und Industriegebieten und damit eine Umkehr der im vorigen Jahrhundert einsetzenden Landflucht (besonders in Form der Ost-West-Wanderung) versucht werden sollte.

Die Regierung Brüning verband den Siedlungsgedanken mit dem Arbeitsdienst. Auch hiermit griff sie eine Forderung der Rechten auf. Schon im Ersten Weltkrieg hatte das Hilfsdienstgesetz gezeigt, daß in einer Ausnahmesituation der Staat im Sinne der totalen Mobilisierung der Kräfte nicht nur zum Militärdienst, sondern auch zur Arbeitsleistung heranziehen konnte. Die Versuchung war groß, auch in kommenden rein ökonomischen Krisensituationen auf die Arbeitsdienstpflicht zurückzugreifen, da sich damit der Glaube verband, hier sei das geeignete Mittel zur nationalen Synthese, zur Überwindung der Klassengegensätze, zur Kooperation von Kopf- und Handarbeitern, zur Vorwegnahme der Volksgemeinschaft und zum nationalen Aufstieg gefunden.

Die Regierung Brüning nahm beide propagandistischen Ideen der Rechten – Siedlung und Arbeitsdienst – auf, verwandelte sie aber auch. Brüning war der Meinung, daß die bestehende Unterbeschäftigung und die daraus sich ergebende Arbeitslosigkeit als ein durch eine Strukturkrise bedingter Dauerzustand anzusehen sei, der nur durch eine über Siedlung und Arbeitsdienst als deren Voraussetzung betriebene Autarkisierung der deutschen Wirtschaft überwunden werden könne (ergänzende Maßnahmen, wie ein freiwilliges akademisches Werkhalbjahr, waren vorgesehen). Die Arbeitsdienstpflicht verwandelte sich in der Brüningschen Konzeption (Zweite Verordnung des Reichspräsidenten zur Sicherung von Wirtschaft und Finanzen vom 5. Juni 1931) zu einem freiwilligen Arbeitsdienst. Dabei war besonders an die arbeitslosen Jugendlichen gedacht[6]. Die Dauer der Teilnahme war auf zwanzig Wochen begrenzt, der Inhalt des Dienstes waren Bodenverbesserungsarbeiten, die Herrichtung von Siedlungs- und Kleingartenland, öffentliche Verkehrsverbesserungen und Arbeiten zur Hebung der Volksgesundheit. Zunehmend veränderte sich unter Brüning die Zielsetzung des Arbeitsdienstes: Hatte man zunächst nur daran gedacht, für Arbeitslose eine Betätigungsmöglichkeit außerhalb einer tarifgebundenen Arbeit zu schaffen, um die schädlichen Folgen der Arbeitslosigkeit zu bekämpfen, so wurde diese sozialpädagogische Bestrebung bald von einer wirtschaftspolitischen überlagert. Denn der Arbeitsdienst sollte nun im Rahmen eines Arbeitsbeschaffungsprogramms die Voraussetzung der Siedlung sein, ja deren Ingangsetzung erst ermöglichen, da er das Ansiedlungs-Unternehmen so weit verbilligte, daß dessen Durchführung finanziell überhaupt möglich war.

Die Siedlung wiederum erschien den dabei maßgebenden Männern der Regierung Brüning als das beste Mittel, einen Teil der Arbeitslosen zu versorgen und dadurch die Krise (die man, wie gesagt, für langandauernd hielt) besser zu überstehen. Im Rahmen der Stadtrandsiedlung wurden Kleinsiedlerstellen und Kleingärten errichtet; durch sie sollten die Arbeitslosen und Kurzarbeiter (deren Entlohnung häufig nicht viel über der Arbeitslosenunterstützung lag) durch Bereitstellung eines Stückchens Land einen großen Teil ihrer Nahrungsmittel selbst erzeugen. Doch das Brüningsche Programm ging weit über diese Kleinsiedlung hinaus und gewann dadurch erst seine politische Brisanz. Die Agrarromantiker – zu denen nicht zuletzt die Artamanen zählten – hatten in schein-radikaler Weise zwar von Arbeitsdienstpflicht und Siedlung geredet, sich aber an dem eigentlich politischen Problem vorbeigemogelt (wie ja auch das Reichssiedlungsgesetz deshalb auf die Abgabe von *Staats*domänen abhob!): Es ging doch um die Neuverteilung des landwirtschaftlichen Grundbesitzes, in erster Linie also um die Bereitstellung nicht mehr rentabler ostdeutscher Großgüter für Sied-

---

[6] »Der freiwillige Arbeitsdienst [...] soll es Arbeitslosen, insbesondere solchen jugendlichen Alters ermöglichen, ihre brachliegende Arbeitskraft – ohne Eingehung eines Arbeitsverhältnisses – in selbstgewählter ernsthafter Gemeinschaftsarbeit unter sachkundiger Leitung in nützlichen Arbeiten, die sonst nicht in Angriff genommen würden, zu betätigen und aus der Arbeit selbst sowie durch nebenhergehende Bildungsmaßnahmen körperliche und geistige Schulung zu empfangen.« (Aus dem Kommentar des Reichsarbeitsministeriums.)

lungszwecke. Während die Agrarromantiker die Arbeitsdienstpflicht als freudig der Volksgemeinschaft dargebrachtes Opfer idealisierten, stellte sich Brüning dem gesellschaftlichen Problem, nämlich dem Konflikt mit dem Junkertum, indem er vorschlug, nicht entschuldungsfähige Güter für die Zwangsversteigerung freizugeben, damit den Weg für eine umfassende Binnenkolonisation zu öffnen und so die nicht mehr haltbare traditionelle Agrarfassung im ostelbischen Raum aufzuheben. Es ist bekannt, daß Brüning im Zusammenhang mit seiner Siedlungspolitik durch Hindenburg gestürzt wurde, durch denselben Hindenburg, der als kaiserlicher Feldmarschall am Kriegsende noch den Heimkehrern ein »gemeinnütziges Siedlungswerk« versprochen hatte, durch das »auf billig erworbenem Land mit billigem, öffentlichen Gelde« Hunderttausende von Stellen für Landwirte, Gärtner und ländliche Handwerker bereit gestellt werden sollten. Damals wurde dieses Versprechen nur für wenige, u. a. für die im Baltikum kämpfenden Freikorps, eingelöst; jetzt galt die »Osthilfe« auf einmal als Agrarbolschewismus.

Nach Brünings Sturz veränderten Arbeitsdienst und Siedlung ihren Charakter. Reichskanzler von Papen löste den Arbeitsdienst von der engen Verknüpfung mit der Siedlung und kehrte zur ursprünglichen Konzeption des freiwilligen Arbeitsdienstes als einer besonderen sozialen Krisenmaßnahme zurück und baute den Dienst aus. War bei Brüning die im Verlauf der Wirtschaftskrise wachsende Zahl der Empfänger kommunaler Wohlfahrtspflege (im Gegensatz zu denen einer versicherungsmäßigen Arbeitslosenunterstützung) – also die Gruppe der besonders bedürftigen Arbeitslosen – noch vom Arbeitsdienst ausgeschlossen, so konnten sich nun (Verordnung über den Freiwilligen Arbeitsdienst vom 16. Juli 1932) alle Deutschen zwischen 18 und 25 unabhängig von der empfangenen Unterstützung, darüber hinaus auch nicht zur Gruppe der Arbeitslosen gehörende Personen (wie Studenten) am Arbeitsdienst beteiligen. Die Dienstzeit konnte außerdem von 20 auf 40 Wochen verlängert werden. Gleichzeitig wurden mit dem Wegfall der bisherigen Beschränkungen des Teilnehmerkreises auch erhebliche Mittel zum Ausbau des Dienstes zur Verfügung gestellt. So stieg die Zahl der meist männlichen Teilnehmer von knapp 100 000 Ende Juli 1932 auf fast 300 000 Ende November 1932.

Nicht die Präsidialkabinette, sondern erst die Nationalsozialisten griffen später wieder auf die Konzeption der Rechten einer Arbeitsdienst*pflicht* zurück und verwandelten diese –

während die Arbeitslosigkeit zurückging – in eine Dauereinrichtung militärischen Gepräges mit der Absicht der totalitären Erziehung und körperlichen Ertüchtigung als Voraussetzung der Wehrfähigkeit.

Unter dem Kanzler Papen wurde die Stadtrand- und Nebenerwerbssiedlung ausgebaut; die innere Kolonisation, der große Siedlungsplan Brünings (und es ging bei der ländlichen Siedlung in Deutschland immer in erster Linie um Ostsiedlung) wurde jedoch nur noch verbal weiterverfolgt. In Wirklichkeit bot Papens Osthilfepolitik für die landwirtschaftlichen Großbetriebe die Eröffnung neuer Entschuldungsmöglichkeiten; der Gedanke der Landabgabe hatte dabei das Nachsehen. Papens Nachfolger General von Schleicher versprach eine verstärkte Siedlungstätigkeit, und er schuf sich das gesetzliche Instrument dazu (Verordnung des Reichspräsidenten über Maßnahmen zur Förderung der Arbeitsbeschaffung und der ländlichen Siedlung vom 15. Dezember 1932). Jedoch die beabsichtigte Wiederaufnahme der Brüningschen Siedlungspolitik wurde erneut zu einer Ursache des Kanzlersturzes. Hitler aber setzte dann das preußisch-deutsche Kolonisationswerk mit seiner sozial-, bevölkerungs- und wirtschaftpolitischen Zielsetzung nicht fort, sondern griff – wie manche sagen, im Geiste der Wiener Hofburg und einer ausschließlich volkstumsichernden Siedlungspolitik – auf das Rezept des »Wehrbauern« zurück. Die Siedlungspolitik der Artamanen mündete konsequent in diese raumsichernde Volkstumspolitik ein.

Seit Bestehen des Reichssiedlungsgesetzes von 1919 wurden bis Ende 1932 insgesamt rund 930 000 ha zu Siedlungszwecken erworben, davon 1929 bis 1932 über 100 000 ha pro Jahr. Der gesamte Landanfall aus dem Reichssiedlungsgesetz hätte sich aber nach Serings Willen auf rund 6 Millionen ha landwirtschaftlicher Fläche belaufen sollen – davon waren 1932 nicht einmal ganze 16 Prozent erfüllt. Aber selbst bei einer verstärkten Ansiedlungspolitik wäre wohl schwerlich das in der eingangs zitierten Schrift von Thünen anvisierte Ziel einer Rücksiedlung von aus der Industrie kommenden Erwerbslosen zu erreichen gewesen. Die »Reichsstelle für Siedlerberatung«[7] überprüfte in den beginnenden dreißiger Jahren die Ansiedlung von Industriearbeitern eingehend, da sich infolge der Arbeitslo-

---

[7] Vgl. J. Schauff, Wer kann siedeln? Berlin 1932; Industriearbeiter und landwirtschaftliche Siedlung (Flugschrift der Reichsstelle für Siedlerberatung, Heft 3). Berlin 1931.

sigkeit in den Städten des Westens Industriearbeiter in großer Zahl zur Ansiedlung meldeten und dabei vielfach darauf verwiesen, daß sie von Bauernhöfen im Osten gebürtig seien (West-Ost-Siedler). Am ehesten für die Umsiedlung kamen nach diesen Untersuchungen halbländliche Industriearbeiter in Frage, d. h. solche, die nur saisonal in der Industrie tätig waren oder neben ihrer industriellen Tätigkeit noch einen Kleinlandbesitz nach Feierabend und an den Wochenenden zusammen mit ihrer Familie bewirtschafteten. Doch in der Praxis zeigte es sich, daß es nicht einmal unproblematisch war, einen Bewerber, der bisher nur eine kleine Landwirtschaft betrieben und im übrigen im Handwerk, in der Industrie oder als Heimarbeiter beschäftigt gewesen war, auf eine vollbäuerliche Stelle zu setzen. Er wußte nämlich plötzlich mit »so viel Land« nichts anzufangen und suchte eher als dörfliche Handwerker weiterzuarbeiten und sein Land zu verpachten, als es selbst zu bebauen oder an andere Siedler abzugeben. War es schon für die Rücksiedler schwierig, sich und ihre Frauen nach einem mehrjährigen Stadtleben wieder an das Land zu gewöhnen, so konnten ihre Kinder kaum mehr für ein Verbleiben auf dem Lande und einen landwirtschaftlichen Beruf gewonnen werden, sondern strebten wieder zur Stadt zurück. Noch skeptischer war die Reichsstelle, was die Wahrscheinlichkeit betraf, stadtgeborene Industriearbeiter auf dem Lande anzusiedeln, da sie bereits ganz dem landwirtschaftlichen Berufe und dem Landleben entfremdet waren.

Auch bei arbeitslosen Jungakademikern, vor allem Diplomlandwirten, wurde die prinzipielle Schwierigkeit, landentfremdete Menschen wieder dem Bauerntum zuzuführen, offenkundig. Die theoretische Beherrschung der Landwirtschaft erwies sich als unzureichende Vorbildung, wenn sie nicht durch praktische Vorkenntnisse und Fertigkeiten ergänzt wurde, wie sie nur durch das Aufwachsen in einem landwirtschaftlichen Betrieb oder eine jahrelange Tätigkeit als einfacher Knecht auf einem Hof gewonnen werden konnten. Da diese Akademiker oft auch das bloß als Notlösung angesehene Siedeln nicht innerlich bejahten, fehlte ihnen dann die Durchhaltekraft.

So erwies es sich, daß das eigentliche Reservoir für die innere Kolonisation beschränkt blieb auf das alte Bauerntum und die Landarbeiterschaft. Ein Rückgängigmachen der Verstädterung erschien dagegen als undurchführbar. Je weiter die Abwanderung in einen nicht-landwirtschaftlichen Beruf fortgeschritten war, desto unfähiger zeigten sich die Betreffenden zu einer Rückkehr aufs Land. Einzelne – wie Willy Ackermann – mußten so die Ausnahme bleiben, welche eine Regel bestätigen, die allein von den jüdischen Pionieren und den Bruderhöfern (also stark weltanschaulich motivierten Siedlern) durchbrochen wurde. Da eine Rückverpflanzung landentwurzelter Menschen in die bäuerliche Welt sich im großen Stil als Illusion erwies, tat der Staat damals gut daran, die bäuerliche Siedlungsweise vom Problem der »Erwerbslosensiedlung« zu trennen und ab 1931 für städtische Erwerbslose, soweit sie »landwillig« waren, eine besondere Siedlungsform zu entwickeln: die vorstädtische Klein- oder Nebenerwerbssiedlung im Rahmen des sozialen Wohnungsbaus, und die Bereitstellung von Kleingärten für Erwerbslose zum Zwecke der Selbstversorgung und damit zur fühlbaren Entlastung der Lebenskosten[8]. Durch die Erträge von Garten und Kleinviehhaltung sollten solche zum Stadtrand gewanderten Siedler von Konjunkturschwankungen unabhängiger gemacht und ihnen in Zeiten der Kurzarbeit oder Arbeitslosigkeit ihr Auskommen gesichert werden. Es wurde also davon abgesehen, die Erwerbslosen aus den Städten auszusiedeln und zu Bauern »umzuschulen«. Sie sollten lediglich auch als Arbeitslose auf Eigentum wohnen und durch ein bißchen »Besitzerstolz« vor der sozialen Deklassierung bewahrt werden. Der Weg »zurück aufs Land« wurde für diese Städter nicht beschritten.

---

[8] Max Stolt, Grundsätzliches zur vorstädtischen Kleinsiedlung. In: Archiv für innere Kolonisation, Bd. 23 (1931), S. 461 ff.; Wilhelm Witter, Beispiele vorstädtischer Kleinsiedlung. Ebd., S. 488 ff.; Sartorius, Die ländliche Siedlung und das Arbeitslosenproblem. Ebd., S. 545 ff.

Artamanengüter

Die Artamanen waren eine Gruppe der rechten bündischen Jugendbewegung; vom Selbstverständnis her betrachteten sie sich als ein überbündisches Sammelbecken, da ihnen Mitglieder aller völkisch ausgerichteten Bünde willkommen waren (noch 1927, als 80 Prozent der Artamanen Nationalsozialisten waren, hielten sie an ihrer nominellen Überparteilichkeit fest).

Ins Leben gerufen wurde die Artamanenbewegung bereits 1923 durch einen Aufruf Willibald Hentschels (»Was soll denn aus uns werden?«), in dem er die Forderung der Binnenkolonisation in Ostelbien aufnahm, um die polnischen Landarbeiter zurückzudrängen, die bemerkenswerterweise auch nach dem Ersten Weltkrieg nicht durch deutsche jugendliche Arbeitslose ersetzt werden konnten, da man diese wegen der bekannten, mit der Landarbeit verbundenen Härten nicht aus den Städten fortzulocken vermochte. Hentschel jedenfalls wollte »eine ritterliche Kampfgenossenschaft auf deutscher Erde«, ein »neues Heils-Heer« aufstellen, das im Osten den antislawischen Kampf (mit rassistischen Untertönen: »Blut und Boden«, »Volk und Rasse«) aufnehmen sollte. Die »freiwillige Werkgemeinschaft«, die unter Leitung eines Führers »alle laufenden landwirtschaftlichen und technischen Arbeiten auf einem ostelbischen Rittergut pflichtmäßig übernehmen soll«, nannte er phantasievoll »Artam«. Der völkische Bruno Tanzmann, Gründer der Deutschen Bauernhochschule, griff 1924 Hentschels Gedanken eines freiwilligen Arbeitsdienstes im Osten auf (»Nach Ostland wollen wir fahren!«) und setzte ihn mit anderen in die Tat um.

Die Artamanen verpflichteten sich im deutschen Osten auf den Großgütern zur sommerlichen Feldarbeit, insbesondere zum Rübenhacken, unter schweren körperlichen Bedingungen, die mit typisch jugendbewegtem Idealismus ertragen wurden. Die Bezahlung ihrer Arbeit erfolgte durch die Gutsherren lediglich zu ortsüblichen Tarifsätzen, die nicht höher waren als die der polnischen Wanderarbeiter (die stets unter denen der reichsdeutschen Landarbeiter lagen). Während Tanzmann die teilweise über die Arbeitsbedingungen und schlechte Entlohnung klagenden städtischen Jugendlichen zur völkischen Disziplin anhielt, sprach der Deutschnationale Handlungsgehilfenverband schlicht vom »Mißbrauch des ehrlichsten Idealismus für egoistische Zwecke« und von einer »unverschämten Ausbeutung der deutschen Jugendkraft«. Trotzdem fand der Artamanen-Gedanke in der zweiten Hälfte der zwanziger Jahre wachsenden Anklang – hatten 1924 etwa 100 Artamanen auf sechs Gütern gearbeitet, so waren es 1929 ca. 2300 auf 260 Gütern (der Anteil der Mädchen überstieg dabei nie 10 Prozent).

Die Artamanen kamen trotz ihres antiurbanen Ressentiments meist aus der Stadt. Besonders häufig waren Angehörige der Mittelschicht und des Kleinbürgertums vertreten. Seit 1927 warb man, wenn auch ohne großen Erfolg, verstärkt um Studenten (der freiwillige Arbeitsdienst als Alternative zum Werkstudententum). Sicher zog der Bund sowohl Angehörige der obersten wie der untersten sozialen Gruppen an; dies wurde in der Ideologie überhöht zum Modell der klassenübergreifenden Volksgemeinschaft (»Vom Grafensohn bis zum Taglöhnerkind«). Problematisch war, daß die Artamanen seit 1929 die wachsende Arbeitslosigkeit für sich auszuschlachten suchten, aber durch den dadurch ausgelösten Zustrom von Arbeitslosen der idealistische Schwung ihrer Bewegung zu erlahmen drohte.

Die Artamanen erstrebten nicht nur die Milderung der Arbeitslosigkeit in den Städten durch einen zeitweiligen freiwilligen Arbeitsdienst, sondern eine dauerhafte Umschichtung von der Stadt aufs Land durch Ansiedlung. Lange Jahre versprach die Artamanenführung, daß einst alle ihre Mitglieder auf eigenem Grund und Boden siedeln könnten. Die beschränkten finanziellen Möglichkeiten erlaubten jedoch nicht die Verwirklichung solch weitgesteckter Absichten. Insgesamt kamen bis zur Auflösung der Bewegung durch den Nationalsozialismus nur zwischen 100 bis 150 Artamanen zur eigenen Scholle[9].

[9] »Siedlungsarbeit der Artamanen blieb aber nicht nur auf die damaligen deutschen Ostprovinzen begrenzt. Sie entwickelte sich überall dort, wo sich Möglichkeiten zum Siedeln anboten, d. h. wo Land zur Verfügung stand zu Bedingungen, die tragbar waren, für das sich die notwendigen Mittel aufbringen ließen, und wo [sich] die Schwierigkeiten der ersten Anfänge unter den bescheidensten Verhältnissen überwinden ließen. Mehr als ihr zäher Wille und ihre Arbeitskraft stand den Artamanen ja kaum zur Verfügung.
So entwickelten sich Siedlungen in einer Gruppe, deren Höfe nach der Fertigstellung einzeln bewirtschaftet wurden, die man nicht anders als neu entstehende Siedlungsdörfer bezeichnen kann, außer in Ostpreußen auch in Mecklenburg. Bemerkenswerte Ansätze gab es in Brandenburg, und Einzelsiedler hatten sich in Schlesien, Sachsen und Schleswig-Holstein mit unterschiedlichem Erfolg niedergelassen. In der Nachkriegszeit führten die Spuren dann auch zu Artamhöfen

Es ist dabei zu beachten, daß die von den Artamanen bevorzugte »Gruppensiedlung« keine Kollektivwirtschaft bedeutete, sondern lediglich bei Erschließung und Aufbau der Siedlung gemeinschaftlich vorgegangen wurde. Während einer mehrjährigen Übergangszeit wurde durch den Artamanen-Arbeitsdienst ein zuvor heruntergekommenes junkerliches Großgut ertragfähig gemacht, um aus den erwirtschafteten Überschüssen dann zur (gruppenweisen) Einzel-Siedlerstelle zu gelangen. (»Durch Arbeit zur Siedlung« wurde dieses Prinzip seit dem Ersten Weltkrieg und den ersten derartigen Versuchen des »Siedlungshauptmanns« Detlef Schmude mit Bergarbeitern genannt.) Das Siedlungsverfahren lief also als ein zweiphasiger Vorgang ab, da eine »Fertigsiedlung« nicht finanzierbar war: der erste Gründungsvorgang fand auf bescheidener und damit erschwinglicher Basis statt (sogenannte »Primitivsiedlung«); dann folgte ein zweiter Entwicklungsabschnitt, bei dem aus eigener Kraft ein Ausbau des bestehenden Anwesens stattfand (»Aufbausiedlung«), der mit der Gründung von Vollbauernstellen abschloß. Dieses Modell wurde ab 1930 staatlicherseits benützt, da man auf diese Weise zunächst als »nicht besiedlungsfähig« eingestufte Güter bewirtschaften und auch Landarbeiter auf Bauernhöfen ansiedeln konnte. Im speziellen Fall der Artamanen fand eben diese Zwischenbewirtschaftung eines heruntergewirtschafteten Großguts durch den Artamanen-Arbeitsdienst statt. Dann kam es zur Auflösung der Zwischenwirtschaft und der Verteilung von Grund und Boden, totem und lebendem Inventar und dem Bestand an Erntevorräten, und zur Errichtung der Siedlerstellen. Aus dem ehemaligen Großgut wurde so eine Artamanen-Dorfgemeinschaft, die aus lauter selbständigen, auf eigene Rechnung wirtschaftenden Familienbetrieben bestand, die freilich weiterhin Nachbarschaftshilfe ausübten. Der Gedanke war hier wie bei anderen ähnlichen Unternehmungen des Staates, die Arbeitskraft und den Schaffensdrang der zu Eigentum und Unabhängigkeit drängenden Siedlungswilligen selbst als Produktivkraft einzusetzen, die Kosten dadurch niedrig zu halten und den Mangel an Kapital durch eigenen Einsatz auszugleichen.

Angeblich begannen die Artamanen Ende 1928 mit den ersten eigenen Artamsiedlungen in Thüringen und Ostpreußen, nachdem sie sich zuvor nur jahrelang als Landarbeiter hatten ausnüt-

nach Bayern, Hessen und in die Rheinpfalz.« Walter Dietrich im Vorwort zu: Artam. Siedler – Siedlungen – Bauernhöfe. Witzenhausen 1982, S. 6 f.

zen lassen. 1929 erwarb Kurt Bachmann, Artamgauführer für Ostpreußen, Boden im Samland (Siedlung »Birkengrund«), und baute dort eine Gärtnerei auf (offenbar eine Einzelsiedlung). Forciert wurde die Siedlungsbewegung nach der Spaltung des Artamanen-Bundes mit der Gründung von »Die Artamanen. Bündische Gemeinden für Landarbeit und Siedlung«. 1929, unter der »Kanzlerschaft«, dann Bundesführerschaft Alwiß Rosenbergs, erwarben sie das Lehngut Koritten bei Sternberg in der Neumark als Bundesgut und »Siedlerschulungsstätte«. Vor der Machtergreifung der Nationalsozialisten wurden auch noch das Gut Szirguponen bei Gumbinnen (Ostpreußen) und das Vorwerk Heinrichssorge – sechs Artamanenfamilien wurden dort seßhaft – zur »Aufsiedlung« mit staatlichen Zuschüssen erworben. Doch die Behörden waren nicht bereit, so große staatliche Mittel zur Verfügung zu stellen, daß die Artamanen durch die öffentliche Hand Land zur freien Verfügung erhalten hätten. Dieser Zustand änderte sich auch nach der Machtergreifung der Nationalsozialisten nicht. Weitgehend bis zur Erschöpfung der begrenzten eigenen Mittel siedelten die Artamanen 1933 auf dem Vorwerk Wolfsee bei Lötzen (acht Artamanenfamilien) und auf den Gütern Koppelow und Augustenberg in Mecklenburg. (Nach vierjähriger Zwischen- und Aufbauwirtschaft wurden in Koppelow 38 Familien, darunter auch Gutsarbeiter, angesiedelt, so daß dort ein neues Dorf entstand.) 1934 wurde von den Artamanen in Ostpreußen das Vorwerk Ellerbruch, Kreis Stuhm »aufgesiedelt« (zehn Artamanenfamilien), 1935 lief das Gruppensiedlungsverfahren auch auf dem Vorwerk Weißenberg, Kreis Osterrode (14 Neubauernhöfe) und in Masehnen, Kreis Angerburg (acht Höfe) an. Das gleiche Jahr brachte dann auch schon das Ende der Artamanen, die vom Reichsarbeitsdienst und Reichsnährstand aufgesogen wurden.

Zunächst war beim Nationalsozialismus kein Platz für die völkische Utopie der »Ost-Siedlung«. Erst als die realen Machtverhältnisse nach Beginn des Zweiten Weltkriegs die Verwirklichung solcher Ziele näherrückten, trat der »Neue Adel« der SS (gekleidet in das »Bauernschwarz«) das Erbe der Artamanen an (bekannte persönliche Verbindungen laufen über Heinrich Himmler und Rudolf Höß, beides ehemalige Artamanen). »Siedlungshöfe« mit »Thingbauern« wurden zum Instrument einer jetzt über die alten Reichsgrenzen hinausgreifenden großgermanischen Siedlungspolitik im slawischen Raum. »Wehrbauerndörfer« (Symbiose von Bauerntum und Wehrhaftigkeit) sollten einen germanischen »Schutzwall« gegenüber den nach Asien zurückgedrängten Slawen bilden. Die schon von Max Weber in seiner Dissertation von 1892 geforderte »innere Kolonisation«, durch die einer Verdrängung der Deutschen aus dem Osten Einhalt geboten werden sollte, war jetzt in expansiven Imperialismus und die Liquidierung der slawischen »Untermenschen« im Zeichen der »Lebensraum«-Politik umgeschlagen. Aber das weitverzweigte Geflecht von Wehrdörfern sollte nicht nur Möglichkeiten der kämpferischen und herrschaftlichen Bewährung für den »Neuen Adel« der SS schaffen; gleichzeitig sollten innerhalb der um 500 km nach Osten vorgeschobenen Volkstumsgrenze die städtischen Strukturen abgebaut und die urtümliche germanische Verbundenheit mit dem Boden wieder hergestellt werden. Angeblich hat Himmler es als den glücklichsten Tag seines Lebens bezeichnet, als Hitler ihm seine Konzeption der Wehrbauerndörfer genehmigte.

153. »Artam – Hüter der Scholle«

Artam – Hüter der Scholle, Kämpfer für Ehre, Art, Acker und Lebensraum. Artam bedeutet Erneuerung des Volkes, ist Richte zu neuem Lebenssinn und Lebenswerk.

Heiligstes revolutionäres Wollen trieb die ersten Artamanen zur Tat. Urinstinkt der Jugend war es, noch unklar und unbewußt des Zieles, der Aufbruch und den Weg zur Mutter Erde vorzeichnete. Ohne Programm, ohne große Reden scharte sich vor zehn Jahren ein kleines Häuflein Tatbereiter um das blutrote Hakenkreuzbanner mit der Inschrift: »Naer Ostland willen wij rijden.«

Das war das Symbol des erwachten Rassebewußtseins und der Erkenntnis der Lebenswichtigkeit des ostdeutschen Raumes. Dort liegt die Lebenslinie unseres Volkes. Sie macht nicht Halt an den geographischen Grenzen, sondern geht soweit die deutsche Sprache und die deutschen Menschen leben.

Artam ist völlige Abkehr vom Westen und seiner Zivilisation. Deutschlands Zukunft, Deutschlands junge Kraft liegt im Osten. Unser Schicksal entscheidet sich nicht an Ruhr und Rhein, sondern an der Weichsel und der Memel.

Artam hat jahrelang gegen die Schande der polnischen Unterwanderung durch die Wanderarbeiter gekämpft. Artamanen haben als Erste den »Freiwilligen Arbeitsdienst« in die Tat umgesetzt. Artamanen haben bewiesen, daß städtische Deutsche wohl in der Lage sind, sich aufs Land umzuschalten.

Aber der Sinn des Artam liegt tiefer. Die Erkenntnis, daß jeder Neu- und Aufbau nur in Verbindung mit dem Boden, der Erde erfolgen kann, verpflichtet letzten Endes zu der Wiederverwurzelung, der Seßhaftmachung des deutschen Menschen.

154. »Warum Siedlung?«

Das Schicksal der deutschen Nation liegt in einem gesunden und starken Bauernstand beschlossen. Er stellt die dauernde Kraftquelle, den Lebensstrom der Nation dar. Durch Siedlung muß der Bauernstand gestärkt werden. Siedlung ist zu fordern:

Aus wirtschaftlichen Gründen. Sie ist der Weg zur Sicherung unserer Ernährungsgrundlage auf eigener Scholle. Sie macht unabhängig vom Auslande, indem sie die denkbar beste Auswertung des uns zur Verfügung stehenden Raumes gewährleistet.

Aus bevölkerungspolitischen Gründen. Nur durch Neubildung deutschen Bauerntums kann der uns drohende Geburtenrückgang überwunden werden.

Aus rassepolitischen Gründen. Die germanische Rasse ist zutiefst eine Bauernrasse, ihr Blühen ist daher von ihrer Verwurzelung im Boden abhängig. In den Großstädten entartet und versickert sie. Ebenso klar liegen die rassehygienischen Gründe (Schäden der Großstadt, Geburtenunfähigkeit der Städte, erbgesundheitliche Schädigungen usw.).

Aus sozialen Gründen. Die Siedlung macht den deutschen Arbeiter seßhaft. Durch Verwurzelung mit der Scholle werden die selbständigen Existenzen vermehrt. Die Arbeitslosigkeit wird durch sie unmittelbar bekämpft. Der Zuzug in die Städte wird unterbunden und sogar ein Zurückfluten deutschen Blutes aufs Land erreicht. Der in der Scholle verwurzelte Siedler wird aber damit eine feste Stütze und ein bewußtes Glied der Nation.

Aus nationalen Gründen. Die kulturelle Seite der Siedlung, die sich in der Verstärkung des organischen, gesunden Denkens äußern wird, sei hier nur nebenbei erwähnt.

Die Siedlung stellt auch eine unbedingte *Notwendigkeit* dar, weil damit der deutsche Boden wirklich durchgreifend in den Besitz der Nation genommen und die Möglichkeit einer Unterwanderung durch fremde Völker verhindert wird. So kann der *deutsche Osten* dauernd nur durch Siedlung gesichert und ausgebaut werden, wenn er nicht seinen deutschen Charakter verlieren will.

Das deutsche Volk war und ist ein Bauernvolk und muß es bleiben!

155. »Erste Landnahme«

In dem Anfang jeder Arbeit liegt die Schwierigkeit allen Beginnens. Der Entschluß zur Übernahme einer neuen Aufgabe ist immer das Entscheidende und fällt nicht jedem Menschen leicht.

Als im Ostermond 1931 das Lehngut Koritten von den Artamanen übernommen wurde, war das schon eine Tat so unerhörten Ausmaßes und so ungewöhnlich in der Zeit des Liberalismus, daß sie Freund und Feind für Stunden den Atem verschlug.

Unerhört und kühn, aber es wird geschafft.

Lehngut Koritten, was stellte es dar – ein vollständig heruntergewirtschaftetes Gut. Große Teile der Felder überhaupt nicht mehr gepflügt, geschweige denn bestellt. Haus und Hof verfallen und verwahrlost. Halbabgebrochene Scheunen umgeben ein baufälliges Haus. Die Viehställe waren leer und öde. Drei Pferde mit zusammen einem Auge, eine Kuh, ein Kalb, einige unterernährte Schweine und drei Schafe waren der luxuriöse Viehbestand.

Alles zusammen stellte das Lehngut Koritten, Größe 600 Morgen, dar.

Durften wir es hier wagen, die Spargroschen der Artamanen anzulegen, war es überhaupt jemals möglich, einen derartigen Betrieb wieder auf die Beine zu bringen ohne erhebliche Geldreserven? Nun, es wurde gewagt. Mit dem Vertrauen auf die eigene Kraft und mit dem Willen, alle Entbehrungen auf sich zu nehmen, zogen die Artamanen in Koritten ein.

So wie in Hof und Stall sah es natürlich auch im Haus aus. Mit dem Vorsatz: erst kommt der Acker und das Vieh, dann der Mensch, wurde begonnen. In der Ecke einer Kammer wurde etwas Stroh aufgeschüttet, das war die Schlafstelle für ein halbes Dutzend Menschen. Im Schneidersitz auf den Fußboden gesetzt, den Suppenteller vor einen gestellt, fertig war der Mittagstisch. So könnte man noch einiges erzählen. Kurz – es wurde das Leben eines Kolonisten geführt. Vom ersten Hahnenschrei bis in die späte Nacht wurde gearbeitet. Was seit Jahren versäumt worden war, wurde jetzt nachgeholt. Die Felder wurden bearbeitet, Garten und Hof in Ordnung gebracht. Der Viehbestand wurde aufgebessert. U. a. wurde auf eine gute Schweinezucht Wert gelegt.

Im Laufe der drei Jahre wurden die Felder von Unkraut frei. Die Ernteerträge stiegen und heute kann man von normalen Ernten sprechen, wenn wir auch noch sehr unter dem Mangel an tierischen Dünger zu leiden haben [...]

Das Lehngut Koritten wurde übernommen, um zu zeigen, daß Artamanen wohl in der Lage sind, einen Betrieb selbständig zu führen und zu bearbeiten. Wir wollten hier eine Schulungsstätte zur Umschulung städtischer Jugend aus dem Westen zur Landarbeit schaffen. Hunderte von Neulingen, die dann draußen auf den Gütern in unseren Artamanengruppen eingesetzt wurden, sind durch unser Bundesgut gegangen.

Im Frühjahr 1934 wurde in Gemeinschaft mit dem Arbeitsgau 8 (Ostmark) in Koritten eine Siedlerschulung ausgeschiedener Arbeitsdienstler, die im Arbeitsdank e. V. organisiert sind, eingerichtet. Aus der Erkenntnis, daß den Menschen, die durch den Arbeitsdienst der Arbeit am Boden näher gebracht worden sind, auch Gelegenheit gegeben werden muß, sich in der Landwirtschaft auszubilden und einmal auf dem Lande seßhaft werden zu können [...]

156. »Verbilligtes Siedlungsverfahren« (»Kolonisation«)

[...] Nicht mehr Siedlungsgesellschaften sollen Träger des Siedlungsverfahrens sein, sondern die in sich geschlossene, unter straffer Führung stehende Siedlergruppe selbst. Allein aus ihr wird dann auch die neue Dorfgemeinde erwachsen.

Wir sollten in Zukunft nicht mehr im bisherigen Sinne siedeln, wir müssen wieder kolonisieren, das heißt es darf uns nicht darauf ankommen, dem Siedler so schnell als möglich seine Siedlerstelle in die Hand zu drücken, sondern wir werden den künftigen Bauern so schnell als möglich wieder aufs Land führen und ihm dort die Möglichkeit bieten, innerhalb einer geschlossenen Siedlergruppe in mehrjähriger Arbeit sich seine Heimat mit aufzubauen und zu erarbeiten. Jeder, der Grund und Boden sein Eigen nennen will, muß den Beweis erbringen, daß er ihn bewirtschaften kann. Das bedeutet zugleich ein neues sittliches Fundament für den Erwerb eines Bauernhofes. Nicht das Geld ist ausschlaggebend, sondern allein der Charakter, die Leistung und der Einsatz in der Siedlergemeinde. Der junge Siedler hat dabei die Möglichkeit, in mehrjähriger Arbeit sich mit dem Klima, dem Boden und den Absatzverhältnissen seiner neuen Heimat vertraut zu machen. Manches sonst unvermeidliche Lehrgeld wird er sich auf diese Weise ersparen.

Das wirtschaftliche Rückgrat des Bauernhofes bildet dessen Viehstand. Wir sind daher bestrebt, dem Siedler einen ausreichenden Viehstapel bei der Übergabe seiner Siedlerstelle zu übereignen. Eigner schlagbarer Holzbestand verbilligt wesentlich die Siedlerstellen. Handwerker, in Gruppen zusammengefaßt, sind beim Aufbau der Siedlerstellen behilflich. Ihnen wird nach einer Reihe von Jahren die Übernahme einer Handwerkerstelle ermöglicht.

Die Durchführung eines solchen Siedlungsverfahrens, das wir Artamanen in Koppelow in Mecklenburg erproben, nimmt etwa 3–5 Jahre in Anspruch. In dieser Zeit, in der der Siedlungsbetrieb als Großbetrieb weitergeführt wird, haben die Siedler durch ihre Arbeitsleistung soviel Kapital zu erarbeiten bzw. einzusparen, wie sie zum Aufbau und zur Einrichtung ihrer Siedlerstellen benötigen. Diese Einsparungen sind möglich. Der Siedler soll sich seinen Hof durch Arbeit erwerben, d. h. er hat keinen Anspruch auf tarifmäßige Entlohnung, sondern muß sich mit einem bescheidenen Taschengeld begnügen. Als Miteigentümer ist der Siedler nicht sozialversicherungspflichtig. Für ärztliche Betreuung ist auf andere Weise zu sorgen. – Staatliche Maßnahmen, die jedem Siedler Vergünstigungen verschaffen, sind auch für dieses Siedlungsverfahren anzuwenden. In erster Linie handelt es sich dabei um Befreiung von Steuern und Zinslasten während der Jahre des Aufbaues [...]

157. »Schwerer Dienst«

Wieder ging ein Semester zur Neige. Brütende Hitze lag über der Stadt, als ich den Entschluß faßte, mich zum Artamdienst zu melden. Genug hatte ich von der ewigen Theorie des Studiums – mein ganzes Sehnen ging hinaus aufs Land. Schon früher war es mir so ergangen, als ich noch zur Schule ging. Damals hieß bei mir aber Ferien noch dasselbe wie Fahrt. Wenn die Ferien kamen, wurde der »Aff« geschnürt und hinaus ging es mit wackeren Gefährten in's deutsche Land – Wandervögel.

Dieses Jahr wußte ich, daß von mir mehr gefordert wird, als Fahrt. Da hieß es Arbeitsdienst – aber war mir das genug, gab es für mich nicht einen wichtigeren Posten? Ja, im Osten, da ringen sie täglich um die Freiheit der Scholle, kämpfen zur Stärkung des Deutschtums: Siedlungsdienst – Artamdienst.

Nicht lange brauchte ich mich zu fragen, bis mein Entschluß feststand, in Artamdienst zu gehen. Bei meiner Anmeldung war ich mir darüber klar, daß schwere Arbeit meiner harrte, aber ich bin gesund und kräftig und darum ist es meine Pflicht, den schwersten Dienst zu tun.

Mit großer Freude erhielt ich bald nach meiner Anmeldung meine Einberufung: »sobald als möglich kommen«. Wie ein Notruf klangen die vier Worte in mir nach. – Im letzten Augenblick schlossen sich mir noch zwei alte Fahrtengesellen, Studenten, an und so begann unsere Fahrt zur Ferienarbeit. Eine Woche fuhren wir auf unseren »Stahlrossen« nach Nordosten, als wir endlich unser Ziel erreichten – Artamgut Koritten in der Neumark.

Manch alter Kämpe begrüßte uns hier, müde und schmutzig; denn die Woche war gerade zur Neige gegangen, aber trotzdem mit leuchtenden Augen. Wir wußten gleich, als wir alle diese Menschen sahen, daß wir an der rechten Stelle sind. Noch ein Sonntag zog an uns vorüber, dann begann die Arbeit.

Hartes Klopfen – aufstehen! Ich bin gleich ganz wach. Die ersten Sonnenstrahlen grüßen schon zum Fenster herein, ein wunderbarer, frischer Morgen empfängt uns draußen. Herrlich strömt die Kraft durch den Körper und wie ein Mahnen glaubt man die innere Stimme zu hören: »Jetzt mußt du zeigen, daß du's ernst meinst mit deinem Einsatz, daß du in den langen Jahren der Jugendbewegung gelernt hast, deine Pflicht zu tun.«

So ging es an die Arbeit. Nach einer Stunde Arbeit auf dem Hof und dem ersten Frühstück gings um 6 Uhr hinaus aufs Feld. Voller Spannung hatte ich gewartet, welche Arbeit mir wohl zugewiesen würde. Da hieß es: »Remus aufstaken.« Das war für mich das schönste, was hätte kommen können. Draußen auf dem Feld die Wagen aufladen und sehen, wie sie dann vollbeladen der Scheune zuwanken. – Die Forke geschultert, zogen wir hinaus auf den großen Gerstenschlag. Mit uns kam schon der erste Wagen an – es konnte losgehen. Ruhig folgten die Pferde dem leisesten Zug an den Zügeln von Hocke zu

Hocke. Ein Wagen nach dem anderen rollte heran, um schwerbeladen mit der kostbaren Frucht uns wieder zu verlassen. Rasch verging die Zeit. Der glühende Sonnenball zog hoch über uns hinweg, die Luft zitterte in der Ferne vor Hitze, der Schweiß rann von den halbnackten, arbeitenden Menschen und die Pferdeleiber dampften im Schweiß. – Bald ging es gegen Abend. Eine drückende Schwüle machte sich bald bemerkbar, die die Arbeit noch erschwerte. – Längst schon sollte es Feierabend sein, die Pferde folgten schon lange nicht mehr dem leisen Zug an den Zügeln, aber immer noch warteten viele Hocken eingefahren zu werden. Rund um uns wetterleuchtete es schon, was aber für uns gleichzeitig die Losung war, weiterzuarbeiten, einzufahren solange als möglich. Wir berechneten, ob es uns gelingen würde, alle Gerste in die schützende Scheune zu bringen, bevor das Gewitter uns erreichte. – Endlich, es war längst schon dunkel geworden, verschwand die letzte Hocke, und der letzte Wagen, gezogen von vier todmüden Pferden, erreichte glücklich die Scheune. Selbst todmüde, fielen wir schnell, nach kurzem, kräftigem Abendessen, in tiefen Schlaf.

Nach sechs Stunden Nachtruhe war ein neuer Morgen angebrochen und rief uns erneut zu unserem schweren Dienst. So folgten heiße Tage harter Arbeit beim Packen in der Scheune, beim Dreschen auf dem Felde und wieder beim Einfahren.

Festlich geschmückt hatte der letzte Getreidewagen die Scheune erreicht. Die schwerste, aber auch die schönste Arbeit des Jahres, war beendet. Noch warteten die Kartoffeln und Rüben geerntet zu werden, aber zunächst folgten leichtere Tage beim Unkrauthacken, beim Vorbereiten des Saatgutes und bei der zweiten Heuernte. In diesen Tagen atmeten wir wieder auf. Oft begleiteten Gespräche unsere Arbeit und es war jetzt erst so recht möglich, die Menschen, die mit einem arbeiteten, ganz kennenzulernen. Die einen waren Arbeiter und Handwerker, die anderen zweite und dritte Bauernsöhne, wieder andere Kaufleute und Akademiker. Aus allen Berufsgruppen kamen diese Menschen, die sich hier zusammengefunden haben zu einer festen Schicksalsgemeinschaft – Artamanen.

Vor zweieinhalb Jahren begann die Aufbautätigkeit an diesem Gute, das in verwahrlostem Zustand in Artambesitz übergegangen war. Manchmal sieht man heute schon ein leises Lächeln auf den Gesichtern der rauhen Siedler, wenn man mit ihnen spricht über den Ausfall der Ernte vom letzten Jahr im Vergleich zu der heurigen und man fühlt, daß es wieder ein gut Stück vorwärts gegangen ist.

Ganz verwachsen sind diese Menschen mit dem Boden, den sie bestellen. Der Kampf mit dem Boden, seine Freiheit und seine höchste Fruchtbarkeit zu erringen und zu wahren, und so Deutschland zu dienen und dem Feind zu wehren – das ist ihr Schicksal! Artam – Schollehüter!

158. Die Entwicklung des Gemeinschaftslebens auf Koppelow

a. »Kameradschaftliche Einheit« während des gemeinsamen Aufbauwerks

[...] Durch die tägliche gemeinsame Arbeit und durch die gemeinsamen Mahlzeiten in der Diele des Gutshauses wuchsen wir schnell zu einer kameradschaftlichen Einheit zusammen.

Trotz der schweren Tagesarbeit herrschte eine hervorragende, fast ausgelassene Stimmung. Nach alter bündischer Sitte ging jedem Essen ein Tischspruch voraus, der oft ein Spiegelbild des jeweiligen Tagesablaufs oder der persönlichen Verfassung des Einzelnen war.

Die Küchenverwaltung war, nicht immer zu aller Freude, reichlich reformerisch und vegetarisch eingerichtet und ließ gerne Würste und Speckseiten auf dem Räucherboden hängen, während zu aller Freude reichlich Milchsuppe die Mahlzeiten abrundete.

Den Feierabend gestaltete jeder nach seinem Wunsch. Erlebnisse und Erfahrungen wurden ausgetauscht, Putz- und Flickstunden waren notwendig, und Briefeschreiben, Lesen und Singen ergaben sich von selber. Alles in allem war es ein recht sorgloses Leben ohne große Problematik.

Frohe Tage, wie Erntefest oder Hochzeiten im Kameradenkreise, waren stets willkommene Abwechslung und förderten die Gemeinschaft. Nach und nach entstand unter Karl Lux' Leitung eine Instrumentalgruppe, während Gerhard Sandrock sich um das Laienspiel bemühte. Gesungen wurde außerdem immer. Besuche alter Artamanen waren nicht selten, und an solchen Abenden war des Erzählens und der Fröhlichkeit kein Ende. Viel Abwechslung brachte in die Abgeschiedenheit der Artam-Bundestag 1933. Bei dieser Gelegenheit galt das Augenmerk der Ledigen sehr den Artam-Mädchen, denn die Frage der zukünftigen Siedlerfrau war natürlich von großer Bedeutung.

Der umfangreiche landwirtschaftliche Betrieb mußte ohne Unterbrechung weiterlaufen [...]

b. »Eine Gemeinde Einzelner« nach der Übernahme der Einzelsiedler-Stellen 1937
Mit Ausnahme des Erntefestes beschränkte sich unser geselliges Zusammensein auf einzelne Singabende, zu denen umschichtig eingeladen wurde. Bei den großen Entfernungen [der Einzelhöfe] sah man sich oftmals ein halbes Jahr oder länger nicht. Es gab auch nur im Dorfkern ein Telefon. So blieben wir eine Gemeinde Einzelner, die nur das gleiche Ziel und die gleiche Grundeinstellung zusammenhielt. Die Männer trafen sich zuweilen in den Versammlungen der Genossenschaft, für die Frauen war der regelmäßige Treffpunkt die Mütterberatung [...] Was außerhalb unseres Bewegungskreises geschah, davon erfuhren wir nur wenig, denn die Möglichkeit, Rundfunknachrichten zu hören, war nur gering, da wir ohne elektrischen Strom lebten. Das Fehlen einer guten Beleuchtung war besonders im Winter für die Frauen eine oft unerträgliche Belastung.

Bei Kriegsbeginn wurden die jüngeren Jahrgänge der Siedler sofort, die älteren später eingezogen. 1940 gab es in Koppelow »Ostarbeiter«, Franzosen, Belgier, 1941 auch Ukrainerinnen – und immer weniger deutsche Männer im Dorf. 1944 waren alle einsatzfähigen Siedler im Kriege, und die Frauen hatten für die Wirtschaft fast ausnahmslos nur Kriegsgefangene zur Hilfe [...]

Weisser Berg

Willy Ackermann kam aus der Großstadt, doch eines Tages wollte er dorthin zurück, woher seine Vorfahren gekommen waren, und wieder Ackermann werden. Sein Weg war nicht geradlinig. Ackermann kam aus dem Proletariat und erhielt selbst eine Ausbildung als Glasmaler und Ätzer. Doch er geriet nach dem Ersten Weltkrieg in die Freie proletarische Jugendbewegung Hamburgs und fand hier erste Alternativen zur autoritären Welt von Elternhaus, Schule und Lehre. Um 1921 kam es dann zu seiner entscheidenden Begegnung mit dem Inflationsheiligen Louis Haeusser, der Ackermanns jugendbewegte Rebellion aus der bloßen Verneinung ins Schöpferische wendete und ihm mit großem Mut wahrhafte Unabhängigkeit des Tuns vorlebte. Das Vorbild der Jugendbewegung und Haeussers führten Ackermann auf die Landstraße, die ihm zur eigentlichen Lebensschule und Ort der asketischen Selbstüberwindung (»Wach- und Tippeltests«) wurde. Doch statt der Pose der Inflationsheiligen wollte er die »Tat« sehen.

So hörte Ackermann nach dem Ende der Inflationsjahre und nachdem er eine junge Lehrerin als Lebensgefährtin gefunden hatte, mit seinem Wanderleben auf und zog nach Hamburg, um dort mit Freunden zu beweisen, daß ein Aufbau mit eigenen Händen möglich sei: Buchstäblich auf Abfall (Sperrmüll und Altmetall) baute er dort eine Existenz als Schildermaler auf. Gleichgesinnte sammelten sich um ihn. Obwohl sie von den Abfällen und Aufträgen der Großstadt existierten, drängte es sie aufs Land. Zunächst bauten sie am Rande Hamburgs Gemüse und Brotgetreide an und verkündeten in einer Welt, die vom Wohlfahrtsstaat träumte, den Wert der Selbsthilfe.

Als sich mit der Weltwirtschaftskrise die Schlangen vor den Arbeitsämtern und Stempelstellen Hamburgs vergrößerten, verwies Ackermanns »Wendepunkt-Gemeinschaft« die Arbeitslosen nicht auf fremde Staatshilfe, sondern auf den Boden, den sie bebauen und von dem sie sich ernähren könnten. »Die Stadt, die zehrt; das Land, das mehrt!« wurde die Devise. Doch sie stießen damit nur auf Spott und Hohn, und bezogen manchmal auch noch Prügel. So brach Ackermann schließlich mit seiner Frau, den beiden Kindern und ein paar Freunden im

Frühjahr 1930 von Hamburg auf zur Landsuche, zur »Revolution mit Webstuhl und Spaten«. Den Zurückbleibenden aber riefen sie innerlich zu: »Wir wollen nicht versumpfen mit euch Gesindel!« Mit sich führten sie in einem selbstgebastelten und

-gezogenen Planwagen ihr Hab und Gut; am Straßenrand druckten sie ihre Flugschrift ›Menschen auf der Landstraße‹.

Den Anfang ihrer »Gandhi-Tat« machten die Siedlungswilligen in Tiddische in der Nähe der heutigen, damals noch nicht bestehenden Autostadt Wolfsburg. Auf dem erworbenen Kiefernland sollte Landwirtschaft, Tierhaltung und Gärtnerei betrieben und eine Webschule eingerichtet werden. Um Geld für ihr Unternehmen zusammenzutrommeln, zogen sie als Straßenmusikanten auf den Landstraßen umher, und als die Spendefreudigkeit in Deutschland nachließ, kamen sie dabei bis nach Holland. Doch als um die Jahreswende 1932/33 die Wirtschaftskrise in Deutschland ihren Höhepunkt erreichte und die Machtergreifung der Nationalsozialisten näher rückte, zerfiel auch die kleine Schar der Siedler, die einst Deutschland mit einem Netz von Dorfkommunen hatten überziehen wollen. Nur Willy Ackermann und seine Frau hielten durch; sie wurden so wider Willen zu Einzelsiedlern.

Sie rodeten den Boden, kultivierten ihn bodendynamisch und bauten ihn ohne Maschinen an. Haus und Brunnen wurde selbst errichtet, eine Schafzucht und Imkerei begonnen. Die wenigen Dinge, die man »von draußen« brauchte, erwarb man sich durch Verkauf der eigenen Produkte und gesammelter Pilze. Als Ackermann nach und nach 150 Schafe und 73 Bienenvölker herangezüchtet hatte, gewann er auch den Respekt der einheimischen Landwirte.

Er überlebte – wenn auch nicht ungeschoren – die Nazizeit und das deutsche Wirtschaftswunder, während dessen er ohne Erfolg wieder nach Gleichgesinnten Ausschau hielt. Als die Alternativbewegung in den Siebzigern entstand, entdeckte sie in den Ackermanns ihre immer noch aus eigener Kraft überlebenden Ahnen – die lebendig gewordenen Antikapitalisten, die die alternative Landwirtschaft durch ihre Lebenstat von der Utopie in die Wirklichkeit gezwungen hatten – vergleichbar nur den beiden amerikanischen Alternativen Helen und Scott Nearing, die seit ebenfalls fünfzig Jahren auf dem Lande ihr »gutes Leben leben«. Schwer fällt es freilich der »hedonistischen Jugend«, den Preis von Mühsal und Plage für diese ökonomische Autarkie und persönliche Selbstbestimmung zu zahlen. So schrieb ein Besucher an Ackermann: »Nun bleibe ich erst einmal wieder in Berlin. Nach Zwangsarbeit ist mir nicht zumute. Ja, ich will was vom Leben haben, beschaulich in der Sonne liegen. Hart arbeiten? Wozu? Ich dachte, der jungen Generation soll es besser gehen. Ich will mich auf dem Land erholen und Frieden finden. Das Leben soll für mich lustbetontes, schöpferisches Spiel sein.« Ackermanns Kommentare dazu: »Schlaraffen-Brüder« und »Speckjäger«!

158. Revolution mit Webstuhl und Spaten

WIR SIND KEINE WELTWANDERER!!!
Wir wollen nicht um die Welt herum, sondern immer tiefer in die Welt hinein! Und das kann der denkende Mensch auch ohne daß er um den ganzen Erdball läuft, indem er vielmehr an jedem Erlebnis in höherem Grade aufwacht. Das soll nicht so verstanden werden, als ob wir nur für uns Erfahrungen sammeln und die Wohltaten der Natur genießen möchten; das wäre unverantwortlich.

Uns liegt daran, den Menschen, die wir an unseren Wegen treffen, Genüge zu tun, wenn sie mit uns reden wollen. Denn viele spüren, daß wir ihnen etwas zu sagen und zu geben haben,

was sie sonst nirgendwo erhalten können, nämlich *NEUEN GLAUBEN AN DIE GRÖSSE DES MENSCHENTUMS, NEUEN MUT ZUR FREIHEIT, KRAFT ZUR WAHRHEIT*, und den Weg zur Menschen-Gemeinschaft, zum wirklich wahren Volk! Volk ist nichts, was so ohne weiteres vorhanden wäre, es muß erst entstehen. Nichts hat es zu tun mit Pöbel, Massen und Organisation, es blüht nur zwischen freien, bewußten Menschen, deren es heute noch blutwenige gibt. WÄHREND

DIE SOGENANNTEN WELTWANDERER *VON DER DUMMHEIT DER MENSCHEN LEBEN,* die ihnen lediglich aus Sensationsgier eine Postkarte abkaufen, während jene Mode-Weltwanderer den Schwachsinn ausnutzen, die Schwäche der Menschen fördern, wenden *wir* uns durch unsere ganze Art gerade an das *Starke* im Menschen, an sein Denkvermögen, an seinen Sinn für Freiheit!

Wir stoßen sogar bewußt solche Menschen ab, die zu faul sind, *uns* gegenüber ihre langweiligen Denkgewohnheiten und Vorurteile abzulegen. Denn wir wollen nicht Geld und Brot, WIR SIND KEINE FECHTBRÜDER UND SPECKBRÜDER, sondern wir wollen *Menschen* um uns sehen! Wir wollen euch helfen, zu einer kindlichen, offenen Menschlichkeit zu erwachen, und darin zu erstarken. Erst wenn der Funke hinüber und herüber gezündet hat, wenn es uns und euch warmgeworden ist ums Herz, erst wo wir dies gegeben haben, dürfen unsere Hände auch nehmen, was ihr uns etwa zu unserer Lebenserhaltung oder zum Weiterwirken bieten mögt! *WIR SIND KEINE »NATURMENSCHEN!«* Darunter versteht ihr anscheinend Leute, die in überspannter Weise Wert darauf legen, daß ihr Körper frei bleibe von schädlichen Erzeugnissen der Zivilisation. In gewissen Sinne ist ein solches Bestreben richtig. Aber 1. sind heute fast alle Nahrungsmittel und Gebrauchsgegenstände so vergiftet, entwertet und befleckt von der Quelle an (Kunstdünger, Fabrikware, unsoziale Herstellungsweise), daß man höchstens zu unerschwinglichen Preisen halbwegs naturreine Dinge bekommen könnte. Und 2. gilt es zunächst Wichtigeres zu schaffen, als sich um die beste Behandlung des Körpers zu streiten.

DER HEBEL IST IM GEISTIGEN ANZUSETZEN, Mut, Menschenwürde, Freiheitsdrang müssen geweckt und gefördert werden. Fortschreitend mit vielen anderen Taten der Selbsthilfe, kann nach und nach ein Leben gestaltet werden, das sich immer inniger in die Natur wieder eingliedert. Die meisten allerdings wollen sich nur vor dem Aufstehen drücken, indem sie uns als Naturapostel zu Ausnahmemenschen stempeln, die man anstaunen oder auslachen kann, die man aber nicht als Vorbild ernst zu nehmen braucht [...]

NICHT »ZURÜCK ZUR NATUR«, SONDERN »VORWÄRTS ZUR KULTUR« steht auf unserer Fahne! Das heißt aber zugleich: Heraus aus der maschinellen, schablonenhaften, entmenschenden Zivilisation. Zur Kultur gehört es auch, daß die Menschen ein enges, persönliches, feines Empfinden zu den Dingen haben, von denen sie umgeben sind.

Das ist nur möglich, wenn diese Dinge statt massenweise und durch Maschinen fabriziert zu sein, einzeln, individuell in künstlerischer Handarbeit geschaffen werden. Dabei muß man die Hypnose loswerden, daß alles in der raffiniertesten und technisch höchsten Vollendung hergestellt sein müßte, wie es freilich nur durch lebenslange Spezialisten geleistet werden kann.

EIN FRISCHFRÖHLICHER DILETTANTISMUS IST NÖTIG! Wieviel schöner ist etwa ein Volk von Dilettanten, die alle singen oder ein Instrument spielen, als ein untätig zuhörendes und Geld bezahlendes Publikum von Radiohörern. Der Dilettant kann sich durch Anregung und Fleiß ständig entwickeln, wer aber nichts wagt, bleibt ewig unfähig und unselbständig! Natürlich nicht bloß auf dem Gebiete der Kunst, sondern das gilt für die Herstellung der meisten nötigen Gegenstände, Haus, Möbel, Geräte, Kleidung und z. B. auch für die Benutzung der vielen Natur-Geschenke, die heute von den meisten versäumt wird, Heilkräuter, Pilze, Beeren, Teepflanzen, Fallobstverwertung. Durch die Not der letzten 15 Jahre ist in manchen Gegenden dies und jenes bereits wieder in Übung gekommen was wir nicht erst aus materieller Not, sondern aus grundsätzlichen Gedanken pflegen und empfehlen.

VIELSEITIGKEIT UND SELBSTÄNDIGKEIT müssen entstehen. Sonst behält der Geldsack euch ewig am Bändel, weil ihr mit allem, was ihr braucht, auf Gnade oder Ungnade von ihm abhängig seid als nichts könnende Sklavenarmee. Mit einem Volk jedoch von lauter selbständigen Kleinstbauern, die, jeder nur für sich, intensive Landwirtschaft treiben und sich alle Bedarfsgegenstände selber herstellen, in gegenseitiger Hilfe, mit einer solchen brüderlichen Volksgemeinschaft kann keine Ausbeuterklaue etwas anfangen.

AUCH DER BLÖDSINN DER MASCHINEN [hat] in einem so gesunden Volk, das wieder Zeit hat: 24 Stunden am Tag, und wieder Freude an seiner Arbeit empfindet und diese auch gar nicht durch Maschinen abgenommen haben *will*, keinen Platz mehr! [...]

Wenn ihr die Gefahr nicht bald erkennt, die über euch hängt, und wenn ihr nicht gleich uns den Rettungsweg der Selbsthilfe beschreitet mit energischer Absage an den Fortschrittsfimmel, mit dem man euch zu Sklaven gemacht hat, dann tragt ihr die

Schuld an allem, was dann kommt. Keine Hoffnung, daß irgend eine Partei oder Regierung euch retten werde, wird sich erfüllen.

JEDER MUSS SELBST DEN DORNENWEG GEHEN!
Denn vielen wird der Verzicht auf manche faule Bequemlichkeit als Dornenweg erscheinen, wenn statt des Autos das Gehen wieder zu Ehren kommt, statt Zeitung lesen das Selberdenken, statt Kommandieren das Arbeiten, statt Scheinen das Sein! Wo wir jetzt alles fertig vorgesetzt und umgehängt kriegen, werden wieder die gelehrigen Finger und Muskeln in Anwendung kommen.

WEBSTUHL UND SPATEN werden statt Fabrikschlot und Stempelamt die Wahrzeichen der Zukunft sein!
Einen Dornenweg haben die Vorkämpfer dieser Zeit auch insofern zu beschreiten, als eben alles Neue zunächst dem Spott der trägen Mitmenschen preisgegeben ist und der Bekämpfung und Verleumdung durch alle, die sich in ihrem Raubbesitz gefährdet wissen. Menschenwege sind eben immer beschwerlich. Alle bequemen Wege führen hinunter ins Tierische.

Arm, verspottet, ausgestoßen, mit bitter wenigen Freunden und den allergeringsten Mitteln gehen wir seit Jahren unsern Weg. Aus alten Säcken, Ästen, zusammengesetzten Kisten, Abfallresten der anspruchsvolleren Mitmenschen, so haben wir, Tag für Tag mit der Not kämpfend, unsere Holzhütte, unseren Webstuhl, unsere Möbel, unseren Wagen gebaut, unsere Stoffe gewebt. So werden noch viele Gruppen allerorts beginnen müssen.

EIGENER GRUND UND BODEN, EIGENE SIEDLUNGEN, KERNZELLEN DER KOMMENDEN DORF-KULTUR, das ist unser vorläufiges Ziel. Auf dem Wege dorthin sind wir auf der Landstraße. Das wird dann unsere Heimat werden. In diesem Sinne können wir denen, die uns die unwesentliche Frage stellen, woher wir kommen, wo unsere Heimat ist, nur beantworten, *UNSERE HEIMAT IST DIE ZUKUNFT* und zwar die Zukunft des freien Volkes, das es zu schaffen gilt!

Dokumente- und Quellenverzeichnis

1. Vegetarische Rundschau, Jg. 1893, S. 247.
2. Die Obstbausiedelung Eden eGmbH in Oranienburg in den ersten 25 Jahren ihres Bestehens. Hrsg. v. Vorstand. Oranienburg in der Mark 1920, S. 15 f.
3. Ebd., S. 62.
4. Eden 45 Jahre (= Eden. Hausmitteilungen von Eden, Gemeinnützige Obstbau-Siedlung eGmbH., Oranienburg-Eden, 33. Jg. (1938), S. 6.
5. Ebd., S. 10.
6. Die Obstbausiedelung Eden (wie 2.), S. 13 f.
7. Ebd., S. 107.
8. Hermann Krecke, Genossenschaftliche Bodennutzung (Vortrag für die Edener Genossen). In: Der Genossenschafts-Pionier. Organ für soziales Genossenschaftswesen. Berlin, 3. Jg. (1899), S. 49–50, 53–55 und 4. Jg. (1900), S. 1–3.
9. Die Obstbausiedelung Eden (wie 2.), S. 46.
10. Ebd., S. 23 f.
11. Eden 45 Jahre (wie 4.), S. 15–19.
12. Haeusser [Zeitschrift], Nr. 113, 122, 123 (1922).
13. Die Obstbausiedelung Eden (wie 2.), S. 30–32.
14. Ebd., S. 23.
15. Ebd., S. 35 f.
16. Franz Oppenheimer, Erlebtes, Erstrebtes, Erreichtes. Lebenserinnerungen. Düsseldorf 1964, S. 160–163.
17a. Erich Mühsam, Namen und Menschen. Leipzig 1949, S. 39 f.
17b. Heinrich Hart, Peter Hille. Berlin 1904, S. 66.
18a. Gustav Landauer, Sein Lebensgang in Briefen. Bd. 1, Frankfurt a. Main 1929, S. 56.
18b. Ebd., S. 59 f.
18c. Gustav Landauer, Durch Absonderung zur Gemeinschaft. In: Heinrich Hart, Julius Hart, G. Landauer, F. Holländer, Die Neue Gemeinschaft, ein Orden vom wahren Leben. Vorträge und Aussprachen, gehalten bei den Weihefesten, den Versammlungen und Liebesmahlen der Neuen Gemeinschaft (= Das Reich der Erfüllung. Flugschriften zur Begründung einer Weltanschauung. Hrsg. v. Heinrich Hart und Julius Hart, Heft 2). Leipzig 1901, S. 45–68.
18d. Landauer, Sein Lebensgang (wie 18a.), S. 91.
18e. Gustav Landauer, Über Weltanschauungen. In: Der arme Teufel. Friedrichshagen-Berlin, 1. Jg. (1902), Heft 5, S. 5. Hrsg. v. Albert Weidner.
19a. Tagebuch-Eintragung Erich Mühsams vom 4. 9. 1910. Das ungedruckte Tagebuch findet sich als Kopie in der Deutschen Akade-

mie der Künste Berlin; (DDR) Abteilung Literatur-Archive, Mühsam-Nachlaß.
19 b. Erich Mühsam, Briefe an Zeitgenossen. Berlin 1978, S. 5–7.
20. Mühsam, Namen und Menschen (wie 17 a.), S. 38.
21 a. Aus einem Werbeblatt der Neuen Gemeinschaft (1902). Original in der Stadt- und Landesbibliothek Dortmund, Hart-Nachlaß.
21 b. Die Neue Gemeinschaft. Unsere Feste (ohne Ort und Datum). Original in der Stadt- und Landesbibliothek Dortmund, Hart-Nachlaß.
22. Paula Modersohn-Becker, Briefe und Tagebuchblätter. 7. Aufl. München 1925, S. 145 f.
23. Mühsam, Namen und Menschen (wie 17 a.), S. 27 f.
24. Ebd., S. 28–30.
25. Heinrich Hart, Unsere erste Ansiedlung. In: Die Neue Gemeinschaft. Mitteilungen an Mitglieder und Gleichgesinnte. Hrsg. v. Albert Weidner. 1. Jg., Nr. 2 (27. 10. 1900), S. 2–4.
26. Ein- und Ausfälle. In: Freiheit. Internationales Organ der Communistischen Anarchisten deutscher Sprache. Hrsg. v. Johannes Most. New York, 22. Jg., Nr. 47 (24. 11. 1900), S. 1.
27. y., Ein kommunistisches Idyll in der Berliner Bannmeile. In: Vorwärts v. 8. 5. 1902.
28. Von unserer Gemeinschaft in Schlachtensee. In: Die Neue Gemeinschaft. 2. Jg., Heft 6/7 (November 1902), S. 168–176.
29. Anselma Heine, Schriftstellerkolonien III. Die neue Gemeinschaft. In: Das literarische Echo, 14. Jg. (1911–12), Sp. 687–690.
30. Erich Mühsam, Ascona. Locarno 1905, S. 22 f.
31. Walter Hundt, Bei Heinrich Vogeler in Worpswede. Erinnerungen. Worpswede 1981, S. 124 f.
32. Friedrich Wolf, Briefwechsel. Eine Auswahl. Berlin, Weimar 1968, S. 9.
33. Aus: Der Worpsweder Kommunismus (Polizeibericht Sommer 1921). Staatsarchiv Bremen (4.65.IV.2).
34. Ludwig Roselius, Briefe. Bremen 1919, S. 118.
35. Gustav Regler, Das Ohr des Malchus. Eine Lebensgeschichte. Frankfurt a. Main 1975, S. 161.
36. Siegreicher Vorstoß in den Argonnen. In: Die Aktion. Hrsg. v. Franz Pfemfert. 9. Jg. Nr. 21/22 (7. 6. 1919), Sp. 355 f.
37. Heinrich Vogeler, Erinnerungen. Berlin 1952, S. 261.
38. Friedrich Wolf, Briefwechsel. Eine Auswahl. Berlin, Weimar 1968, S. 7.
39. Heinrich Vogeler, Die Zukunft der ehemaligen Kriegsteilnehmer, Kriegsbeschädigten und Kriegshinterbliebenen. Ein Aufruf. Berlin-Pankow (1920), S. 1 f.
40 a. Polizeibericht v. 23. 5. 1919. Staatsarchiv Bremen (4.65.IV.2).
40 b. Heinrich Vogeler (Leserbrief). In: Der Kommunist Nr. 78 v. 30. 5. 1919.
41 a. Friedrich Wolf, Barkenhoff. In: Das Tagebuch, 2. Jg., Nr. 28,

Berlin 1921; Bremer Nachrichten v. 5. 8. 1921. Wieder abgedruckt in: Friedrich Wolf, Aufsätze 1919–1944. Berlin, Weimar 1967, S. 38–45.
41b. Wladimir Lindenberg, Bobik in der Fremde. Ein junger Russe in der Emigration. München, Basel 1971, S. 240–243.
42a. Arbeitschule Barkenhoff (Satzung). Faksimile bei: Walter Hundt, Bei Heinrich Vogeler in Worpswede. Erinnerungen. Worpswede 1981, S. 148f.
42b. Hundt, Bei Heinrich Vogeler (wie 31.), S. 147 und 150.
42c. Heinrich Vogeler und der »50-Pf.-Stundenlohn«. In: Bremer Arbeiter-Zeitung v. 26. 6. 1919.
43. Heinrich Vogeler, Unsere Taterziehung auf dem Barkenhoff. In: Die Arbeitsschule. Monatsschrift des Deutschen Vereins für werktätige Erziehung. 36. Jg., Nr. 7/8 (Juli/August 1922), S. 175–177.
44. Hundt, Bei Heinrich Vogeler (wie 31.), S. 129, 76f. und 159.
45. H. K. (Hans Koch), Bruder Arbeiter! In: Der neue Anfang. Zeitschrift der Jugend. 1. Jg., Nr. 2 (15. 1. 1919), S. 17f.
46. Hans Koch-Dieffenbach, Der Weg zum Bolschewismus. In: Das Ziel. Jahrbücher für geistige Politik. Hrsg. v. Kurt Hiller. 3. Bd., 1. Halbband (1919), S. 50–58.
47. Ebd.
48a. Brief Hans Kochs an Karl Hauptmann (3. 7. 1919). Abschrift im Bayerischen Hauptstaatsarchiv München (M Inn 66 259).
48b. Petition an die Regierung des Volksstaates Bayern (10. 8. 1919). Ebd.
49. Erinnerungen von Joseph Eggerer an Blankenburg, Mschr. (Im Besitz d. Hrsg.).
50. Ebd.
51. Ebd.
52. Der Prozeß der Blankenburger Siedlung. In: Freideutsche Jugend. Monatsschrift für das junge Deutschland. 5. Jg., Nr. 10 (Oktober 1919), S. 469–472.
53. Maria Hertwig, Erinnerungen an den Lindenhof. Mschr. (Im Besitz d. Hrsg.).
54. Hugo Hertwig, Eine Kommunistensiedlung bei Itzehoe. In: Itzehoer Nachrichten. Landesblatt Schleswig-Holstein, v. 12. 8. 1920.
55. Max Schulze-Sölde, Ein Mensch dieser Zeit. Flarchheim/Thüringen 1930, S. 83f.
56. Ebd., S. 100f.
57. Kollagiert aus: Max Schulze-Sölde, Ein Mensch dieser Zeit (wie 55.), S. 91f. und Maria Hertwig, Peter vom Lindenhof. Mschr. (Im Besitz d. Hrsg.).
58a. Hertwig, Erinnerungen (wie 53.).
58b. Max Schulze-Sölde, Tagebuch-Auszug. Abschriftlich im Nachlaß Hugo Hertwig.
59. Ebd.

60. Schulze-Sölde, Ein Mensch dieser Zeit (wie 55.), S. 87f., 88f. 93–95, 98f. und 102f.
61a. Brief Käthe Auerbach an Ernst Fuhrmann (8. 8. 1920) (Kopie im Besitz d. Hrsg.).
61b. Ad.S., Ein Besuch bei den Kommunisten auf dem Lindenhof in Kleve. In: Beilage zur Wilsterschen Zeitung Nr. 89 v. 24. 7. 1920.
61c. Die Kommunistensiedlung bei Itzehoe vor dem Zusammenbruch. In: Itzehoer Nachrichten. Landesblatt Schleswig-Holstein, v. 21. 11. 1920.
62. (Thesen aus der Jungwandervogel-Zeitschrift). Zit. nach: Marie Buchhold, Frankenfeld, Schicksal einer Jugendsiedlung. In: Werner Kindt (Hrsg.), Die deutsche Jugendbewegung 1920 bis 1933. Die bündische Zeit (= Dokumentation der Jugendbewegung, Bd. 3). Köln 1974, S. 1604.
63. Marta Neumayer, Erinnnerungen an Frankenfeld und Schwarzerden. 2 Hefte, Mschr. (Kopie im Besitz d. Hrsg.).
64. Marie Buchhold, Bildungselemente beim ländlichen Wirtschaften. Aus einer Siedlungslehre. In: Die Schulbewegung. Blätter vom Werden neuer Schule. Hrsg. v. Max Kuckei und Carl Werckshagen, August 1922, S. 19–21.
65. Neumayer, Erinnerungen (wie 63.)
66. Ebd.
67. Ebd.
68. Ebd.
69. Ebd.
70. Ebd.
71. Ebd.
72. Ebd.
73. Ebd.
74. Ebd.
75. Ebd.
76. Ebd.
77. Ebd.
78. Elisabeth Vogler, Schwarzerden, ein Neubeginn mit klaren Zielen. In: Kindt (Hrsg.), Die deutsche Jugendbewegung (wie 62.), S. 1608f.
79. Ebd., S. 1611.
80. Neumayer, Erinnerungen (wie 63.)
81. Vogler, Schwarzerden (wie 78.), S. 6011f.
82. Marie Buchhold, Wirtschaft und Gemeinschaft. Zur Problematik einer Praxis. In: Vivos Voco – Werkland. 5. Bd., Nr. 2 (Februar 1926), S. 38–41.
83. (Marie Buchhold?), Die Frauenbildungsstätte (Schwarzerden). Mschr. (Kopie im Besitz d. Hrsg.).
84. Ernst Hunkel zu Donnershag, Deutsch-Ordens-Land. Ein Wille und ein Werk. Sontra 1921, S. 62f.
85. Ebd., S. 54–56.

86. Ebd., S. 59f.
87. Ebd., S. 52f.
88. Ebd., S. 64–69.
89a. Friedrich Schöll, Erster Siedlerbrief v. 18. 5. 1920.
89b. Friedrich Schöll, Zweiter Siedlerbrief v. 1. 7. 1920.
90a. Friedrich Schöll, Dritter Siedlerbrief v. Juli 1920.
90b. Auszug aus den »Satzungen der Siedlung Hellauf GmbH, Stuttgart« in der Fassung v. 25. 7. 1920.
90c. Die Hellauf-Siedlung. Was wir wollen (Fassung v. März 1921).
90d. Aus: Auskunftsblatt der Siedlung Vogelhof (ca. 1930).
91. Friedrich Schöll, Achter Siedlerbrief v. 20. Ostermond 1921.
92. Friedrich Schöll, Von der Siedlung Hellauf. In: Hellauf. Zeitschrift für deutsche Erneuerung. Hrsg. v. Friedrich Schöll. 13. Jg., Nr. 7/8 (Juli/August 1921), S. 98f.
93a. Matts Schwender, (Bericht). In: Deutsche Lebensanschauung und Lebensgestaltung aus der Wirklichkeit des Vogelhofs gesehen. Eine Richtungs- und Bekenntnisschrift von Friedrich Schöll und seinen Mitarbeitern (= Schriftenreihe für deutsche Wiedergeburt, Heft 4), Vogelhof 1931, S. 30f.
93b. Ebd., S. 31.
94a. Friedrich Schöll, Siebter Siedlerbrief v. 15. Hartung 1921.
94b. Brief Matts Schwender an Friedrich Schöll v. 3. 3. 1942.
95a. Schwender (wie 93a.), S. 31.
95b. Friedrich Schöll, Die Ostertagung (1923) auf dem Vogelhof. In: Hellauf. 15. Jg., Nr. 4/5 (1923), S. 41.
96a. Schwender (wie 93a.), S. 31.
96b. Schöll, Die Ostertagung (wie 95b.), S. 40.
96c. Ebd., S. 41f.
96d. Siedlungs-Liste (Kopie im Besitz d. Hrsg.).
96e. Emil Blum, Als wäre es gestern gewesen. Wie konnte ich Pfarrer sein – im 20. Jahrhundert? Zürich 1973, S. 122f.
97. Auskunftsblatt der Siedlung Vogelhof (ca. 1930).
98. (Eberhard Arnold?), Von Sannerz zum Bruderhof. Ein Überblick und ein Hinweis. In: Die Wegwarte. Monatsschrift der Weggenossen, des Freideutschen Werkbundes und des Sannerzer Bruderhofes. 3. Jg., Nr. 8/9 (Mai/Juni 1927), S. 147–150.
99. Ebd.
100. Eberhard Arnold, Zum augenblicklichen Stand der Neuwerksache. In: Das neue Werk. 4. Jg., (1922/23), S. 104–112.
101. Elisabeth Staiger, Das Pfingsttreffen in Schlüchtern 1920. In: Das neue Werk. 2. Jg., (1920/21), S. 115–119.
102. (Arnold), Von Sannerz zum Bruderhof (wie 98.)
103a. Emil Blum, Der Habertshof. Werden und Gestalt einer Heimvolkshochschule. Kassel 1930, S. 19.
103b. Eberhard Arnold, Randbemerkungen zu der Geschichte des Habertshofes von Emil Blum, 1930, Mschr. (Kopie im Besitz d. Hrsg.), S. 17–19.

104. Brief von Eberhard Arnold an Hilde Hoppe (Völger) v. 27. 4. 1920 (Kopie im Besitz d. Hrsg.); teilweise abgedruckt in: Eberhard Arnold, Aus seinem Leben und Schrifttum. Ein Zeugnis für völlige Gemeinschaft. Bromdon/England (1953), S. 29.
105. Arnold, Aus seinem Leben (wie 104.), S. 29.
106. Schulze-Sölde, Ein Mensch dieser Zeit (wie 55.), S. 160–162.
107a. Blum, Als wäre es gestern gewesen (wie 96e.), S. 96.
107b. Eberhard Arnold: Arbeits- und Gesinnungsgemeinschaft oder Sammelsurium? In: Das neue Werk 3 (1921), S. 319.
108. Heidi Dezel, (Erinnerung an Sannerz) (wie 105.), S. 40f.
109. Brief Eberhard Arnold an Trude Dalgas v. 20. 7. 1922. Ebd., S. 30.
110. Arnold, Zum augenblicklichen Stand (wie 100.)
111. Normann Körber, Kampf um die Schlüchterner Jugend. In: Hermann Schafft. Ein Lebenswerk. Kassel 1960, S. 60–62.
112. Hermann Schafft, (Würdigung von Eberhard Arnold) (wie 105.), S. 39.
113. Arnold, Zum augenblicklichen Stand (wie 100.)
114. Eberhard und Emmy Arnold, Feuerlied (wie 105.), S. 32.
115a. Blum, Der Habertshof (wie 103.), S. 7f.
115b. Brief Max Zinks an seine Eltern v. 31. 7. 1920.
115c. Max Zink, Aus einem Brief vom Habertshof. In: Das neue Werk, 3. Jg. (1921), S. 328.
116. Blum, Der Habertshof (wie 103a.), S. 12f.
117. Ebd., S. 14.
118. Eberhard Arnold, Randbemerkungen zu der Geschichte des Habertshofes von Emil Blum (1930), Mschr. (Kopie im Besitz d. Hrsg.), S. 1f.
119. Auszug aus einem Tagebuch von Max Zink und seiner Frau für den ersten Sohn Gerhardt Zink (28. 3. 1920).
120. Hilde Völger, Vom Aufbruch des Neuwerk. In: Kindt (Hrsg.), Die deutsche Jugendbewegung (wie 62.), S. 640.
121. Blum, Als wäre es gestern gewesen (wie 96e.), S. 93f.
122. Ebd., S. 89–101.
123. Hermann Herrigel und Emil Blum, Siedlungskommunismus. Ein Briefwechsel. In: Neuwerk. Ein Dienst am Werdenden. 4. Jg. (1922), S. 275 und 278f.
124a. Blum, Der Habertshof (wie 103a.), S. 15.
124b. Arnold, Randbemerkungen (wie 103b.), S. 8.
125. Ebd., S. 4f.
126. Blum, Als wäre es gestern gewesen (wie 96e.), S. 113f.
127a. Ebd., S. 110.
127b. Arnold, Randbemerkungen (wie 103b.), S. 20f.
128. Blum, Als wäre es gestern gewesen (wie 96e.), S. 128.
129a. Blum, Der Habertshof (wie 103a.), S. 15.
129b. Arnold, Randbemerkungen (wie 103b.) S. 9 und 22.
130. Blum, Der Habertshof (wie 103a.), S. 24–28.
131. Arnold, Randbemerkungen (wie 103b.), S. 26–28.

132. Ebd., S. 29f.
133a. Blum, Der Habertshof (wie 103a.), S. 28–31.
113b. Arnold, Randbemerkungen (wie 103b.), S. 29.
134. Blum, Der Habertshof (wie 103a.).
135. Johannes Harder, Erinnerungen an die Neu-Sonnefelder Jugend (Im Besitz d. Hrsg.).
136. Joan Mary Fry, Zwischen zwei Weltkriegen in Deutschland. Erinnerungen einer Quäkerin. Bad Pyrmont 1947, S. 86f.
137. Brief Hans Klassen an Anni Geiger-Gog und Gregor Gog v. 12. 4. 1928 (Kopie im Besitz d. Hrsg.).
138. Erich Trummler, Eugen Roth, Robert Wolfgang Wallach, Richard Reichelt, Studenten! (Flugblatt im Besitz d. Hrsg.).
139. (Erich Trummler?), Die Siedlung. In: Das Werkschiff. Brüderliche Ausfahrt. 1. Heft, München 1919, S. 39–41.
140. Erich Trummler, Wanderung zwischen Rhein und Donau. In: Der Pfad. 4. Jg., Nr. 4 (Januar 1927), S. 10–12.
141. Hans Kuhn, Es ist an der Zeit. Vom Aufbruch unseres Jahrhunderts. Nürnberg 1965, S. 73–79.
142. Jaakow Simon, Umriß unseres Menschenbildes. In: Binjan. Sammelschrift der Jüdischen Jugendgenossenschaft Habonim Noar Chaluzi. Hrsg. v. der Bundesleitung. Berlin, März 1935, S. 35f.
143. Seew Orbach, Chaluziuth als Erziehungsziel der westjüdischen Jugend (1930). In: Haboneh. Sammelschrift des Habonim anläßlich seines fünfjährigen Bestehens. Berlin 1938, S. 14f.
144. Ebd., S. 15f.
145. Elieser Liebenstein, Seew Orbach und Kibbuz Cheruth (1936). In: Cheruth. Sammelschrift des Habonim. Berlin 1937, S. 15f.
146. Hermann Gradnauer, Aus den Anfängen des Kibbuz Cheruth. Ebd., S. 27f.
147. Alfred van der Walde, Pessach 1927 im Kibbuz Cheruth (1930). Ebd., S. 19f.
148. Aus Briefen von Seew Orbach (hier: Brief Seew Orbach an die Schwester, Aerzen 1929). In: Haboneh. Sammelschrift des Habonim anläßlich seines fünfjährigen Bestehens. Berlin 1938, S. 4.
149. Einer des Kibbuz Cheruth: Von der Hachscharah des Kibbuz Cheruth. Aus meinem Hamelner Tagebuch (1928). Ebd., S. 26–28.
150. Dow Stok, Die Allerersten. In: Cheruth. Sammelschrift des Habonim. Berlin 1937, S. 19–22.
151. Nachruf auf Alfred van der Walde (1930). Ebd., S. 13.
152. Menachem Dormann, Die deutsche Alijah im Kibbuz. In: Binjan. Sammelschrift der Jüdischen Jugendgemeinschaft Habonim Noar Chaluzi. Berlin, März 1935, S. 51.
153. Alwiß Rosenberg, Zehn Jahre Artam. In: Bund Artam e. V. (Hrsg.), Zehn Jahre Artam. Sternberg-Neumarkt/Lehngut Koritten 1934, S. 1.
154. Philipp Uhl-Sallentin, Warum Siedlung. Ebd., S. 3f.
155. Eugen Ritz, Das Bundesgut Koritten. Ebd., S. 10f.

156. Martin Reibisch, Artamsiedlung. Ebd., S. 6.
157. Wolfgang Mager, 1933 als Student im Artamdienst. Ebd., S. 14–16.
158. Herbert Fischer, Menschen auf der Landstraße. Erlebt, geschrieben und gedruckt auf der Landstraße (1931). (Kopie im Besitz d. Hrsg.).

Da von einigen Texten die Inhaber der Rechte trotz aller Bemühungen nicht festzustellen oder aufzufinden waren, verpflichtet sich der Verlag, rechtmäßige Ansprüche abzugelten.

Literaturhinweise

Abrams, Philip und Andrew McCulloch: Communes, sociology and society. Cambridge 1976.
Albrecht, Gerhard: Die soziale Funktion des Genossenschaftswesens. Berlin 1965.
Armytage, W. G. H.: Yesterday's tomorrows. A historical survey of future societies. London 1968.
Ders.: Heavens below. Utopian experiments in England, 1560–1960. London 1961.
Artam. Siedler – Siedlungen – Bauernhöfe. Versuch einer Dokumentation über die Siedlungsarbeit der Artamanen in den Jahren 1926–1945. Hrsg. v. Freundeskreis der Artamanen. Witzenhausen 1982.
Baars, Reinhard: Die Siedlungsgenossenschaft in der Theorie und in der Praxis. Unter besonderer Berücksichtigung Franz Oppenheimers und der Obstbausiedlung »Eden« bei Oranienburg. Diss. Würzburg 1925 (Mschr.).
Becker, Georg: Die Siedlung der deutschen Jugendbewegung. Diss. 1929.
Benz, Wolfgang: Vom freiwilligen Arbeitsdienst zur Arbeitsdienstpflicht. In: Vierteljahrshefte für Zeitgeschichte 16 (1968).
Bergmann, Klaus: Agrarromantik und Großstadtfeindschaft. Meisenheim am Glan 1970.
Bestor, Arthur Eugene: Backwoods Utopias. The sectarian and Owenite phase of communitarian socialism in America 1663–1829. Philadelphia 1950.
Boyens, Wilhelm Friedrich: Die Geschichte der ländlichen Siedlung. 2 Bde, Berlin, Bonn 1959/60.
Brockmann, Anna Dorothea (Hrsg.): Landleben. Ein Lesebuch von Land und Leuten. Argumente und Reportagen. Reinbek 1977.
Case, John und Rosemary C. R. Taylor (Hrsg.): Co-ops, communes and collectives. Experiments in social change in the 1960s and 1970s. New York 1979.
Creese, Walter L.: The search for environment. The garden-city: before and after. New Haven, London 1966.
Erlay, David: Künstler – Kinder – Kommunarden. Heinrich Vogeler und sein Barkenhoff. Fischerhude 1979.
Ders.: Verwunschene Gärten – Roter Stern. Heinrich Vogeler und seine Zeit. Fischerhude 1977.
Ders.: Worpswede – Bremen – Moskau. Der Weg des Heinrich Vogeler. Bremen 1972.
Faust, Helmut: Geschichte der Genossenschaftsbewegung. Ursprung

und Weg der Genossenschaften im deutschen Sprachraum. Frankfurt a. M. 1965.

Fleiner, Elisabeth: Genossenschaftliche Siedlungsversuche in der Nachkriegszeit. Diss. Heidelberg 1931.

Frecot, Janos, Johann Friedrich Geist und Diethart Kerbs: Fidus (1868–1948). Zur ästhetischen Praxis bürgerlicher Fluchtbewegungen. München 1972.

Fuchs, Manfred: Probleme des Wirtschaftsstils von Lebensgemeinschaften. Erörtert am Beispiel der Wirtschaftsunternehmen der deutschen Jugendbewegung. Diss. Göttingen 1957.

Glätzer, Harald: Landkommunen in der BRD. Flucht oder konkrete Utopie? Bielefeld 1978.

Hartmann, Kristina: Deutsche Gartenstadtbewegung. Kulturpolitik und Gesellschaftsreform. München 1976.

Heineke, Gustav: Frühe Kommunen in Deutschland. Versuche neuen Zusammenlebens. Jugendbewegung und Novemberrevolution 1919–1924. Herford 1978. (G. Heineke arbeitet an einer Dissertation über den Gemeinschaftsbegriff der Jugendbewegungs-Kommunen).

Hermand, Jost: Der Schein des schönen Lebens. Studien zur Jahrhundertwende. Frankfurt a. M. 1972.

Hinds, William Alfred: American communities and co-operative colonies. Philadelphia 1978, 2. Aufl. 1980.

Holloway, Mark: Heavens on earth. Utopian communities in America 1680–1880. New York 1951, 2. Aufl. 1966.

Hundt, Walter: Bei Heinrich Vogeler in Worpswede. Erinnerungen. Mit einem Nachwort von Bernd Stenzig. Bremen 1981.

Infield, Henrik F.: Co-operative communities at work. London 1947.

Ders.: Utopia und Experiment. Genossenschaft und Gemeinschaft im Lichte der experimentellen Soziologie. Göttingen 1956.

Jakobs, Inge: Vogeler und der Barkenhoff. Staatsexamensarbeit Bremen 1977 (Mschr.).

Jurcyk, Paul: Die gemeinnützige Obstbausiedlung Eden – ein Beitrag zum genossenschaftlichen Siedlungswesen. Diss. Berlin 1941 (Mschr.).

Kaltenbrunner, Gerd-Klaus: Nestwärme in erkalteter Gesellschaft. Freiburg i. Br. 1980.

Kanter, Rosabeth Moss: Commitment and community. Communes and utopias in sociological perspective. Diss. Cambridge, Mass. 1972.

Dies. (Hrsg.): Communes. Creating and managing the collective life. New York 1973.

Kater, Michael H.: Die Artamanen. Völkische Jugend in der Weimarer Republik. In: Historische Zeitschrift 213 (1971).

Köhler, Henning: Arbeitsdienst in Deutschland. Pläne und Verwirklichung bis zur Einführung der Arbeitsdienstpflicht im Jahre 1935. Diss. Berlin 1967.

Krabbe, Wolfgang R.: Gesellschaftsveränderung durch Lebensreform.

Strukturmerkmale einer sozialreformerischen Bewegung im Deutschland der Industrialisierungsperiode. Göttingen 1974.
Kreuzer, Helmut: Die Boheme. Beiträge zu ihrer Beschreibung. Stuttgart 1968.
Küppers-Sonnenberg, Gustav Adolf: Deutsche Siedlung. Idee und Wirklichkeit. 1. Teil: Gesamtdarstellung des deutschen Siedlungswesens in allen Formen und Spielarten. Diss. Berlin 1933 (mehr nicht erschienen).
Leineweber, Bernd: Über Politik und Alltag in den Landkommunen und anderen Alternativen. Frankfurt a. M. 1981.
Lembke, Friedrich: Ländliche Volkshochschulsiedlungen. Langensalza 1920.
Linse, Ulrich: Die Kommune der deutschen Jugendbewegung. Ein Versuch zur Überwindung des Klassenkampfes aus dem Geiste der bürgerlichen Utopie. Die »kommunistische Siedlung Blankenburg« bei Donauwörth 1919/1920. München 1973.
Ders.: Völkisch-religiöse Land-Siedlungen in Württemberg nach dem Ersten Weltkrieg. In: Stuttgart und die Machtergreifung (Katalog). 1983.
Ders.: Siedlungen und Kommunen der deutschen Jugendbewegung – ein Überblick. In: Jahrbuch des Archivs der deutschen Jugendbewegung 14 (1982).
Meier-Cronemeyer, Hermann: Jüdische Jugendbewegung. 2 Teile. In: Germania Judaica 8 (1969), Heft ½ und ¾.
Ders.: Kibbuzim. Geschichte, Geist und Gestalt. 1. Teil (mehr nicht erschienen). Hannover 1969.
Migge, Leberecht (1881–1935). Gartenkultur des 20. Jahrhunderts. Hrsg. vom Fachbereich Stadt- und Landschaftsplanung der Gesamthochschule Kassel. Bremen 1981.
Mosse, George L.: The crisis of German ideology. Intellectual origins of the Third Reich. New York 1968.
Museum für deutsche Volkskunde Berlin (Hrsg.): Das Bild vom Bauern. Vorstellungen und Wirklichkeit vom 16. Jahrhundert bis zur Gegenwart. Berlin 1978.
Nordhoff, Charles: The communistic societies of the United States (1794–1875). New York 1960. (1. Aufl. 1875).
Otto, Heinrich: Werden und Wesen des Qäkertums und seine Entwicklung in Deutschland. Wien 1972.
Peters, Jan (Hrsg.): Die Geschichte alternativer Projekte von 1800 bis 1975. Berlin 1980.
Petzet, Heinrich Wiegand: Von Worpswede nach Moskau. Heinrich Vogeler. Ein Künstler zwischen den Zeiten. Köln 1972.
Pfeiffer, Arnold (Hrsg.): Religiöse Sozialisten. Olten 1976.
Pforte, Dieter (Hrsg.): Fontana Martina. Vollst. Faksimile-Druck der von Fritz Jordi und Heinrich Vogeler 1931/32 in Ronco s. Ancona hrsg. Halbmonatsschrift. Gießen 1976.
Rigby, Andrew: Communes in Britain. London 1974.

Schempp, Hermann: Gemeinschaftssiedlungen auf religiöser und weltanschaulicher Grundlage. Tübingen 1969.

Scheyer, Konrad: Franz Oppenheimer und die israelistischen Siedlungsgenossenschaften. In: Archiv für öffentliche und gemeinwirtschaftliche Unternehmen 1 (1954).

Schneider, Peter: Barkenhoff, Blankenburg, Mühlengrund – eine Analyse sozialistischer Landkommunen in Deutschland. Diplomarbeit Göttingen 1979 (Mschr.).

Schütte, Heinz: Die Rolle der Genossenschaften bei der Industrialisierung. Hannover 1971.

Servier, Jean: Der Traum von der großen Harmonie. Eine Geschichte der Utopie. München 1971.

Die Siedlungen der Jugendbewegung. In: Werner Kindt (Hrsg.): Die deutsche Jugendbewegung 1920 bis 1933 (= Dokumentation der Jugendbewegung Bd. 3). Köln 1974.

Szeemann, Harald (Hrsg.): Monte Verità. Berg der Wahrheit. Lokale Anthropologie als Beitrag zur Wiederentdeckung einer neuzeitlichen sakralen Topographie. Mailand 1978.

Trappmann, Klaus (Hrsg.): Wohnsitz: Nirgendwo. Vom Leben und Überleben auf der Landstraße. Berlin 1982.

Ungers, G. und O. H.: Kommunen in der neuen Welt 1740–1972. Köln 1972.

Veraguth, Hans Peter: Erwachsenenbildung zwischen Religion und Politik. Die protestantische Erwachsenenbildungsarbeit in und außerhalb der freien Volksbildung in Deutschland von 1919 bis 1948. Diss. Stuttgart 1976.

Veysey, Lawrence: The Communal experience. Anarchist and mystical counter-cultures in America. New York 1973, 2. Aufl. 1978.

Vollmar, Klaus-B.: Alternative Selbstorganisation auf dem Lande. Berlin 1976, 3. Aufl. 1979.

Vollmer, Antje: Die Neuwerkbewegung 1919–1935. Ein Beitrag zur Geschichte der Jugendbewegung, des Religiösen Sozialismus und der Arbeiterbildung. Diss. Berlin 1973.

Webber, Everett: Escape to Utopia. The communal movement in America. New York 1959.

Weisser, Gerhard: Genossenschaften. Hannover 1968.

Wietek, Gerhard u. a.: Deutsche Künstlerkolonien und Künstlerorte. München 1976.

Wissenbach, Michael: Der Habertshof – Versuch »alternativen Lebens« in der Weimarer Republik. Voraussetzungen und Probleme seiner Entwicklung. Wissenschaftl. Hausarbeit für das Lehramt. Frankfurt a. M. 1981 (Mschr.).

Wurm, Shalom: Das Leben in den historischen Kommunen. Köln 1977.

Zablocki, Benjamin: The joyful community. The account of the Bruderhof. A communal movement now in its third generation. Baltimore 1971.

Ders.: Alienation and charisma. A study of contemporary American communes (1965–1979). New York 1980.

Zumpe, A.: Die Bruderhof-Gemeinschaft. In: Lydia Präger (Hrsg.): Frei für Gott und die Menschen. Evangelische Bruder- und Schwesternschaften der Gegenwart in Selbstdarstellungen. Stuttgart 1959, 2. Aufl. 1964.

dtv dokumente

**Der Prozeß Jeanne d'Arc
1431 · 1456**
Hrsg. v. Ruth Schirmer-Imhoff
dtv 2909

Inge Jens:
**Dichter zwischen rechts
und links**
Die Geschichte der Sektion für
Dichtkunst der Preußischen
Akademie der Künste
dtv 2910

Am Hof der Hohenzollern
Aus dem Tagebuch der Baronin
Spitzemberg 1895–1914
Hrsg. v. Rudolf Vierhaus
dtv 2911

Herbst des Alten Handwerks
Zur Sozialgeschichte des
18. Jahrhunderts
Hrsg. v. Michael Stürmer
dtv 2914

**Anatomie des SS-Staates
Band 1**
Hans Buchheim: Die SS –
das Herrschaftsinstrument
Hans Buchheim: Befehl
und Gehorsam
dtv 2915

Band 2
Martin Broszat:
Konzentrationslager
Hans-Adolf Jacobsen:
Kommissarbefehl
Helmut Krausnick:
Judenverfolgung
dtv 2916

**Bewegt von der Hoffnung aller
Deutschen**
Zur Geschichte des Grund-
gesetzes. Entwürfe und
Diskussionen 1941-1949
Hrsg. v. Wolfgang Benz
dtv 2917